GUIDES-MANUELS COLONIAUX

GUIDE PRATIQUE
DE L'EUROPÉEN
DANS L'AFRIQUE OCCIDENTALE

A L'USAGE DES

Militaires, Fonctionnaires, Commerçants, Colons et Touristes

PAR

Le Dr BAROT
Médecin des Troupes Coloniales

AVEC

LA COLLABORATION DE

MM. le Commissaire principal **DESBORDES**, le capitaine **MEYNIER**, de l'Armée Coloniale, **CHALOT**, du Jardin Colonial, **PIERRE**, vétérinaire militaire et **GIMET-FONTALIRANT**, chargé de mission.

PRÉFACE
De M. BINGER
Directeur de l'Afrique au Ministère des Colonies

PARIS
ERNEST FLAMMARION, ÉDITEUR
RUE RACINE, 26, PRÈS L'ODÉON

GUIDE PRATIQUE

DE

L'EUROPÉEN

DANS

L'AFRIQUE OCCIDENTALE

DU MÊME AUTEUR :

BAROT-FORLIÈRE

Bégaiements, poésies. Bordeaux 1895.
Poésies nouvelles. Bordeaux-Féret 1895.
En État de Siège, comédie. Bordeaux 1895.
Reconstitution de quelques époques médicales. Bordeaux 1897.
La Gaule africaine (Haute Guinée et Haute Côte d'Ivoire). Angers 1901.

En préparation :

L'Ame soudanaise, chants, récits et légendes.
Trente mois dans l'Afrique occidentale. Notes d'un médecin.

48315. — Imprimerie LAHURE, rue de Fleurus, 9, à Paris.

GUIDES-MANUELS COLONIAUX

GUIDE PRATIQUE
DE
L'EUROPÉEN
DANS
L'AFRIQUE OCCIDENTALE

A L'USAGE DES

Militaires, Fonctionnaires, Commerçants, Colons & Touristes

PAR

Le Dr BAROT
Médecin des Troupes Coloniales

AVEC LA COLLABORATION DE

MM. le Commissaire principal **DESBORDES**, le capitaine **MEYNIER**, de l'Armée coloniale, le professeur **CHALOT**, du Jardin colonial, le Vétérinaire en premier **PIERRE** et **GIMET-FONTALIRANT**, ancien chargé de mission coloniale.

PRÉFACE
De M. **BINGER**
Directeur de l'Afrique au Ministère des colonies

PARIS
ERNEST FLAMMARION, ÉDITEUR
26, RUE RACINE, 26

Droits de traduction et de reproduction réservés pour tous les pays
y compris la Suède et la Norvège.

AUX COLONIAUX !

Le *Guide de l'Européen en Afrique occidentale* ayant été écrit dans un but purement utilitaire, nous prions nos camarades de l'armée coloniale et tous ceux de l'administration, du commerce ou de l'industrie qui s'intéressent aux choses d'Afrique, de vouloir bien nous signaler et nous adresser les renseignements pratiques ou les recettes utiles que nous aurions pu omettre. Nous les remercions à l'avance de leur aimable collaboration volontaire qui légitimera et consacrera l'œuvre nouvelle entreprise.

Quoique les observations et les conseils contenus dans ce volume se rapportent plus particulièrement à l'Afrique occidentale française, la plupart d'entre eux peuvent s'appliquer aux zones tropicale et équatoriale de toute l'Afrique.

La prochaine édition du *Guide* comprendra des paragraphes supplémentaires de la Géographie, Histoire et Bibliographie du Congo français.

Des Guides semblables pour l'Afrique orientale et Madagascar et pour l'Indo-Chine française paraîtront ultérieurement.

PRÉFACE

Tous ceux que les nécessités de leur carrière, l'ambition, l'attrait de l'inconnu, le désir légitime d'obtenir par le travail aux contrées lointaines un gain rémunérateur, ont mis, un jour, en route vers nos colonies de l'Ouest africain, se sont demandé jusqu'ici où ils pourraient se procurer les renseignements nécessaires à leurs préparatifs de départ, et acquérir rapidement, sur les pays nouveaux qu'ils allaient habiter, comme sur les difficultés et les obligations avec lesquelles ils allaient se trouver aux prises, la somme de connaissances utiles à la lutte et... au succès. Le jeune fonctionnaire et l'officier nouvellement promu, qui, au début de leur carrière, reçoivent une lettre de service pour le Sénégal, la Guinée, la Côte d'Ivoire, le Dahomey et le Congo, ont éprouvé sans doute, en la circonstance, le même embarras que le commerçant, l'agent de factorerie, ou le jeune homme qui, poussé par l'esprit d'aventure, veut diriger ses efforts — et parfois ses capitaux — vers ces terres nouvelles et mystérieusement attirantes.

Certes, il ne manque point de par le monde — et en France surtout de par le monde colonial — de gens expérimentés en matière africaine et fort capables de donner d'utiles conseils. Il ne manque pas non plus de livres documentés et sérieux où il est possible de puiser toute science et prescience, et d'étudier de près, dans tous les cas, les conditions générales d'un séjour à la côte d'Afrique. Mais les donneurs d'avis et de conseils ne sont pas toujours faciles à rencontrer... et sont quelquefois dangereux à consulter. Chacun d'eux, en effet, bien que n'ayant ni tout vu ni tout retenu, n'hésite pas à répondre à toutes les questions, et à formuler, souvent sans réfléchir suffisamment, des axiomes et des règles au moins exagérés. D'ailleurs les choses souvent se déforment dans une conversation, et restent imprécises ou mal définies.

Les livres, d'autre part, sont de gros in-folio, bien nourris de faits et de considérations générales, mais trop complexes, trop difficiles à consulter, pas suffisamment pratiques. Il faudrait, pour en retirer l'enseignement cherché, les lire tous, les analyser longuement et fastidieusement, ce qui, en tout état de cause, demanderait presque toujours un long et difficile travail.

Dans la bibliographie coloniale — si complète déjà cependant — un livre manquait donc, un petit livre, modeste, de format moyen et pratique à consulter, sans grandes ambitions, sinon d'être utile, un mémento où seraient condensées les premières connaissances indispensables au colon, au fonctionnaire, à l'officier. Le *Guide pratique de l'Européen à la côte occidentale d'Afrique* comble aujourd'hui cette lacune et satisfait entièrement à cette définition. Arrivant à son heure, sans grand bruit, il contient, sous le couvert sans prétention de son titre, toute cette « substantifique moëlle » dont a parlé Rabelais. Il est bien informé et disert; il sait tout et parle de tout, de géographie, d'histoire, de commerce, d'agriculture, de médecine, de tarifs douaniers, et de tant d'autres matières que l'énumération en serait trop longue. Il donne des recettes culinaires et... des recettes administratives; il apprend à se soigner soi-même et aussi à se défendre contre les embûches des règlements; en un mot, c'est en 500 pages un raccourci de la vie coloniale, ou du moins un résumé fidèle et complet de tout ce qu'il faut savoir pour vivre utilement et sans encombre cette vie toute spéciale.

C'est aussi — et il faut de cela louer tout particulièrement les auteurs — un bréviaire d'humanité et de bonté pour tout ce qui concerne les indigènes. L'Européen en Afrique, et surtout celui qui y séjourne pour la première fois, est trop souvent tenté d'agir vis-à-vis des noirs en conquistador. L'énervement dû au climat, l'impossibilité parfois de se faire comprendre, la force d'inertie et la passivité des populations expliquent, sans l'excuser, cette attitude, d'ailleurs maladroite et impolitique au premier chef. Il faut avec l'indigène autant de douceur que de fermeté, il faut ne jamais oublier que dix-neuf siècles de civilisation nous séparent de son ignorance et que nous devons être avant tout pour lui des éducateurs et des protecteurs.

Cette conception si belle de notre rôle vis-à-vis des races noires, j'ai été heureux de la retrouver partout dans le *Guide pratique de l'Européen à la Côte d'Afrique*. Il est des pages qui sont ainsi toutes fleuries de bienveillance et de charme, malgré l'aridité des conseils techniques qu'elles contiennent, des pages qui laissent à l'esprit une impression attendrie, et font songer que l'âme française renferme des réserves infinies de pitié pour les humbles. . . . .

Et ce bon livre, cette petite encyclopédie — le mot est mérité — a l'avantage inappréciable et la bonne fortune singulière d'avoir été conçue, rédigée et mise au point par de vrais coloniaux. J'entends par là que les auteurs ont été en leur temps — et il n'y a pas longtemps — gens de la brousse, qu'ils ont passé de longues années à la Côte d'Afrique, et que, fonctionnaires ou officiers, ils possèdent tous, dans les sujets divers qu'ils ont abordés, des compétences spéciales.

Bien que tout jeune encore, le docteur Barot a parcouru déjà — la plupart du temps à la suite des colonnes qui ont opéré dans ces régions — une grande partie des territoires du Sénégal, de l'ancien Soudan et de la Côte d'Ivoire. Partout il a observé, partout il a retenu et, se souvenant des difficultés rencontrées, il a voulu les éviter à ceux qui le suivraient, et faire profiter ceux-ci d'une expérience durement acquise. C'est là une louable et noble pensée dont il convient de lui savoir le plus grand gré.

Il a su aussi, et ce n'est pas là son moindre mérite, s'entourer de collaborateurs précieux, tous ayant fait leurs preuves, tous également versés dans les choses des pays d'Afrique, que, réunis, ils connaissent entièrement du Sénégal au Congo. Les noms du commissaire Desbordes et du capitaine Meynier sont trop connus à la côte occidentale d'Afrique et dans les milieux coloniaux pour qu'il soit utile d'insister; et le vétérinaire Pierre comme M. Chalot ont montré déjà suffisamment combien, dans leurs spécialités, ils étaient documentés et préparés, par leurs séjours au Soudan et au Congo, pour que les chapitres qu'ils ont traités soient assurés d'être favorablement accueillis.

Ces jeunes — car ils le sont tous encore — ont fait œuvre utile. Il faut leur en être reconnaissant et les encourager. Et c'est ce qui m'a décidé à leur servir de parrain, et à présenter au lecteur leur petit livre, qui pourrait bien constituer un très réel progrès, et qui, dans tous les cas, est appelé à rendre les plus grands services à ceux qui le consulteront.

G. BINGER.

TABLE ANALYTIQUE DES MATIÈRES

PREMIÈRE PARTIE

CHAPITRE I. — GÉOGRAPHIE
(M. Barot)

Définition. — Limites. — Superficie	1
Enclaves étrangères	2
Possessions françaises	4
Géologie	5
Orographie. — Montagnes	5
Hydrographie maritime. — Littoral. — Barre. — Raz de marée.	7
Hydrographie fluviale. — Les bassins côtiers. — Le Niger	9
Climat et régime des eaux	15
Flore. — Faune. — Minéraux	17
Races et langues	19
Divisions administratives	22
Industrie et commerce	24
Voies et moyens de communication avec la Métropole. Chemins de fer. — Phares. — Routes. — Télégraphes	25
L'Avenir de l'Afrique occidentale	26

CHAPITRE II. — HISTOIRE
(M. Barot)

Ire Période.	— Antiquité et moyen âge — à 1402	29
IIe —	1402-1758	30
IIIe —	1758-1814	30
IVe —	1815-1854	31
V^e —	1854-1865. Faidherbe	32
VIe —	1865-1879	33
VIIe —	Grandes missions. — 1880-1895	33
VIIIe —	1895-1902	35

CHAPITRE III. — BIBLIOGRAPHIE
(M. Barot)

Bibliographie chronologique de 1632 à 1902. 57

CHAPITRE IV. — CE QUE L'EUROPÉEN VA FAIRE EN AFRIQUE
(MM. Desbordes et Barot)

1° Fonctions administratives.
    Organisation générale 47
    Affaires indigènes 48
    Justice. — Instruction publique. — Cultes 48
    Douanes 50
    Postes et télégraphes. — Câbles. 50
    Finances 51
    Travaux publics, etc. 51
2° Postes militaires.
    État-major général et particuliers 52
    Service des troupes 52
    Services administratifs 53
    Service de santé 53
3° Emplois civils.
    Professions libérales 54
    Maisons de commerce 54
    Professions diverses 54
4° Sociétés de colonisation 54
5° Sociétés de secours aux coloniaux 54

DEUXIÈME PARTIE

CHAPITRE V. — VOYAGES ET DÉPLACEMENTS
(M. Barot)

1° Désignations. — Démarches 55
    Permission de départ 55
    Avances de solde. — Mandats 56
    Procurations. — Délégations 57
    Départ 57
II° Compagnies de navigation (voir Ch. XVIII).

TABLE ANALYTIQUE DES MATIÈRES.

III° Vie à bord.
    Cabines. — Mal de mer. — Bagages 58
    Débarquement 59
    1° A quai; 2° en rade; 3° par le warf; 4° par la barre. 60
    Rapatriements. 61
    Voyage de retour 61
    Douanes et octrois (voir Ch. XI).
IV° Voyages collectifs : chemins de fer. — Bateaux à vapeur.
    Convois. — Chalands et pirogues 61
V° Voyages individuels. — Chevaux. — Hamacs. 65
    Des porteurs et des bagages. 67
    Du choix des bagages 69
VI° Incidents de route. — Étapes. — Gîtes. — Cours d'eau. —
    Marais. — Haltes. — Campements 70
VII° Indemnités de route, de séjour et d'entrée en campagne . 75

CHAPITRE VI. — HABITATION
(M. BAROT)

I° Dans les villes du littoral. — Hôtels. — Chambres. — Fac-
    toreries. — Désinfection des appartements 77
II° Dans les postes de l'intérieur. 78
    Construction.
    Emplacement et terrain 79
    Types de constructions : provisoires, définitives, démon-
    tables 80
    Matériaux et règles de construction. — Bois et charpentes. 85
    Parois. — Pierres. — Briques. — Pisé 87
    Toitures. — Paille. — Tôle. — Tuiles 89
    Plafonds et planchers. — Sol 90
    Mortiers. — Ciments. — Chaux. — Mastics 91
    Portes et fenêtres. 92
    Vernis et peintures. — Colles. 93
    Hygiène des appartements (chaleur, lumière, parasites) . 94
    Dépendances.
    (Cuisines, cabinets, écuries, salles de bain, etc.). . . . 96
III° Dans les villages indigènes. — Différents types de cases
    (bambaras, toucouleurs, tomas, djiminis, baoulés) . . . 98
IV° Dans la brousse.
    Bâches. — Tentes 99
    Mobilier portatif (sièges, tables, lits). 100
    Mobilier improvisé. 102

CHAPITRE VII. — **ALIMENTATION**
(MM. Barot et Chalot)

I° Hôtels et pensions	103
II° Popotes. — Matériel. — Personnel. — Locaux	104
III° Vie isolée	106

Des aliments.

Rations réglementaires	107

Vivres frais.

Viandes de boucherie. — Gibiers. — Oiseaux. — Poissons.	108
Légumes et fruits indigènes	110
Utilisation de quelques plantes indigènes	111

Jardins, par M. Chalot.

Leur utilité	112
Emplacement. — Dispositions	113
Insectes nuisibles	115
Graines potagères	115
Principaux légumes. — Leur culture	116
Plantes vivrières	126
Fruits	128
Aliments légers	132

Vivres conservés.

Conservation des aliments (congélation, dessiccation, fumage, enrobement, salaison, stérilisation, coloration).	132
Conserves utiles en Afrique	134
Soins à donner aux conserves	134
Recettes culinaires utiles (sauces, bouillons, entremets, desserts)	135
Utilisation de quelques produits indigènes	138
Fours improvisés	139
Prix des principales denrées	140

Boissons.

Européennes (vin, bière, cidre, limonades, alcools, eaux minérales)	140
Indigènes (dolo, banghi)	141
Boissons diverses (aromatiques, rafraîchissantes, artificielles, gazeuses)	141

Eau potable.

Divers procédés de purification	145
Divers filtres employés	145
Envois de vivres	145
Hygiène de l'alimentation	145

CHAPITRE VIII. — ÉQUIPEMENT
(M. Barot)

1° Linge de corps..	147
Entretien du linge. — Teintures	149
2° Vêtements superficiels.	150
3° Tissus imperméables.	152
4° Couvertures	153
5° Coiffures de jour, de soir	153
6° Parasols et parapluies.	154
7° Chaussures. — Guêtres et bottes	154
8° Toilette. — Propreté générale. — Savons. — Tubs. — Cuvettes. — Baignoires.	156
Soins particuliers	157
Trousses de toilette	158

TROISIÈME PARTIE
DU TRAVAIL AUX COLONIES

CONSIDÉRATIONS GÉNÉRALES SUR LE TRAVAIL DES INSTRUMENTS DE TRAVAIL 159
(M. Barot)

CHAPITRE IX. — ART MILITAIRE
(M. Meynier)

Généralités.
Rôle de l'officier européen. — Devoirs	163
Qualités physiques et morales du tirailleur	164
Son instruction militaire	165

I. *Service des Postes.*
Tableau de service. — Exercice. — Théorie. — Tir	166

II. *Service en reconnaissance et en colonne.*
a). Préparation des ordres. — Renseignements. — Guides. Cartes.	168

b). Composition des colonnes. — Troupes auxiliaires.
— Les Femmes 169
c). Convois. 170
d). Exécution des reconnaissances. — Nos ennemis en
Afrique occidentale. 171
    Tactique de Marche.
Etapes. — Haltes. — Convoi 172
Alimentation en campagne 173
Formations de marche 174
   a). Soudan. — Formation contre la cavalerie. —
    Carré. — Marche à proximité de l'ennemi. —
    Marche de nuit 175
   b). Pays équatoriaux. — File indienne. — Colonnes
    par eau 176
    Du Stationnement.
Cantonnement. — Emplacement de combat. — Service
de sûreté 178
Bivouacs. — Divers types. — Haies. — Abatis 179
    Du Combat.
Chez les Touareg 182
Au Soudan. — Combats en rase campagne. — Attaque
des villages 184
Dans la forêt équatoriale 188
   c). Les comptes rendus 190
Rapports. — Itinéraires. — Cartes 192
III. — *Construction des postes.*
Emplacement. — Conditions tactiques 194
Tracé de l'enceinte. — Profil 196
Postes provisoires et définitifs 197
Constructions en terre. — Palissades 198
Aménagement intérieur : logements, magasins, pou-
drières, écuries 199

CHAPITRE X. — **ADMINISTRATION**
(M. Desnordes)

Obligations et droits des personnels énumérés au chapitre IV .
I. — *Services politiques et de gouvernement.*
   a). Gouvernement général 201
   b). Gouvernements 201
   c). Secrétariat général 201
   d). Affaires indigènes. — Commandants de régions et
    de cercles 202

TABLE ANALYTIQUE DES MATIÈRES.   XVII

  e). Instruction publique 204
  f). Cultes. 204
  g). Police. — Gendarmerie. — Prisons 205
  h). Service sanitaire. 205
  i). Assistance publique. 205
II. — *Services financiers.*
  a). Définition 205
  b). Ordonnateurs 206
  c). Comptable 206
  d). Services administratifs militaires. — Bureau des fonds. 206
  e). Budget local. — Secrétariat général. — Bureau des finances 207
  f). Trésorier-payeur 207
  g). Agences spéciales. 207
  h). Comment et où l'on peut se faire établir et payer un mandat de payement à la côte occidentale d'Afrique . 208
  i). Banque de l'Afrique occidentale. 208
III. — *Administration de la justice.*
  a). Sénégal. — Cour d'appel 209
    Tribunaux de première instance 209
    Cour d'assises 210
    Administrateurs de Sedhiou et Bakel 210
    Justice musulmane 210
  b). Haut-Sénégal et Moyen-Niger. — Justice de paix à compétence étendue. 210
  c). Guinée française. — Côte d'Ivoire. — Dahomey.
    Tribunal supérieur 211
    Cours criminelles. 211
    Justices de paix à compétence étendue 211
    Tribunaux de première instance 212
    Tribunaux indigènes 212
    Tribunal spécial 212
    Audiences foraines 212
  d). Congo français.
    Tribunaux de première instance 212
    Justices de paix 212
    Conseil d'appel. 213
IV. — *Positions diverses du personnel. — Soldes. — Indemnités.*
  1° Des diverses espèces de soldes et des positions auxquelles elles s'appliquent 213
    a). Activité. 213

XVIII TABLE ANALYTIQUE DES MATIÈRES.

   Solde de présence 214
   — de permission 215
   — de congé. — Différents congés 215
   — de détention 217
   — de captivité 217
   — de résidence libre 217
  b). Non-activité 217
  c). Disponibilité 217
  d). Réforme 217
 2° Accessoires de solde.
  a). Suppléments 217
  b). Indemnité 217
 3° Privation de solde.
  Retenues de solde 218
  Délégations 218
 4° Règles générales des payements.
  Livrets de solde 219
  Réclamations 220
 5° Tarifs de solde 221

CHAPITRE XI. — TRANSACTIONS COMMERCIALES
(M. Desbordes)

I. — *Commerce.*
 a). Vue d'ensemble 225
 b). Fondation d'un établissement commercial 226
 c). Employés de commerce 227
 d). Transactions. — Echange et troc. — Achats en numéraire 228
 e). Rapports entre le commerçant et l'indigène . . . 230
 f). Intérêts des capitaux engagés 231
II. — *Régime douanier. — Tarifs des droits de douane et des patentes.*
 a). Sénégal 231
 b). Haut-Sénégal 234
 c). Guinée 234
 d). Côte d'Ivoire 237
 e). Dahomey 240
 f). Congo 243
III. — *Concessions territoriales et domanialité.*
 a). Principes généraux 251
 b). Aliénations 251
 c). Concessions 251

d). Conditions de l'attribution des concessions :
    1° de 10 000 hectares et au-dessous 252
    2° de grande étendue. — Décret, cahier des charges 255
e). Sociétés concessionnaires déjà existantes 258
f). Législation domaniale. 258
g). Domaine public 259
h). Régime forestier. 259
i). Propriété foncière 259

IV. — *Régime minier.*
a). Mines et carrières 260
b). Autorisation préalable. 261
c). Régions ouvertes ou non à l'exploitation. 261
d). Permis d'explorations. 261
e). Permis de recherches. 262
f). Permis d'exploitation 265

CHAPITRE XII. — EXPLOITATIONS AGRICOLES
(M. CHALOT)

Plantes utiles. — Grandes cultures. — Jardins d'essai. — Exportation. — Climat. — Exploitations agricoles :
    Au Sénégal. 265
    Au Soudan 269
    En Guinée 269
    A la Côte d'Ivoire 274
    Au Dahomey. 277
    Au Congo. 279

CHAPITRE XIII. — DES PLAISIRS ET DES SPORTS
(M. BAROT)

1° *Lectures.* — Journaux. — Revues. — Livres 285
2° *Correspondance.* — Papier. — Cachets. — Encre. — Machines à écrire. — Autocopistes 286
3° *Musique.* 287
4° *Beaux-arts.* — Dessin. — Peinture. — Modelage. — Sculpture. — Estampage. — Décalque 287
5° *Photographie.* 289
    Appareils. 290
    Objectifs. — Obturateurs. — Pieds 290
    Accessoires divers. — Produits photographiques. — Manipulations 291
    Cinématographie. — Photo-peinture et photo-miniature . 292

6° *Collections.*
    A. Zoologie. — (Mammifères. — Oiseaux. — Reptiles. —
        Mollusques. — Insectes) 293
    B. Botanique 295
    C. Minéralogie. 297
    D. Collections diverses (armes, bibelots, étoffes, cuirs,
        outils, etc.) 297
7° *Petites occupations* 298
8° Distractions indigènes (tamtams, fêtes) 298
    Des sports.
9° *Chasse.*
    Principaux gibiers. 299
    Armes 302
    Munitions. 302
    Équipement 303
    Chiens. — Pièges 303
10° *Pêche.* 304
11° *Équitation* 305
12° *Bicyclette.* 306
13° *Canotage.* 306
14° *Tir.* 306
15° *Marche.* 306
16° *Exercices divers* (Gymnastique. — Exercises, etc.) 307

CHAPITRE XIV. — RELATIONS SOCIALES
(M. Barot)

1° Considérations générales.
    Psychologie du colonial. 309
2° Qualités nécessaires au colonial 310
3° Relations entre Européens 311
    D'officiers à officiers. 312
    De supérieurs à inférieurs. 312
    D'officiers à fonctionnaires 313
    De fonctionnaires à commerçants 313
    Colons 315
    Touristes. 315
4° Relations avec les indigènes.
Croyances (musulmans, fétichistes) 316
Mœurs et coutumes (Sacrifices humains. — Esclavage. — Po-
    lygamie) 318
Propriétés 320
Justice 321

TABLE ANALYTIQUE DES MATIERES.

Éducation. — Écoles. 522
Impôts. 523
Recrutement militaire 524
Domesticité. 524
Main-d'œuvre indigène 525
Hospitalité 526
5° Des femmes :
   Unions temporaires (Conditions. — Motifs. — Enfants). 528
   Unions définitives. — Races nouvelles 531

CHAPITRE XV. — HYGIÈNE COLONIALE
(M. Barot)

I. — Service de santé 533
II. — Rôle du médecin. — Technique et moral. 535
III. — Les ennemis de l'Européen. — (Soleil. — Eau. — Sol. — Moustiques. — Alcool. — Femme.) 536
IV. — Principales médications symptomatiques. — (Les symptômes principaux sont rangés alphabétiquement, de Abcès à Vomissements.) 538
V. — Médicaments des postes sans médecin. — Leur utilisation 559
VI. — Renseignements pratiques. — (Pansements. — Injections. — Secours aux blessés. — Coton hydrophile de fortune. — Poids et mesures de capacité médicinaux. — Poids des gouttes. — Termes usuels de médecine). 565
VII. — Trousses de poche et pharmacies portatives 574
VIII. — Médecine indigène 576

CHAPITRE XVI. — ÉLEVAGE
(M. le Vétérinaire Pierre)

1° *Du Cheval, du Mulet, de l'Ane* 577
  a). Alimentation. 577
  b). Campement. — Écuries. 580
  c). Harnachement. 583
  d). Travail. 584
  e). Hygiène. 585
  f). Pharmacie vétérinaire domestique 587
  g). Médecine vétérinaire usuelle. 589
2° *Des Bœufs* 597
  Alimentation 598

Étables. 399
Pansage. — Maladies. 399
3° *Des Moutons et des chèvres* 403
Bergeries. — Maladies 405
4° *Du Chameau* 409
5° *Des Poules*. 410
6° *Amélioration des races indigènes* 413

QUATRIÈME PARTIE

CHAPITRE XVII. — **TROIS MODÈLES D'ÉQUIPEMENT COMPLET**
(M. Barot)

1° Littoral. 415
2° Zone tropicale 416
3° Zone équatoriale. 418

CHAPITRE XVIII. — **RENSEIGNEMENTS PRATIQUES**
(M. Gimet-Fontalirant)

1. Renseignements généraux utiles :

Service administratif des colonies, Office colonial, Jardin colonial. 421
Courriers de la côte occidentale d'Afrique. 424
Correspondances télégraphiques. 425
Service des colis postaux. 426
Transports. — Frets. 427
Main-d'œuvre. — Usages commerciaux. 429
Compagnies de transport, de navigation, d'assurances, d'armement, etc. 430
Hôtels et restaurants coloniaux. 431
Banquiers. — Taux des opérations de banque. 432
Chambres de commerce. — Monnaies, poids et mesures usités en Afrique 432

TABLE ANALYTIQUE DES MATIÈRES. xxiii

Douanes à l'importation. — Primes d'exportation. — Articles d'exportation 434
Compagnies et maisons de commerce établies dans l'Afrique occidentale 437
Compagnies concessionnaires du Congo 442

II. Adresses utiles :

Sociétés de colonisation 444
Sociétés de secours aux coloniaux 445
Publications annuelles, annales, archives 446
Bulletins, revues 447
Magazines illustrés, publications diverses 448
Journaux coloniaux 449

III. Maisons de fournitures coloniales :

Visite et choix des fournisseurs 450
Crédit par abonnement colonial 451

IV. Table méthodique des adresses commerciales utiles dressée d'après l'ordre des chapitres du volume :

Agences de transports et d'assurances maritimes 451
Hygiène à bord 451
Harnachement, Matériel de transport, Bagages 452
Constructions démontables. — Matériaux divers. — Produits sanitaires 453
Matériel de campement. — Mobilier. — Ménage. — Chauffage. — Éclairage 453
Graines pour cultures 454
Approvisionnement : Conserves et produits alimentaires, Boissons européennes, Eaux minérales 455
Filtres 455
Équipement : Linge, Vêtements, Couvertures, Coiffures, Chaussures, Articles divers, etc. 456
Articles de toilette : Parfumerie, Hygiène 458
Armes et Instruments de précision 458
Instruments de travail 458
Établissements commerciaux : de crédit, de commission, d'assurances, d'agence en douane, etc. 459
Échantillonnage d'exportation : articles pour pacotille, objets de traite 459

TABLE ANALYTIQUE DES MATIÈRES.

Outillage agricole. — Appareillage industriel. 459
Livres. — Journaux. — Revues. (Voir p. 446.).
Articles pour correspondance, dessin, peinture, musique . . . 459
Matériel de photographie, photo-peinture, cinématographie . . 460
Matériel pour collections. — Naturalisation. 460
Jeux et exercices divers. 461
Équipement pour les sports : Chasse, Pêche, Équitation, Bicyclette, Tir, etc. 461
Matériel de pharmacie, chirurgie, hygiène 461
Spécialités pharmaceutiques. — Produits chimiques 462
Soins médicaux. — Prothèse dentaire 463

Feuillets blancs pour notes manuscrites 464

Table alphabétique des noms propres contenus dans le volume. 475

GUIDE PRATIQUE DE L'EUROPÉEN
DANS
L'AFRIQUE OCCIDENTALE

PREMIÈRE PARTIE

CHAPITRE I

DESCRIPTION GÉOGRAPHIQUE

Par le Dr BAROT
Chevalier de la Légion d'honneur, Chevalier de l'Étoile Noire du Bénin.

Définition. — Nous donnerons le nom d'Afrique occidentale à l'étendue des territoires compris entre le 4e et le 21e degré L. Nord, le 11e degré L. Est et l'Océan Atlantique.

Le littoral de l'Afrique occidentale s'étend donc du Cap Blanc au Cameroun.

Ses limites terrestres passent à peu près par les monts de l'Adrar, le désert El Djouf, les plateaux de Tassili, de l'Aïr et le lac Tchad.

Superficie. — On peut évaluer la superficie de l'Afrique occidentale, ainsi délimitée, à environ 5 600 000 km^2; soit un peu plus d'un sixième de la superficie totale du continent africain (29 800 000 km^2).

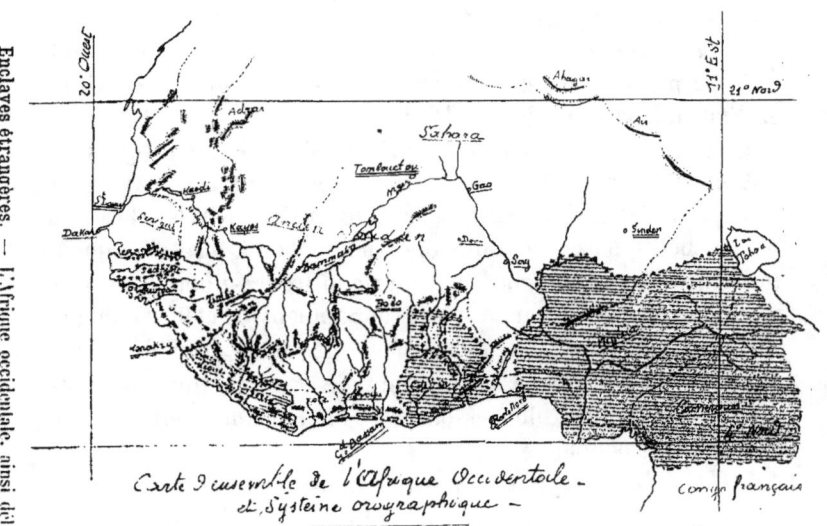

Carte d'ensemble de l'Afrique Occidentale
et Système orographique

Fig. 1.

Enclaves étrangères. — L'Afrique occidentale, ainsi délimitée, n'est pas exclusivement française. Un certain nombre de possessions étrangères se trouvent enclavées dans nos territoires. Ce sont, en allant du nord au sud :

1º *La Gambie anglaise*. — Faible bande de terre courant sur les deux rives de la Gambie jusqu'à Yarbatenda (convention du 10 août 1889).

2º *La Guinée portugaise*. — Point de la côte africaine le plus découpé et le plus anfractueux (convention du 12 mai 1886).

3º *La Guinée anglaise* ou Sierra-Leone. — Pays montueux, boisé, fertile et peuplé (conventions des 10 août 1889, 26 juin 1891, 21 janvier 1895, 4 février 1895).

4º *La République nègre de Libéria*. — État fantôme, fondé en 1822 par une société américaine anti-esclavagiste; constituée en État indépendant depuis 1848.

L'autorité du gouvernement libérien s'étend tout au plus sur une étroite zone qui longe le littoral formant les districts de Monrovia, Mesurade, Sinoë, Maryland et Grand-Bassa. Les peuplades belliqueuses et anthropophages de la forêt échappent totalement à son influence. L'Hinterland franco-libérien n'est, en réalité, surveillé que par nos postes de Sampouyara et Diorodougou.

Ce malheureux État, obéré par une dette trop forte, mal administré, ruiné par la rapacité de ses fonctionnaires, est aujourd'hui à bout de ressources. Son territoire est riche et relativement peuplé.

5º *La colonie anglaise du Gold Coast*. — Vaste et fertile, habitée par les Ashantis (conventions des 10 août 1889, 26 juin 1891, 12 juillet 1893, 14 juin 1898).

6º *Le Togo allemand*. — Entre le Togo et le Gold Coast, se trouve une zone neutre, placée sous le protectorat de ces deux puissances (conventions des 24 décembre 1885, 1er février 1887, 25 juillet 1897).

7º *Le Nigeria anglais*. — Immense possession, occupant les vallées du Bas-Niger et du Bénué; cédée par nous aux Anglais en 1884 (convention du 14 juin 1898).

8º *Le Cameroun allemand*, dont la majeure partie se trouve située dans l'Afrique équatoriale

TABLEAU DES ENCLAVES ÉTRANGÈRES

COLONIES	NATIONALITÉ	SUPERFICIE EN KM^2	POPULATION	VILLES PRINCIPALES
Gambie...	Anglaise.	6.993	50.000	Ste-Marie-de-Bathurst.
Guinée....	Portugaise.	22.000	150.000	Boulam.
Guinée...	Anglaise.	38.850	275.000	Fre-Town.
Libéria...	»	50.000 (?)	200.000	Monrovia.
Gold Coast..	Anglais.	190.094	1.500.100	Coumassie-Acra.
Togo.....	Allemand.	41.400	1.100.000	Togo-Bismarkburg.
Nigeria...	Anglais.	698.600	15.000.000 (?)	Lagos.
Cameroun..	Allemand.	100.000	200.000	Cameroun.
TOTAL......		1.017.957 (?)	18.475.000	

Soit deux fois la superficie de la France et la moitié de sa population.

Possessions françaises. — Les Possessions françaises de l'Afrique occidentale forment un bloc important et compact, dont le cœur serait le bassin du Niger, et qui débouche sur le

TABLEAU DES POSSESSIONS FRANÇAISES

DIVISIONS ADMINISTRATIVES	SUPERFICIE EN KM^2	POPULATION	CAPITALES ET CERCLES
Sénégal et Gambie....	170.000	1.015.000	Saint-Louis. 14 cercles.
H^t-Sénégal et Moyen-Niger.	560.000	800.000	Kayes. 11 —
Mauritanie.........	500.000	100.000 (?)	(Non organisée.)
Ier Territoire militaire...	1.215.000 (?)	1.500.000 (?)	Tombouctou. 8 cercles.
IIe — — ..	250.000	1.200.000 (?)	Bobo-Dioulasso. 7 —
IIIe — — ..	1.500.000 (?)	(?)	Zinder. (?)
Guinée.........	250.000	1.500.000	Konakry. 16 —
Côte d'Ivoire.....	550.000	2.500.000	Bingerville. 14 —
Dahomey...	160.000	1.200.000	Porto-Novo. 15 —
TOTAL......	4.555.000	9.815.000	SAINT-LOUIS. 85 cercles.

littoral en quatre points différents, formant nos colonies : 1° Sénégal et Gambie; 2° Guinée; 3° Côte d'Ivoire ; 4° Dahomey.

L'ancien Soudan français couvrait les territoires de la Boucle du Niger : il a été disloqué le 1er janvier 1900 et morcelé entre

DESCRIPTION GÉOGRAPHIQUE.

les quatre colonies précitées, qui ont ainsi triplé ou quadruplé leur étendue. Les territoires éloignés sont seuls restés pays d'occupation militaire. L'ensemble de l'Afrique française représente neuf fois la superficie de la France et un quart de sa population.

Géologie et relief du sol. — La constitution géologique du con-

Fig. 2.

tinent africain est très mal connue. Cette terre a dû surgir graduellement, sans violents cataclysmes ayant bouleversé son écorce. Son sous-sol, jusqu'ici peu étudié, réserve des surprises.

Montagnes. — Les montagnes de l'Afrique occidentale, au lieu de se différencier en chaînes bien délimitées entourant des bassins fluviaux, se présentent sous l'aspect de rangées concentriques, déterminant des plateaux en gradins qui coupent en plusieurs points les cours des rivières, formant des seuils ou barrages parfois infranchissables.

Pour bien comprendre le système orographique de ce pays, il faut se reporter à la carte un peu schématique que nous en avons dressée. On y distingue nettement les 3 lignes concentriques de hauteurs et les 4 grands gradins qu'elles circonscrivent.

1° PREMIER GRADIN. — Le premier gradin court en bordure le long du littoral : en sa profondeur sont creusés les estuaires sinueux ou les deltas marécageux des fleuves africains praticables à la grande navigation. Altitude moyenne de 0 à 50 mètres.

2° PREMIÈRE CHAINE. — La première chaîne va du cap Blanc au mont Cameroun : elle constitue le premier seuil des fleuves, arrêtant devant ses roches les grandes embarcations et le reflux des marées.

Les principales hauteurs qui la forment sont : 1° *les collines de la Mauritanie*, monts Adambessenen, Aukarniana, Emelli, Tamagout, Grand et Petit Targa, Hélip Ahmadou-Hélip Amaghin ; 2° *les coteaux de la Gambie*; 3° *les monts de Guinée*, monts Dianel, Kakilé (700), Kamba (800), Soumba (500), Kakoulima (880) ; 4° *les collines du Libéria*, monts de la Table, Tobaco, Plassa, Pain de Sucre (246) ; 5° *les coteaux du golfe du Bénin*, monts Guiroutou (200), collines de l'Ébrié et du Sanwi, monts Appra (250), Chai (290), Ossoudokou (442), Adaklou, Agou (980), Agamé ; 6° *les collines du Nigéria* qui vont se terminer au pied du mont Cameroun (4000 mètres).

3° DEUXIÈME GRADIN. — Forme l'étendue des cours moyens et navigables des fleuves côtiers. Généralement accidenté, boisé et fertile. Altitude moyenne de 50 à 100 mètres.

4° DEUXIÈME CHAINE. — La deuxième chaîne comprend : 1° *le plateau de l'Adrar*, monts Tangarad, Jel. El Gasba-Irigi, Tiderez ; 2° *les collines du pays Maure*, monts Pounessoumas (200), Sohi Tzékry, Tektané, Garovoé, Akéraré, Jereibé, Baffa, Tateroj, Guidi N'Bala (150), Sarah, Bokachibé, Taumiati (100), Balon (150) ; 3° *les collines du Bondou et du Bambouck* ; 4° *les monts de Guinée*, Kolé, Sénéki, Kelen (600), Moromo (750) ; 5° *les collines du Libéria*, monts Niété (700) et Niénokoué ; 6° *les collines du Baoulé*, monts des Aghas, de Lassan, de Satama ; 7° *les collines de Kong*, mont Komono (1400), chaînes du Pobo, du Lobi et du Gorounsi ; 8° *les collines du Mossi*, mont Naori (1800) ; 9° *les chaînes de l'Atakora* et du Bassari ; 10° *les collines du Sokoto*.

Cette chaîne semble se continuer dans le Sahara par les plateaux du Manga, de l'Aïr, les monts Ahagar, les collines du Tassili, qui limitent au nord les affluents temporaires du Niger.

5° TROISIÈME GRADIN. — Il forme le cours moyen et navigable du

Niger, et le cours supérieur et peu navigable de tous les autres fleuves côtiers. Altitude moyenne : 100 à 200 mètres.

6° TROISIÈME CHAINE. — Elle forme la ligne de partage des eaux du bassin du Niger, et est constituée par : 1° *les collines du Sahel*; 2° *les collines du Kasso*, monts Kita, Hœnguel; 3° *le massif du Fouta-Djallon*, orienté du N.-O. au S.-E., monts Sommoboli (900), Diteu, Seré (950), Kompo, Bondi (800), Konkouroua, Loma, Daro (1500), Bounka, Birioua, Tourounia, Niatia, Bassa, Komban, Diatela, Mirabo; 4° *les monts du Kissi*, mont Conrard (1350), sources du Milo et de la Makhona; 5° *les monts du Konian et de Touba*, mont Nimba (2000), Koro; 6° *les collines d'Odienné et de Tengrela*, mont Bota (650), Mina (950); 7° *les collines du Macina et du Bougouni*; 8° *les monts de Hombori*.

7° QUATRIÈME GRADIN. — Il est entièrement circonscrit par la troisième chaîne et forme le bassin supérieur du Haut-Niger. C'est le centre vital de l'Afrique occidentale, berceau des races et des civilisations nègres. Très fertile, bien irrigué et peuplé. Altitude moyenne : 200 à 400 mètres.

En résumé, l'Afrique occidentale est constituée par une série de plateaux d'où surgissent quelques pitons, mais sans hautes chaînes de montagnes.

HYDROGRAPHIE MARITIME ET FLUVIALE

Littoral. — Le littoral français de l'Afrique occidentale est très varié d'aspect : sablonneux au Sénégal, rocailleux et découpé en Guinée, il prend à la Côte d'Ivoire et au Dahomey l'aspect du littoral landais, bordé d'immenses lagunes et couvert d'épaisses forêts. Sa longueur totale est de 1950 km.

La caractéristique du littoral africain est due à l'existence de la *Barre* : c'est un phénomène maritime qui consiste en un déferlement plus ou moins violent et continu sur la plage, de trois hautes vagues, rendant très difficile toute manœuvre d'embarquement ou d'atterrissage. La Barre est due, paraît-il, à la brusque inclinaison du rivage qui descend à de grandes profondeurs en un court espace.

La Barre marine de la côte occidentale ne doit pas être confondue avec la barre qui obture par ses bancs sablonneux l'entrée des fleuves et des rivières et rend parfois impraticables les estuaires africains.

En outre, sur le littoral africain éclatent parfois brusquement de violents raz de marée qui détruisent et submergent des villages entiers : ils sont la répercussion des tourmentes nées à Terre-Neuve et dont les vibrations ondulatoires traversent l'Océan à la vitesse de 200 km à l'heure.

GUIDE DE L'EUROPÉEN DANS L'AFRIQUE OCCIDENTALE.

Sénégal. — Le littoral sénégalais ou Côte de Barbarie, vu du large, semble plat, morne et désert. Il est long de plus de 1000 km.

Ses principales anfractuosités sont :

Le cap Blanc, la baie du Lévrier, le Cap, la Baie et l'île d'Arguin, dont l'entrée est protégée par le Banc d'Arguin où se perdit la *Méduse* en 1816, les îles Louick, Taganet, Tidre et Kidji, la baie Saint-Jean, le cap Mirik. Du cap Mirik à Dakar la côte orientée du N.-N.-E. au S.-S.-W. est presque rectiligne, plane, bordée de nombreux chotts; on y trouve les villages maures de Ndramcha, Marsa, Tivouvourt : le grand lac Ten-Yaya où vient déboucher le marigot des Maringouins, ancien estuaire du Sénégal; l'embouchure du Sénégal avec les villes de Saint-Louis, N'Diago et Gandiolle; la côte du Cayor, enfin le cap Vert, formant la presqu'île de Dakar et protégeant la baie de Gorée, Dakar, Rufisque. Au-dessous du cap Vert, la côte se dirige du N.-W. au S.-E. On y remarque : les villes de Portudal, Nianing, Joal, l'estuaire de la rivière Saloum qui forme 14 îlots marécageux; l'embouchure de la Gambie, large de plusieurs km et défendue par Sainte-Marie de Bathurst; l'embouchure de la Casamance avec la ville de Carabane, le cap Roxo, limite du Sénégal français. (Voir, pour la carte, le bassin du Sénégal.)

Guinée. — Le littoral de la Guinée française, long de 280 km, commence aux îles Tristaô. On y rencontre : l'embouchure du Cogon, le cap Saï, l'embouchure du Rio-Nunez avec l'île de Boffa, l'île et la ville de Coffith, le cap Verga, la ville de Boffa à l'embouchure du Fatalla (Rio-Pongo), les îles Marara et Quito, l'embouchure du Koukoré avec l'île de Kontembé, la baie de Sangarea au fond de laquelle se trouve la ville de Dubréka, la presqu'île de Konakry, les îles de Los (aux Anglais), l'embouchure des rivières Marebaria et Forecaria, avec les îles de Matacong et de Kabach, l'embouchure de la Mellacorée avec la ville de Benty, enfin le cap Sallahtouck.

Côte d'Ivoire. — Le littoral de la Côte d'Ivoire, long de 550 km, commence à l'embouchure de la rivière Cavally qui nous sépare du Libéria. On y trouve : le poste de Tabou sur la rivière Tabou, l'embouchure du Dodo, le poste de Béréby, l'embouchure du San Pedro avec le poste et le Phare de San Pedro, les villages de Drevin, l'embouchure du Sassandra, le poste du Sassandra, le village de Fresco, l'embouchure du Daguiré et de la lagune de Fresco, les villes De Petit et Grand Lahou, l'embouchure du fleuve Bandama et de la lagune de Lahou, le village de Krafy, le poste de Jaqueville, les villes de Petit et Grand-Bassam, l'embouchure de la grande lagune Ebrié et du fleuve Comoë, l'embouchure de la lagune Aby et la ville d'Assinie.

DESCRIPTION GÉOGRAPHIQUE.

Dahomey. — Le littoral dahoméen, long de 120 km, commence à l'île Bayol; on y rencontre : les villes d'Agoué et de Grand Popo, l'embouchure de la lagune de Ouidah et de la rivière Kouffo, la ville de Kotonou, l'embouchure de la lagune et du fleuve Ouémé, le petit village de Seme qui limite notre territoire.

Fleuves. — Les cours d'eau de l'Afrique occidentale française peuvent se diviser en 2 groupes bien distincts : 1° les fleuves côtiers, qui coulent de l'est à l'ouest ou du nord au sud; 2° le Niger et ses affluents coulant du sud au nord et de l'ouest à l'est.

Fleuves côtiers. — Premier groupe : Sénégal et Guinée. A). *Sénégal.* — Le fleuve Sénégal, long de 1700 km, suit une direction générale du S.-E. au N.-W. Il prend sa source dans le Fouta-Djallon, non loin de la ville de Timbo, sous le nom de Bafing (fleuve noir). — Se dirige d'abord du S.-W. au N.-E. puis obliquant brusquement vers le N.-W., arrive au village de Bafoulabé où, se réunissant au Bakoy, il prend le nom de Sénégal. Le Sénégal franchit les chutes de Gouina et du Félou, traverse Médine, Kayes, s'étale sur le barrage de Temboukané qui correspond à la 2° chaîne montagneuse, passe à Bakel. Au-dessous de cette ville il se divise en deux bras, dont l'un, celui de droite, forme le Sénégal proprement dit, passant à Matam, Kaédi, Saldé et Podor, et l'autre, celui de gauche, prend le nom de marigot de Doué ou Douai et passe à Aeré. Le Sénégal franchit la 1re chaîne au barrage de Mafou et à partir de ce point s'étale large et majestueux, navigable en toutes saisons; il passe à Dagana, Richard-Toll, puis brusquement se dirige du N. au S. pour aller se jeter dans l'océan à 12 km au-dessous de Saint-Louis.

Ses affluents principaux sont : Rive droite, 1° le Bakoy formé lui-même par le Bakoy, le Baoulé et la Darouma; 2° la Kolimbine; 3° le Gourgoul; 4° le marigot des Maringouins, ancienne embouchure obturée du Sénégal. Rive gauche, 1° la Falémé qui passe à Sansanding.

Dans le cours inférieur du fleuve, à sa droite et à sa gauche, se trouvent les grands lacs de Cayar et de Guier, dont les eaux se déversent dans le fleuve ou inversement. Enfin au-dessous de Richard Toll, il se divise en plusieurs bras que l'on appelle marigots de Lampsa, de Makhana et qui viennent le rejoindre au niveau de Saint-Louis.

L'entrée du Sénégal obstruée par des bancs mobiles est difficilement franchissable.

B). *Le Saloum.* — Long de 110 km, passe à Foundiougne et Kaolak.

C). *La Gambie.* — Longue de 650 km environ, n'a que 310 km de son cours en territoire français. Reçoit le Grey et le Sandougou.

D). *La Casamance.* — 320 km, passe à Sedhiou, Zighinkor et Cara-

Fleuves du Sénégal et de la Guinée —

Fig. 3.

bane, reçoit le Mamboliou! et le Songrogou. Estuaire large navigable sur 150 km.

E). *Le Rio Grande.* — 580 km dont 150 seulement en sol français, passe à Kadé.

F). *Le Cogon.* — 260 km (Rio Compony).

G). *Le Rio Nunez.* — 150 km, passe à Boké.

H). *Le Rio Pongo.* — 200 km, passe à Boffa (Fatalla).
I). *Le Konkoré.* — 240 km; affluents, le Kakrima et le Yaringueri; passe à Labé et Bramaya.
K). *Le Forecaria*, 80 km.
L.) *La Mellacorée*, 70 km, passe à Benty.

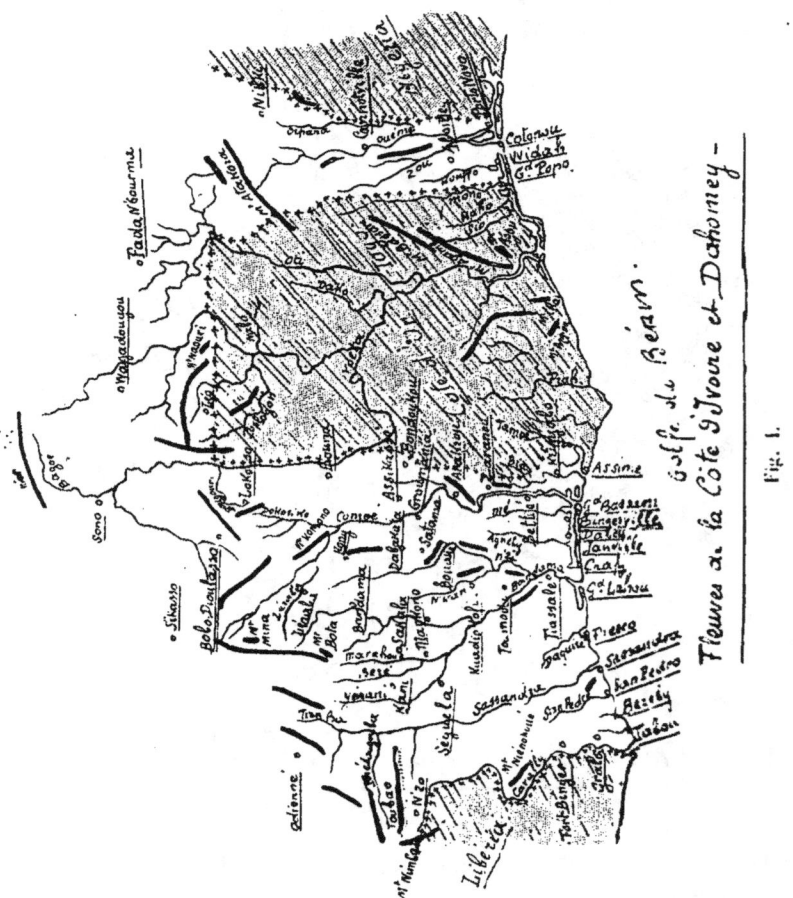

Fig. 1.

Deuxième groupe : Côte d'Ivoire et Dahomey. — Ces fleuves suivent une direction générale allant du N. au S. Ce sont :
1° *Le Cavally* ou Dou, 400 km, reconnu par Pobéguin, Hostains et d'Olonne, passe à N'zo et Fort-Binger, nous sépare du Libéria.

2° *La rivière Tabou*, 180 km.
3° *La rivière Dodo*, 70 km, passe à Béréby.
4° *Le San Pedro*, 150 km environ.
5° *Le Sassandra*, 560 km, dont la plus grande partie du cours vient d'être reconnue par Thomann, est formé par la réunion de la Férédougouba, du Tien-Bà, du Sien Bà et du Gouan.
6° *La rivière Daguiré*, 100 km, se jette dans la lagune de Fresco.
7° *Le Bandama*, 600 km environ, le plus important des fleuves de cette région pour la facilité de pénétration et de navigabilité. Passe à Bandama, Marabadiassa, Andomié, Kokombo, Tiassalé et se jette dans la lagune de Grand-Lahou. Reçoit à droite : le Béré, le Marahoué ou Bandama rouge grossi du Yérani qui passe à côté de Séguela ; à gauche, le rapide N'zi grossi du N'kan et de la Kplara qui passe à Kuadiokofi.
8° *La rivière Agnéby*, peu importante, se jette dans la lagune Ebrié.
9° *La rivière Mé*, se jette dans le lac Potou, dépendance de la lagune Ebrié.
10° *Le Fleuve Comoë*, 720 km, prend sa source près du mont Mina, passe à Comoë, Groumania, Attakrou, Zaranou, Bettié, Alepé et Grand-Bassam où il se jette dans la lagune Ebrié. Il reçoit à droite le Léraba ; à gauche, le Dokosiéko et le Bahia.
11° *La rivière Bia*, 150 km, se jette dans la lagune Aby; passe à Krinjabo.
12° *La rivière Tanoé*, 250 km, se jette dans la lagune Ehy, nous sépare du Gold Coast.
13° *Le fleuve Volta*, 1500 km. Le plus gros des fleuves inclus dans la Boucle du Niger, prend sa source dans les monts du Bobo par le Banifing et le Baoulé, passe à Boromo, nous sépare du Gold Coast du 500° au 750° km de son cours et entre en territoire anglais. Il reçoit, à gauche, le Bagoé qui passe à Sono, la Volta blanche grossie du Kassini, du Gandiagua, du Toplogon et du Nago, le Dako et l'Oti ou Volta rouge formé par la réunion du Yanga, du Yerbané et du Salary. Le Volta se déverse dans l'Océan par une lagune marécageuse formant une sorte de Delta.
14° *La rivière Mono* qui se jette dans la lagune de Widah, longue de 340 km ; elle sépare le Dahomey du Togo, elle reçoit à droite les rivières Aho et Sio.
15° *La rivière Kouffo*, 150 km passe à Widah.
16° *L'Ouémé*, 440 km, naît aux monts de l'Atakora, passe près de Carnotville et se jette dans les lagunes de Kotonou et de Porto Novo, communiquant avec celle de Lagos. Reçoit à droite le Zou ; à gauche, l'Ocpara.

DESCRIPTION GÉOGRAPHIQUE.

Le Niger. — Le Niger décrit dans l'Afrique occidentale un

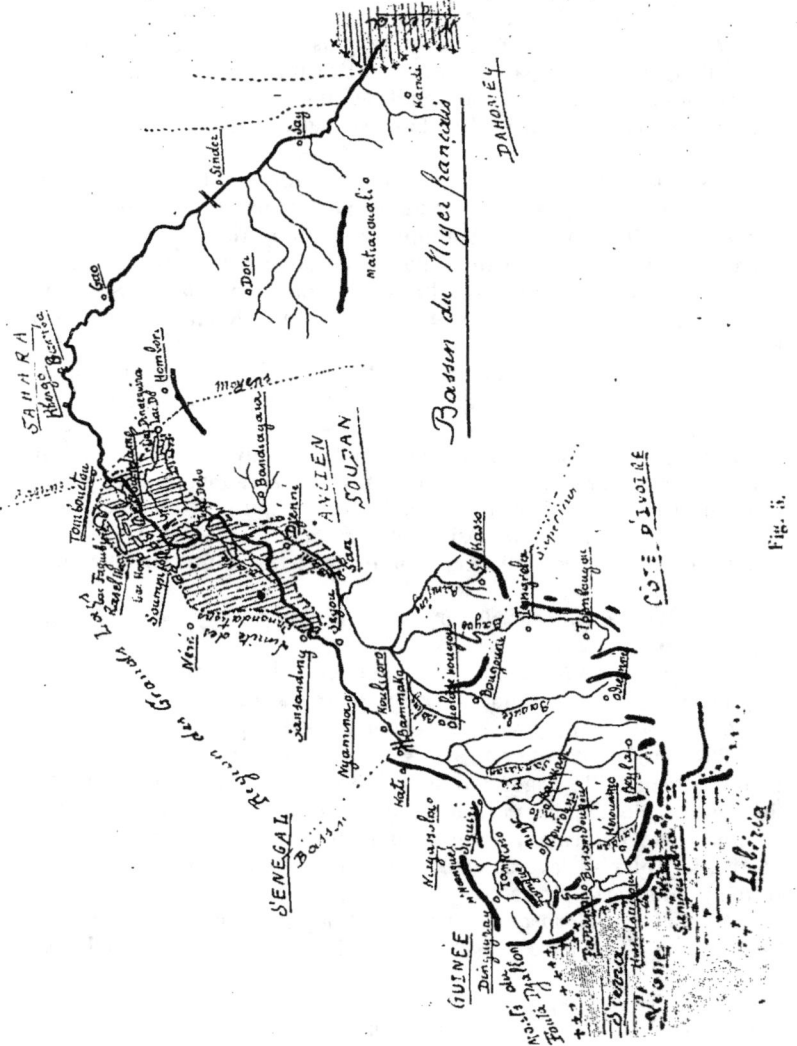

Fig. 3.

immense arc de cercle de 4200 km environ. Il se segmente en quatre parties bien distinctes par leur aspect et leur importance.

I. *De la source à Bammako.* — Ce segment inclus, pour ainsi dire, dans le gradin supérieur des montagnes africaines, présente un aspect tout particulier dû aux accidents de terrain et au grand nombre d'affluents que le Niger y reçoit.

Né dans le Fouta-Djallon, près du mont Daro, le Tambikho prend après sa réunion avec le Fallikho le nom de Dialiba ou Niger. Il arrose successivement Farana, Kouroussa, Siguiri et Bammako. Il reçoit à gauche : le Balé, le Tankisso grossi du Bouka ; — à droite : le Mafou, le Niandan, le Milo qui passe à Kérouané et Kankan, le Fié, le Sankarani formé par le Dion et le Kouroï et grossi du Balé.

De Bammako à Koulikoro, le Niger sort de son étage de roches sur un seuil de 80 km de long qui oppose un immense obstacle à la navigation.

II. *De Koulikoro à Kabara.* — Cette partie du Niger que nous appellerons volontiers Région des grandes inondations est particulièrement curieuse. On se demande, en l'examinant de près, si elle n'est pas le vestige comblé d'un autre Tchad qui ayant progressé lentement aurait fini par ouvrir à ses eaux une route vers l'est, et si l'existence très lointaine d'un immense lac soudanais ne pourrait pas expliquer, par des infiltrations et déversements souterrains, l'existence de ce grand fleuve saharien aujourd'hui tari, l'Igarghar.

Le fleuve Chari et son déversoir le Tchad semblent évoluer d'une façon analogue.

Dans cette seconde partie de son cours le Niger passe à Nyamina, Segou-Sikoro, Sansanding, Mopti, traverse le lac Débo, se bifurque en deux bras l'Issa-Ber et le Barra-Issa qui se rejoignent avant d'arriver à Kabara, port de Tombouctou. Il reçoit, à droite, le Bani ou Mayel-Baletel, formé lui-même par la réunion du Bating, du Baoulé, du Bagoé et du Baniling.

A partir de Sansanding, le Niger s'étale en une vaste cuvette, couverte aux hautes eaux et qui en été forme la région des *Grands Lacs* : on y remarque les lacs Debo, Dinneguira, Dô, Nyangaï, Horo, Fati, Télé, Faguibine, Sompi, Kabara, Korienza, Tenda, qui s'anastomosent entre eux par les marigots de Diaka, Redil, Nyangaï, Bourgou, etc., etc.

III. *De Kabara à Boussa.* — Le Niger, dont le cours se trouve amoindri et régularisé par ces immenses déversoirs, se dirige d'abord droit à l'est puis au sud-sud-est, traversant les villes de Rhergo, Bamba, Bô, Gao, Karou, Sinder, Sansan-Aoussa, Say, Bikini et Garou avant d'entrer en territoire anglais. Il reçoit, à gauche, le Dallou-Boso et le Dallou Fogha, fleuves intermittents du désert ; — à droite, le Garoundjé, le Yali, le Mekrou, le Kerguigoro.

IV. *De Boussa à son embouchure.* — Le Niger coule en territoire

DESCRIPTION GÉOGRAPHIQUE.   15

anglais, reçoit le Benué et va se jeter dans le golfe du Bénin par un immense delta qui ne compte pas moins de 18 branches principales.

CLIMAT ET RÉGIME DES EAUX

Le climat de l'Afrique occidentale se divise en trois zones bien distinctes :

1° *Zone équatoriale*. — Correspond à peu près à la zone de la végétation dense, qui compte deux saisons sèches et deux saisons des pluies. Les vents y soufflent nord-sud, les tornades y suivent une direction nord-est-sud-ouest. — La quantité des pluies tombées s'y élève de 1 m. 50 à 2 mètres par an. — Le ciel y est toujours gris, saturé de vapeur d'eau, voilant les rayons solaires et en atténuant la nocivité. L'action de la lumière solaire est de l'ordre des rayons ultra-violets. Son pouvoir chimique y est intense.

Le Libéria, la Côte d'Ivoire, la Côte d'Or, le Dahomey, sont dans cette zone.

SAISON D'HIVERNAGE	ÉPOQUE	TEMPÉRATURE MAX.	TEMPÉRATURE MIN.	ÉTAT DU CIEL	HYGROMÉTRIE	PRESSION MOYENNE
Saison d'hivernage.						
Sahara		Pluies très rares et très irrégulières.				
Zone tropicale	Juill.-Nov.	+38	+15	Nuages, tornades.	Variable.	755°
Zone équatoriale. 1°	Août-Nov.	+32	+16	Couvert.	Saturation.	745°
— — 2°	Mars-Juin.	+36	+18	Couvert.	Saturation.	
Saison sèche.						
Sahara	»	+50	—6	Pur.	Nul.	
Zone tropicale	Déc.-Juin.	+42	+1	Pur.	Presque nul.	750°
Zone équatoriale. 1°	Déc.-Févr.	+38	+12	Couvert.	Moyen.	740°
— — 2°	Juin-Août.	+36	+15	Couvert.	Moyen.	

2° *Zone tropicale*. — Correspond à la zone de la petite brousse et des cultures. Une saison sèche et une saison des pluies. Les vents dominants y sont W.-E. en hivernage, E.-W. en saison sèche (ces derniers, chargés de poussières sablonneuses et très pénibles à supporter, s'élevant jusqu'à 40 degrés). Les tornades y suivent une direction N.-W.-S.-E. La quantité d'eau qui y tombe varie de 0,06 centimètres à 1 mètre suivant le degré de rapprochement de l'Équateur. Le ciel y est pur, peu chargé de vapeur d'eau même en hivernage. L'action des rayons solaires y est surtout calorique (rayons infra-rouges). L'équateur thermique traverse cette zone.

3° *Zone saharienne.* — Correspond aux plateaux et déserts sablonneux, les pluies y sont très rares, la végétation y existe à peine, les vents dominants y sont N.-E. S.-W., le ciel y est pur, l'état hygromé-

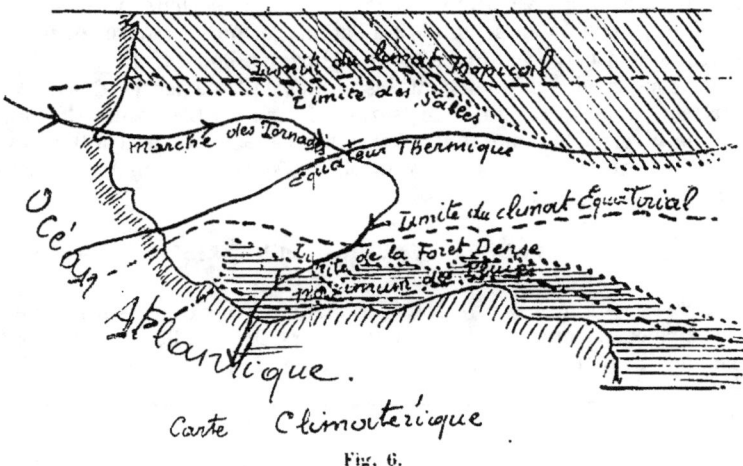

Fig. 6.

trique nul, les rayons solaires y ont surtout une action calorique et lumineuse.

Régime des eaux. — Le régime des eaux de l'Afrique occidentale est étroitement lié aux divers climats des zones dans lesquelles se trouvent les rivières.

Le tableau ci-dessous fera bien comprendre les différences de niveau :

FLEUVES	JANV.	FÉVR.	MARS	AVRIL	MAI	JUIN	JUILL.	AOUT	SEPT.	OCT.	NOV.	DÉC.
Zone tropicale.												
(Les chiffres sont des coefficients proportionnels, non des chiffres vrais.)												
Sénégal	1	1	1	1	2	3	4	4	5	2	1	
Gambie	1	2	1	1	2	3	4	3	2	2	1	1
Niger	1	1	1	2	2	3	4	5	5	5	2	1
Zone équatoriale.												
Bandama	1	2	3	2	1	2	3	4	5	3	2	1
Comoë	1	2	3	1	1	2	3	4	5	3	2	1
Volta	1	2	1	1	2	3	4	3	4	3	2	1

La constitution orographique du sol africain fait que les crues ne sont pas simultanées dans tout le cours du fleuve; elles se produisent par gradins et ne commencent au gradin inférieur que lorsque le niveau maximum est atteint dans le gradin supérieur. Ainsi la crue du Niger, maxima en septembre à Bammako, ne se trouve au même niveau qu'en octobre à Kabara et en janvier à Boussa.

On comprendra de même que les limites de la navigation des fleuves africains soient très variables suivant la saison. Les mêmes bateaux qui en hivernage remontent à Kayes sur le Sénégal, soit à 938 km, s'arrêtent en saison sèche devant Mafou, soit à 520 km de l'embouchure.

FLORE — FAUNE — MINERAIS

Arbres — I. *Arbres fruitiers*. — Bananier, trois espèces principales de bananes. Cocotier, Orangers, Citronniers, Dattier, Goyavier, Corosol, Pomme cannelle, Barbadine ou pomme liane, Ananas, Manguier,

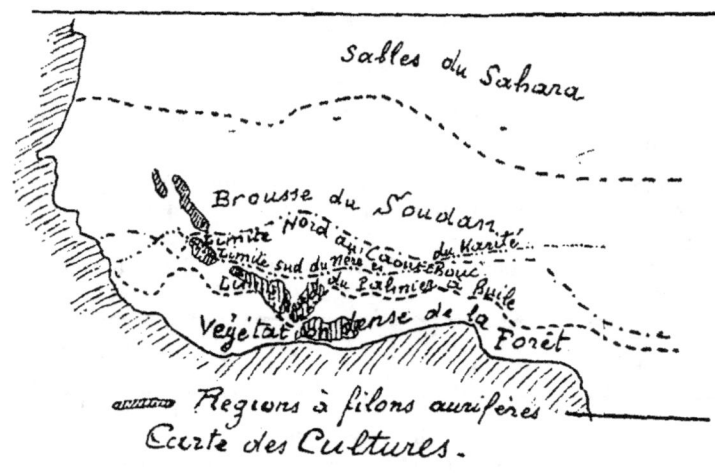

Fig. 7.

Papayer, arbre à pain, Baobab, Caroubier, N'taba ou faux caoutchouc, Palmier ronier, Palmier à huile, Raphia, Palmier d'eau, nombreuses espèces indigènes que mangent les noirs (Hever, Oul, Solom, Soumpa, Sedem, Sanda, Dimba, Mampata, Ditah, Danah, Mada, Ngologne, etc.).

II. *Arbres utiles*. — Karité (beurre abondant, gutta). Caïlcedrat. Fromager (bois et huile). Flamboyant, Tamarinier (graines), les Palmiers, Mûrier, l'Ébène, l'Acajou, le Filao, le Bois de fer, les essences indigènes appelées Dimba, Ven, Ir, Yolo, Dondol, Guédiane, Rat, Hever, Sob, Nguiguis, etc., etc.

III. *Arbres d'ornement.* — Cocotiers, Badamier, Bambous, Paulownia, Parkinsonia, Euphorbe du Cayor, Agave, Figuier de Barbarie, Acacia, N'taba.

IV. *Plantes industrielles.* — Caoutchouc (liane gohine, Ceara, Ficus), Acacia verek (gomme arabique), Gomme adragante (Mbep), Coton, Arbre à soie, Mûrier, Indigo, Henné, Arachide, Sésame, Ricin, Pourguère, Haricot du Kissi.

V. *Plantes alimentaires.* — Mil, Blé, Maïs, Riz, Manioc, Ignames, Patates douces, Haricots, Ozonifiés, Tomate cerise, Piment, Poivron.

VI. *Plantes médicinales.* — Eucalyptus, Café, Vanille, Kinkéliba, Séné, Strophantus, Ricin, Kola, Quinquina, Tamarin, Citron, Yaya, Poivre.

VII. *Lianes.* — Bambous et herbages divers. Les fleurs et les légumes de France poussent très bien dans toute l'Afrique occidentale (V. chap. VII et XII).

Faune. — La faune de l'Afrique occidentale est très riche :

1° *Animaux domestiques.* — Bœuf, Cheval, Bœuf à bosse, Ane, Chèvres, Moutons, Chiens, Chats, Chameau.

2° *Animaux sauvages.* — Lion, Panthère, Lynx, Guépard, Chat-tigre, Once, Hyène, Chacal, Phacochère ou Sanglier, Éléphant, Girafe, Autruche, Hippopotame, Buffles, Antilopes, Gazelles, Biches, Porcs-épics, Lièvres, Singes, Agouti, Rat des rochers, etc.

3° *Oiseaux.* — Aigles, Milans, Vautours, Éperviers, Outardes, Canards sauvages, Poule de Pharaon, Poule de Roches, Perdrix, Pintade, Coq de Pagode, Perroquets, Perruches, Aigrettes, Tourterelles, Pigeons verts, Bécassine, Martins-pêcheurs, Plongeons, Pluviers, etc., et une infinité de petits oiseaux au plumage très riche (Folliotocolle, Colibri, Cardinal, Merle métallique, Gendarme, Veuve, Cordon bleu, Évêque, etc., etc.).

4° *Reptiles et sauriens.* — Caïmans, Iguanes, Caméléons, Lézards, Boa, Trigonocéphale, Serpent minute, Serpent bananier.

5° *Insectes nuisibles.* — Scorpions, Myriapodes, Filaires, Chiques, Fourmi noire, Fourmi cadavre, Fourmi magnan, Termite, Taret, Abeilles, Araignées, etc., etc., Moustiques, Mouches, Papillons, etc.

6° *Faune marine ou fluviale.* — Requins, Marsouins, Sardines, Capitaines, Langoustes, Huîtres, Écrevisses, Poissons de toutes espèces, Crevettes d'eau douce, Sangsues.

Minéralogie. — Minerais de fer, Cuivre, Antimoine et Or. Cal-

DESCRIPTION GÉOGRAPHIQUE.

caires, Grès, Marbres, Schistes, Silices, Marnes, Mica noir, Gneiss, Ardoises, Sel gemme, Porphyres, Kaolins, etc., etc.

RACES ET LANGUES

Pour comprendre l'étude des races de l'Afrique occidentale, il faut encore la subdiviser en 3 zones.

1° **La Zone saharienne** ou des races Berbères où se trouvent des Maures et des Touareg. Les principales tribus maures

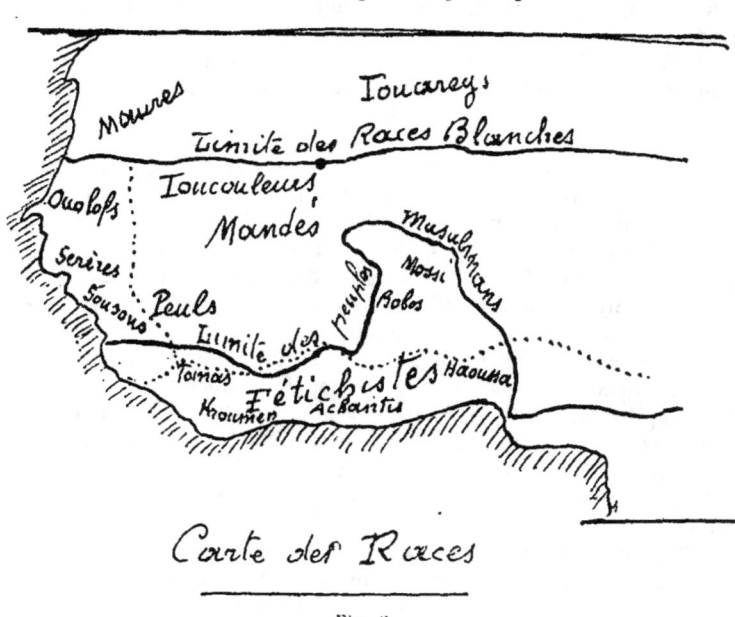

Fig. 8.

sont les Trarzas, les Braknas, les Douaïchs. Les trois grandes tribus touareg sont les Igouadaren, les Aouellimiden et les Irréganaten.

2° **Zone côtière** ou des races autochtones. — Dans cette zone se trouvent les populations autochtones du continent africain et qui furent refoulées par les invasions venues du nord-est et de l'est.

Cette zone peut elle-même être divisée en deux groupes.

A). GROUPE MÉRIDIONAL qui compte les peuplades du Dahomey, Côte d'Or, Côte d'Ivoire et Libéria, présentant un certain nombre de caractères communs: pas de religion dogmatique, des idoles et des féticheurs, des sacrifices humains avec ou sans anthropophagie, peu de vêtements, vie indépendante par famille, village ou tribu, ne savent ni travailler le cuir ni extraire le fer, ne connaissent pas l'usage des montures. — Caractères physiques: grands et forts, membres inférieurs bien musclés, intelligents mais très défiants, peu courageux. — Alimentation habituelle: bananes, manioc, ignames et viande. — Boisson: vin de palme. — Ne pratiquent ni la circoncision ni l'excision. — Principales tribus: 1º les *Yorouban* (Porto-Novo) avec la sous-tribu Nago; 2º les *Dahoman* ou *Evé* (Abomey-Widah) avec la sous-tribu Gèges; 3º les *Haoussa*, formant des villages épars et d'origine étrangère (Bornou); 4º les *Mina* (Widah); 5º les *Ashanti* — grand peuple divisé en nombreuses sous-tribus qui sont: les *Apollonien* (Assinie), les *Fanti* (Gd-Lahou), les *Agni* (Indénié), les *Ton* (Baoulé); 6º les *Pallakha* (Bouna-Kong); 7º les *Jack Jack et Boubouri* (Dabou et Lahou); 8º les *Hommes de Krou ou Kroumen* (Béréby); 9º les *Mona* et les *Los* (Séguela); 10º les *Guerzé*, *Guon* et *Gourko*, anthropophages du Nord libérien; 11º les *Toma* (Sampouyara); 12º les *Kissien* (Kissidougou).

B). GROUPE SEPTENTRIONAL qui comprend les tribus de la Guinée, de la Gambie et du Sénégal qui sont l'avant-garde des grandes hordes Mandé ou Peulhs, refoulées à leur tour par les tribus mères plus fortes.

Elles sont musulmanes et empruntent beaucoup à la civilisation soudanaise. — Cependant le temps a établi entre leurs langues, leurs mœurs et celles des peuples Mandé de grosses divergences qui en font des groupes bien nets. — Ce sont les tribus: 1º *Sousou* (Guinée); 2º les *Serères* (Gambie) avec leur sous-tribus des Diola (Casamance); 5° les *Ouolof* (Sénégal).

3° **Zone centrale ou des races soudanaises.** — Cette zone qui forme la part la plus considérable de l'Afrique occidentale est nettement soumise à l'influence de deux civilisations.

1° *La race Mandé* qui envahit le Soudan vers le xii° siècle. Fétichistes au début, ils sont pour la plupart devenus musulmans au contact des Peulhs. — Grands, courageux, intelligents, cavaliers, sachant travailler le fer et les métaux précieux, discoureurs habiles, ils n'eurent pas de peine à refouler les autochtones vers le littoral maritime. Doués du génie du trafic, ils parcoururent en caravanes toute l'Afrique et s'enrichirent vite; ils s'unirent à toutes les diverses races à leur contact et formèrent de nombreuses sous-tribus.

Pratiquent la circoncision et l'excision. Ont des notions rudimentaires d'art et de musique.

Leurs principales tribus sont : les *Bambara*, les *Malinké*, les *Kassonké* (Bafoulabé-Kita), les *Sénoufo ou Sienè Ré*, les *Dioulas Mandé* (Kong).

Leur croisement avec les *Maures* au N. a donné naissance à la puissante *race Toucouleur*. Un nouveau croisement des Maures avec les Toucouleur a créé les *Pourognes* (Kaéli).

Le croisement des Mandé avec les Peulhs a donné les *Soninkes ou Sarakolets*. Le croisement des Mandé avec les races autochtones soumises a donné: les *Marka* (Marabadiassa), les *Balantes* (Gambie), les *Taguana* (Menkono), *Djimini* (Dabakala), les *Bobo* (Bobo Dioulasso), les races du *Mossi* et du *Goroussi*.

Enfin des groupes de Mandé ayant émigré ont fondé les deux tribus des *Djermas* (Say) et des *Taï* (Guinée).

Cette race Mandé est, comme on le voit, forte et envahissante : elle repeuplera très vite le Soudan dévasté par les traitants et les négriers.

2° *La race Peulh* venue d'Égypte à une époque indéterminée et dont des familles se sont fixées en tous les points de l'Afrique connue du Sénégal au Nil et au Congo.

De race fellah, industrieux et intelligents, tous musulmans, pasteurs et bergers, travaillant les tissus et les cuirs, ils ont su s'imposer aux races nègres et peu à peu acquérir partout où ils se trouvaient la prédominance sociale. Ils sont disséminés dans toute l'Afrique occidentale sous les noms de Pouls, Foulahs, Foulbé, et ne forment un groupe compact que dans le Fouta-Djallon.

La pureté de cette race est en train de se fondre au milieu des Mandé qui ont par contre beaucoup gagné au contact des Peulhs et beaucoup emprunté à leur civilisation.

Langues. — Les langues parlées dans l'Afrique occidentale sont en relation directe avec l'importance des tribus qui les emploient. Ce sont par ordre d'importance : le *Bambara*, avec ses dialectes Kassonké, Malinké, Dioula, Sarakolet, le *Toucouleur* ou *Peulh*, le *Ouolof*, l'*Agni*, l'*Arabe*, le *Sousou*, le *Dahoman*, le *Mossi*, le *Sénoufo*, etc., etc.,

Race disparue. — On retrouve les vestiges d'une grande civilisation passée, dont quelques représentants vivent encore dans les îles du Moyen-Niger : les *Songhaï*. L'empire songhaï, qui fut l'apogée de la grandeur soudanaise, semble avoir été créé par des tribus de la Haute-Égypte, émigrées vers le VIIIe siècle.

DIVISIONS ADMINISTRATIVES

L'Afrique occidentale française forme un seul groupe, placé au point de vue politique sous les ordres du gouverneur général. Près de lui, directement sous ses ordres, se trouvent les différents chefs des services : commandant supérieur des troupes, commissaire en chef, médecin en chef, secrétaire général, chef de la justice civile, etc., etc. Au point de vue administratif, l'Afrique occidentale se divise en quatre colonies qui comprennent chacune un certain nombre de circonscriptions territoriales.

1° **Le Sénégal.** — Capitale Saint-Louis, 20 000 habitants. Résidence du gouverneur général.

Trois zones territoriales :

A). *Les pays annexés*, qui comprennent les communes de Saint-

Louis, Dakar, Gorée, Rufisque, en tout 40 000 habitants et les cercles de Bakel, Matam, Podor, Dagana, Louga, du Cayor, de Dakar-Thiès, de Sine-Saloum, de la Casamance.

B). *Les pays de protectorat.* — 1) *Territoires de protectorat politique*, sur la rive droite du Sénégal. Populations maures : Trarzas, Brachnas et Douaïchs. — 2) *Territoires de protectorat immédiat*, treize circonscriptions : Bakel, Kaëdi, Matam, Podor, Dagana, Louga, Cayor, Dakar-Thiès, Sine-Saloum, Nioro, Niari-Ouli, Sedhiou, Carabane.

Nota. Certains territoires, comme on vient de le voir, comprennent à la fois une circonscription d'administration directe et une circonscription de protectorat immédiat. La différence entre ces diverses circonscriptions existe surtout au point de vue financier. Le *budget local* s'applique aux *pays annexés*; aux *pays de protectorat* s'appliquent des *budgets régionaux*.

Population totale des deux premières zones : 1 015 200 habitants.

C). *Les territoires de l'ancien Soudan français rattachés au Sénégal par le décret du 17 octobre 1899 ou territoires du Haut-Sénégal et Moyen-Niger.* — 1) Onze cercles : Kayes, Bafoulabé, Kita, Satadougou, Bammako, Ségou-Sikoro, Djenné, Nioro, Goumbou, Sokolo et Bougouni. Capitale : Kayes, 9000 habitants. Résidence du délégué du gouverneur général. — 2) Trois territoires militaires commandés par des officiers supérieurs, formés : le premier, des cercles ou résidences de Tombouctou (chef-lieu) : Soumpi, Goundam, Dori et Ouahigouya; le second, de ceux de Bobo-Dioulasso (chef-lieu) : Sau, Ouagadougou, Léo-Gourounsi, Kouri, Sikasso et Diebougou; le troisième, des régions placées entre le Niger et le lac Tchad et notamment du poste de Zinder (chef-lieu). (Décret du 20 décembre 1900.)

2° **La Guinée.** — Gouverneur résidant à Konakry; — Cour d'appel: 16 cercles : Boké, Boffa, Dubréka, Friguiabé, Benty, Ouossou, Farana, Timbo, Labékadé, Boussoura, Kouroussa, Dinguiray, Siguiri, Kankan, Beyla, Kissidougou. Population totale : 1 505 200 habitants.

3° **La Côte d'Ivoire.** — Gouverneur résidant à Bingerville; — commandant des troupes; 15 cercles : Assinie, Grand-Bassam, Dabou, Grand-Lahou, Sassandra, San-Pedro, Béréby, Tabou, Assikasso, Boudonkou, Toumodi, Bonaké, Bouna, Kong, Odienné.

4° **Le Dahomey.** — Un gouverneur résidant à Porto-Novo; 15 cercles subdivisés en 55 cantons : Grand-Popo, Ouidah, Cotonou, Porto-Novo, Allada, Athiémé, Abomey, Zagnanado, Savalou, Parakou, Konkobiri, Fada N'Gourma, Kandi.

5° **Mauritanie.** — Enfin on est en train d'organiser sous le nom de Mauritanie une sorte d'Office spécial centralisant auprès du gouverneur général à Saint-Louis les renseignements et les négociations qui peuvent être tentées sur les Maures de la rive droite et les Touareg. Cette institution nouvelle rendra des services et contribuera peut-être à faire disparaître le *tribut* que la France paye à des Maures sous le nom de Coutumes annuelles, vestige étrange des premiers temps de notre expansion africaine.

Les commandants de cercle sont choisis soit dans le corps des administrateurs coloniaux, soit parmi les officiers des troupes coloniales. Ils cumulent toutes les fonctions civiles et militaires et souvent aussi font office de médecins. Ils sont aidés soit par des sous-officiers européens d'infanterie coloniale, soit par les commis des affaires indigènes de la colonie.

INDUSTRIE ET COMMERCE

Principales denrées d'échange :
Importation : tissus divers, boissons, poudre, riz, sucre, tabac.
Exportation : caoutchouc, bœufs, huile de palme, gomme copal, acajou, café, or.

I. — SÉNÉGAL

	FRANCE	COLONIES FRANÇAISES	ÉTRANGER	TOTAL
Importation...	31.000.000	4.000.000	15.000.000	50.000.000
Exportation...	18.000.000	»	5.000.000	25.000.000
TOTAL...	49.000.000	4.000.000	20.000.000	75.000.000

PRINCIPAUX PRODUITS D'ÉCHANGE

IMPORTATION		EXPORTATION	
Tissus...	15.000.000	Arachides...	12.100.000
Métaux ouvragés...	14.000.000	Gommes...	3.500.000
Boissons...	5.000.000	Caoutchouc...	2.200.000
Aliments...	5.000.000	Or...	500.000
Tabacs...	2.000.000	Divers...	700.000
Kolas...	1.400.000	»	»
TOTAL...	38.400.000	TOTAL...	19.000.000

II — COLONIES

	AVEC LA FRANCE	ÉTRANGER	TOTAL
A. — Guinée.			
Importation. . . .	4.000.000	11.500.000	15.500.000
Exportation. . . .	1.000.000	8.500.000	9.500.000
Total. . . .	5.000.000	20.000.000	25.000.000
B. — Côte d'Ivoire.			
Importation. . . .	1.600.000	4.800.000	6.400.000
Exportation. . . .	2.600.000	3.200.000	5.800.000
Total. . . .	4.200.000	8.000.000	12.200.000
C. — Dahomey.			
Importation. . .	3.500.000	9.000.000	12.500.000
Exportation. . . .	3.500.000	9.000.000	12.500.000
Total. . .	7.000.000	18.000.000	25.000.000

Le mouvement commercial intérieur pouvant être évalué à au moins 5 000 000 de francs, nous arrivons au tableau général suivant.

MOUVEMENT COMMERCIAL GÉNÉRAL

COLONIES	AVEC FRANCE OU COLONIES FRANÇAISES	AVEC L'ÉTRANGER	TOTAL
Sénégal.	55.000.000	20.000.000	75.000.000
Guinée.	5.000.000	20.000.000	25.000.000
Côte d'Ivoire	4.200.000	8.000.000	12.200.000
Dahomey.	7.000.000	18.000.000	25.000.000
Intérieur.	5.000.000	»	5.000.000
Total général. .	74.200.000	66.000.000	140.200.000

VOIES ET MOYENS DE COMMUNICATION

1° **Compagnies maritimes.** — A). Messageries maritimes — B). Chargeurs réunis. — C). Fraissinet. — D). Société générale des transports maritimes à vapeur. — E). Compagnie française de l'Afrique occidentale. — F). Maurel et Prom. — G). Quatre Compagnies étrangères. (Voir pour détails le chapitre xviii.)

Soit une moyenne de 12 à 14 bateaux par mois pour différents points de la côte d'Afrique.

2° **Phares.** — 3 au cap Vert : Mamelles, Almadies, Manuel; 1 à San-Pedro. Feux à Saint-Louis, Dakar, Rufisque, Carabane, Cotonou, Konakry, Grand-Bassam, Monrovia.

3° **Chemins de fer.** — A). *Construits* : de Dakar à Saint-Louis, 264 km; de Kayes à Kita, 500 km environ. — B). *En construction* : de Kita à Bammako, 240 km; de Conakry à Kouroussa, 680 km; de Cotonou à Say, 700 km. — C). *En projet* : de Bingerville à Kuadiokoli, 500 km.

4° **Routes.** — A). *Carrossables* : Sénégal, 280 km; Soudan, 520 km; Guinée, 155 km. — B). *Non carrossables* : sentiers indigènes en nombre incalculable.

5° **Câbles maritimes.** — A). West-african telegraph, dont les sections qui nous intéressent viennent d'être rachetées par la France, dessert Saint-Louis, Dakar, Konakry, Bassam, Kotonou, Libreville. — B). Câble espagnol, Cadix, Ténériffe, Saint-Louis. — C). African-direct telegraph, Cap Vert. — D). South-american cable, Saint-Louis. — E). Câbles en projet, d'Oran à Saint-Louis et de Brest à Saint-Louis.

6° **Télégraphes.** — Notre réseau télégraphique relie toutes nos colonies d'Afrique occidentale.

COLONIES	BUREAUX	FILS TÉLÉGRAPHIQUES	FILS TÉLÉPHONIQUES
Sénégal.	36	2.547 km	»
Soudan	26	3.582 —	25 km
Guinée	11	1.102 —	»
Côte d'Ivoire	12	750 —	80 —
Dahomey	18	1.565 —	137 —
Total. . .	103	9.126 —	242 —

AVENIR DE L'AFRIQUE FRANÇAISE

Le lecteur sera peut-être étonné de voir la disproportion qui existe entre l'immensité de notre Afrique occidentale et les chiffres peu élevés de sa population et de son transit commercial.

La densité moyenne n'y est, en effet, que de 2 habitants par km².

Ceci tient à trois causes :

1° Les déserts sahariens couvrent un tiers de la superficie de notre domaine ;

2° Le recensement des tribus nomades berbères ou des peuplades insoumises de la forêt vierge n'a pas été fait ;

3° Les régions les plus fertiles du Soudan français viennent à peine de sortir d'un long stade de massacres, de pillage et de traite auquel nous avons mis fin par la capture des *Ahmadou, Babemba, Samory, Behanzin, Rabah*, etc., etc.

Si l'on veut observer que les noirs aiment la famille, qu'ils sont polygames, que, grâce à notre intervention, la mortalité de l'enfance diminue là-bas en de notables proportions, on est en droit d'espérer qu'en 1950 l'Afrique occidentale comptera 50 millions d'habitants et qu'avant un siècle plus de 100 millions de noirs francisés peupleront ce monde nouveau.

L'Afrique occidentale française, grâce à sa richesse agricole et minière, à son bloc formidable, deviendra un jour la plus belle de nos colonies : aucune puissance étrangère ne pourra entraver l'essor de son expansion future : lorsque les trains circuleront entre Oran, Igli et Tombouctou, nous serons les maîtres de l'Afrique du Nord toute entière.

CHAPITRE II

RÉSUMÉ SUCCINCT DES EXPLORATIONS ET DE LA CONQUÊTE

Première période. — *Antiquité et moyen âge* (1402). (Les dates et renseignements sur cette période sont tirés de l'ouvrage de M. Binger : « Considérations sur la priorité des découvertes maritimes sur la côte occidentale d'Afrique », Paris.)

IIe siècle av. J.-C. — Expéditions phéniciennes, qui allèrent peut-être jusqu'au cap Blanc.

IXe siècle av. J.-C. — Expéditions carthaginoises (Périple d'Hannon).

IVe siècle av. J.-C. — Expéditions phocéennes de Eutymène qui décrit le fleuve Chrémyetès (Sénégal) (?).

IIe et Ier siècles av. J.-C. — Expéditions romaines de Polybe et d'Eudoxe. Ptolémée le Géographe décrit la côte occidentale jusqu'au Sierra-Leone et parle des grands lacs du Niger moyen.

Du Xe au XIVe siècle ap. J.-C. — Expéditions arabes dont les plus importantes sont celles mentionnées dans les écrits de Maçoudi. — Ibn Hankal. — Albirouny. — Ibn Sayd. — Aboufeda. — El Bekri. — Ibn Batouta. — Ibn Khaldoum.

Expéditions européennes.

1228. — Un franciscain mendiant espagnol explore par le Maroc jusqu'au Fouta-Djalon (?).

1240. — Un bateau cherbourgeois échoue aux Canaries.

1275. — Le Génois *Lancelot Maloisel* reconnaît les Canaries.

1281. — *Ugolin* et *Guido de Vivaldi* se perdent sur la côte.

1341. — Le Portugais *Nicoloso de Ricco* essaye de prendre les Canaries.

1346. — Le Mayorquin *Jac Ferer* se perd au Sénégal.

1364. — *Jehan le Rouennais* parcourt la côte occidentale et fonde le petit Dieppe.

1365. — *Jehan* et les Dieppois vont jusqu'à *Acra*.

1375. — L'Anglais *O'Machain* se perd à Madère.
1377. — Le Basque *Ruys d'Avendano* se perd aux Canaries.
1382. — *Ferdinand d'Ormel* et *François Lopez* font naufrage aux Canaries.

DEUXIÈME PÉRIODE. — *Période commerciale* (1402-1758).

1402. — Le Normand *Jehan de Bethancourt* s'empare des Canaries pour le compte de l'Espagne et visite le Sénégal.
1431. — *Gil Eanes* double le cap Bojador.
De 1470 à 1626. — Les Portugais, les Français et les Anglais envoient un grand nombre d'expéditions sur la côte occidentale, et se font les uns les autres la guerre de corsaires.
1626. — Établissement au Sénégal de la première Compagnie normande (association des marchands de Dieppe et de Rouen).
1664. — La Compagnie des Indes occidentales achète les comptoirs du Sénégal.
1670. — *D'Elbée* visite le Dahomey et fonde Widah.
1673. — Compagnie du Sénégal.
1678. — Prise par les Français sur les Hollandais d'Arguin, Rufisque, Gorée, Joal.
1696. — Compagnie royale du Sénégal, Cap Nord et côte d'Afrique : directeur, *André Brüe*.
1700. — *André Brüe* explore le Cayor, le Haut-Sénégal, la Falémé, la Gambie, les rivières du Sud.
1716. — Le moine *Apollinair* et *Compagnon* explorent le Bambouck.
1717. — *Perrier de Salvert* bombarde et prend le fort d'Arguin.
1719-1758. — Compagnie des Indes.

TROISIÈME PÉRIODE. — *Période des guerres franco-anglaises* (1758-1814).

1758. — Les Anglais s'emparent du Sénégal et y installent la Compagnie royale d'Afrique.
1763. — Le traité de Paris nous rend Gorée.
1772. — Société française pour la traite libre des gommes.
1776. — La Compagnie royale de la Guyane obtient le privilège de la traite. *Première apparition de la fièvre jaune*.
1779. — Le duc *de Lauzun* reprend Saint-Louis.
1783. — Nouvelle Compagnie du Sénégal.
1785. — M. *de Repentigny* signe des traités avec les chefs nègres du Saloum, du Siné et du Fouta.

1785. — Compagnie de la gomme.
1786. — *De Golberry et Rubault* visitent la Gambie et le Cayor.
1794. — Une escadre française détruit Freetown.
1795. — *Mungo-Park* atteint le Niger et meurt à Boussa.
1800. — Les Anglais s'emparent de Gorée.
1804. — Les Français reprennent Gorée.
1807-1809. — Les Anglais s'emparent de Saint-Louis à la sixième tentative seulement.
1814. — Le traité de Paris rend le Sénégal à la France.

Quatrième période. — *Occupation définitive* (1814-1854).
1815. — *Peddie* et *Campbell* visitent le Sierra-Leone.
1816. — Naufrage de la *Méduse* sur le banc d'Arguin.
1817. — Remise de Dakar aux Français.
1818. — *Mollien* explore le Fouta-Djallon.
1819-1821. — Conquête du Oualo et du Fouta-Toro.
1822. — *Laing.* — *Premier usage de la quinine.*
1824. — *De Beaufort* explore le Ouli, le Kasso, le Kaarta et meurt à Bakel en 1825.
1826. — Combat de Gandiolle.
1827. — *René Caillié* entreprend son grand voyage vers le Niger.
1828. — Occupation de la Casamance.
1829. — Défaite et mort de Mohamed Amar à Richard-Toll.
1837. — Fondation de Sedhiou.
1843. — *Bouet-Willaumez* est nommé gouverneur. Fondation des postes d'Assinie, Grand-Bassam et Dabou.
1844. — Exploration du Bambouk par la mission *Huard, Bessinière, Jamin, Raffenel, Faye-Ferry* et *Patterson*.
1846. — Second voyage de *Raffenel* vers le Tchad et le Nil: il est retenu prisonnier.
1847. — Création des spahis indigènes.
1849. — Bombardement de *Boké* en Guinée.
1850. — Exploration de *Panet* de Saint-Louis à Mogador. — *Hecquard* explore le Bondou.
1853. — Exploration de *Barth* sur le Niger.
1854. — Prise de Dialmath. — Construction du fort de Podor.

CINQUIÈME PÉRIODE. — *Organisation*. **Faidherbe** (1854-1865). — En 1854, le chef de bataillon Faidherbe est nommé gouverneur du Sénégal. C'est le signal de l'essor définitif que prendra la colonie. — L'Afrique occidentale française actuelle est tout entière l'œuvre de Faidherbe.

1855. — Janvier : guerre contre les Maures Trarzas, combats de Bakar et Dikten. — Mars : annexion du Oualo et du Cayor. — Avril : combats de Leybar et de M'Pal. — Septembre : El-Hadj-Omar envahit le Bambouk et marche contre nos postes du Haut-Fleuve. — Construction du Fort de Médine.

1856. — Fondation du *Moniteur du Sénégal*. Guerre contre Mohamed-el-Habib et les Maures Braknas.

1857. — Guerre contre Mohamed-el-Habib. — Victoire au lac Cayar (mai). — Investissement de Médine, par El-Hadj-Omar (mai). — Juillet : Délivrance de Médine où Paul Holle avec 7 Européens et 50 tirailleurs avait résisté pendant 97 jours à l'attaque de toute l'armée du Prophète. — 21 juillet : Création des tirailleurs sénégalais. — Septembre : Construction des forts de Matam, Saldé, Damga. — Occupation de Grand-Popo. — Exploration de *Fulcrand*.

1858. — Soumission des Trarzas et des Braknas. — El-Hadj-Omar fait construire le barrage de Garly. — Annexion du N'Diambour. — Explorations de *Corna* et *Braouezec*.

1859. — Combat de Fatik dans le Saloum. — Construction des forts Siné et Joal. — Occupation des mines d'or du Bambouk. — Prise du village de Guémou (contre El-Hadj-Omar.) — Explorations de *Pascal* et *Vallon* (Bating). — Constructions des postes de Lompoul, M'Boro et M'Bidjem dans le Cayor.

1860. — Soumission d'El-Hadj-Omar. — Explorations de *Mage* (Oasis de Tagant), *Alioun-Sal* (Araouan), *Bourrel* (Maures Braknas), *Vincent* (Adrar), *Bou-el-Moghdad* (Sahara), *Lambert* (Fouta-Djallon). — Rétablissement des milices indigènes.

1861. — Troubles dans le Cayor. — Fondation de l'Ecole des Otages.

1862. — Révolte du Fouta-Toro. — Combat de Loumbel. — Le commandant Jauréguiberry marche au secours du roi du Cayor, Madiodio.

1863. — Exploration de *Mage et Quintin à Ségou*. — Massacre de la garnison de N'guiguis par les révoltés du Cayor (Lat-Dior).

1864. — Défaite de Lat-Dior à Loro. — Annexion définitive du Fouta-Toro, par *Martin des Pallières*.

1865. — *Faidherbe* quitte le Sénégal. — *Pinet-Laprade* défait le prophète Maba à Paouas.

SIXIÈME PÉRIODE. — 1866-1879.

1866. — Traités avec les chefs du Nalous, du Moréa et du Rio-Pongo (Guinée).

1867. — Victoire de Sombo contre Maba.

1868. — Acquisition de Cotonou.

1869. — Lat-Dior est défait à Mekké et Louga. — Création de la Chambre de commerce de Saint-Louis.

1875. — Révolte d'Ahmadou-Cheikou et combats de Diawara et de Boundou.

1876. — Création d'une caisse de retraite à Dakar-Gorée.

1878. — Exploration de *Soleillet* vers Ségou.

1879. — Exploration de *Zweifel et Moustier* vers les sources du Niger. — Exploration de *Jacquemart* (rive gauche du Sénégal); — de *Monteil et Louis* (désert de Ferlo).

SEPTIÈME PÉRIODE. — *Grandes missions et colonnes du Haut-Fleuve* (1879-1895).

1880. — Mission *Gallieni* (Organisation à Saint-Louis et Kayes). — *Olivier de Sanderval* arrive à Timbo (Fouta-Djallon). — A partir de 1880, l'histoire de la conquête française en Afrique entre dans une nouvelle phase de suractivité. — Organisation du conseil général du Sénégal. — Création de la Compagnie des conducteurs sénégalais et de la Compagnie des ouvriers d'artillerie.

1881. — Missions *Gaboriaud* (Fouta-Djallon), *Bayol* et *Noirot* (Timbo). — *Gallieni* part de Bafoulabé, atteint Kita, livre le combat de *Dio* et rejoint, à Bammako, *Piétri* qui avait reconnu le Bakoy et le Baoulé et *Vallière* qui avait parcouru la route de Niagassola. La mission se dirige sur Ségou où Ahmadou la retient dix mois prisonnière. — Première colonne du Haut-Fleuve. — *Borgnis-Desbordes*, 424 fusils, 4 canons. — Combats de Foukhara, de Goubanko. — Construction du fort de Kita. — Violente épidémie de fièvre jaune à Saint-Louis. — Mort de 50 médecins.

1882. — Missions *Bonnier* (Beledougou) et *Delanneau* (Birgo et Gadougou). — Deuxième colonne. — *Borgnis-Desbordes*. — Le lieutenant *Alakamessa* est envoyé près de Samory et maltraité. Combats de Kéniéra, de Koba. — Construction du fort de Badumbé. — Annexion définitive du Cayor. — Entreprise du chemin de fer de Dakar à Saint-Louis.

1883. — Missions *Bayol* et *Quiquandon* (Sansanding). — *Colin* (Bouré). — *Troisième colonne*. — *Borgnis-Desbordes*. — Prise de Mourgoula, de Daba, de Bammako. — Combats de Oueyako contre Fabou, de Ban-Koumana, de Koumakhana et de Maréna. Capitulation de Samba-Laobé dans le Cayor. — Traités avec le chef de Bramaya (Guinée) et le roi Toffa (Porto-Novo).

1884. — *Quatrième colonne*. — *Boilève*. — Construction du fort de Koundou.

1885. — *Cinquième colonne*. — *Combes*. — Construction du fort de Niagassola. Conquête du Bouré. — Siège de Nafadié (capitaine *Louvel*). — Combat de Kokoro. — La ligne télégraphique atteint Matam. — Traité avec le chef de Lakata (Guinée).

1886. — *Sixième colonne*. — *Frey*. — Malinkamory est défait à Fatako-Djingo. — Mission *Tournier*, *Péroz*, *Mahmadou Racine*. Diaoulé-Karamoko, fils de Samory vient en France. — Mahmadou Lamine s'empare de Senoudébou et de Kounguel. Il est vaincu à Temboukané, Kydira, Manael, Kémandar et Guémou. — Missions topographiques : *Hubert* et *Vimont*. — Missions *Oberdorf-Plat* (Fouta-Djallon et Dinguiray). — *Levasseur* (Haute Gambie).

1887. — *Septième colonne*. — *Gallieni*. — A.) Colonne de Saloun et de Rip contre Saer-Maty. B.) Colonne de Diana contre Mahmadou Lamine. — Traité avec Mhmadou. — *Création des villages de Liberté*. — Missions *Binger* (Sikasso, Senoufo, Mossi, Bobo, Kong, Indénié, Côte d'Ivoire). — *Treich-Laplène* (Côte d'Ivoire). — *Liotard* (Casamance). — *Audéoud* (Bélédougou). — *Vallière* (Bélédougou). — *Tautin* et *Quiquandon* (Ségala, Sokolo, Goumbou). — Inauguration de la statue de Faidherbe à Saint-Louis. — Le lieutenant de vaisseau *Caron*, sur la canonnière *Niger*, atteint Kabara. — Délimitation du Dahomey et du Togo. — Occupation de Porto-Novo. — Défaite et mort de Samba-Laobé et de Lat-Dior (chefs du Cayor).

1888. — *Huitième colonne*. — *Gallieni*. — Prise de Toubakouta et mort de Mahmadou Lamine à Lamen-Kotto. — Construction du fort de Siguiri. — Mission *Péroz* chez Samory. 2ᵉ traité. — L'aviso *Mésange* bombarde Dubréka.

1889. — *Neuvième colonne*. — *Archinard*. — Ouverture du chemin de fer de Kayes à Bafoulabé. — Prise de Koundian. — Première convention franco-anglaise. — Glé-glé, roi d'Abomey, rompt ses relations avec nous et nous déclare la guerre. - Mission *Bayol* à Abomey. — Mission *Jayme* sur le Niger.

1890. — *Dixième colonne*. — *Archinard*. — Guerre contre Ahmadou. — Prise de Ouossebougou, Koniakary et Ségou-Sikoro. — Missions *Quiquandon* (Sikasso). — *Crozat* (Bobo et Mossi). — *Ménard* (Côte d'Ivoire). — *Monteil* (Tchad). — *Brosselard-Faidherbe* (Gambie). — *Première campagne du Dahomey*. — *Terrillon*. — Combats de Cotonou, Zobbo, Décamey, Atchoupa. — Bombardement de Widah. — Traité avec Behanzin.

1891. — *Onzième colonne*. — *Archinard*. — Combat de Léva. — Prise de Nioro, Nyamina, Diena et Kinian, contre Ahmadou. — Contre Samory, combats de Kankan et de Bissandougou. — Missions *Paroisse* (Rio-Pongo), de *Beckman* (Fouta-Djallon). — *Arago* (Sassandra). — *Armand et de Tavernot* (Bandama). — *Voituret et Papillon* (Boubouri). — *Quiquerez et Segonzac* (San Pedro).

1892. — *Douzième colonne*. — *Humbert*. — Combats de Sana et Diamanko. — Prise de Sanankoro, Kérouané et Toukoro. — Fuite de Samory. — Traité franco-libérien. — Missions *Madrolle* (Guinée). — *Alby* (Fouta-Djallon). — *Binger* (Côte d'Ivoire). — *Braulot* (Pallakas). — Mort de *Crozat* (Tengrela) et de *Ménard* (Séguela). — *Seconde campagne du Dahomey*. — *Doods*. — Combats de Dogba, Adegon, Poguessa, Koto, Akpa, Kotopa, Kana, Muako-Dioxoué et Abomey.

1893. — *Treizième colonne*. — *Archinard*. — Conquête du Macina, Prise de Bandiagara, Djenné, Mopti. — Fuite d'Ahmadou. — *Quatorzième colonne*. — *Combes*. — Contre Samory. — Création des Postes de Faranah, Ouassou, Kissidougou. — Samory rejeté sur la côte d'Ivoire. — Missions *Briquelot* (Niger, Guinée). — *Braulot* (Bouna-Bondoukou). — *Marchand et Manet* (Baoulé). — *Decœur* (Haut-Dahomey). — *Troisième campagne du Dahomey*. — *Doods*. — Capture de Behanzin.

1894. — *Quinzième colonne*. — *Bonnier*. — Occupation de Tombouctou par *Boiteux*. — Massacre de Tacoubao. — Colonne *Joffre*. — Mission *Monteil* (Baoulé, Djimini, Dabakala). — Incidents *Decœur-Fergusson*, au sujet du Haut-Dahomey.

HUITIÈME PÉRIODE. — *La conquête définitive* (1895-1902).

1895. — *Colonne Monteil* (Côte d'Ivoire). — Prise de Dabakala par la mission *Monteil*. — Combats de Sokala, de Bé, N'Galo. — Colonne *Rejou*, prise de Sompi. — Missions *Baud et Vermesch* (du Dahomey à la Côte d'Ivoire). — *Toutée* (Dahomey-Niger). — *Hourst* (Niger). — *Pobéguin* (Cavally). — Création du gouvernement général de l'Afrique occidentale.

1896. — *Colonnes* : 1° *Destenave* (Macina et Yatenga); 2° *Voulet* et *Chanoine* (Mossi et Gourounsi); 3° *Baud* et *Vermesch* (N'Gourma) (Prise de Dori et de Say par le commandant Destenave); 4° *Aumar* et *Muller* (Fouta-Djallon contre Bokar Biro).

1897. — *Colonnes* : 1° *Valet* (Bobo), Combat de Mansara; 2° *Caudrelier* (Volta et Lobi), Massacre de *Braulot* et *Bunas* par Samory. Missions *Eysseric* (Cavally). — *Blondiaux* (Sassandra). — *Bretonnet* (Dahomey). — Massacre de *Latour* et *Chévigné* par les Touareg.

1898. — Siège de Kong par Samory. — *Colonnes* : 1° *Audeoud*. — Siège et prise de Sikasso. — Mort de Babemba; 2° *Caudrelier*. — Siège et délivrance de Kong (capitaine *Demars*). — Prise de Bobo-Dioulasso; 3° *Pineau*. — Occupation de Dabakala. Combats de Tiemou, Boribana, Bouaké; 4° *De Lartigue*. — Combats de Doué, Tiafeso. — Capture de Samory (*Gouraud*); 5° *Klobb*. — Fondation du poste de Bamba; 6° *Crave*. — Combats de Gorokoré, de Zinder, Falikine. — Missions *Houdaille* (Côte d'Ivoire), *Salesses* (Guinée), *Cazemajoux* (tué à Zinder). — Révolte de l'Indénié. — Siège d'Assikasso (administrateur *Clozel*), délivré par le lieutenant *Lairle*. — Massacre de *Bailly* et *Pauly* en pays tomas.

1899. — *Colonnes* : *Deane* (Indénié); *Voulet* et *Chanoine* (vers le Tchad). — Assassinat du colonel Klobb. — *Septans* (Boucle du Niger, Hombori, Gao). — Missions *Hostains* et *d'Ollone* (Cavally). — *Wœlfel* et *Mangin* (Sassandra). — *Joalland* et *Meynier* (lac Tchad). — *Foureau* et *Lamy* (Algérie-Tchad-Congo). — *Guyon* (Dahomey). — *Pellier* (Gourounsi). — *Coppolani* (Soudan-Aouleminiden). — Mort de *Lejeel* à Hombori. — *Maclaud* (Fouta-Djallon).

1900. *Colonnes* : 1° *Conrard* (pays tomas). — Combats de Dyassa, Tenefassala et Bafobakoro. — Poste de Sampouyra; 2° *Desbuissons* et *Donnat* (Baoulé). — Incendie de Toumodi. — Prise de Lomo. — Missions *Blanchet* (Maures). — Au 1ᵉʳ janvier 1900 : dislocation du Soudan et nouvelle division administrative.

1901. — *Colonnes* : 1° de *Casamance* (commandant *Rourel*). — Prise de Médina. — Mort de Fodé Kaba; 2° du *Baoulé* (général *Combes*, colonel *Aymerich*, commandant *Colonna d'Istria*). — Blocus de Bouaké. — Combats d'Afouero, Bonguasson, Saminkro, Sensenou, Kokombo. — Jonction définitive du bassin du Niger à la Basse Côte d'Ivoire. Mission *Thoman* (Sassandra).

CHAPITRE III

BIBLIOGRAPHIE CHRONOLOGIQUE

1375. Atlas Catalan (Buchon et Tastu).

1377. Ebn Khaldoum : Histoire des Berbères (Trad. Guckin de Slane).

1413. Bakoui : Géogr. arabe. Les merveilles terrestres.

1507. Cadamosto : Relations de voyages (Vienne 1507).

1550. Ramusio : Recueil des navigations et voyages (Venise).

1556. Temporal : Description de l'Afrique.

1559. Mellin de Saint-Gelais : Relation des voyages du capitaine Jean Alphonse.

1575. Belleforest : Cosmographie.

1582. Hakluyt : The English voyages.

1608. Figueiredo : Hydrographie africaine.

1625. Samuel Braun : Trois voyages en Guinée de 1611 à 1620.

1630. Bergeron ; Traité de la navigation et des conquêtes modernes, principalement des Français. — Bontier : Histoire de la première découverte des Canaries, 1402.

1632. De Razilly : Voyages d'Afrique.

1637. Alexis de Saint-Lô : Relation de voyage au Cap Vert.

1638. Cauche de Rouen : Voyages à Madagascar et Costes d'Afrique.

1639. Jeannequin : Voyage en Afrique.

1643. Fournier : Hydrographie africaine.

1660. Davity : Description de l'Afrique.

1666. Villault : Remarques sur la Côte d'Or (Afrique).

1671. D'Elbée : Voyage aux îles de la Côte de Guinée.

1680. Burbot : Voyage en Guinée.

1686. Dapper : Description des Côtes de Guinée.

1689. Jeannequin : Découverte du fleuve Sénégà.

1695. Colombat : Voyage du sieur Lemaire aux îles Canaries. Sénégal.

1714. Loyer : Relation du voyage au royaume d'Issiny.

1728. Labat : Relation d'Afrique occidentale d'après André Brüe.

1757. Adanson : Histoire naturelle du Sénégal.

1761. Huet : Histoire de la navigation des Anciens.

1763. Larcher : Histoire générale de la navigation des Anciens.

1767. Demanet : Nouvelle histoire de l'Afrique française.

1789. Pruneau de Pommegorge : Description de la Nigritie.

1790. Rennel : Mémoire sur la géographie de l'Afrique.

1791. Lamirol. : Mémoire sur le Sénégal.

1795. Mungo-Parck : Voyage dans l'intérieur de l'Afrique.

1800. Bory de Saint-Vincent : Essai sur les îles fortunées et l'antique Atlantide.

1802. Labarthe : Voyage du Sénégal (1784-1785). — Golberry : Fragment d'un voyage en Afrique.

1803. Heeren · Relations politiques des anciens peuples de l'Afrique.

1818. Mollien : Voyage aux sources du Sénégal et de la Gambie.

1821. Walknaer : Recherches sur l'intérieur de l'Afrique.

1827. Amiral Roussin : Mémoires sur la navigation aux Côtes occidentales d'Afrique (1817-1827).

1828. Roger Keledor : Fables sénégalaises; — Notice sur les nègres du pays de Wallo. —

René Caillié : Voyage à Timbouctou. — Jomard : Remarques géographiques sur le cours du Sénégal et Gambie.

1831. Malte-Brun : Précis de géographie universelle. — Le Prieur, Perrotet, Guillemin : Flore de la Sénégambie.

1832. Estancelin : Recherches sur les découvertes des Normands en Afrique.

1833. Vitet : Histoire de Dieppe.

1842. Barker Web : Histoire naturelle des Canaries. — Sautarem : Recherches sur la priorité de la découverte des pays de la Côte occidentale d'Afrique.

1844. Deping : Histoire des expéditions maritimes des Normands.

1846. D'Avezac : Notes sur la première expédition de Bethancourt. — Raffenel : Voyage dans l'Afrique occidentale.

1848. Aboulféda : Vraie situation des pays (Trad. Reinaud).

1849. Walknaer : Histoire des voyages en Afrique. — D'Avezac : Étude de géographie critique sur l'Afrique occidentale.

1851. Kerhallet : Manuel de la navigation à la Côte occidentale.

1853. Cooley : La Nigritie des Arabes. Rev. Coloniale. — Escayrac de Lauture : Le désert et le Soudan. — Boilat : Esquisses sénégalaises.

1854. Defremery : Voyages d'Ebn-Batoutah. — Faidherbe : Annales sénégalaises.

1855. Carrère et Hollé : La Sénégambie française.

1856. Beaurepaire : De la vicomté de l'Eau de Rouen et de ses coutumes au xiv° siècle. — Escayrac de Lauture : Mémoire sur le Soudan. — Raffenel : Nouveau voyage dans le pays des nègres.

1857. Fréville : Mémoire sur le commerce de Rouen jusqu'à la fin du xvi° siècle.

1858. Lanoye : Le Niger et les explorateurs de l'Afrique centrale.

1859. El Bekri : Description de l'Afrique. (Trad. de Slane). — Faidherbe : Notice ethnographique sur le Sénégal.

1861. Barth : Voyages et découvertes. — Faidherbe : Voyages et expéditions au Sénégal.

1863. Maçoudi : Les prairies d'or (Trad. Barbier de Meynard.) — Anselle : Les Français au Sénégal. — Madival : Le Sénégal, son avenir.

1865. Faidherbe : Chapitre géographique sur le N.-W. de l'Afrique.

1867. Margry : La révolution maritime des xiv° et xvi° siècles. — Mage et Quintin : Voyage à Ségou.

1869. Castilho : Étude sur les monuments commémoratifs des découvertes portugaises en Afrique.

1873. Fleuriot de l'Angle : Croisière à la Côte d'Afrique.

1874. Berlioux : André Brüe ou les Origines du Sénégal. — Faidherbe : Essai sur la langue Peul.

1875. Fournel : Étude sur la conquête de l'Afrique par les Arabes. — Duparquet : Notes géographiques sur l'Afrique occidentale. — Foncin : Le Sénégal. — Gravier : Le canarien manuscrit de Bethancourt.

1876. Bizemont : Les grandes entreprises géographiques depuis 1870.

1878. Gravier : Recherche sur les navigations européennes aux côtes d'Afrique. — Bérenger-Féraud : Les peuples de la Sénégambie. — Cordeiro : L'hydrographie africaine au xvi° siècle, d'après les navigateurs portugais. — Ménges : La Guinée (Bul. Soc. Géo.).

1879. Desor : La Forêt vierge et le Sahara.

1880. Zweifel et Moustier : Voyage aux sources du Niger.

1881. Caillié fils : Voyage d'un faux musulman à travers l'Afrique (Limoges). — Galliéni : Voyage à Ségou. — *Guide hygiénique des voyageurs dans l'Afrique.* — Holley : Voyage à Abbéokouta. — Marche : Trois voyages dans l'Afrique occidentale. — Nautical : Sahara et Soudan.

1882. Campagne : L'Afrique à vol d'oiseau (Rouen).

1883. De Crozals : Les Peulhs, éthnologie africaine. — Marcel : Les premières navigations françaises à la Côte d'Afrique. — Faidherbe : Notice historique sur le Cayor.

1884. Bouche : La Côte des Esclaves. — Hartman : Les peuples de l'Afrique. — Lebrun-Renaud : Les possessions françaises de l'Afrique occidentale. — Mager : Atlas colonial.

1885. Binger : Essai sur la langue Bambara. — Chaper : Rapport sur une mission en Assinie. — Gourdault : L'homme blanc au pays des noirs. — Gallieni : Mission d'exploration du Haut-Niger. — Rambaud : Sénégal et Soudan (Rev. des Deux-Mondes).

1886. Anselle : Exploration au Sénégal et dans les contrées voisines. — Bayol : Voyage en Sénégambie. — Borghero : Notes sur la côte de Guinée. — Binger : Les voies commerciales de l'Afrique occidentale. — Faidherbe : Le Soudan français (Lille). — Faidherbe et Binger : Les langues sénégalaises. — Lanessan : Les plantes utiles des colonies françaises. — Nicolas : Guide médical du voyageur en Afrique. — Viard : Au bas Niger. — Vignon : Les colonies françaises.

1887. Brosselard : Le Soudan français. — Faidherbe : Langues sénégalaises. — Kayser : Bibliographie d'ouvrages ayant trait à l'Afrique. — Mageau : Les explorations en Afrique pendant le xixe siècle. — Rinn : Marabouts et Khouan. — Vignon : La France dans l'Afrique du Nord.

1888. D'Albéma : Les établissements français au golfe du Bénin. — Barret : L'Afrique occidentale. — Banning : Le partage politique de l'Afrique. — Le Chatelier : Le Soudan français (Rev. Rose). — Frey : Campagnes de 1888. — Gallieni : Deux campagnes au Soudan français. — Oscar Lenz : Tombouctou. — Pietri : Les Français au Niger. — Soleillet : Voyage à Segou.

1889. Bréard : Documents relatifs à la marine normande. — Becuet : Cinq ans au Soudan français. — Binger : Du Niger au golfe de Guinée par le Mossi. — Faidherbe : La France dans l'Afrique occidentale. — Mager : Cahiers coloniaux. — Monnier : France noire. — Noirot : A travers le Fouta-Djallon et le Bambouk. — Péroz : Au Soudan français. — Philebert : La conquête pacifique du continent africain.

1890. D'Albéca : Les établissements français de Guinée. — Bory : Les explorateurs de l'Afrique. — Frey : Côte occidentale d'Afrique. — Harry-Alis : A la conquête du Tchad. — Henrique : Les colonies françaises, t. V. — Haylz : La traite des esclaves en Afrique. —

Reidenbach : Étude sur le royaume d'Assinie.

1891. Archinard : Le Soudan français. — Alvau Milson : Le pays de Yorouba. — Binger : Esclavage, islamisme, christianisme. — Clozel : Bibliographie des ouvrages relatifs au Soudan. — De Lorza de Reichenberg : Autour de Nioro du Sénégal. — Deniker : Les Dahoméens, ethnographie. — Jayme : De Koulikoro à Tombouctou. — Fix : La mission du lieutenant Quiquerez. — Foa : Dahoméens et Egbas. — Humbert : Le Soudan français. — Loz : Les vers de terre, agents de fertilisation du sol au Dahomey. — Malo Lefebvre : La barre de Kotonou. — Quiquandon : Rapport officiel. — Quiquerez : Exploration de la Côte d'Ivoire. — Sevin Desplaces : Le Soudan français, sa colonisation. — Schirmer : La France et les voies de pénétration au Soudan. — Vignon : L'expansion de la France. — Vigné et Sambuc : La flore du Sénégal, applications économiques. — Verneau : Cinq années de séjour aux Canaries.

1892. Brosselard-Faidherbe : Casamance et Mellacorée. — Cazemajoux : Rapport (Bul Af. fr.). — Mizon : Rapport (Bul. Of. Af. fr.). — Monnier : De la Côte d'Ivoire au Soudan méridional. — Malavielle : Le partage politique de l'Afrique. — Neroct : Rapports (Bul. Af. fr.). — Nicolas : Le Livre d'or de l'infanterie de marine. — Rambaud : Soudan (Rev. Bleue). — Pelet : Nouvel atlas des colonies françaises.

1893. Gaffarel : Les Colonies françaises. — Ordinaire : Deux campagnes au Soudan. — Le Corbeillier : L'origine de la Malaguette. — Rambaud : Atlas des Colonies françaises. — Sanderval : Soudan français. Kahel. — Vigné d'Octon : Chair noire ; Journal d'un marin ; Siestes d'Afrique.

1894. Barré : La pénétration du Soudan par le Sénégal et le Niger ; Nos conventions avec le Liberia (Bul. Af. Fr.). — Dubard : Fleur d'Afrique. — Hulot : Les relations de la France avec la Côte des Esclaves. — Harry-Alis : Nos Africains. — Fabert : Mission chez les Trarzas. — Lauman : A la Côte occidentale d'Afrique. — Mochler Ferryman : Mission Macdonald sur le Bas-Niger. — Médina : Formation géologique du Sahara. — Marchand : Lettre sur le Baoulé (Bul. Af. fr.). — Préville : Les Sociétés africaines. — Pobéguin : La colonie de la Côte d'Ivoire. — Pyboisse : De Konakry au Fouta-Djallon. — Rançon : La France en Gambie ; Histoire du Bondou de 1681 à nos jours. — Rorire : La délimitation du Libéria. — Thébé : Possessions françaises du Golfe du Benin (Toulouse). — Veillot : Tombouctou. — Wite : Le développement de l'Afrique (traduc. Vernier). —

Au Soudan : La Colonne Bonnier, 15 janvier 1894. — L'Ouémé et la lagune de Kotonou (An. de Géog.).

1895. Archinard : Le Soudan en 1893 (Le Havre). — D'Albéca : L'Avenir du Dahomey (Ann. Géog.). — A. T. : Sept ans d'Afrique. La Mission Marchand. — Bluzet : La région de Tombouctou (Bul. Soc. Géog.). — Braulot : La Mission Braulot. — Binger : La Côte d'Ivoire — passé — présent — avenir (Marseille). — Buisson : La région du Niger (An. de Géog.). — Gimet-Fontalirant : Notes et impressions de voyages sur la Côte occidentale (Bordeaux). — Guillaumet : Tableaux soudanais. — Monteil : De St-Louis à Tripoli par le Tchad. — Marchand : Le Transnigérien. — Monteil : Observations astronomiques à la Côte d'Ivoire. — Mizon : Les royaumes Foulbès du Soudan central. — Rançon : Dans la Haute-Gambie. — Regelsperger : Bibliographie des États français de la Côte des Esclaves. — Roume : La colonie anglaise de Lagos. — Toutée : Du Golfe de Guinée au Sahara par le Dahomey. — Salesses : Route de Konakry au Niger. — Verneau : Ouolofs, Leybous et Serères. Anthropologie. — Zappa : Une exploration sur le Bas-Niger. — X... : Français, Anglais et Allemands dans l'arrière-pays du Dahomey (Bul. Com. Af. fr.).

1896. Baud et Vermesch : Carte des Missions Decœur et Baud. — Barrat : Les mines d'or du bassin du Sénégal. — Caron : Rapport commercial de la Côte d'Ivoire. — Corps : Les chemins de fer du Sénégal au Niger. — Crozals : Trois États foulbé du Soudan occidental (Grenoble); Le commerce du sel au Sahara et au Soudan (Grenoble). — Donnet : Du Sénégal au Tiris. Mission au Sahara occidental. — Dictionnaire français malinké : Kita. — Grammaire malinkée : Kita. — Lasnet : Les productions du Baoulé (Rev. Col.). — Rambaud : La langue mandé. — Verdier : Trente cinq années de lutte aux colonies. — X... : De Kayes à Tombouctou. Journal de route (Soc. Géo. Est.); Notice sur les tribus nomades de la région de Tombouctou (Bul. Com. Af. fr.).

1897. Baudry : Le Niger économique (Bul. Soc. Géo. Com.). — Blondiaux : La Mission Blondiaux (Bul. Com. Af. fr.). — Besson : Les grands explorateurs du Niger (Alger). — Clozel : Côte d'Ivoire, l'Indénié (Soc. Géo.). — Dubois : Tombouctou la Mystérieuse. — Kissky : Le Continent africain. Manuel du Diplomate. — Fargeas : La Côte d'Ivoire (Soc. Géo. Com.). — Imbert : Reconnaissance au nord de Bakel (Soc. Géo.). — Chanoine : Mission au Gorounsi (Bul. Af. fr.); Les commerçants, le commerce et son ennemi. — Lartigue : Notice sur les Maures du Sénégal et du Soudan. — Marchand : La Religion musulmane au Soudan français. — Pobéguin : Note sur les lagunes de Lahou et Fresco et la rivière Bandama. — Schirmer : La pénétration commerciale au Soudan central (Rev. Gén. Scien.). — De Trentinian : L'élevage de l'autruche et le commerce de ses plumes au Soudan. — Seigland : Itinéraires dans l'Indénié. — Toutée : Dahomey. Niger. Touareg. — Verdier : Assinie, Grand Bassam et Lahou. — Voulet : Au Mossi et au Gorounsi (Bul. Com. Af. fr.). — Vuillot : La navigabilité du Niger (Soc. Géo.). — Wolf : La Guinée française méridionale (Rev. Géo.).

1898. Ballieu : Notice agricole, indust. et commerc. sur le Soudan français. — Blondiaux : Rapport de la Mission. — Caron : Voyage d'une canonnière de St-Louis à Tombouctou. — Caron et Lefort : Atlas du cours du Niger. — Bretonnet : Le Moyen-Niger français. — Daigney : Notice sur les cultures et plantations du Soudan. — Deville : Le partage de l'Afrique. — D'Espagnat : Jours de Guinée. — Eysseric : Exploration du Bandama. — Gentil : De l'Oubanghi au lac Tchad. — Hourst : Sur le Niger et au pays des Touareg. — E. Irémi : Myriam. Vision d'Afrique. — Jumelle :
Les plantes à caoutchouc et à gutta dans les colonies françaises. — Lagrillère-Bauclerc : Mission au Sénégal et au Soudan. — Pobéguin : De Lahou au Cavally. — Schirmer : Principaux résultats des explorations de la Boucle du Niger. — Westphall : Avenir industriel et commercial de la Côte d'Ivoire.

1899. Bastard : La voie fluviale du Sénégal. — Binger : Comment on devient explorateur. — Borelli : Le Dahomey; ressources et avenir (Marseille). — Clozel : La Côte d'Ivoire (Bul. Com. Af. fr.). — Coppolani : Chez les Maures. — Le Chatelier : L'Islam dans l'Afrique occidentale. — Delafosse : Les Waï (Rev. Anthropologie). — Des Chaumes : Le pays des Nègres Blancs. — Dreyfus C. : Six mois dans l'Attié; Transvaal français. — Durand-Lapie : Escayrac de Lauture; sa vie; ses ouvrages. — Eysseric : Rapport sur une mission à la Côte d'Ivoire. — Hacquard : Monographie de Tombouctou (Soc. étud. col. et marit.). — Hordaille : Le chemin de fer à la Côte d'Ivoire. — Lignier : Causes du développement économique de la Côte d'Ivoire. — Maclaud : Guinée française et Fouta-Djallon (Rev. Col.) — Mévil : Samory. — Perregaux : Le lac Obosomtyvé (Coumassie). — Hugues Le Roux : Au Sahara. — De La Roncière : Histoire de la marine française; les origines.

— Superville : Le Sénégal et dépendances. — Schirmer : Histoire de la découverte et formation des États du Soudan occidental. — Sébire : Les plantes utiles au Sénégal. — Zimmerman : Résultat des Missions Blondiaux et Eysseric (An. Géo.). — Guy : Résultats Géo. et Écon. des Explorations du Niger. — Toutée : Du Dahomey au Sahara; la nature et l'homme. — Mager : Atlas colonial. — Castellani (Ch.) : Vers le Nil français avec la Mission Marchand.

1900. Adam : Sedhiou de 1855 à 1885. — Aspe Fleurimont : La Guinée française. — Albin : La Mission Gentil et la défaite de Rabah. — Anthonay et Vabran : Le caoutchouc au Soudan français. — Bastard : Lexique des idiomes soudanais (Rev. Col.). — D' Boyé : Les colonnes contre Samory. — Le Brun : Le Sénégal : organisation politique et économique. — Baillaud : Les territoires français du Niger; leur valeur. — Bonnefon : L'Afrique politique en 1900. — Ballay : Rapport sur la situation de la Guinée en 1899. — Chevalier : Une Mission au Sénégal. — Chalot : Exploitation des lianes à caoutchouc au Congo français. — Cazemajou : Du Niger vers le Tchad; journal de route. — Crosson : Ethnographie de la Côte d'Ivoire. — Dubois-Chevauché : Volta occidentale (Rev. Col.). — Dépincé : La main-d'œuvre aux colonies (Rev. Col.) — Darcy : l'Équilibre africain au xx° siècle. — Duponchel : Exploitation agricole et coloniale du Soudan nigérien. — Hoeckel : Les plantes médicinales de la Côte d'Ivoire. — Foureau : Sahara; Soudan; Tchad; Congo. — Imbert : La région de Tombouctou. — Fleury : l'Arachide en Sénégambie (Bordeaux). — Feist : Carte de la Côte occidentale d'Afrique. — Jouinot-Gambetta : Une Mission dans l'Adrar. — Lenfant : Notes sur la crue du Sénégal. — Louis : Le Soudan français. — Mille : Notice sur la Côte d'Ivoire à l'Exposition. — Miquel : Expédition du Fouta-Djallon. — Machat : Essai sur la géographie du Fouta-Djallon. — Macaire : La Richesse forestière de la Côte d'Ivoire. — Pelet : Atlas des Colonies françaises. — Perruchot : culture de l'arachide au Sénégal. — Meynier A. : Le drame de Zinder (Nouvelle Revue). — A. Régis : La Casamance. — Schrader : L'année cartographique; supplément IX. — Sanderval : Aux rives du Konkouré. — Thorre : Notes sur les cercles du Cavally et de Béréby. — D' Vergnes : La lèpre dans le cercle de Thiès. — Thomasset : La Côte d'Ivoire (Géo. physique). — Veillet : L'Indigotier dans le Moyen-Niger. — Vigné d'Octon : Martyrs lointains.

1901. Allegret : L'Islamisme en Afrique. — D' Barot : La Gaule africaine (Revue de l'Anjou). — Bluzet : Vocabulaire du Mossi. — Broussais : La pénétration saharienne. — Delafosse : Essai du manuel de langue Agni ; Sur des traces probables de civilisation égyptienne à la Côte d'Ivoire. — Devaux : L'Afrique occidentale française. — Delafosse : Chrestomathie haoussa. — D'Olonne : De la Côte d'Ivoire au Niger et à la Guinée. — Emily : Rapport médical de la Mission Marchand. — Foureau : D'Alger au Congo par le Tchad. — Froideveau : L'œuvre scolaire de la France aux Colonies. — Guy : La mise en valeur de notre domaine colonial. — Houdas : Tarikh-es-Soudan (traduit de l'arabe). — Lorin : L'Afrique à l'entrée du xx° siècle. — Legendre : Notre épopée coloniale. — Lecomte : Le vanillier. — Meyrat : Dictionnaire des communes de France et des Colonies. — Métois : Au désert, poésies. — Pérignon : Haut-Sénégal et Moyen-Niger. — Rançon : La légende et la fable chez les races primitives et notamment au Soudan français. — Ravidat : L'assistance par la colonisation. — Reibell : La campagne contre Rabah. — Terrier : Le pays Zaberma. — Thomann : La Sassandra. — Villamur : Les habitants de la Côte d'Ivoire. — Vuillet : Le karité producteur de gutta. — Van Cassel : La haute Côte d'Ivoire occidentale. — Mager : Atlas colonial.

1902. Maxime Petit : Les Colonies françaises. Tome Ier. — Cte Tellier : Autour de Kita. — Hanotaux : L'Énergie française. — Castellani (Ch.) : Marchand l'Africain.

PUBLICATIONS DE L'OFFICE COLONIAL

(GALERIE D'ORLÉANS, PALAIS-ROYAL)

Annuaire colonial de 1901 et 1902.
Les carrières coloniales.
Notices sur nos Colonies.
Feuilles mensuelles de renseignements coloniaux.
Carnets des statistiques coloniales.
Notices diverses (café, cacao, vanille, cultures, etc., etc.).

OUVRAGES NON DATÉS

Binger : Considérations sur la priorité des découvertes maritimes sur la Côte-occidentale d'Afrique (Bul. du Comité de l'Afr. fr.). — Borius : Recherches sur le climat du Sénégal. — Burdo : Niger et Benoué. — Coste : Voyage au pays du Bambouck. — Crémieu Foa : Mes grandes chasses en Afrique. — Cortambert : Géographie universelle. — Fromentin : Sahara et Sahel; Journal des voyages. — Gimet-Fontalirant : Nos colonies : Guinée française, Côte d'Ivoire, Dahomey (Paris). — Habert de Ginestel : De Brest au Sénégal. — Gros : Captivité de J. Bonnat chez les Ashantis. — Jomard : Monuments de la Géographie. — Leroy Beaulieu : La colonisation chez les peuples modernes. — Loti : Le Roman d'un Spahi. — Mannert : Géographie des Grecs et des Romains. — Paris : Analyse de la dissertation pour prouver que les anciens ont fait le tour de l'Afrique. — Picrochole : Le Sénégal drolatique (Bordeaux). — Roussin : Mémoire sur la navigation aux Côtes occidentales d'Afrique. — Reclus : Géographie universelle. Tome IX. — Denys de Rivoire : Au pays du Soudan. — Spicq : Carte de la Boucle du Niger. — St-Arromand : Les missions françaises. — Sevin Desplaces : Afrique et Africains. — Jules Verne : Cinq semaines en ballon. — Vivien de St Martin : Dictionnaire de Géographie universelle. — X... : Nos Colonies en images. — Fallot : L'avenir colonial de la France. — D'Enjoy : La santé aux Colonies. — Dr Gayet : Guide médical de l'officier colonial. — Dr Legrand et Burot : Hygiène des troupes aux Colonies. — Dr Treille : Hygiène coloniale. — Dr Villedary : Guide sanitaire de l'officier et du colon. — Dr Duvigneau : Guide médical au Congo.

JOURNAUX ET PUBLICATIONS COLONIALES

De nombreux journaux coloniaux et des publications spéciales contribuent chaque jour à faire pénétrer dans l'esprit populaire l'idée si noble et si profitable d'expansion coloniale et de civilisation des races primitives.

L'énumération complète se trouve au chapitre xviii.

CHAPITRE IV

CE QUE L'EUROPÉEN VA FAIRE EN AFRIQUE OCCIDENTALE

L'Européen en Afrique occidentale est fonctionnaire, militaire, commerçant, colon, prospecteur et, plus rarement, touriste.

I. — FONCTIONNAIRES

ORGANISATION ADMINISTRATIVE GÉNÉRALE DE L'AFRIQUE OCCIDENTALE FRANÇAISE

Gouverneurs. — Sous les ordres du gouverneur général de l'Afrique occidentale française (Décrets des 16 juin 1895, 25 septembre 1896 et 17 octobre 1899) qui réside à Saint-Louis du Sénégal, et dirige en même temps l'administration proprement dite de cette colonie, trois gouverneurs des colonies sont placés à la tête de nos possessions de la Guinée française, de la Côte d'Ivoire et du Dahomey. Un délégué du gouverneur général, résidant à Kayes, est chargé de l'administration des territoires du Haut-Sénégal et Moyen-Niger, 3 officiers supérieurs, résidant à Bobo-Dioulasso, Tombouctou et Zinder, commandent les trois territoires militaires (voir Divisions administratives).

L'ordonnance du 7 septembre 1840 constitue encore à l'heure actuelle la charte fondamentale des droits, des prérogatives et des obligations de ces divers gouvernements.

Secrétaires généraux. — Dans chaque colonie un secrétaire général du gouvernement seconde et remplace, le cas échéant, le gouverneur (Décret du 28 mai 1898).

Conseils. — Au Sénégal, un conseil général (Décret du 4 février 1879) et un conseil privé (Décret du 24 février 1885), en Guinée, à la Côte d'Ivoire, au Dahomey, des conseils d'administration siègent auprès des gouverneurs, et, sauf le conseil général, peuvent se transformer en *conseils du contentieux* pour connaître de certaines affaires. Auprès du gouverneur général existe encore un conseil de défense (Décret du 11 décembre 1888).

A Saint-Louis, Dakar, Rufisque, Gorée, des conseils municipaux (Décret du 10 août 1872) fonctionnent dans les conditions de la loi du 5 avril 1884.

Le conseil privé du Sénégal, les conseils d'administration des autres colonies de la Côte d'Afrique sont composés des chefs de service placés auprès du gouverneur et généralement de deux habitants notables.

A citer en outre au Sénégal : les conseils sanitaires et les comités d'hygiène (Décret du 31 mai 1897, arrêté du 16 novembre 1900); le comité général de l'instruction publique (Arrêté du 15 janvier 1889); le conseil supérieur de l'Afrique occidentale; les chambres de commerce des villes du Sénégal; le comité consultatif du commerce de Kayes.

Affaires indigènes. — Sous ce titre, d'ailleurs habituellement et pratiquement adopté, nous comprenons tout le personnel chargé de l'administration des diverses circonscriptions territoriales.

Au sommet de la hiérarchie : pour le Sénégal, un directeur des affaires indigènes (membre du conseil privé par décret du 5 décembre 1895); pour la Guinée, la Côte d'Ivoire, le Dahomey, généralement le secrétaire général, ou le plus élevé en grade des administrateurs en service dans la colonie.

Sous les ordres de ce haut fonctionnaire : 1° un cadre d'*administrateurs des colonies* nommés par décret du Président de la République, dont la hiérarchie est la suivante : 4 administrateurs en chef de 1re et de 2e classe; 24 administrateurs de 1re, 2e et 3e classes; 49 administrateurs adjoints de 1re, 2e et 3e classes; administrateurs stagiaires; 2° un cadre d'agents d'affaires indigènes choisis et nommés par les gouverneurs en vertu d'arrêtés locaux. Ces cadres comprennent, pour les quatre colonies : 45 adjoints des affaires indigènes de 1re et de 2e classe; 85 commis des affaires indigènes de 1re, 2e et 3e classes; 3° des milices indigènes commandées par des Européens qui prennent les titres d'inspecteurs de 1re et 2e classes, et de gardes de 1re, 2e et 3e classes et qui sont au nombre total de 29.

Justice. — 1° *Sénégal.* (Ordonnance du 7 septembre 1840. — Ordonnance du 4 décembre 1847. — Arrêté du 5 décembre 1857. — Décrets des 15 mai 1889 et 11 août 1899). — 1 *cour d'appel*, composée de 1 procureur général, chef du service judiciaire; 1 substitut; 1 président; 4 conseillers; 1 conseiller auditeur. — Siège à Saint-Louis :

2 tribunaux de 1re instance. — Saint-Louis et Dakar : 1 président; 1 procureur de la République; 1 lieutenant de juge; 1 juge suppléant; 1 juge de paix à compétence étendue à Kayes (Décret du 15 mai 1889); 1 cour d'assises. — A Saint-Louis : président de la cour d'appel; 2 conseillers; 4 assesseurs; procureur de la République; 1 tribunal et 1 conseil d'appel pour les indigènes musulmans. Des conseils de conciliation à Bakel, Podor, Matam, etc., sous la présidence des administrateurs, 1 commissaire de police à Saint-Louis; 1 adjoint; 1 commissaire de police à Dakar; 1 adjoint; 1 commissaire de police à Kayes.

2° *Guinée. Côte d'Ivoire. Dahomey.* (Décrets des 6 août 1901 et 15 avril 1902). 3 tribunaux de 1re instance à Konakry, Bingerville, Porto-Novo; 3 tribunaux spéciaux; 1 tribunal supérieur à Konakry; des justices de paix à compétence étendue; des cours criminelles et des tribunaux indigènes (Art. 1er, décret du 15 avril 1902).

Le personnel de la magistrature comprend, pour chaque colonie : 1 juge président; 1 procureur de la République; 1 juge suppléant; 1 greffier; 1 substitut à Konakry. Le procureur de la République de Konakry est chef du service judiciaire des trois colonies.

Instruction publique. — 1° *Sénégal.* — 10 professeurs ou instituteurs laïques; 26 sœurs institutrices des congrégations de Saint-Joseph de Cluny ou de l'Immaculée-Conception; 37 frères instituteurs de l'Institut de Ploërmel. — Enseignement secondaire, en partie, et Enseignement primaire; écoles professionnelles.

Dans les territoires du Haut-Sénégal et Moyen-Niger : instituteurs laïques à Kayes, Médine, Bammako et Siguiri; écoles congréganistes à Dinguiray, Kita, Kati, Ségou, Tombouctou; écoles dans chaque poste, en outre, par un sous-officier ou un agent des affaires indigènes. A Kayes et Bammako, écoles professionnelles.

Comité régional du Sénégal de l'Association nationale pour la propagation de la langue française dans les colonies.

2° *Guinée. Côte d'Ivoire. Dahomey.* — 1 instituteur laïque à Konakry; écoles congréganistes des Pères du Saint-Esprit, des missions africaines de Lyon, des Pères blancs; écoles protestantes; écoles professionnelles. — D'une manière générale, près de l'église ou du temple, l'école s'élève sans tarder et les catéchistes deviennent en même temps des écoliers.

Cultes. — 1° *Sénégal.* — Culte catholique : 1 préfet apostolique; 1 vicaire apostolique de la Sénégambie; 4 curés et 4 vicaires; paroisses de Dakar, Saint-Louis, Gorée, Rufisque. Diverses missions énumérées à l'instruction publique. — Culte protestant : 1 pasteur à Saint-Louis;

1 à Dagana; des missions évangéliques. — Culte musulman : 1 chef de la religion ou *Bannir*, à Saint-Louis. Des marabouts dans tous les centres et villages où habitent des mahométans.

2° *Guinée.* — 1 préfet apostolique; mission du Saint-Esprit à Konakry, dans le Rio-Nunez et le Rio-Pongo; sœurs de Saint-Joseph de Cluny, à Konakry; 1 pasteur protestant à Konakry. — *Côte d'Ivoire.* — Missions africaines de Lyon (catholiques) à Grand-Bassam, Assinie, Jacqueville, Mossou, Memnè et Dabou. Grand-Bassam est érigé en paroisse. — *Dahomey.* — 1 vicaire apostolique du Benin résidant à Lagos; 1 préfet apostolique du Dahomey résidant à Agoué; missions de Lyon et Pères Blancs; 1 missionnaire protestant français; 4 missionnaires indigènes, relèvent du synode de Lagos.

Douanes. — *Sénégal.* — *Service sédentaire.* (Décrets des 8 février 1862 et 2 octobre 1877). — 1 vérificateur de 3° classe, chef du service; 5 vérificateurs adjoints; 7 commis de 1°, 2° et 3° classes; 3 surnuméraires; 2 brigadiers-chefs. — *Service actif.* — 8 brigadiers; 8 sous-brigadiers; 48 préposés; 22 canotiers.

Guinée. — 1 vérificateur adjoint de 1° classe, chef du service; 30 gradés européens du service actif; 22 gradés indigènes du service actif.

Côte d'Ivoire. — *Service sédentaire.* — 1 vérificateur de 2° classe, chef du service; 1 commis de 1° classe. — *Service actif.* — 5 brigadiers; 8 sous-brigadiers; 14 préposés européens; 1 brigadier; 3 sous-brigadiers; 20 préposés indigènes.

Dahomey. — *Service sédentaire.* — 1 vérificateur chef de service; 4 commis. — *Service actif.* — 2 gardes-magasins; 4 brigadiers; 8 sous-brigadiers; 13 préposés.

Postes. Télégraphes. Câbles. — *Sénégal proprement dit.* — 1 directeur chef de service; 54 commis principaux et commis; 21 surnuméraires; 52 surveillants des lignes (indigènes); 51 surveillants auxiliaires; 16 facteurs indigènes. — *Haut-Sénégal et Moyen-Niger.* — 1 inspecteur chef de service; 4 commis et 1 mécanicien du cadre métropolitain; 9 commis; 5 facteurs; 96 **surveillants et distributeurs de dépêches du cadre local.**

Guinée. — 1 commis métropolitain, chef de service; 6 receveurs; 8 commis indigènes; 1 surveillant européen; surveillants indigènes.

Côte d'Ivoire. — 1 inspecteur chef de service; 13 commis du cadre métropolitain; 8 commis; 3 commis auxiliaires; 2 surnuméraires; 21 surveillants; 25 auxiliaires du cadre local. — *Dahomey.* — 1 commis principal chef de service; 10 commis du cadre métropolitain; 7 commis; 2 auxiliaires du cadre local.

Câbles. — 1 chef de station; 2 sous-chefs et 10 employés.

Finances. — *Sénégal.* — 1 trésorier payeur général à Saint-Louis; 1 trésorier particulier à Dakar; 15 employés ou fondés de pouvoirs; 5 percepteurs; 4 porteurs de contraintes; 9 receveurs régionaux. *Haut-Sénégal et Moyen-Niger.* (Décret 16 août 1900). — 1 trésorier-payeur; 9 préposés du trésor, agents de la trésorerie d'Algérie. — *Guinée.* — 1 trésorier-payeur; 1 fondé de pouvoirs. — *Côte d'Ivoire et Dahomey.* — Même personnel.

Travaux publics. — *Sénégal.* — Un ingénieur des ponts et chaussées; directeur du service à Saint-Louis; 5 conducteurs de travaux; 2 mécaniciens; 1 comptable; 1 écrivain. — *Haut-Sénégal et Moyen-Niger.* — Le lieutenant-colonel du génie, directeur du chemin de fer, est en même temps directeur des travaux publics; arrêté local du 2 février 1900. — *Guinée. Côte d'Ivoire. Dahomey.* — 2 conducteurs et 1 ingénieur colonial, chef de service; 5 conducteurs; 5 commis; 1 dessinateur; 6 surveillants; 1 comptable.

Ports et Rades. — *Sénégal.* — 2 capitaines et 5 lieutenants de port; 1 capitaine de barre; gardiens de phare. — *Guinée. Côte d'Ivoire. Dahomey.* — Maîtres de ports et gardiens de phares.

Enregistrement. — Domaines; Timbre; Curatelle aux successions vacantes; Conservation des Hypothèques. — *Sénégal.* — 5 receveurs et 5 commis.

Imprimerie du gouvernement. — *Sénégal.* — 1 chef d'imprimerie; 18 compositeurs, imprimeurs, relieurs et apprentis. — *Guinée. Côte d'Ivoire. Dahomey.* — 5 chefs d'imprimerie; 18 ouvriers européens et indigènes.

Chemins de fer. — *Dakar-Saint-Louis.* — 1 chef d'exploitation; 15 inspecteurs; chefs de gare; conducteurs; contrôleurs; agents divers. — *Kayes-Kita.* — 1 lieutenant-colonel du génie; 6 capitaines; 4 lieutenants; 4 officiers d'administration. — *Guinée.* — Administrateur des colonies, Directeur; 2 capitaines et 2 lieutenants du génie; 4 officiers d'administration. — *Dahomey.* — 1 chef de bataillon du génie, Directeur; 2 capitaines et un lieutenant.

Représentation au Parlement. — Le Sénégal est représenté par un député.

Délégués élus. — La Guinée française, la Côte d'Ivoire, le Dahomey, envoient chacune un délégué élu au Conseil supérieur des colonies.

II. — POSTES MILITAIRES

A. État-major général. — 1 général de brigade, commandant supérieur; 1 lieutenant-colonel, chef d'état-major; 1 capitaine officier d'ordonnance; 1 capitaine officier d'ordonnance du gouverneur général; 1 chef d'escadron, directeur d'artillerie; 1 commissaire principal; 1 médecin en chef; 1 capitaine de frégate commandant la station locale de Dakar.

B. État-major particulier. Saint-Louis. — 1 chef de bataillon; 5 capitaines d'artillerie; 2 capitaines d'infanterie; 5 lieutenants.

C. État-major hors cadres (fonctions politiques). — 4 lieutenants-colonels (Kayes, Tombouctou, Bobo, Zinder); 4 chefs de bataillon (Tessaoua, Kouroussa, Kong, Toumodi); 18 capitaines (Kaedi, Casamance, Kayes, Tombouctou, Bandiagara, Ouahigouya, Dori, Bobo, Dioulasso, Léo, Ouagadougou, Sinder, Dabakala, Bondoukou, Kankan, Sokolo, Goumbou); 15 lieutenants (Nioro, Casamance, Bandama, Touba, Beyla, Nioro, Néré, Kayes, etc., etc.). — *Sous-officiers secrétaires.* — 80 environ. — *Sous-officiers magasiniers.* — 20 environ.

D. Service des troupes. — 1º *14e régiment d'infanterie coloniale. Dakar.* — 8 compagnies (Gorée, Saint-Louis, Sakh, Pire-Gourye, Tivavouane, Thiès, Pont, Mekké); 1 lieutenant-colonel; 5 chefs de bataillon; 14 capitaines; 50 lieutenants; 80 sous-officiers.
2º *1er régiment de tirailleurs sénégalais. Saint-Louis.* — 12 compagnies (1re-2e Côte d'Ivoire, 3e Saint-Louis, 4e Casamance, 5e Saint-Louis, 6e Kaedi, 7e Dahomey, 8e Côte d'Ivoire, 9e Guinée, 10e Dakar, 11e Kissidougou, 12e Dakar); 1 colonel; 5 chefs de bataillon; 15 capitaines; 50 lieutenants; 80 sous-officiers.
3º *2e régiment de tirailleurs sénégalais. Kati.* — 22 compagnies (1re Koury, 2e Koutiala, 3e Dori, 4e Bamba, 5e Kati, 6e Tombouctou, 7e Kayes, 8e Diebougou, 9e Bobo-Dioulasso, 10e Sikasso, 11e Gao, 12e Sompi, 13e, 14e, 15e, 16e, 17e et 18e en réorganisation à Kati; 19e Dosso, 20e et 21e Zinder, 22e Tahoua); 1 colonel; 2 chefs de bataillon; 25 capitaines; 45 lieutenants; 100 sous-officiers.
4º *1 bataillon de la Côte d'Ivoire. Toumodi.* — 4 compagnies (1re Dienzoukro, 2e Lassan, 3e Seguela, 4e Kokombo). 1 chef de bataillon; 5 capitaines; 14 lieutenants; 30 sous-officiers.
5º *1re compagnie des disciplinaires coloniaux. Ouakam.* — 1 chef de bataillon; 4 lieutenants; 20 sous-officiers.

6° *Artillerie du Sénégal. Saint-Louis.* — 3 batteries à pied (Gorée, Dakar, Sedhiou); 1 batterie de montagne (Saint-Louis); 2 détachements d'ouvriers (Saint-Louis, Dakar); 2 compagnies de conducteurs (Dakar, Saint-Louis); 1 chef d'escadron ; 6 capitaines; 11 lieutenants; 2 vétérinaires; 30 sous-officiers.

7° *Artillerie du Soudan. Kayes.* — 3 batteries (Kayes, Kouroussa, Bobo-Tombouctou); 1 compagnie de conducteurs (Kati); 1 détachement d'ouvriers (Kayes); 1 chef d'escadron ; 3 capitaines; 5 lieutenants; 2 vétérinaires; 20 sous-officiers.

8° *Spahis sénégalais. Saint-Louis.* — 1 escadron; 1 capitaine; 3 lieutenants; 1 médecin; 1 vétérinaire; 10 sous-officiers.

9° *Spahis soudanais. Gao.* — 1 escadron à cheval; 1 escadron à Méhara; 1 capitaine; 7 lieutenants; 20 sous-officiers.

10° *Marine de guerre.* — Avisos l'*Ardent* (Dakar); le *Lézard* (Saint-Louis); bateau-citerne l'*Akba* (Saint-Louis).

E. **État-major hors cadres (travaux).** — 3 chefs d'escadron; 1 capitaine; 8 officiers de génie; 20 sous-officiers.

F. **Officiers hors cadres de l'armée de terre.** — 9 capitaines; 10 lieutenants.

G. **Services administratifs militaires.** — Commissariat des troupes coloniales : 1 commissaire principal de 1re classe; 2 commissaires principaux de 3e classe; 13 commissaires de 1re classe; 6 commissaires de 2e classe; 8 agents et sous-agents; 15 commis et 21 magasiniers.

H. **Service de santé.** — Troupes : 4 médecins majors; 16 médecins aides-majors. Service général : 1 médecin principal; 4 médecins majors de 1re classe; 4 médecins majors de 2e classe; 30 médecins aides-majors de 1re classe; 1 médecin de 2e classe de la marine; 15 infirmiers coloniaux européens.

K. **Justice militaire.** — 3 conseils de guerre (Saint-Louis, Dakar, Kati); 1 conseil de revision.

L. **Sous-officiers hors cadres.** — Un certain nombre de sous-officiers sont détachés du service des troupes et employés soit pour le service postal, soit dans les secrétariats, soit comme magasiniers locaux ou généraux.

III. — EMPLOIS CIVILS

Professions libérales et officiers ministériels. — 1 médecin, 5 pharmaciens, 3 avocats, 2 notaires, 2 greffiers, 2 huissiers.

Professions diverses. — 1 banquier, 7 bouchers, 14 boulangers, 25 cafetiers, 3 coiffeurs, 12 marchands de comestibles, 15 confections, 10 hôteliers, 1 imprimeur, 10 modistes, 2 tailleurs, 1 pâtissier, 9 entrepreneurs de travaux, 7 épiciers, 1 horloger, 5 serruriers, 1 forgeron.

Les autres professions, cordonniers, tisserands, bijoutiers, etc., etc.; ne sont remplies que par des indigènes, des Marocains ou des Syriens.

Maisons de commerce. — Un grand nombre de maisons de commerce sont installées en Afrique occidentale qui occupent plus de 1000 Européens. On en trouvera la liste complète chapitre xviii.

Des sociétés de colonisation et des sociétés de secours aux coloniaux favorisent notre expansion africaine. (Voir pour leur énumération le chapitre xviii).

DEUXIÈME PARTIE

CHAPITRE V

VOYAGES ET DÉPLACEMENTS

Désignations. Démarches. — Les désignations pour l'Afrique occidentale paraissent au *Journal officiel* et sont notifiées aux intéressés par les soins de leur administration; elles sont de 3 sortes :
1° Désignations d'office et suivant l'ordre de départ établi;
2° Désignations sur demande et pour un but spécial (Missions);
3° Désignations pour retour dans la même colonie après congé administratif pour les fonctionnaires, et congé de 6 mois à solde coloniale pour les officiers (Décret, 28 décembre 1900).

Des termes de la désignation. — La désignation peut être conçue en termes précis, spécifiant l'emploi de l'intéressé dans la colonie (hauts fonctionnaires, commandants en chef, missions spéciales), ou en termes généraux, le plaçant à la disposition du gouverneur général. *En tout cas, le gouverneur général a le droit de modifier, retarder ou annuler les désignations, dans l'intérêt des services publics.*

Réclamations. Permutations. Sursis. — Le cas échéant, les réclamations doivent être adressées *immédiatement après la désignation et par voie hiérarchique.*

Il en est de même pour les demandes de permutation ou de sursis de départ. Il peut être accordé un mois de sursis, rarement deux. Si la demande de sursis est faite pour raisons de santé, elle doit être accompagnée de certificats de visite et contre-visite règlementaires.

Permission de départ. — Tout militaire ou fonctionnaire, en service en France et désigné pour une campagne coloniale, obtient en principe une permission préalable de 8 à 30 jours suivant les exigences du service. En cas d'urgence, le ministre peut désigner et faire mettre en route dans les délais de route réglementaires.

Il importe donc de toujours être prêt au départ, lorsque l'on se trouve dans les premiers rangs de la liste de désignation.

Les fonctionnaires en congé de convalescence ou en congé administratif, qui doivent rallier la colonie d'où ils proviennent, sont embarqués sur le premier paquebot qui part après l'expiration de leur congé.

Le succès ou l'insuccès des campagnes coloniales, aussi bien collectives que privées, dépend uniquement du soin qui fut apporté à leur préparation. Toute part livrée au hasard, même dans les détails en apparence les plus futiles, deviendra sûrement une cause d'échec.

Que d'expéditions furent infécondes, sinon désastreuses, par suite du manque de vivres, de médicaments, de vêtements, de couvertures, de bidons, de munitions mêmes! Que de morts furent causées par le défaut de hamacs, de moustiquaires, de quinine, etc., qu'on aurait pu éviter !

Axiome. — *Aux colonies, plus que partout, prévoir, c'est triompher.*

L'autorité accorde donc toujours en principe une permission de départ colonial.

Les désignations des employés de commerce se font après entente amiable entre l'intéressé et les patrons.

Les colons et les touristes qui fixent eux-mêmes leur départ peuvent consacrer le temps nécessaire à leurs préparatifs.

Avances de solde (Art. 149 et suivants. Décret du 25 décembre 1897). — Sur la demande des intéressés, l'administration consent une avance de solde de France : la somme totale ne peut en aucun cas dépasser deux mois de solde sur le prêt d'Europe. Les fonctionnaires ralliant à la fin d'un congé la colonie d'où ils proviennent n'ont pas droit aux avances, sauf sur autorisation spéciale du ministre. Ces avances sont récupérées dès l'arrivée dans la colonie sur la solde d'Europe et par quarts. Des avances spéciales, et dont la quotité est fixée par le ministre, peuvent être attribuées aux fonctionnaires chargés de missions.

Délégations (Art. 152 et suivants du 25 décembre 1897). —

VOYAGES ET DÉPLACEMENTS. 57

L'Européen soucieux d'envoyer de l'argent à des personnes restées en France dispose de plusieurs moyens :

1° Par délégation régulière, il peut faire bénéficier directement de la moitié de sa solde coloniale, dégagée de tous accessoires, sa femme, ses ascendants ou descendants et un tiers, mais seulement pour l'entretien de sa famille ainsi déterminée.

Il faut faire ses déclarations de délégation avant de s'embarquer, à Paris dans les bureaux du ministère, ou dans les ports, dans les bureaux du service colonial.

Les délégations sont payées trimestriellement aux intéressés par Paris ou par les services coloniaux des ports.

2° Il peut envoyer *gratuitement*, par bons sur le Trésor, l'équivalent du quart de sa solde.

3° Il peut envoyer, par *mandats postaux*, une somme inférieure à 500 francs, par 24 heures.

Le tarif des mandats postaux est proportionnellement décroissant suivant le décret de 1900.

De   0 à   50 fr.   0 fr. 25
De   50 à 100 fr.   0 fr. 50
De 100 à 300 fr.   0 fr. 75   } Les colonies d'Afrique française perçoivent pour leur
De 300 à 500 fr.   1 fr.   compte un droit égal à celui
De 500 à 1000 fr.   1 fr. 25   du Service postal général, ce
De 1000 à 1500 fr.   1 fr. 50   } qui double ces sommes.
De 1500 à 2000 fr.   1 fr. 75 etc.

La durée de validité des mandats postaux est de neuf mois.

4° Il peut s'entendre avec des maisons de commerce installées là-bas, qui en échange de son argent lui délivreront une valeur payable en France à échéance fixe ou au porteur.

Procurations. — Lorsque l'intéressé se trouve dans un poste éloigné d'un centre administratif, il peut donner *procuration générale* à un de ses amis pour toucher sa solde et l'expédier en France selon ses désirs : cela s'appelle avoir un mandataire.

Démarches du départ. — Tout Européen, militaire ou fonctionnaire, désigné pour l'Afrique, doit se présenter la veille du jour fixé pour son embarquement au commissariat des colonies du port d'où il part, muni des pièces suivantes : 1° ordre de service ; 2° ordre de route ; 3° livret de solde ou certificat de cessation de payement ; 4° certificat de visite médicale.

Il reçoit une réquisition de passage pour une compagnie de navigation et fait viser soigneusement tous ses ordres.

Vie à bord. Cabines. — Le premier soin du passager en montant à bord doit être de se faire indiquer sa cabine, puis de rendre visite au commandant, au commissaire et au médecin du bord.

Si le passager est militaire, il doit également se présenter au plus ancien officier passager, faisant fonction de commandant d'armes.

L'officier commandant d'armes est responsable de la tenue de tous les militaires ou assimilés passagers. Il doit, à la fin de la traversée, fournir à l'autorité militaire du port de débarquement un rapport disciplinaire.

Le personnage le plus important pour les passagers est sans contredit le maître d'hôtel : c'est lui qui distribue les cabines, les places à table, qui surveille tous les services de domesticité, qui prête des livres, vend des petits objets de toilette, assure le blanchissage, etc.

C'est lui qui répartit entre les garçons les pourboires qu'il est d'habitude de donner à la fin de la traversée.

Mal de mer. — Les passagers sujets au mal de mer feront bien de : 1° demander une couchette située longitudinalement par rapport à l'axe du navire et autant que possible en face du hublot.

2° Faire munir le hublot de leur cabine d'une manche à air.

3° Se coucher dès leur arrivée à bord et se faire servir leurs repas dans leur cabine.

Si les vomissements et les nausées se produisent malgré ces précautions, sucer de la glace après les efforts de vomissements et grignoter constamment du biscuit d'équipage, car les vomissements sont d'autant plus douloureux que l'estomac est vide et que, par suite, la bile est déversée par les mouvements antipéristaltiques dans l'estomac. Dès que l'on sent un peu de calme, demander du bouillon de viande et avaler des œufs à la coque. Enfin, réagir moralement, se distraire et ne pas craindre de se promener sur le pont.

Un des moyens les plus efficaces contre le mal de mer consiste dans la compression abdominale obtenue soit au moyen d'une ceinture hypogastrique de Glénard, soit en enroulant autour du ventre une ceinture de flanelle fortement serrée, sous laquelle on peut même comprimer 2 ou 3 feuilles de ouate. Ce procédé couramment employé en Amérique repose sur l'immobilisation du tube digestif et nous paraît rationnel.

Il a été tenté bien des médications internes contre le mal de mer qui ont pour principe l'anesthésie de la muqueuse stomacale par la cocaïne, — elles sont souvent illusoires. — Les inhalations d'oxygène n'ont donné que des résultats douteux. — En cas de vomissements rebelles et graves, appliquer le traitement de ce symptôme (Chapitre xv. Hygiène et médecine pratique).

Plaisirs de bord. — Les principales distractions à bord sont : les lectures, la musique, les conversations, les jeux divers (dominos, whist, cartes, jacquet, échecs, etc.). Dès que la traversée doit atteindre 6 ou 7 jours, il est de bonne hygiène d'organiser une soirée — concert d'amateurs — au bénéfice des œuvres de mer ; — cela occupe, amuse et délasse.

Cantine de cabine. — Chaque passager a droit dans sa cabine à une cantine ou une malle de volume assez réduit. Il importe de la garnir avec soin et d'y faire entrer ce qui sera utile à bord pendant la traversée, soit : vêtements drap et toile, chaussures de ville et d'intérieur, chapeau et casque, linge de corps (il en faut beaucoup, car on le salit vite à bord et il convient d'être toujours très propre aux repas), objets de toilette, papier à lettre, cravates et mouchoirs, lorgnettes et appareil photographique ; enfin un ou deux petits articles de pacotille que l'on pourra, le cas échéant, offrir comme lot ou objet de tombola.

Bagages. — Les bagages sont taxés au poids ou au volume.

Les bagages doivent être enfermés dans des caisses solides et cerclées de fer autant que possible.

Nous recommandons aux voyageurs de faire pyrograver sur la partie supérieure : leur nom, leur titre, leur destination, un numéro d'ordre et une marque spéciale.

Sur chaque face, leur marque spéciale (croix, fer à cheval, losange, rosace, etc.) et le numéro d'ordre de leurs colis.

Ceci est très important pour reconnaître et grouper ses bagages la veille ou le jour du débarquement.

Débarquement. — 1° *A quai ou en rade.* — On s'adresse soit à une compagnie s'occupant moyennant 0 fr. 50 par colis de leur débarquement — soit à des particuliers, avec lesquels on traite à forfait.

2° *Par le warf.* — Le débarquement est opéré par les soins de la Compagnie du warf qui prélève une somme fixe par tonne de marchandises ou par mètre cube dans le cas d'objets légers et encombrants. Les personnes payent un droit de débarquement de 1 fr. 50. Les passagers de l'État reçoivent une réquisition spéciale pour le passage par le warf.

3° *Par la barre* A. *Passagers.* — Il ne faut pas s'inquiéter du passage de la barre. — Les équipes de pagayeurs ont une expérience telle de cette manœuvre qu'il ne peut pas arriver d'accident. En tout cas s'en rapporter absolument à eux sur l'opportunité du moment où l'on doit franchir les volutes.

Presque tous les accidents arrivés au passage de la barre sont dus à l'imprudence ou à l'imprévoyance des Européens.

Si la mer semble un peu houleuse et que l'on croie devoir stimuler le zèle des piroguiers, il suffira de leur montrer une pièce blanche et l'espérance de ce pourboire facilitera beaucoup le débarquement.

Au cas où, malgré tout, l'embarcation chavire, se laisser enlever et emporter par les noirs et ne pas contrarier le sauvetage par des mouvements désordonnés et dangereux.

Ne jamais dire au chef piroguier que l'on sait nager.

Lorsque la pirogue a été lancée sur la plage, ne pas bouger pour en sortir avant que les noirs ne fassent signe. C'est à ce moment-là qu'arrivent les accidents par suite du retour subit de la lame.

POIDS DES BAGAGES TRANSPORTÉS AUX FRAIS DE L'ÉTAT
OU DES BUDGETS LOCAUX (ART. 59. DÉCRET DU 5 JUILLET 1897).

CATÉGORIES DE PERSONNEL.	POIDS DES BAGAGES [1]	
	POUR L'OFFICIER LE FONCTIONNAIRE L'EMPLOYÉ ET L'AGENT CIVIL OU MILITAIRE DES SERVICES COLONIAUX ET LOCAUX	POUR LA FAMILLE LORSQU'ELLE VOYAGE AVEC SON CHEF OU ISOLÉMENT
Gouverneurs généraux. — Gouverneurs se rendant pour la première fois à leur poste. { Aller	1000 kgs	2000 kgs
{ Retour	2000 —	1000 —
1re catég. A. — Généraux et assimilés	1000 —	500 —
1re — B. — Off. supérieurs et assimilés	600 —	500 —
2e catég. — Off. subalternes et assimilés	500 —	500 —
3e — — Adjudants et assimilés	400 —	200 —
4e — — Sous-officiers et assimilés	300 —	150 —
5e — — —	200 —	100 —
6e — — Soldats et assimilés	100 —	100 —

1. Y compris celui pour lequel la franchise est accordée par les compagnies de navigation et autres.

Bagages. — Il est préférable de faire enfermer tous ses bagages dans des futailles très robustes dites « pièces de une » qui assurent l'étanchéité des bagages et flottent quand la pirogue chavire.

En tout cas, faire toujours enfermer dans des « pièces de une » les cantines contenant de l'argent ou des valeurs et les caisses que l'eau pourrait avarier.

Les prix ordinaires de débarquement à travers la barre sont de 6 à 8 francs par personne et de 18 à 25 francs la tonne.

(Voir le tableau ci-contre, p. 60.)

Rapatriement. — L'Européen peut être rapatrié pour trois raisons : 1° *Pour fin de séjour colonial.* — En ce cas, il a droit à un congé administratif de un mois à six mois suivant la durée de son séjour aux colonies. Ce congé est à solde entière d'Europe.

Si l'intéressé a prolongé son séjour d'un an et qu'il ait demandé à continuer ses services dans la même colonie, il a droit à un congé administratif de six mois, à solde entière des colonies. Dans ce cas, il faut que la demande soit accompagnée d'un certificat médical constatant que l'intéressé sera parfaitement apte à servir de nouveau dans la colonie après six mois de congé passé en France !!

2° *Pour raisons de santé.* — En ce cas, le médecin traitant donne par lettre numérotée et enregistrée son avis sur l'opportunité de l'évacuation du malade et l'autorité militaire ordonne seule la mise en route.

3° *Par raisons disciplinaires.* — Lorsque, pour une faute quelconque, un Européen est renvoyé à la disposition du ministre, il est mis en route par l'autorité militaire ou administrative dont il relève.

Voyages de retour. — Les plus grandes précautions sont indispensables à l'Européen qui rentre en France après un séjour prolongé dans l'Afrique occidentale.

Il doit craindre surtout les refroidissements, soit par l'air, qui provoquent des pneumonies, des pleurésies, des ictères, soit par les boissons glacées qui peuvent déterminer des entérites graves et des péritonites.

VOYAGES PAR LA BROUSSE

Voyages collectifs. Chemins de fer coloniaux. — Les chemins de fer actuellement en exploitation dans l'Afrique occidentale sont :

Le Dakar-St-Louis : 264 km.; stations : Tiaroye, Rufisque, Sébikoutane, Thiès, Tivavouane, Mekké, Kellé (buffet), Kebemer, Goumbo, Louga, M'Pal, Leybar et St-Louis.

Départ de Dakar à 7 h. du matin, arrêt de 11 h. à midi à Kellé, arrivée à St-Louis à 4 h. du soir; vitesse marchande : 35 km à l'heure; wagons de 1re classe pour Européens ; 2e, 3e et plates-formes pour noirs. Prix du parcours : 60, 45 et 30 fr.

Cette traversée du Cayor est plus particulièrement pénible de février à juin. Se munir toujours à ce moment-là de boissons fraîches (bière), enfermées dans de la sciure de bois et entourées de glace. Se munir de lunettes à verres teintés, au cas où le vent d'est s'élèverait.

Le Kayes-Kita : 500 km.; stations : Sabouciré, Dinguira, Tinké, Faidherbe, Talaari, Mahina (arrêt pour le repas). Kalé, Diouveba, Oualia, Badumbé, Toukoto et Kita.

Départ de Kayes à 6 h. du matin, arrivée à Kita à 6 h. du soir, 3 fois par semaine. Prix approximatifs : 50, 25 et 15 fr.

Il y a sur ce parcours un certain nombre de très belles photographies à prendre.

Emporter deux repas froids, un pour le matin à Mahina, un pour le soir en arrivant à Kita.

Sur les chemins de fer coloniaux, un Européen a droit, suivant son grade, au transport gratuit d'un certain chiffre de bagages.

Officiers supérieurs et assimilés. . . 600 km.
Officiers subalternes et assimilés.. . 300 —
Sous-officiers et assimilés.. . . . . 150 —
Soldats.. . . . . 60 —

Bateaux à vapeur. Le service du transport des Européens est assuré par bateaux à vapeur.

1° *De St-Louis à Kayes*, par les bateaux de la maison Devès et Chaumet, qui, suivant le niveau des eaux, remontent à Podor ou à Kayes, 900 km environ.

Stations : Richard-Toll, Dagana, Podor, Saldé, Kaëaedi, Matam, Bakel, Kayes. Durée du voyage : de 5 à 11 jours, suivant la saison ; 1re et 2e classes et passagers de pont : prix du passage : 90, 60 et 50 fr. ; prix de la nourriture : 10 fr., 5 fr. et 2 fr. 50 par jour suivant la classe.

Dans les conditions normales, on est confortablement installé sur ces bateaux, mais très souvent l'administration y embarque deux ou trois fois plus de passagers qu'ils ne doivent en contenir; en ce cas, le voyage devient un supplice.

Quelque chaleur qu'il fasse pendant la traversée du Sénégal, toujours coucher soigneusement sous sa moustiquaire. Toute cette région est particulièrement infestée d'anophèles, moustique du paludisme.

Ce voyage est long et monotone. Il faut se distraire par la photographie, le tir aux caïmans et aux singes, la pêche, les lectures et surtout profiter de ce temps d'inaction pour apprendre les premiers éléments de la *langue bambara*, avec les domestiques et les passagers noirs.

2° *De Grand-Bassam à Bingerville et Dabou.* — Le transport est effectué par le remorqueur du service local *le Marsouin*. Les commerçants sont obligés de fréter un des petits vapeurs de Bassam : cela coûte 150 fr. pour Bingerville et 500 fr. environ pour Dabou.

3° *De Cotonou à Porto-Novo.* — Le transport s'y effectue dans les mêmes conditions qu'à la Côte d'Ivoire, par les soins de l'administration pour les fonctionnaires, pour les commerçants ou colons à leurs frais, par vapeurs ou pirogues.

Pour ces deux petits voyages, emporter des provisions de bouche.

Chalands et pirogues. — Les régions que l'on est appelé à parcourir par chalands ou pirogues sont :

1° Le cours du Sénégal de Podor à Médine.

2° Le cours supérieur du Niger, de Bammako à Siguiri, Kouroussa, Dinguyray (par le Tankisso), Kankan (par le Milo).

3° Le cours moyen du Niger de Koulikoro à Nyamina, Ségou, Djenné, San (par le Bani), Kabara, Rhergo, Bamba et Gao.

4° Le cours de la Casamance jusqu'à Sedhiou.

5° Le cours du Bandama jusqu'à Tiassalé et du Comoé jusqu'à Bettié.

6° Le cours de l'Ouémé jusqu'à Dogba.

7° La région des grands lacs du Moyen-Niger au moment des hautes eaux.

Pour ces transports, l'administration a fait construire des chalands en bois, de 1 à 6 tonnes, pouvant transporter de 1 à 4 Européens avec leurs bagages. Ce sont les chalands dits « du personnel » recouverts en leur centre d'un léger abri de paille ou de toile qui doit protéger contre le soleil ou la pluie.

Il existe en outre des chalands pour marchandises, aménagés pour le transport des troupes indigènes.

Les pirogues dont on peut se servir sont des pirogues indigènes de capacité variable et pouvant contenir de 200 à 1200 kgs.

Le mode de propulsion de ces embarcations se fait au moyen d'un équipage de laptots indigènes variant entre 4 et 7 hommes, à la pagaie en descendant le courant, à la perche ou à la cordelle en le remontant. La vitesse varie donc de 40 km par jour en descente à 8 et 10 km en montée.

Ces voyages sont longs et fastidieux. Ils n'ont qu'un agrément : la chasse.

La marche est ainsi réglée : départ au petit jour, arrêt de 11 h. à midi 30 pour déjeuner; arrêt le soir vers 5 h. à proximité d'un village pour dîner et bivouaquer.

Il est très imprudent de naviguer en rivière la nuit, et sur le Sénégal, ne jamais camper sur la rive droite.

Il faut soigneusement préparer des provisions pour la route (poulets, œufs, conserves, légumes, etc., etc.), car il est difficile de se ravitailler dans les villages trop souvent mis à contribution.

Ne pas oublier de faire disposer au fond des embarcations des traverses sur lesquelles on fera reposer les bagages, car l'étanchéité des chalands est douteuse et les colis sont souvent immergés. Si l'on voyage en hivernage, il est prudent de recouvrir la paillote du chaland d'une grande toile de bâche qui préservera de la pluie le lit de camp ou le pliant sur lequel on se tient généralement.

Si l'on a la place d'installer une caisse assez large que l'on remplit de sable et de cendre, on peut sur ce foyer artificiel installer une cuisine en plein vent et manger sans interrompre la marche du bateau.

Si l'on est surpris par une tornade il faut se garer dans la première anfractuosité de la berge, descendre à terre et utiliser tout son monde à fixer et maintenir l'embarcation, car les vagues du Niger ou du Sénégal peuvent parfois atteindre 1 et 2 mètres de hauteur.

Convois. — Des convois réguliers d'Européens circulent sur les routes de : 1° Podor à Kayes (rive gauche); 2° Kita à Bammako; 3° Bammako à Koulikoro, Bougouni, Sikasso.

Le transport des voyageurs s'y fait à dos de mulets, celui des bagages dans des voitures Lefebvre, par les soins des compagnies de conducteurs sénégalais.

Les étapes, bien étudiées, sont en général de 18 à 20 km. Le départ a lieu vers 2 h. du matin, l'arrivée au gîte d'étape vers 9 h. Des campements assez bien installés et médiocrement entretenus y reçoivent les passagers. Des distributions régulières de vivres frais leur sont faites par les soins de l'administration.

Chaque convoi est dirigé par un chef de convoi, officier ou sous-officier de la compagnie des conducteurs. La police et la surveillance du convoi sont à la charge du plus ancien officier passager. L'administration fait toujours son possible pour adjoindre un médecin passager au convoi. Le chef de convoi, le chef de détachement et le médecin doivent à l'arrivée fournir des rapports circonstanciés.

Chaque officier ou assimilé a droit à une monture et à 500 kg de bagages. Les sous-officiers et hommes de troupe ont droit à une monture pour deux et à 60 kg de bagages.

Les convois administratifs transportent des marchandises commerciales au prix de la tonne et par kilomètre.

Voyages individuels. — L'Européen est souvent en Afrique obligé de voyager seul.

Mode de transport. — *Chevaux et mulets.* — (Haut Sénégal. Moyen Niger. Haut Dahomey. Haute Guinée. Haute Côte d'Ivoire). Les officiers appartenant à des corps de troupes stationnés dans l'Afrique occidentale sont montés par l'administration. Ils ont droit à un palefrenier militaire.

Les fonctionnaires exerçant un commandement territorial ont droit à une monture fournie par le service local.

Il est très difficile d'acheter des mulets en Afrique car on n'y trouve que ceux que les compagnies de conducteurs font venir de France; il n'en est pas de même des chevaux, dont le prix est très variable suivant la région où on les achète. Le même cheval vaudra environ 500 fr. à Saint-Louis du Sénégal, 250 fr. à Bammako, 350 fr. à Kankan et 500 fr. à Bobo-Dioulasso.

Les chevaux d'Afrique sont petits; il faut donc se munir de harnachement spécial pour les colonies, le plus léger possible, et le moins compliqué. La selle, les étriers, étrivières, sangle, bride, bridon et entraves suffisent généralement, on n'a *presque jamais* occasion de faire usage du mors, des sacoches, du porte-épée et du tapis réglementaire. Nous conseillerons cependant d'avoir toujours avec soi les deux petites sacoches ou fontes mobiles en toile tannée et cuir. Pour le transport des bagages on trouve des *bâts* à charges, cantines ou cacolets, légers et bon marché (110 fr. environ). (Voir pour l'hygiène des chevaux et mulets, Ch. xvi).

Conseil important. — Dans les pays musulmans et à chevaux, il est de toute importance que l'Européen soit toujours monté : c'est aux yeux des noirs la caractéristique des chefs ou des hommes libres.

Il faut prendre l'habitude, pour ménager les montures, de faire une ou deux heures de marche à pied par étape, de préférence à l'aube.

heure où la marche est agréable ; il est bon de toujours descendre de cheval dans les côtes rocailleuses, car les montures africaines n'étant pas ferrées écaillent souvent leurs sabots. Mais nous croyons qu'il faut toujours traverser ou arriver dans les villages indigènes à cheval.

Le blanc ne doit négliger aucun des moyens qui peuvent affermir son prestige près des populations noires.

Les étapes moyennes que l'on peut demander à un cheval seront de 18 à 25 km à une vitesse de 4 à 5 km par heure.

Méharis (Région de Tombouctou et du Hombori). L'usage de ces montures exige un apprentissage spécial et assez pénible. Il faut se conformer aux préceptes des instructeurs maures.

Hamacs et filanzanes. — Dans toutes les régions de l'Afrique occidentale les nègres savent porter en hamac ; ils portent généralement sur la tête.

1° Le mode de transport le plus simple est le hamac suspendu à une traverse médiane que 2 hommes soutiennent et où l'on est couché. Ce mode de transport est pénible pour les porteurs et pour le transporté.

2° Le hamac à 4 porteurs. Laisser pendre le hamac de façon à se tenir commodément assis en son milieu, placer derrière son dos un coussin et arranger 2 étriers suspendus à la traverse et sur lesquels on posera les pieds. On peut même, si on le désire, fixer à la traverse un léger cadre supportant une toile de tente qui préserve du soleil.

3° Le hamac à cadre rigide pour malades et à 4 porteurs. Il consiste en un hamac tendu horizontalement entre les montants d'un cadre en bambou et sur lequel on pose les couvertures et coussins nécessaires. On peut faire une légère charpente-abri, qui protègera du soleil la tête du malade.

4° La filanzane de Madagascar à 2 ou 4 porteurs à dossier en bois solidement vissé.

5° La filanzane suspendue du Soudan : à 2 ou 4 porteurs, faite avec 2 planches, 4 tiges de bambou et des cordes. C'est le plus pratique, le plus commode et le plus facile à réaliser de tous ces instruments de transport.

6° J'ai vu beaucoup d'Européens confectionner une agréable chaise à porteurs en faisant simplement amarrer une chaise longue étendue à un cadre de bambou, en ayant soin de mettre en avant une planche repose-pieds. Ce système se transporte à 2 ou 4 hommes.

Matériaux de construction. — On trouve des hamacs en corde très solides dans tout le pays noir. Leur prix varie de 2 fr. 50 à 6 fr.

suivant la largeur des mailles. Ces hamacs faits en fil d'alfa se détériorent rapidement à l'humidité.

Pour faire les cadres ou les supports, il faut de préférence choisir des bambous ou mieux des nervures de palmier d'eau appelées « bans » qui ont le quadruple avantage, lorsqu'ils sont secs, d'être solides, légers, souples et imputrescibles. Nous recommandons de cheviller, soit avec des pointes en fer, soit avec des chevilles en bois dur les angles des cadres, et d'employer de préférence des lanières de peau de bœuf séchée, que l'on laisse détremper une heure environ avant de s'en servir. C'est le mode d'attache le plus solide et le plus durable. Pour tous les trous que l'on peut avoir à pratiquer dans les bans, les bambous ou les planches, se servir de pointes de fer rougies au feu.

7° Enfin lorsque l'on a le temps et les loisirs de s'équiper en France, nous conseillons de se munir soit d'un *hamac en toile* extra forte avec ou sans bois dont le prix varie de 10 à 20 fr., soit de *portoirs à bras* avec sangles, banderoles et marchepied, en forte toile, et qui coûtent suivant leur degré de perfectionnement de 6 à 25 fr.

Le service de santé dispose, dans les postes pourvus d'une ambulance, de *brancards pliants réglementaires* pour le transport des blessés et des malades.

Des porteurs et des bagages. — Le transport des Européens ou des bagages se fait généralement à tête d'homme.

Un porteur ne doit jamais être chargé à plus de 25 kg.

Car il ne faut pas oublier que cet homme, obligé de s'absenter de son village pendant plusieurs jours, doit emporter avec lui quelques menus objets et des vivres dont le poids atteint très facilement 2, 4 et 6 kg, surtout si ces vivres consistent en maïs, mil ou ignames au lieu de riz.

Le volume et la forme des colis augmentent la difficulté du portage à poids égal, et rendent les chutes inévitables et fréquentes.

Les meilleurs bagages coloniaux seront donc ceux qui seront condensés sous un moindre volume.

Les cantines réglementaires (68 × 34 × 24) sont parfaites comme dimensions. Bien remplies elles pèsent exactement 25 kg.

Les caisses de conserves sont généralement bien composées par les maisons qui ont l'habitude de ces fournitures. Les caisses de vin peuvent contenir 10 litres ou 12 bouteilles de 750 gr. pour ce même poids.

Toutes les fois qu'un colis, par son volume ou par son poids, ne peut être porté par un seul homme, il n'y a qu'à le suspendre sous une traverse de bambou et le faire porter par 2 ou 4 porteurs suivant le poids.

Mais en ce cas il faut se souvenir que le même porteur, qui aisément peut soulever 25 kg seul, ne doit plus être chargé qu'à 20 ou 22 kg quand il est accouplé, en raison de la gêne due aux mouvements de balancement qui viennent contrarier son effort.

Donc une charge de 45 kg nécessitera 2 porteurs, de 80 kg 4 porteurs, etc.

Le transport des personnes nécessite généralement 4 porteurs, mais comme, par suite de l'étroitesse et de l'inégalité des chemins, des exigences des voyageurs qui ne veulent pas être secoués, etc., ces porteurs peinent énormément, nous conseillons d'en avoir toujours 4 ou au moins 2 de relais, de façon à les faire marcher haut le pied 1 heure sur 2 ou sur 3.

Conseil. — *Les porteurs noirs valent par la douceur des procédés que l'on emploie à leur égard.*

L'Européen doit les examiner attentivement avant le départ, leur bien montrer leur colis — le peser en leur présence — leur assigner leur place dans le convoi — s'assurer qu'ils ont leurs vivres de route — prendre leur nom et celui de leur village — désigner parmi eux un chef porteur « portor kountighi » — ne jamais les brusquer, ni les menacer inutilement — les habituer dès le premier jour à faire des temps de marche réguliers et égaux de 50 minutes environ — les laisser se reposer 10 minutes par heure, choisir comme lieu de la pose le passage d'un petit cours d'eau — s'occuper toujours à l'arrivée à l'étape d'un logement ou d'un lieu de campement pour eux — leur faire prêter par les chefs des villages (quitte à les dédommager), les ustensiles nécessaires à leur cuisine — les avertir de l'heure probable du départ et de la longueur de l'étape du lendemain afin qu'ils ne bavardent pas ou ne jouent pas toute la nuit — enfin, à l'arrivée les payer immédiatement selon les conventions faites au départ.

Tous ces conseils peuvent sembler oiseux et enfantins ; c'est pour en avoir méconnu quelques-uns que beaucoup de blancs se sont trouvés et se trouvent parfois en panne dans la brousse.

Les noirs sont des hommes qui comprennent, discernent et jugent très vite la valeur morale de l'Européen qui les commande.

La longueur moyenne des étapes journalières ne doit pas dépasser 25 km. Mais on peut facilement demander à des porteurs dévoués de faire 40 km pendant 2 ou 3 jours.

Du choix des bagages. — Le choix des malles et des caisses est très important : les conditions à remplir par ces objets sont les suivantes : *solidité — légèreté — étanchéité*.

On emploie généralement là-bas : 1° les cantines réglementaires dites d'Afrique à anneaux pour bâts, zinguées ou non à l'intérieur. Il est bon d'en avoir au moins une qui soit zinguée.

2° Des malles en fer du volume de la forme extérieure des cantines.

3° Des malles en tôle d'acier à couvercle bombé et à double fermeture étanche, indispensables dans les pays pluvieux de la Côte d'Ivoire et du Dahomey. Elles sont malheureusement d'un prix très élevé et disproportionné à la valeur des matériaux qui les composent.

4° Des tonnelets en tôle de fer, de contenance variant de 50 à 60 kg et à fermeture étanche à pression. Nous conseillons vivement de se munir autant que possible d'une ou deux malles ou tonnelets étanches, car certains objets ne peuvent être soustraits d'autre manière à l'humidité si pénétrante des zones équatoriales. De plus ces récipients en tôle de fer ont l'avantage d'être à l'abri des termites ; — mais il faut prendre soin, avant de les mettre sur la tête des porteurs, de les fixer sur un léger cadre en bois qui empêchera la tête de défoncer lentement la tôle de fond.

5° Nous croyons que les paniers en osier peint ou sulfaté, doublés de zinc étamé, trouveraient leur emploi pour le transport d'objets délicats et encombrants tels que vaisselle, batterie de cuisine, instruments de précision. En ce cas nous conseillerions des paniers de grandes dimensions, munis d'un cerclage en fer avec 4 anneaux permettant de les porter suspendus à un bambou.

6° Les caisses de conserves, vins, etc., contenant généralement des objets qui ne craignent pas l'humidité, devront être en bois blanc ou mieux en sapin de 1 centimètre d'épaisseur et à couvercles à charnières — vissés — mais jamais cloués.

Lorsqu'on est privé de malles étanches et que l'on a des objets à préserver de la pluie, un bon moyen consiste à clouer sur le couvercle d'une caisse une peau bien sèche de bœuf ou de mouton, poils en dehors et dont les bords retombent de chaque côté.

En règle générale il est utile d'employer le plus possible les doublages en feuilles de zinc pour les produits qui craignent l'humidité et faire un large usage des boîtes en fer-blanc qui par leur forme et leur nombre infini se prêtent à tous les emplois.

Incidents et difficultés de la route. Départ. — Il faut apporter tous ses soins à organiser sans incident le premier départ — tous les autres seront semblables — par conséquent nous conseillons de ne jamais se mettre en route pour la première fois le matin ou dans la nuit, car il se perd ou il s'égare toujours des colis.

La meilleure division de ses étapes, si l'on a par exemple 98 km. à faire, serait pour nous : 1er jour, départ à 2 heures de l'après-midi, 3 poses, soit 12 km. environ, arrivée à l'étape vers 5 h. 30; 2e jour, départ à 3 h. 30 du matin, 25 km.; 3e jour, départ à 3 heures du matin, 28 km.; 4e jour, départ à 3 heures du matin, 25 km., arrivée à la grande halte à 10 heures; départ de la grande halte à 2 heures, 10 km. et arrivée au poste à 5 heures environ, soit pour le 4e jour, 35 km.; 5e jour, repos complet.

Conseil. — Ne mettre en route le convoi que lorsque tous les porteurs chargés sont bien à leur place.

L'Européen doit se placer en tête pour plusieurs motifs : 1° régler les temps de marche et d'arrêt; 2° avancer d'une manière égale; 3° avoir la liberté de tirer le gibier que l'on rencontre tous les matins ; mais on doit toujours placer en queue du convoi un tirailleur ou un domestique sûr et armé qui aura l'ordre de ne laisser personne derrière lui et de s'arrêter pour attendre les porteurs fatigués ou obligés de s'absenter un moment.

Aux passages difficiles, tels que fourrés, marais, etc., etc., il faut toujours ralentir la marche et ne reprendre l'allure normale que lorsque tout le monde a passé.

On marche généralement à une vitesse moyenne de 4000 à 4500 mètres par 50 minutes.

Lorsque l'on sait que l'on aura à traverser une région privée de cours d'eau, il faut s'assurer au départ que tous les porteurs ont une gourde. De même lorsque l'on marche entre 10 heures du matin et 4 heures du soir, il faut demander aux porteurs à chaque marigot d'eau vive que l'on rencontre s'ils désirent boire.

Les noirs sont de très grands buveurs d'eau et résistent bien moins à la soif que nous.

Lorsque l'on devra faire une grande halte pendant l'étape, avertir la veille les porteurs pour qu'ils préparent un repas froid de riz, maïs, patates ou ignames, à moins que l'on ne possède un matériel de campement suffisant.

Utiliser tous les porteurs, chaque jour, à la fabrication des torches en paille nécessaires pour éclairer les marches de nuit. Il faut environ une torche tous les 10 porteurs et on brûle de 10 à 12 torches par heure. Les torches deviennent inutiles à partir de 5 h. 40, et le jour est complet à 6 heures.

Veiller soigneusement dans la traversée des villages à ce que les porteurs ne volent rien aux habitants ; c'est fréquent. Ce ne sont en général que de menus objets ou de la nourriture, mais cela provoque des discussions et des réclamations interminables.

Traversée des rivières. — *Pirogues.* — 1° Si le cours d'eau est connu, important et profond, on trouve toujours des villages de pêcheurs avec des piroguiers. 2° Si le cours d'eau n'est que temporairement grossi par les pluies d'hivernage, on doit :

Gué. — Chercher un gué, en remontant plus ou moins le long des berges.

Pont de singe. — Faire abattre un ou plusieurs arbres qui, solidement attachés avec des lianes et munis de 2 mains courantes en lianes, permettront d'improviser ce que l'on nomme un « pont de singe » suffisant pour permettre le passage des porteurs. Je suis arrivé plusieurs fois avec mes porteurs et mes garçons à construire en une heure des ponts de singe de 8 et 10 mètres de portée sur des torrents de 2 à 5 mètres de profondeur. Il arrive souvent qu'une partie de cette passerelle affleure l'eau ou même soit immergée, cela n'a pas d'importance pour les noirs qui vont nu-pieds.

Cordelle. — On peut tendre d'une rive à l'autre une ou plusieurs solides lianes et passer à la cordelle en se soutenant contre le courant. Les jambes en ce cas doivent exécuter les mouvements de natation.

Nage. — Enfin on passe à la nage. En ce cas nous conseillerons toujours à l'Européen de se faire entourer par deux ou trois noirs qui sont d'excellents nageurs et qui atténueront pour lui la force du courant.

Flotteurs divers. — Lorsqu'on ne sait pas nager on peut utiliser comme flotteurs : une malle ou un tonnelet étanches — des calebasses vides et entières, dont on obture l'orifice — des canaries (vases indigènes) recouverts d'une peau intacte — des flotteurs faits avec des sacs de forte toile bourrés de paille bien sèche — enfin les indigènes des vallées du Comoë et du Bandama fabriquent des bouées flottantes, qu'ils taillent dans des peaux de bœuf, et bourrent de paille sèche — les coutures sont lutées à la cire d'abeille.

Bateaux pliants. — Lorsque l'on a la possibilité de s'équiper à fond, on peut se munir en France de *ceintures de sauvetage* en liège du prix de 15 francs environ, de *bateaux pliants* démontables, du poids de 20 kg et du volume d'une cantine réglementaire, ou du *bateau flotteur Layman* en caoutchouc (poids 9 kg ; volume un sac d'infanterie).

Bagages. — Pour le passage des bagages il faut s'ingénier à construire des radeaux à l'aide de bambous, de calebasses, bouteilles vides, malles ou tonnelets étanches, que l'on manœuvre à l'aide d'un va-et-vient en lianes ou en cordes. Parfois il faut vider le contenu des caisses dans de grandes calebasses que des nageurs poussent devant eux et faire passer ainsi tous ses bagages par petites fractions.

Montures. — Les montures, chevaux ou mulets, causent de gros ennuis aux passages des cours d'eau. Si la rivière est navigable, on soutient le cheval du bord d'une pirogue, qui doit toujours être maintenue contre le courant. Sinon, il faut qu'un noir bon nageur traverse le cours d'eau en tenant en longe le cheval. Sur la berge, les porteurs excitent par leurs cris et leurs appels l'animal, en même temps qu'ils effrayent les caïmans qui peuvent rôder dans les parages.

Les chiens, les bœufs passent très bien à la nage. Les moutons doivent être transbordés comme des colis.

Marais. — Si l'on a à traverser un marais à boues molles, il faut au fur et à mesure que l'on avance faire abattre des arbres et des branches sur lesquels on prendra point d'appui pour ne pas s'enliser.

Torrents. — Pour franchir des torrents peu profonds, mais très rapides, on est parfois obligé de faire placer en travers du lit du torrent une chaîne de porteurs se donnant la main, et qui servent de soutien et de main courante pendant le passage des autres.

Arrivée à l'étape. — Quel que soit le village ou le gîte d'étape où l'on doive coucher, il faut toujours avertir à l'avance par un garçon, un tirailleur, un dioula de passage, le chef du village de son arrivée.

La plupart des villages sont pourvus de cases spécialement affectées aux Européens passagers, et où le chef les conduit aussitôt.

En cas contraire on se loge chez les habitants, ou chez le chef lui-même :

Nous conseillons de toujours indemniser par un léger cadeau les noirs chez lesquels on loge ainsi.

La manière d'agir d'un Européen ne doit pas être quelconque : il doit faire preuve chez les noirs de bonté, de justice et de générosité.

Du premier passage d'un blanc dépendra l'accueil qui sera fait à tous les autres et je sais des villages qui ont été abandonnés de leurs habitants par suite des exigences déraisonnables d'Européens.

(Voir le chapitre xiv, Relations sociales.)

A l'étape, l'Européen fera bien de procéder avant la nuit, sous un prétexte quelconque, à un appel de ses porteurs.

INDEMNITÉS DE ROUTE EN FRANCE. — DÉCRET DU 3 JUILLET 1897

GRADES ET EMPLOIS	COLONNE N° 1		COLONNE N° 2		
	POSITIONS PRÉVUES A L'ART. 2 DU DÉCRET DU 3 JUILLET 1897 INDEMNITÉ DE ROUTE PAR KILOMÈTRE SUR LES VOIES FERRÉES	INDEMNITÉS DE MISE EN ROUTE	POSITIONS PRÉVUES A L'ART. 3 DU DÉCRET DU 3 JUILLET 1897 INDEMNITÉS DE ROUTE PAR KILOMÈTRE		
			SUR LES VOIES ORDINAIRES	SUR LES VOIES FERRÉES PAR LE PERSONNEL	
				Ayant droit à la réduction	N'ayant pas droit à la réduction
	fr. c.	fr. c.	fr. c.	fr. c.	fr. c.
1° *Personnel n'ayant pas droit à la réduction sur les voies ferrées :*					
Off. général ou assimilé.	0.248	20. »	0.480	»	0.217
— supérieur —	0.178	15. »	0.225	»	0.150
— subalterne —	0.158	10. »	0.195	»	0.124
Adjudant ou 3° catég.	0.104	5. »	0.195	»	0.089
Serg.-major ou 4° —	0.082	3. »	0.150	»	0.080
Sergent ou 5° —	0.072	1.75	0.125	»	0.057
Soldat ou 6° —	0.067	1.50	0.125	»	0.057
2° *Personnel ayant droit à la réduction sur les voies ferrées :*					
Off. général ou assimilé.	0.250	20. »	0.480	0.172	»
— supérieur —	0.174	15. »	0.225	0.085	»
— subalterne —	0.150	10. »	0.195	0.049	»
Adjudant ou 3° catég.	0.097	5. »	0.195	0.059	»
Serg.-major ou 4° —	0.076	3. »	0.150	0.028	»
Sergent ou 5° —	0.062	1.75	0.125	0.018	»
Soldat ou 6° —	0.054	1.50	0.125	0.018	»

Les indemnités kilométriques de route attribuées au personnel voyageant dans les colonies, lorsque les moyens de transport ne sont pas fournis par l'administration, sont déterminées par des tarifs locaux.

INDEMNITÉS DE SÉJOUR

1° En France :

20 fr. par jour pour les officiers généraux ou assimilés.
15 —   —   —   supérieurs   —
10 —   —   —   subalternes   —
5 —   —   pour le personnel de la 3ᵉ catég. du Déc. du 5 juillet 1897.
4 —   —   —   —   4ᵉ   —   —
3 —   —   —   —   5ᵉ   —   —
2 —   —   —   —   6ᵉ   —   —

2° Aux colonies :

INDEMNITÉ FIXE DE ROUTE ET INDEMNITÉ DE SÉJOUR

20 fr. par jour pour les officiers généraux ou assimilés.
16 —   —   —   supérieurs   —
12 —   —   —   subalternes   —
10 —   —   pour le personnel de la 3ᵉ catég. du Déc. du 5 juillet 1897.
6 —   —   —   —   4ᵉ   —   —
4 —   —   —   —   5ᵉ   —   —
3 —   —   —   —   6ᵉ   —   —

Les indemnités de séjour ne sont pas payées pendant plus de trois mois, sauf décision du ministre, pour un séjour dans un même lieu de résidence. Elles sont diminuées de moitié à l'expiration du premier mois. Elles sont dues à compter du *jour de l'arrivée inclusivement* jusqu'à celui *du départ exclusivement*.

Les indemnités de route et de séjour doivent être réclamées dans le délai d'un mois à compter du jour où le voyage, la mission ou le séjour sont arrivés à leur terme (Décret 5 juillet 1897).

INDEMNITÉ ALLOUÉE POUR LES FRAIS D'EMBARQUEMENT
ET DE
DÉBARQUEMENT DANS LES PORTS ÉTRANGERS DE L'AFRIQUE OCCIDENTALE

Officiers généraux et assimilés	50 fr.
— supérieurs —	40 —
— subalternes —	30 —
Aspirants et assimilés	25 —
Adjudants, sergents-majors, sergents et assimilés	15 —
Caporaux, soldats et assimilés	8 —

VOYAGES ET DÉPLACEMENTS.

INDEMNITÉ DE SÉJOUR
DANS LES PORTS ÉTRANGERS DE LA CÔTE OCCIDENTALE D'AFRIQUE

Officiers généraux et assimilés. . . . . 50 fr.
— supérieurs — . . . . 40 —
— subalternes — . . . . 30 —
Aspirants et assimilés. . . . . 25 —
Adjudants, sergents-majors, sergents et assimilés . . . . 15 —
Caporaux, soldats et assimilés. . . . . 10 —

La famille de l'officier ou fonctionnaire perçoit, le cas échéant, ces indemnités dans les proportions suivantes :

La femme, 3/4 ; les enfants au-dessus de 16 ans, 1/2 ; les enfants de 5 à 16 ans, 1/3 ; un enfant au-dessous de 5 ans, néant ; deux enfants au-dessous de 5 ans, 1/4.

INDEMNITÉS D'ENTRÉE EN CAMPAGNE

Colonel et assimilé. . . . . 1.800 fr.
Lieutenant-colonel. . . . . 1.200 —
Chef de bataillon. . . . . 900 —
Capitaine. . . . . 600 —
Lieutenant et sous-lieutenant. . . . . 400 —
Adjudant, sous-officier. 100 —

Cette indemnité est majorée de 1/2 lorsqu'elle est payée aux colonies — mais elle doit obligatoirement être réclamée par l'intéressé avant son départ de France. S'il la réclamait seulement à l'arrivée dans la colonie, après avoir été désigné en France, elle lui serait payée sur le pied métropolitain. Le tarif colonial ne s'applique que pour les désignations faites aux colonies.

INDEMNITÉS DE SÉJOUR SPÉCIALES AU PERSONNEL EN SERVICE
DANS LES TROIS TERRITOIRES MILITAIRES
ET DANS LES TERRITOIRES ET PAYS DE PROTECTORAT DU TCHAD

Officier supérieur et assimilé. . . . . 10 fr. »
— capitaine, lieutenant et assimilé. . . . . 6 — »
— sous-lieutenant et assimilé . . . . 4 — »
Adjudants, sergents-majors . . . . 1 — »
Sergents et assimilés . . . . » — 75
Caporaux et soldats. . . . . » — 50

CHAPITRE VI

HABITATION

Dans les villes du littoral. — *Sénégal.* — L'Européen qui arrive au Sénégal trouve, dans les villes de Dakar, Gorée, Rufisque et Saint-Louis, des hôtels où il peut loger. Le prix des chambres y varie de 5 à 6 fr. par jour, elles sont assez propres, mais peu confortables. Le service est fait par des noirs.

On trouve aussi dans ces villes des chambres meublées à louer au mois, dont les prix varient de 25 à 60 fr. suivant les quartiers.

Les officiers ou fonctionnaires de passage sont assez souvent logés par les soins de leurs camarades.

En tout cas, dans toutes ces villes sénégalaises, que visite la fièvre jaune, choisir comme appartements des pièces propres, claires, très aérées, sans tentures, draperies, ni tapisseries, en faire laver et non balayer le parquet, toujours y faire usage d'une moustiquaire et autant que possible du panka.

De préférence se loger au 1er ou 2e étage et ne pas craindre de laisser pénétrer le soleil dans les pièces :

La lumière solaire est un des plus puissants désinfectants.

Désinfection des appartements. — Néanmoins si l'on a des doutes sur la propreté de la chambre, il faut la faire désinfecter.

Il existe plusieurs procédés : 1° badigeonnage des murs, plafonds et parquets à l'aide de solutions antiseptiques : sublimé, à 2 pour 1000, crésyl, eau phéniquée, sanitor, etc., etc. ; 2° vaporisations sous pression de liquides antiseptiques : formol, sanitor, crésyl, etc., à l'aide d'appareils spéciaux ; 5° fumigations à l'aide de vapeurs ou de fumées antiseptiques : formol, anhydride sulfureux, etc., après avoir soigneusement obturé toutes les ouvertures.

Tous ces moyens sont bons ; le plus commode et le plus courant consiste en fumigations au soufre à raison de 30 gr. de cette substance par mètre cube à désinfecter et que l'on fait brûler en présence d'alcool dénaturé. Il importe en ce cas de préserver les objets en cuivre.

Les effets, objets de literie de peu de valeur seront sacrifiés et brûlés. Les objets plus précieux, désinfectés dans une étuve à 180° ou laissés dans l'appartement à sulfurer. En ce cas, on porte à 50 gr. la dose de soufre à brûler.

Autres villes. — Dans les villes du Haut-Sénégal, de la Guinée, de la Côte d'Ivoire et du Dahomey, le voyageur est réduit à demander l'hospitalité aux factoreries et aux maisons de commerce. Les fonctionnaires et officiers sont quelquefois logés par les soins de l'administration, soit par réquisitions, dans les factoreries, soit dans des bâtiments spéciaux, en général délabrés et désaffectés de tout emploi, que l'on décore du nom de « Pavillons pour passagers ».

On trouve assez facilement à louer dans ces villes à des traitants noirs des maisons en pierre, briques et tôle ondulée où l'on peut se loger assez confortablement. Les prix varient de 25 à 60 fr. suivant le nombre de pièces occupées.

En quelques villes, l'autorité administrative affecte une partie des bâtiments du service de santé (ambulances ou infirmeries) au service des passagers.

Villes et postes de l'intérieur. — Dans les villes et les postes de l'intérieur il faut se résigner, quand on est de passage, à être l'hôte de ses camarades ou des commerçants aimables.

Les fonctionnaires ou militaires sont logés par les soins de l'administration : 1° dans des chambres réquisitionnées ; 2° dans des bâtiments militaires; 3° dans les hôpitaux ou ambulances ; 4° dans des campements spéciaux dits « de passagers ».

Les commerçants et les colons peuvent se loger : 1° dans les campements de passagers; 2° dans des factoreries amies; 3° chez l'habitant moyennant redevance.

En général les relations entre Européens sont très cordiales et le passager voit souvent mettre à sa disposition plusieurs logements.

HABITATIONS A CONSTRUIRE

Enfin lorsque parvenu au terme du voyage on veut soit édifier un poste soit fonder une factorerie, il faut y porter beaucoup de soins.

Choix de l'emplacement. — Il faut d'abord étudier soigneusement le pays désigné pour y construire. — De préférence s'installer à proximité d'un village indigène. — *Poste.* — Un poste doit être, en raison du nombre de ses constructions, qui en fait une petite ville, situé à 8 ou 900 mètres du village, toujours sur une hauteur, et dans la direction des vents dominants, autant que possible peu éloigné des cours d'eau ou des puits. — *Maisons de commerce.* — Les maisons de commerce au contraire se construisent dans les villages, le plus près possible de la place du marché. — *Fermes.* — Les fermes ou exploitations industrielles ont intérêt à être situées à une certaine distance des villages et au bord de cours d'eau.

Choix du terrain. — Choisir pour bâtir un endroit rocailleux, un point d'émergence de roches (grès, latérite, schistes, etc.). Ce choix assurera la siccité du sous-sol, l'impossibilité d'envahissement par les termites ou les fourmis voyageuses appelées « magnans », la possibilité de faire creuser un petit caveau, la solidité des fondations.

Les constructions en terrains sablonneux ou argileux sont humides, peu solides, et trop facilement envahies par les herbes, les moisissures et les insectes.

Nous recommanderons d'éviter les plateaux trop découverts, où souffle le vent, et situés dans la ligne de marche des tornades (pour cela il suffit d'examiner les arbres des coteaux avoisinants). Eviter également la proximité des grandes forêts toujours humides.

Il faut s'établir loin des mares ou marais et jamais sous leur vent, car à leur surface naissent et vivent les moustiques générateurs du paludisme qu'un coup de vent peut transporter très loin.

Choisir un point à flanc de coteau élevé de 30 à 40 mètres au-dessus des vallées avoisinantes et, si l'on s'installe près d'un fleuve, bien s'assurer que l'endroit choisi n'est pas bloqué par les hautes eaux d'hivernage. Cette mésaventure est fréquente en Afrique.

Dès que l'on a arrêté son site, on s'installe provisoirement : 1° soit dans les villages indigènes dont on loue plusieurs cases ; 2° soit en construisant des cases provisoires à proximité de l'endroit où l'on veut bâtir; 3° soit en campant sous des tentes et des gourbis.

Types de constructions. — Les constructions coloniales sont de deux ordres : constructions provisoires, constructions définitives.

Constructions provisoires. — Les constructions provisoires peuvent être appelées à durer de 1 à 5 ans. Elles sont en bois, terre et chaume.

Les divers types sont :

Abris en bonnet de police. — Dimensions : longueur $4^m,50$;

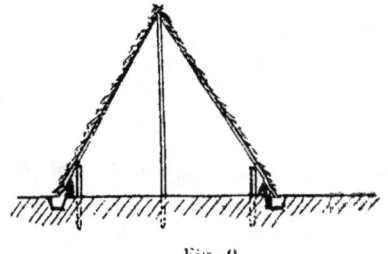

Fig. 9.

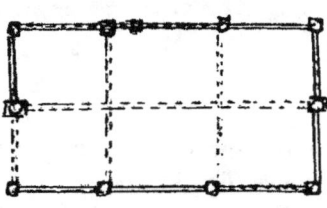

Fig. 10.

largeur 2ᵐ,50; hauteur 2ᵐ,75. — Matériaux: 2 fourches en bois de 3ᵐ,50 ; 8 fourches en bois de 1 mètre ; 5 traverses en bois de 5 mètres; 8 traverses de 3 mètres pour toiture. Traverses liteaux en bans et paille (fig. 9 et 10).

Une ouverture au nord. Fossé tout autour, et léger bourrelet de terre battue touchant la partie inférieure de la toiture en dedans.

Cases à parois verticales. — 1° *Type simple* pouvant facile-

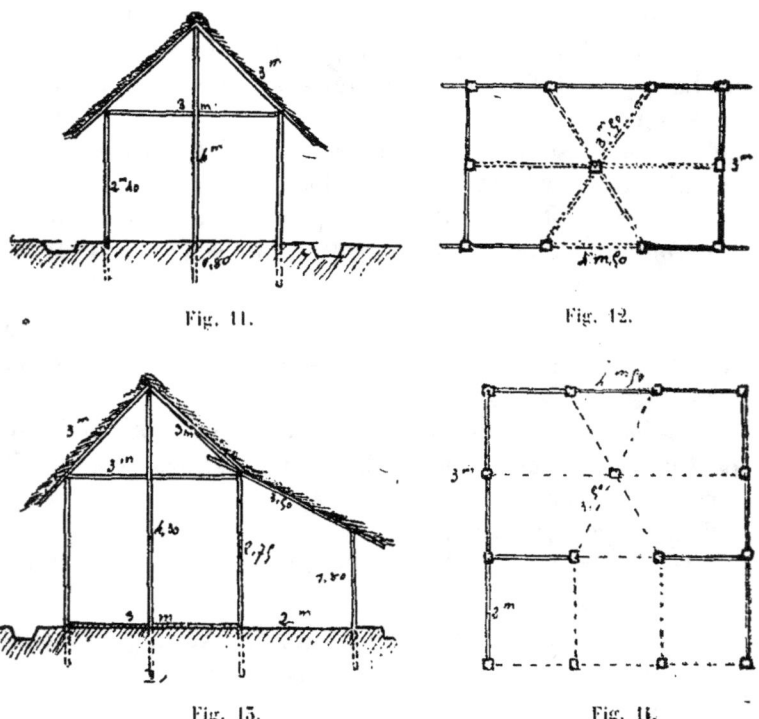

Fig. 11.   Fig. 12.

Fig. 13.   Fig. 14.

ment servir à loger une ou deux personnes pendant quelques jours (fig. 11 et 12).

2° *Type à vérandah simple* de 2 mètres exposée au nord (fig. 13 et 14).

3° *Cases à vérandahs* (fig. 15 et 16).

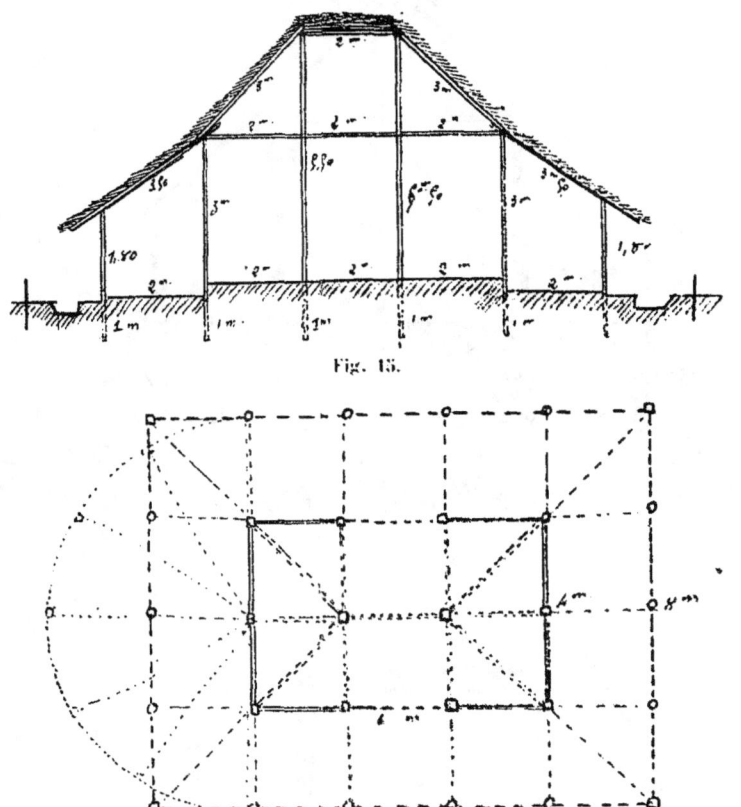

Fig. 15.

Fig. 16.

Constructions définitives. Fixes. — Ces maisons, édifiées par les soins d'architectes ou d'officiers compétents, se rattachent à trois types principaux :

1° Type de maison Maure. — Vaste bâtiment en maçonnerie, fer et bois, de forme carrée, avec cour intérieure qu'entoure une vérandah circulaire. Hautes de 1 ou 2 étages, elles sont recouvertes d'une « argamaz » plate bitumée qui recueille les eaux de pluie et les déverse dans des citernes. Agréables pour leur

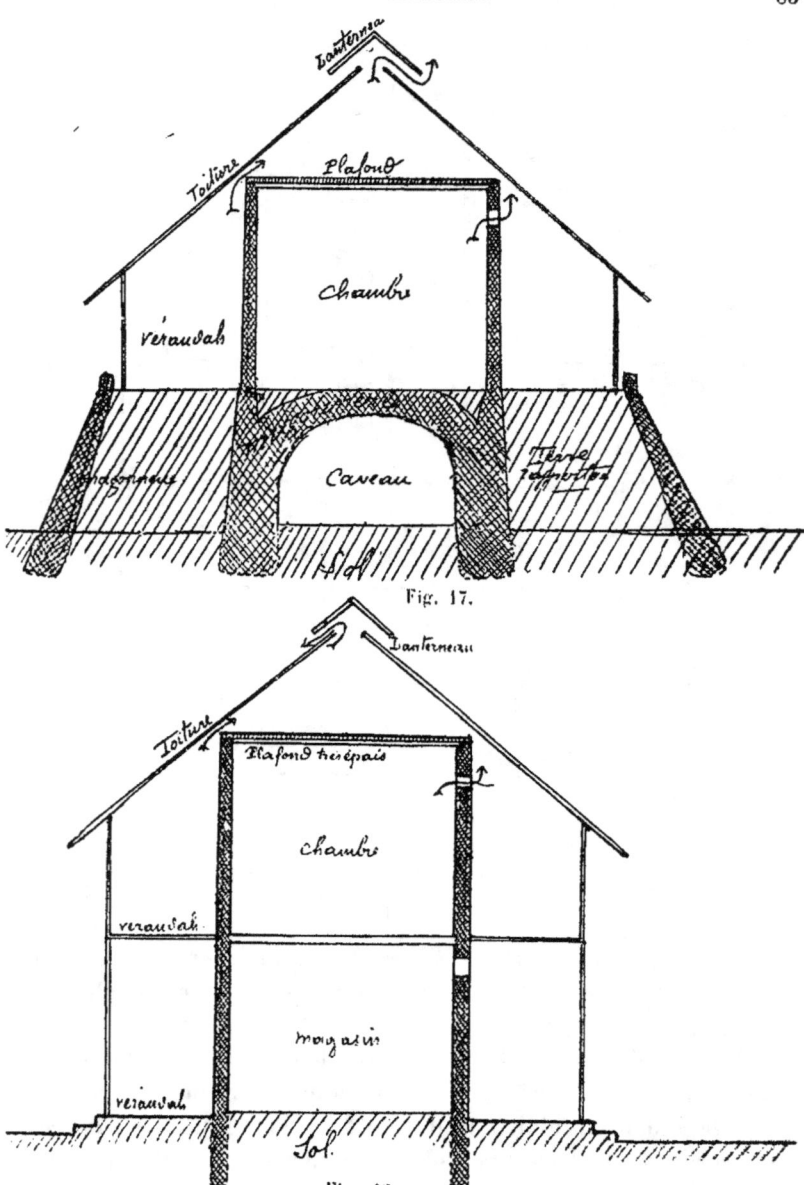

Fig. 17.

Fig. 18.

fraîcheur, elles sont souvent mal aérées et d'un entretien coûteux et difficile.

2° Maisons en maçonnerie. — Très dispendieuses et très lourdes, car les murailles ayant à supporter le poids des voûtes doivent avoir une très grande épaisseur. Ce type a été adopté pour quelques gares, mais a donné bien des mécomptes. Il y aurait un moyen de le rendre pratique, ce serait de couler toute la maison en béton de ciment armé.

3° Maisons en pierre ou brique, fer et bois, dite *Pavillon Colonial*. — Surélevée ou à étages avec vérandahs circulaires, toiture en tuile ou tôle, plafonds hermétiques et lanterneaux d'aération. C'est la vraie habitation des pays chauds (fig. 17 et 18).

Ces pavillons sont les seuls types fixes réunissant toutes les qualités voulues : aération, protection suffisante contre les rayons caloriques et chimiques du soleil, siccité du sous-sol, facilité d'entretien et de nettoyage.

Constructions démontables. — Les constructions démontables, fabriquées de toutes pièces en Europe, suivant les desiderata fournis, se rattachent à plusieurs types :

α) Pavillons entièrement en bois ;

β) Parois en bois, charpente fer, toiture tôle ondulée ou tuiles ;

γ) Charpente en fer, parois tôle de fer, toiture en tôle ondulée ;

δ) Charpente en fer, parois formées de panneaux interchangeables de composition spéciale (système Espitalier). — Toiture en tôle ondulée ou plate.

Quel que soit le type adopté, ces constructions sont toujours surélevées de 1^m,50 à 2 mètres et entourées de vérandahs ouvertes ou fermées.

Relativement légères et d'un transport facile, elles rendent les plus grands services pour l'improvisation des villes coloniales, l'édification rapide de factoreries, magasins, hôpitaux, écuries, etc., etc. Leur prix moyen est environ pour :

					Poids :		Prix :	
Baraques. .	4 m.	×	3 m.		1.000 kil.		1.200 fr.	
Magasins. .	12 —	×	5 —	—	4.800	—	4.500	—
Factoreries.	15 —	×	6 —	—	17.000	—	15.500	—
Résidences.	6 —	×	8 —	—	5.000	—	4.200	—
—	9 —	×	8 —	—	7.500	—	6.100	—
—	9 —	×	12 —	—	15.000	—	10.800	—
—	10 —	×	20 —	—	15.000	—	13.000	—
—	18 —	×	12 —	—	17.000	—	16.000	—
—	25 —	×	17 —	—	55.000	—	26.000	—
Hangars. .	8 —	×	6 —	—	»	—	800	—

Matériaux et règles de construction. — *Choix du plan. Piquetage.* — Le plan de construction choisi, on le reporte sur le terrain, bien nivelé et débroussé. On oriente la façade, puis on marque par des piquets tous les angles, toutes les ouvertures et tous les points où devront être plantés des poteaux. On fait creuser à la pioche un léger sillon de 20 cm. marquant nettement l'emplacement des parois ou des murailles. On fait creuser immédiatement le fossé qui entourera l'habitation et on rejette la terre en dedans de façon à surélever d'autant le sol de l'habitation. Ce fossé devra être creusé à 1 mètre de profondeur, il a pour but de dessécher le sous-sol de la maison.

Charpentes. — A). *Matériaux européens.* — Fermes en fer étiré, en forme de T ou de rails; fermes et poutres en bois d'Europe (sapins, chênes, noyers), injectés et sulfatés. — B). *Matériaux indigènes.* — Bois divers, choix des essences; de préférence n'employer que des bois durs : pour poteaux, pilotis, piliers, user du *rônier mâle*, des acacias, mûrier, caïlcedrat, ébène, aloum, ven et volo; pour chevrons, le *filao*, le *mili* ou bois de fer, l'*ébène*; pour traverses, montants de portes, etc., le *Dimba, Dondol, Guédiane, Fog* et *Ral*. Tous ces bois, sauf le rônier, peuvent être facilement travaillés et sciés.

Abatage et débit. — On abat les arbres, en les entaillant le plus près possible du sol, ou s'ils sont de faible diamètre en les sciant à la scie à chaîne. On les dépouille de leur écorce, puis on les équarrit à l'herminette et à la hache. Le transport s'opère à bras d'homme, soit en faisant avancer sur des rouleaux, soit en portant après avoir fixé sous le tronc un certain nombre de traverses que soulèvent des travailleurs. Une équipe de 12 hommes bien dirigée peut facilement transporter un poteau de 7 mètres de long et de $0^m,50$ de diamètre à sa base.

Sciage. — Les noirs ne scient généralement qu'avec les grandes scies égoïnes, mais ils apprennent vite le maniement de la scie de long. On peut scier de long soit en hissant la pièce à débiter sur un chevalet, soit en la faisant à demi basculer dans un trou et en sciant alternativement ses deux moitiés, soit en la faisant reposer sur deux larges traverses sous lesquelles on creuse une fosse où pourra entrer un des scieurs de long.

Conservation des bois. — Il existe plusieurs procédés : 1° séchage sur chevalets, à l'abri de l'atteinte des termites ; 2° flambage sous feu de paille ; 3° immersion dans des fosses (procédé Lapparent) ou cuves pleines de solution de *sulfate de cuivre, sulfate de zinc, alun de potasse, acide pyroligneux, chaux, acétate et sulfate de fer,* etc., etc. ; 4° en les enduisant à leur surface de *coaltar, huile de lin, goudron de houille* et *peintures diverses.*

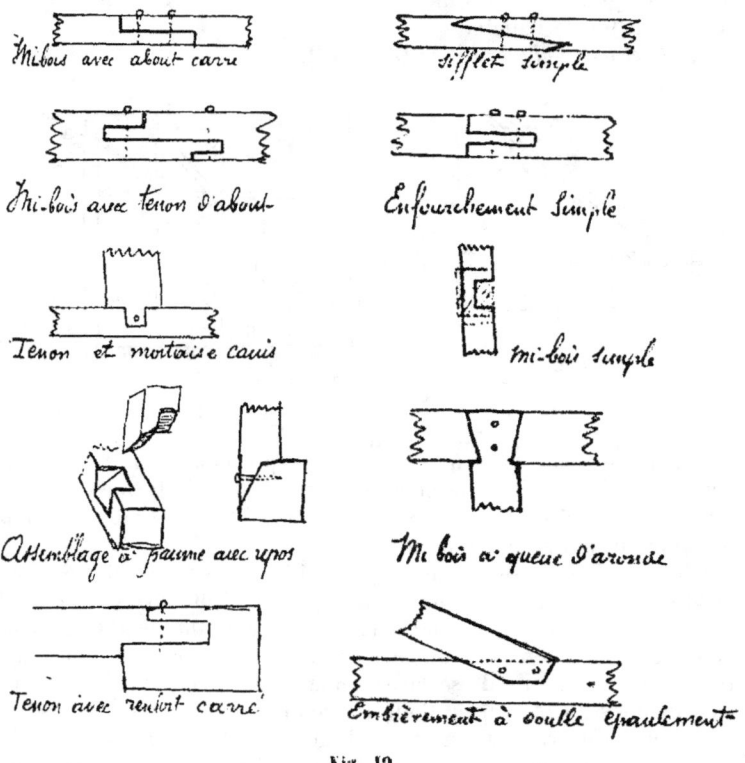

Fig. 19.

Montage des charpentes. — Chaque poteau ou traverse étant bien coupé, l'étendre sur le sol en regard de la face à élever et dans sa place normale. Calculer les entailles et mortaises nécessaires. *Les portées maxima ne doivent jamais excéder 4 mètres.* Dresser les poteaux, les fixer solidement en tassant à leur pied des petits cailloux et de la terre argileuse, mettre en place toutes les pièces et les assujettir.

Liens. — Les moyens de fixation dont on dispose en Afrique sont : 1° les clous d'Europe, boulons ou vis à bois de toutes tailles ; 2° les clous indigènes en fer forgé peu solides ; 3° les chevilles en bois durs ; 4° les liens en corde indigène, en lianes, en rotins fendus ; 5° les lanières en peau de bœuf que l'on met avant de s'en servir à tremper dans l'eau pendant dix minutes et qui en séchant serrent très fortement les joints ; 6° des morceaux de fils de fer, de laiton ou des cercles en fer de ballots.

Joints et assemblages (fig. 19, 20 et 21).

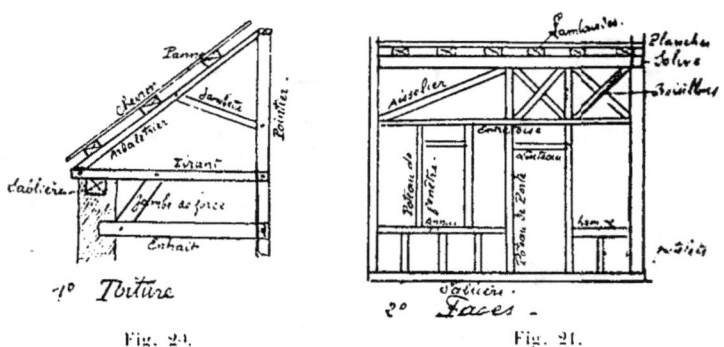

Fig. 20.   Fig. 21.

Parois. — 1° *Maçonnerie. Pierres.* — Les principales pierres que l'on peut utiliser en Afrique occidentale sont le *Granit*, le *Gneiss*, le *Grès* à gros grains, divers *calcaires* assez mous et la *latérite* ou caillou ferrugineux qui se taille aisément.

Béton aggloméré. — Forme des monolithes très résistants. Sa composition est : 4 parties et demie de fin gravier et sable ; 1 partie de chaux hydraulique ; une demi-partie de ciment. On coule le mélange dans des moules en bois, on laisse sécher. Ces bétons monolithiques rendront de très grands services pour construire dans les terrains trop mobiles du littoral du Golfe du Bénin.

Le béton dit armé est constitué de la même façon, mais il enferme dans son épaisseur un réseau métallique qui prévient toute rupture et augmente sa force de résistance en des proportions considérables.

2° *Briques*. — En tous les points de l'Afrique occidentale il est facile de se procurer ou de faire des briques.

A). *Pâte*. — Prendre de l'argile rouge ou rose assez grasse, et la triturer en ajoutant de l'eau et un peu de sable jusqu'à consistance de pâte molle bien homogène.

B). *Fabrication*. — 1° Procédé indigène. — Rouler cette pâte en cylindres semblables de 10 cm d'épaisseur sur 20 cm de longueur; lorsqu'ils commencent à sécher, les frapper sur 6 faces avec une planche jusqu'à ce qu'ils aient une forme régulière. Procédé lent et délicat.

2° Procédé Européen. — Plaquer la pâte dans des moules en bois de dimension voulue, comprimer à la main, puis à l'aide d'un couteau en bois trempé dans l'eau, enlever l'excédent, retirer du moule et laisser sécher. Dès qu'elles ont acquis de la consistance, frapper sur les faces pour régulariser les arêtes, et placer en tas. *Les briques doivent sécher à l'ombre.*

C). *Cuisson*. — 1° A la volée. — On empile des couches successives de briques et de charbon de bois. Le feu alimenté par les courants d'air gagne toute la masse. Ce procédé donne beaucoup de déchet. Dans chaque couche les briques doivent être séparées par un léger intervalle rempli de charbon et la pile tout entière doit être recouverte sur ses faces et son sommet d'une couche d'argile mêlée de sable et de paille, en ménageant bien entendu des cheminées d'appel. La cuisson dure 48 heures et le refroidissement plusieurs jours. Il faut attendre qu'il soit complet pour briser la carapace et retirer les briques.

2° Au four. — A). Fours fermés. Ces fours sont carrés ou ronds, d'une hauteur de 3 à 4 mètres; le fond est formé d'un grillage en maçonnerie au-dessous duquel se fait le feu; les briques sont disposées de façon à laisser entre chaque rang un petit espace faisant cheminée. — B). Fours continus. Ces fours sont formés par une série de fours semblables que l'on allume successivement et accolés de telle manière que l'air alimentant le foyer du four en feu doit passer à travers les marchandises contenues dans les fours déjà cuits, et que pour se rendre à la cheminée d'appel la fumée doit traverser les briques à dessécher. Cet arrangement donne le maximum d'économie de combustible, de rendement en briques et de rapidité d'exécution.

Il faut prendre à l'ouverture des fours les mêmes précautions que pour les meules de briques.

Dimensions des briques. — Les dimensions les plus ordinairement employées sont :

Brique de Bruxelles . . . . 0 m. 210 × 0 m. 105 × 0 m. 065
— de Bourgogne . . . . 0 — 220 × 0 — 107 × 0 — 055
— de Montereau . . . . 0 — 220 × 0 — 105 × 0 — 040
— anglaise . . . . . . 0 — 270 × 0 — 170 × 0 — 070

D). *Fabrication mécanique.* — Lorsque l'on possède l'outillage nécessaire on fabrique mécaniquement les briques en grande quantité, tandis qu'un mouleur indigène ne peut guère faire plus de 300 briques par jour et ne fabrique que des briques pleines.

3° *Terre battue ou séchée.* — Deux procédés : 1° on dispose une assise de terre argileuse bien pétrie de 10 à 15 cm de hauteur et 20 à 25 de largeur, on laisse sécher complètement avant d'en poser une autre par dessus. Procédé lent et inapplicable en hivernage.

2° On fabrique une grande quantité de boules d'argile appelées « touffo »; quand elles sont à demi sèches, on les plaque violemment les unes sur les autres, en aspergeant légèrement la surface horizontale du mur à construire pour les faire adhérer. Puis on crépit à la main les deux faces en obturant les crevasses.

4° *Pisé ou torchis.* — 1° Pisé double, consiste à bourrer de *touffos* l'intervalle compris entre deux treillis faits de tiges fendues de bambous ou de bans, puis on crépit d'argile les faces externe et interne de la paroi, de façon à constituer une sorte de mur en terre armée; 2° Pisé simple, consiste en un crépissage sommaire des deux faces d'un treillis de bambous.

Ces crépissages sont faits avec le mélange suivant : argile grasse, 2 parties 1/2, sable fin, 1/2 partie, bouse de vache, 1 partie malaxée soigneusement avec de l'eau dans laquelle on a laissé macérer pendant 12 heures des racines de *gombo*, de *manioc* ou de *karo*, plantes qui sécrètent abondamment un mucilage épais et agglutinant.

5° *Claires-voies, nattes indigènes, paille tressée.* — Ce sont les parois adoptées pour les constructions hâtives et transitoires, qui ne préservent ni de la lumière, ni du vent, ni de la pluie.

Crépissage et blanchiment. — Il est bon de crépir et blanchir les murs, soit à la chaux, soit à l'argile blanche très abondante en Afrique et délayée dans de l'eau de *karo*.

Certaines peuplades obtiennent un véritable vernis par le mélange d'argile rouge très grasse, d'eau de karo et de jus de citron qu'ils étendent sur les murs avec des chiffons en trois couches successives.

Toitures. — *Toitures européennes.* — 1° *Argamaz plates en béton ou bitume.*

2° *Toitures en ardoises ou tuiles* venues de France. — On pourrait à la rigueur fabriquer des tuiles en Afrique, mais les opérations nécessaires exigent un outillage spécial et des ouvriers habiles. Les principales tuiles sont : la tuile plate de Bourgogne, la tuile belge à deux courbures, la tuile cylindro-conique de Bordeaux. Les fours à tuiles sont des fours clos en maçonnerie et à gros tirage.

3° *Toitures métalliques.* — Ces toitures utilisent les grandes plaques de tôle de fer galvanisées, soit plates, soit ondulées. D'un montage et d'un transport relativement facile, elles préservent bien des intempéries. Mais il est absolument nécessaire de toujours les doubler d'un revêtement en bois ou d'un plafonnage épais.

4° *Toitures en planches*, recouvertes ou non de carton bitumé.

Toutes ces toitures doivent, pour permettre l'aération des habitations, être munies d'un lanterneau à leur faîte et ne pas reposer directement sur les murs ou les parois, de façon à ce que l'appel d'air se fasse librement de bas en haut.

Toitures indigènes. — Les toitures indigènes sont de deux sortes : A). Argamaz en terre battue et séchée (Voir ch. IX. Poudrières); B). à toitures végétales, utilisant surtout : 1° le grand chiendent plat fixé par petites bottes vertes; 2° l'herbe ronde tressée en paillassons très serrés; 3° les larges feuilles en éventail des rôniers; 4° les feuilles nattées des palmiers à huile; 5° diverses feuilles des terrains marécageux superposées sur 10 ou 15 épaisseurs.

Toutes ces toitures, très épaisses, protègent très bien de la lumière, de la chaleur, de la pluie, mais elles se dessèchent vite, s'effritent et servent de refuge à des tribus de rats, insectes, serpents, etc. De plus, leur inflammabilité les rend dangereuses dans les postes où se trouvent des munitions de guerre.

L'inclinaison des toitures en chaume doit toujours être de 1 sur 1, soit 45°. Le faîte et la ligne de raccord des vérandahs doivent être plus spécialement tassés. Le faîtage doit autant que possible être recouvert de plaques de fer-blanc provenant de vieilles caisses à farine, ou de peaux de bœuf séchées.

En certains postes, on construit des cases à double toiture séparées par un matelas d'air de 50 cm. Cette précaution nous semble superflue.

Plafonds. — Les plafonds répondent à une vraie nécessité dans les cases à toitures européennes. Ils doivent être épais, jointifs et même si possible recouverts d'une couche de terre battue.

Dans les cases à toitures indigènes, nous conseillons de toujours construire de légers plafonds en bambous et nattes pour préserver des poussières et des saletés tombant du toit. Enfin, pour les magasins ou poudrières recouverts en chaume, nous sommes d'avis de construire en forts madriers un plafond que l'on recouvre soigneusement de 20 à 25 cm de terre argileuse bien pétrie et bien battue, de façon à préserver les marchandises en cas d'incendie de la toiture. (Voir chapitre ix, Poudrières.)

Planchers et sol. — 1° Les planchers en bois doivent être proscrits toutes les fois qu'ils doivent reposer sur le sol ou à peu de distance : au contraire, ils ne présentent aucun inconvénient dans les constructions surélevées sur pilotis ou à étages ;

2° Les parquets de carreaux cuits ou vernissés sont agréables pour leur fraîcheur et leur propreté : il en est de même du dallage en pierre ;

3° La plupart des sols d'habitation sont en terre battue. Pour les composer, on étend une couche de 10 cm de fins graviers que l'on recouvre de sable, puis l'on arrose et l'on dame fortement. Lorsque le tassement est complet, on étend une couche d'argile malaxée avec de l'eau de karo et que l'on bat dès qu'elle commence à sécher, puis on la vernit comme les murailles. Si l'on peut mélanger à l'argile un quart de ciment ou de chaux, on obtient par la suite un sol de béton ferme et très propre.

Mortiers et ciments. Chaux. — Les mortiers employés en Afrique pour les constructions sont :

1° Le mortier d'argile, formé d'un mélange bien homogène d'argile pure, de sable fin et d'eau ;

2° Le mortier de chaux, formé de chaux, sable et eau ;

3° Le mortier hydraulique, formé de chaux vive, de brique cuite pilée, de sable, d'eau ;

4° Le ciment d'Europe, qui se mélange à 2 parties 1/2 de sable fin et assure l'imperméabilité absolue aux parois.

Chaux. — La chaux s'obtient au Soudan par la calcination dans des fours spéciaux en briques, soit de nombreux coquillages, soit de pierres calcaires que l'on reconnaît aux propriétés suivantes : font effervescence en présence des acides nitrique et chlorhydrique ou du vinaigre, exhalent par le choc une odeur caractéristique d'anhydride sulfureux, sous l'influence d'une flamme vive émettent des lueurs blanches éblouissantes et possèdent après le refroidissement une saveur alcaline très marquée. Les principaux calcaires sont : les marbres, albâtre, stalactites et stalagmites, spath, pierre lithographique, le liais, la roche, la lambourde, le vergelet, le tuffeau, le corail. Les calcaires qui renferment de 10 à 30 pour 100 d'argile donnent la *chaux hydraulique*, ceux qui en contiennent de 30 à 40 pour 100 fournissent les *marnes*, de 40 à 50 pour 100 les *ciments*.

Mastics. — On nomme mastic un mélange qui sert à agglutiner deux corps. Les principaux sont :

1° *Mastic pour réservoirs.* — Litharge 1, craie 9, dans huile de lin très chaude.

2° *Mastic à empreintes ou moulages.* — Sable 30, grès 20, blanc d'Espagne 10, céruse 2,5, massicot 10, acétate de plomb liquide et huile d'œillette, quantité nécessaire.

3° *Mastic hydrofuge.* — Huile de lin 10, litharge 1. Faire bouillir et ajouter : cire jaune ou résine 2,5, appliquer chaud à la brosse pour préserver de l'humidité.

4° *Mastic des fontainiers.* — Colophane fondue 2, brique finement pulvérisée 4. Agiter fortement et utiliser très chaud pour souder les tuyaux aux pierres.

5° *Mastic à luter les pierres.* — Résine 1, soufre 1, cire jaune 1. Faire fondre et appliquer à chaud.

6° *Lut pour verre.* — Mélanger vivement de la chaux éteinte avec du blanc d'œuf et employer aussitôt.

Portes et fenêtres. — Dans les murs en maçonnerie de pierre ou de briques, nous conseillons de toujours faire des baies cintrées. Pour cela faire il faut construire un cintre en bois. Sur une planche marquer comme base une distance CD égale à la largeur de l'ouverture à édifier. Prendre avec un cordeau cette même longueur et tendre le cordeau de A en B. Le point A doit être situé à 15 cm. de la ligne CD si cette ligne a 1 mètre, à 0.50, si elle en a deux, etc. Puis du point B comme centre décrire la courbe CAD. Scier la planche suivant cette direction et s'en servir comme gabarit pour scier toutes les autres.

Les cintres étant montés et mis en place on construit la voûte en plaçant d'abord les briques des deux côtés, tous les joints étant dirigés vers le centre de l'arc et soigneusement remplis de mortier ou de ciment. Les trois briques du sommet (clef ou contre-clef) sont placées en même temps et bien serrées les unes contre les autres. On laisse le cintre en place jusqu'à ce que le mortier soit bien sec.

Si l'on préfère avoir des ouvertures à cadre en bois, nous conseillons d'employer le rônier équarri pour la partie supérieure en l'encastrant dans l'épaisseur de la muraille.

Dans les constructions en pisé il faudra toujours disposer les ouvertures avant de crépir.

Enfin comme moyen de fermeture on aura, suivant les ressources en matériaux et en ouvriers, des portes et des volets en bois, de simples stores en bambous, appelés « sekos », ou des nattes tissées par les indigènes.

Vernis et peintures. Colles. — Toutes les fois qu'on est à même de pouvoir le faire, nous conseillons de peindre ou vernir les boiseries des habitations coloniales.

Les couleurs sont envoyées de France dans des pots en fer de 12 à 15 kg. L'unique préparation consiste à les mélanger avec de l'huile de lin et de l'essence de térébenthine en proportion voulue. Deux ou trois couches de peintures sont nécessaires : la première couche dite couche d'impression doit être faite avec une peinture très liquide. — Les fers doivent, avant de recevoir leur couleur définitive, être enduits de deux couches au minium.

Les vernis se trouvent tout préparés dans le commerce; nous donnerons cependant les formules de ceux qui sont faciles à composer :

1° *Vernis de toutes couleurs.*

Gomme laque blanche.	90	grammes
Sandaraque (résine du thuya)	30	—
Esprit-de-vin.	500	—

Faire dissoudre au bain-marie, filtrer et incorporer une couleur d'aniline : bleue, rouge, violette, ou encore oxyde de cobalt (bleu saphir), oxyde de chrome (vert émeraude), oxyde de fer (vert bouteille), protoxyde de cuivre (pourpre), chlorure d'argent (orange), bioxyde de manganèse (violet).

2° *Vernis pour préserver le fer de la rouille.*

Alcool concentré.	3	grammes
Essence de térébenthine.	2	—
Sandaraque	3	—
Colophane (résine du pin).	2	—
Gomme laque	1	—

3° *Vernis pour planchers.*

Solution 1	Alcool à 90°.	640	grammes
	Gomme laque.	160	—
	Cire jaune.	1	—
Solution 2	Essence de térébenthine.	112	—
	Arcanson (colophane).	112	—
	Galipot (mastic de résine).	112	—

Mélanger intimement les deux solutions, puis colorer en rouge avec le rouge de Prusse, en jaune avec l'ocre, en noyer avec la terre d'Ombre.

On peut fabriquer des vernis indigènes avec : gomme copal ou gomme d'Euphorbe, 30 gr., huile de palme, 90 gr. Très bon pour protéger des termites, etc.

4° *Colle forte pour bois et porcelaine.*

Colle forte de Givet. .	12 gr.	
Eau	52 —	Chauffer pendant 10 minutes au bain-marie.
Acide chlorhydrique. .	2 —	
Sulfate de zinc. . . .	5 —	

5° *Colle pour porcelaine, marbres, verre.*

Caoutchouc	85 grammes
Galipot ou mastic résineux	17 —
Chloroforme	75 —

Laisser sécher après application pendant 12 heures.

Hygiène des appartements. Capacité. — Un homme adulte consomme 560 litres d'air pur à l'heure, il faut pour qu'il vive sans gêne qu'il ait des appartements assez vastes pour satisfaire à cette fonction : 20 mètres cubes d'air par heure et par individu sont indispensables.

Aération. — Dans les pays chauds, en toute saison, les appartements doivent avoir deux ouvertures permanentes, une au niveau du sol, dans un panneau de porte, l'autre sur le mur opposé, à la hauteur du plafond, pour que la ventilation soit constante.

Lumière. — La lumière est indispensable à l'assainissement des appartements. Dans ceux où l'on écrit il faut que du point où l'on travaille l'on voie au moins 50 cm. de ciel.

Chaleur. — On combat l'excès de chaleur par la ventilation et l'usage des « pankas », que nous conseillons dans toutes les régions tropicales.

Humidité. — La trop grande humidité des habitations, ayant pour cause un vice de construction ou d'emplacement, ne se combat que par le déménagement.

Parasites. — 1° *Araignées.* — Utiles par la quantité de mouches, moustiques et cousins qu'elles détruisent.

2° *Cafards, blattes ou cancrelats.* — Il existe dans le commerce des pièges spéciaux en toile de fer. Pour les empoisonner, mettre à leur portée le mélange suivant : sucre en poudre, farine et borax pulvérisé.

3° *Dermestes. Parasites des fourrures.* — User des sachets de camphre et naphtaline.

4° *Fourmis.* — Enduire les joints, crevasses des planches, etc., avec du pétrole ou avec le mélange : alun, 1 kg, eau, 4 litres, ou les attirer comme les cafards par du borax sucré, ou un vase à moitié plein d'eau et de miel, dans lequel elles se noient.

5° *Mites.* — Emploi de sachets à la naphtaline dans les vêtements.

6° *Mouches.* — Tous les procédés ont été employés. Voici la formule du papier tue-mouches :

    Eau . . . .   150 grammes
    Quassia amara   5   —
    Mélasse   25   —

Il existe des bouteilles et des pièges à mouches de divers systèmes. M. Raffard prétend que la présence de ricin en pot dans un appartement en éloigne et tue les mouches.

7° *Moustiques.* — Il n'y a qu'un procédé pratique, c'est de faire usage de moustiquaires de lit, ou de moustiquaires de portes et fenêtres. On peut aussi se oindre de pommade avec sulfate de quinine 1 gramme, vaseline blanche 30 grammes.

8° *Magnans.* — Fourmis très voraces. Contre leur colonne en marche il n'y a qu'à faire usage de torches de papier ou de paille enflammées et semer devant la porte à préserver une traînée de cendres chaudes. Mais il faut toujours rechercher leur nid, le défoncer et verser au-dessus des marmites d'eau bouillante à laquelle on a ajouté du chlorure de chaux à 100 gr. pour 1000, ou des feuilles de tomate indigène bouillies.

9° *Puces ordinaires.* — Laver les parquets avec une décoction d'absinthe et saupoudrer de poudre de pyrèthre.

10° *Puces chiques.* — Laver tous les jours pendant les mois de mai, juin et juillet avec des solutions chaudes antiseptiques.

11° *Punaises.* — Désinfecter les meubles. Enduire les murailles et les parquets de la solution suivante :

    Colle de Flandre . . . .   500 grammes
    Eau . . . .   1 litre
    Térébenthine . . . .   250 grammes

12° *Rats et souris.* — Il existe toutes sortes de souricières, pâtes toxiques, etc. ; le seul procédé pratique est d'avoir un chat d'Afrique, espèce très sauvage et très carnassière.

13° *Serpents.* — Le soin de la chasse aux serpents incombe aux domestiques indigènes. Nous conseillons de la faire faire minutieusement tous les soirs, non seulement dans la maison, mais aussi alentour, où l'on doit faire entretenir soigneusement une zone de 25 à 30 mètres complètement débroussée.

14° *Termites.* — Le parasite le plus redoutable des habitations en Afrique est le termite qui creuse les murs, ronge les bois et mine sourdement les parquets et les toitures.

Pour se préserver de ces insectes, il faut construire en terrains rocailleux, et en maçonnerie et fer, ou n'utiliser que des bois injectés et peints.

Lorsque l'on est malgré tout envahi, on recherchera la termitière, on la fera défoncer jusqu'à 1^m,50 ou 2 mètres de profondeur, dans ce trou on empile des herbes sèches, auxquelles on met le feu, puis on comble de cailloux et de terre fortement tassée. Enfin pour la protection des boiseries, on emploiera les vernis d'euphorbe, les divers termiticides inventés et surtout on isolera autant que possible les meubles sur des pieds en verre ou en fer. Les cantines seront posées sur des bouteilles vides fixées dans le sol par leur goulot. J'ai une fois détruit une termitière en y faisant pénétrer du soufre enflammé et en bouchant soigneusement toutes les ouvertures avec de l'argile.

La plupart du temps cette lutte est inutile et mieux vaut se déplacer et reconstruire sur un autre terrain.

15° *Crapauds et lézards.* — Un parasite africain très commun est le crapaud. Il faut toujours l'expulser, car sa présence attire le trigonocéphale dont il constitue la principale proie. Quant aux lézards, ils abondent, mais dévorent une grande quantité de mouches, éphémères, moustiques, etc.

Pour se préserver des vols nombreux de cousins et termites ailés dits éphémères qu'attirent les lueurs des photophores, il n'y a de réel que l'usage du panka vivement remué; les cuvettes pleines d'eau, les abat-jour enduits de miel ne parviennent pas à tarir l'essaim de ces ennuyeux convives.

Dépendances des habitations. — Il est nécessaire d'élever autour des maisons d'habitations un certain nombre de cases plus petites qui constituent les dépendances. Ce sont : les cuisines, les logements des boys, les écuries, les cabinets, les salles de bain.

De plus certains bâtiments entrent nécessairement dans les plans des postes ou des factoreries : les magasins de vente ou de dépôts.

les poudrières, les salles d'armes, les prisons, les postes de police, es infirmeries.

Cuisines. — Ordinairement les cuisines sont installées dans une case ronde du type indigène. C'est un mauvais système : les garçons y voient mal, par suite la cuisine qu'ils y font est malpropre, et enfumée.

Nous conseillons de construire une case rectangulaire de 4 mètres sur 3 et d'un côté sur toute la largeur élever en briques ou en terre battue un vrai potager à 3 ou 4 orifices et un four de campagne. Il faut habituer les boys à se servir de fourneaux à l'européenne et non de trois pierres. De même il faut les astreindre à user de charbon de bois au lieu de bois vert ou sec.

Le charbon de bois se prépare facilement : on dispose les brindilles de bois bien sec en meule. On ménage au milieu une cheminée d'appel qui servira à l'allumage. On recouvre la meule de terre glaise (couverte) qu'on arrête à 30 cm du sol. On allume. La première partie de la carbonisation s'appelle la suée, parce que pendant cette période la vapeur d'eau se dégage et coule contre la couverte. Quand la suée est terminée, on prolonge la couverte jusqu'au sol ; pour généraliser la carbonisation on perce circulairement de distance en distance des évents, et au fur et à mesure on rebouche ceux qui ont servi à brûler le charbon supérieur, et on agit ainsi jusqu'à ce que toute la masse soit carbonisée.

Logements des boys. — Ce sont en général des simples cases indigènes, groupées les unes à côté des autres.

Écuries. — Les écuries doivent être aérées et facilement nettoyables. Pour cela le sol doit être en pente vers le côté de la porte, les parois en torchis de trois côtés peuvent du quatrième n'être qu'à claire-voie, de façon à laisser pénétrer l'air et la lumière tout en abritant les montures des attaques possibles des fauves.

Salles de bains. — Les Européens aménagent souvent pour les besoins de leur toilette une case indigène. Le procédé le plus simple consiste à creuser dans le sol de la case un puits perdu de 1 mètre de profondeur que l'on recouvre de bans ou de bambous. Malheureusement, lorsque la terre est complètement imprégnée, il se dégage vite des odeurs nauséabondes. On peut y remédier en ouvrant un conduit d'écoulement des eaux et en tapissant les parois de la fosse de plaques de fer-blanc. (Voir chapitre vIII, Toilette.)

Cabinets. — Dans les postes on a l'habitude d'employer le procédé des tinettes mobiles que l'on vide deux fois par jour. Ces tinettes sont faites avec des canaries indigènes ou des caisses à farine vides. C'est un bon procédé à condition d'avoir judicieusement choisi le lieu où l'on *vide* et *incinère* tous les jours les immondices. En campagne, nous conseillons de faire creuser des fosses longues de 2, 3, 4, 5 mètres, larges de 25 à 30 cm, profondes de 0ᵐ,50 et que l'on comble chaque jour.

Plans généraux des groupes de constructions. — Dans les groupes de constructions, postes, ambulances, fermes, factoreries, nous conseillons de combiner l'orientation des cases principales et de leurs dépendances, de façon à former des ensembles clos, avec vastes cours intérieures qui permettent aux Européens de se dérober à l'excessive curiosité des noirs.

Nous conseillons en outre de faire élever en un angle de l'ensemble des bâtiments un mirador en bois ou en briques, haut de 5 mètres et d'où l'on domine circulairement tout l'horizon. Il faut toujours se ménager dans les pays jeunes et parfois douteux des moyens de surveillance et prévoir une attaque possible.

Les types des villas mérovingiennes nous semblent devoir s'appliquer parfaitement à l'édification de fermes et factoreries en Afrique occidentale.

Installation dans les villages indigènes. — L'Européen, soit comme commerçant, colon, soldat, est souvent obligé d'utiliser provisoirement les villages indigènes et de s'y installer pour un temps plus ou moins long.

En ce cas il importe de choisir un groupe de cases un peu isolées, de les faire soigneusement nettoyer, si elles sont trop serrées, en abattre une ou deux et utiliser les matériaux à la réparation des autres; faire couper l'herbe tout alentour, enfin les clôturer avec une barrière en bambou. Il peut se faire que l'on soit obligé de faire construire pour soi, par les indigènes, des habitations sur le type de celles des habitants; en ce cas il faut toujours les tracer plus spacieuses et en élever la hauteur des parois.

Les divers types de cases indigènes sont :

1° *Les cases toucouleurs*, en terre battue, généralement carrées et recouvertes d'une épaisse terrasse en terre appelée « argamaz ». Très répandues dans les régions présahariennes, elles sont difficiles à construire, humides et mal aérées. Nous déconseillons vivement ces sortes de constructions.

2° *Les cases bambaras*. — Cases rondes, hautes, à toiture de paille et dont le diamètre atteint parfois 8 et 11 mètres sans qu'un poteau médian soutienne le faîte. Très spacieuses, assez claires, vite construites et agréables à habiter, très propres parce qu'elles n'ont pas d'angles et de coins.

3° *Cases tomas*. — Rondes comme les cases bambaras, mais plus

HABITATION. 99

hautes, possédant un plafond formant grenier et cloisonnées en tous sens, ce qui les rend obscures et sales.

4° *Cases djiminis.* — Cases en terre, rectangulaires, à plusieurs chambres, toiture de chaume, très propres et très agréables. Ce sont celles qui se rapprochent le plus des types de constructions européennes.

5° *Cases baoulès.* — Cases circulaires, à cour intérieure, toutes les chambres ouvrant sur la cour et chaque case servant au logement de toute une famille, avec ses captifs et ses troupeaux. Très pratiques dans les pays où l'on redoute les fauves et les surprises, ou bien lorsque l'on a à surveiller une certaine quantité de marchandises.

6° *Cases mixtes.* — Les Européens se sont inspirés de ces divers modèles de cases pour dresser des plans d'habitations répondant à leurs besoins et où l'on retrouve employé tantôt un type, tantôt l'autre.

Installation dans la brousse. — En pleine brousse, on peut s'arranger de différentes façons pour camper :

1° *Gourbis* en feuilles ou herbes. — On fait construire par les noirs en quelques minutes de légers abris en feuilles de rôniers, herbes, feuilles de palmier à huile ou feuilles de bananiers qui protègent assez bien du soleil et de la pluie.

2° On se munit de matériel européen de campement.

Les divers systèmes en usage sont nombreux et différents :

Bâches en toile goudronnée, cirée ou caoutchoutée, que l'on tend aux arbres à l'aide de cordes, et que l'on oriente du côté du vent.

Il faut pour bien protéger un lit de camp que la surface de la bâche soit au moins de 10 mètres carrés, soit $4^m \times 2,50$.

Tentes diverses. — Les principaux modèles sont :

1° Tente bonnet de police à montants en bois; 2° tente bonnet de police forme mansarde; 3° tente pavillon rectangulaire à mât central; 4° tente pavillon rectangulaire à fixation scientifique sans mât; 5° tente marquises sans mât à parois verticales; 6° tentes abri individuelles, dont les feuilles forment capote; 7° tentes pavillons pour ambulances, magasins, etc.; 8° tentes Abyssinie, rondes à mât central; 9° tentes marabouts coniques mât central brisé; 10° tentes elliptiques, deux mâts brisés, records bronze.

Quel que soit le système adopté, les tentes pour l'Afrique occidentale doivent être légères, d'un maniement très simple, doublées entièrement de toile verte ou rouge, et toujours munies d'une double toiture séparée de la toile de tente par 20 centimètres. Une tente complète avec sa monture, cordes et piquets, ne doit pas dépasser 25 kg et doit protéger une surface utile de 4 à 5 mètres carrés.

Les prix moyens de ces tentes ainsi conçues varient de 30 fr., 50 fr., 120 fr., 135 fr., 145 fr., 235 fr., 320 fr., et au-dessus, suivant les dimensions choisies.

On est arrivé aujourd'hui pour diminuer le poids et le volume des bagages du colonial à combiner plusieurs systèmes de lits-tentes et tentes-hamacs que nous trouvons très pratiques. On en trouvera plus loin la nomenclature.

Au moment du montage de la tente, orienter la porte en sens opposé aux tornades; choisir un terrain qui permette d'enfoncer les piquets et ne pas oublier de faire creuser tout autour une rigole pour l'écoulement des eaux. Pendant la journée, pour atténuer les rayons solaires, il est bon de faire recouvrir la tente de larges palmes vertes.

Mobilier de brousse. — Le voyageur aux Colonies emporte avec lui en plus de ses cantines d'effets, de ses caisses de conserve, de sa batterie de cuisine, de sa tente, quelques objets indispensables à nos yeux, qui sont un siège, une table et un lit.

Sièges portatifs. — Il en existe de toutes formes et de tous prix : 1° pliants ordinaires à pieds en X ou dits « l'universels »; 2° pliants renforcés dits « Archinard »; 3° chaise pliante « précieuse » à dossier de bois; 4° chaise pliante en fer; 5° sièges trépieds dits « tabourets d'artistes »; 6° cannes sièges; 7° chaises longues pliantes ordinaires ou à crémaillères; 8° fauteuil hamac pliant « dit Brillant ». Tous ces sièges sont utiles. Mais il faut préférer ceux qui réunissent les qualités nécessaires : légèreté, solidité, simplicité, prix modéré et confort.

Nous donnerions la préférence au pliant renforcé ou à la « Précieuse. »

Les prix de ces sièges varient beaucoup. On peut avoir une très bonne chaise pliante pour 7 à 8 fr. et un très bon fauteuil ou chaise longue pour 25 fr. *Il est regrettable que la possession des brevets s'assure au détriment des voyageurs coloniaux* et il y a de gros abus commis en ce sens : un simple pliant même renforcé n'a jamais valu 22 fr.

Tables. — Les tables pliantes ont été combinées de toutes façons, tantôt pour envelopper le lit de camp, tantôt pour se placer dans la cantine popote : les plus simples sont les meilleures. Nous conseillons à ceux que le poids n'effraye pas l'usage des tables en tôle de fer à 3 pieds. Les tables en bois sont légères et bonnes lorsqu'elles ont été fabriquées avec des bois durs et bien secs. Les tables en X dont le plateau est fait d'une seule pièce travaillent moins que les autres. Le prix des tables varie de 18 à 50 fr. suivant leur taille.

Moyens de couchage. — Les moyens de couchage sont très importants par l'influence qu'ils peuvent avoir sur la santé :

Nous les distinguerons en trois groupes :

1° *Couvertures isolantes*, qui sont soit en molletons caoutchoutés, soit en drap imperméable dit de Suède, soit tissus de laine préparés spécialement.

La couverture lit, dite « Le Pratique » de Saint-Étienne, qui pèse à peine 2 kg, est le plus parfait modèle du genre.

2° *Hamacs.* — A). Hamacs indigènes en corde de raphia ou de fibres d'ananas. — B). Hamacs européens en corde ou toile. Ces deux modèles s'accrochent à des arbres. — C). Hamacs avec support en bois dur. — D). Hamac avec support articulé en bambous. — E). Brancard-tente Hébrard avec supports.

3° *Lits de camp.* — A). Lits à cadres en bois : 1° lit pliant l'Ingénieux fixé au sol par deux crochets — avec ou sans tente, 2^{fr},400 ; 2° lit pliant à 2 ou 3 pieds en X en bois, avec ou sans matelas 8^{fr},500 ; 3° lit pliant en X système anglais, toutes les parties du lit se tenant ; 4° lit en toile reposant sur des cantines aménagées pour fixer un cadre en bois. — B) Lits articulés en fer : 1° lit portatif Guilloux en acier ; 2° lit de voyage Picot ; 3° lit à ouverture automatique Monjardet. Ces lits pèsent de 8 à 9 kilos et sont tous aménagés de façon à recevoir une moustiquaire. Ils se font en tubes d'acier pleins ou creux, et peuvent à volonté se transformer en lits, chaises longues ou fauteuils ; 4° lit malle, qui avec son cadre, son oreiller, son matelas, sa moustiquaire se replie entièrement dans une cantine zinguée ; 5° lit-tente Picot, système très pratique et très bien compris pour les pays pluvieux. Poids 24 kilogrammes.

Les prix moyens de ces lits sont de 25 à 40 fr. Le lit-tente coûte 90 fr. environ.

Les compléments indispensables des lits sont : la couverture de laine chaude et la moustiquaire à double maille étroite. Le prix d'une bonne couverture que nous conseillons de faire imperméabiliser est de 20 fr. Celui d'une moustiquaire de grande taille et solide de 20 à 25 fr.

Éclairage. — On s'éclaire dans la brousse avec des photophores ou flambeaux de jardins à bougies. Nous conseillons d'user des lanternes pliantes à verres de mica, « modèles Excelsior ou mieux Monjardet ». — Les lampes à huile, dites lanternes marines, peuvent presque partout être utilisées avec de l'huile d'arachide, ou de l'huile de palme.

Enfin à défaut de tout cela il est facile de fabriquer des cierges en cire d'abeille, très répandue là-bas. Pour rendre les mèches en coton tressé plus combustibles, il suffit de les tremper dans une solution : 1 pour 100 de *nitrate de potasse* ou salpêtre et de les laisser sécher à l'air libre.

En dernière ressource, on emploiera l'éclairage indigène, mèches trempant dans l'huile, ou dans le beurre de karité, ou torches en paille.

L'éclairage au pétrole commence à pénétrer à l'intérieur, par les factoreries, mais il est encore trop aléatoire pour qu'on puisse s'en contenter.

Les lampes à acétylène seraient beaucoup plus pratiques si les compagnies de navigation ne s'opposaient pas au transport du chlorure de calcium, qu'elles considèrent, même en boites de 200 gr. soudées, comme matière explosible (!)

L'éclairage à l'alcool n'est guère plus pratique encore.

Mobilier improvisé. — Enfin lorsque l'on est dénué de tout mobilier européen, on peut en fabriquer avec les ressources du pays :

Avec les vieilles caisses à farine on fait des sièges, tables, armoires, dont les modèles sont trop connus pour les décrire.

Avec des bans ou des bambous, les noirs fabriquent des lits qu'ils nomment « Taras », assez souples si l'on prend soin de supprimer la dernière traverse longitudinale médiane. — Ils font de même des petits fauteuils « Siguilans » et des étagères grossières.

En un mot, *il faut savoir utiliser tout et tous et improviser ce dont on a besoin. Ces qualités sont éminemment françaises.*

CHAPITRE VII

ALIMENTATION

Hôtels et pensions. — On trouve des hôtels-restaurants dans les anciennes villes du Sénégal : Saint-Louis, Dakar et Rufisque. Ils sont dirigés par des Européens, et un certain nombre d'officiers, fonctionnaires ou commerçants y prennent pension.

La cuisine y est médiocre, le prix très élevé varie de 150 à 450 fr. par mois et donne droit à chaque repas à 1 entrée ou potage, trois plats, dessert, café. Les invitations sont généralement comptées 3 et 5 fr. Le service fait par les nègres laisse à désirer.

Popotes. — Un grand nombre d'Européens, soucieux de manger mieux et à meilleur compte, s'associent par groupes de 3 ou 4, louent un local, engagent un cuisinier indigène, achètent le matériel nécessaire et s'organisent en « popote ».

Vivre en popote est la seule façon rationnelle de vivre aux Colonies.

Le grand principe qui régit les popotes est que chacun des participants doit à tour de rôle assumer la responsabilité de l'ordonnance et de la préparation des repas, pendant un mois. Cela s'appelle être « chef de gamelle ».

Popotes des villes. — Dans les villes du Littoral, soit au Sénégal, soit en Guinée, en Côte d'Ivoire, au Dahomey, et dans les postes de l'intérieur où se trouvent de grandes maisons de commerce, vivre en popote est chose facile.

Un cuisinier ou une cuisinière indigènes, Ouolofs de préférence, se louent à raison de 50 à 70 fr. par mois suivant leur valeur. C'est lui qui fait les achats et propose les menus. Il est secondé par les domestiques ou garçons indigènes, « boys ».

Une popote bien administrée et bien montée doit au maximum revenir à 120 fr. par personne et par mois.

On s'organise en popote soit en achetant un matériel neuf, soit en succédant à des Européens rentrant en France.

Comme on se trouve à proximité des magasins, il est préférable de se servir de vaisselle en faïence dite « terre de fer ».

L'achat d'un service de table complet pour 4 personnes doit coûter de 40 à 50 fr.; la batterie de cuisine nécessaire peut s'élever à 80 fr. environ.

Popotes des postes. — Les popotes dans les postes isolés de l'intérieur sont beaucoup plus difficiles à organiser.

Matériel. — Si l'on est à poste fixe pour 2 ans, l'on peut faire venir une cantine popote complète, sinon on met en commun une partie de son matériel. Mais comme avec les domestiques noirs on perd très facilement les objets les plus utiles, le meilleur procédé à employer est que chaque mois le chef de gamelle prenne comme maître d'hôtel son boy et fasse servir exclusivement sa vaisselle, ou bien que chaque convive ait son couvert et ses assiettes propres, les plats ou batterie de cuisine étant seuls à la charge du chef de gamelle.

Le matériel en usage aux colonies consiste en :

1° Marmites popotes, combinées pour 2, 4 ou 6 personnes, et comprenant 26, 36 ou 47 objets, soit le strict indispensable. Il manque le moulin à café. Leur poids est de 5, 7 et 8 kg. leur prix varie de 30 à 40 fr.

2° Cantines popotes, service en fer émaillé pour 2, 4 et 6 personnes, poids de 20 à 34 kg, prix de 90 à 140 fr. Nombre d'objets 42, 67 et 80. La cantine est en bois zingué.

3° Paniers-popotes en osier zingué et sulfaté, contenant les mêmes objets que les cantines (cuisine).

4° Paniers-buffets, en osier tressé contenant le service de table pour 2, 4 ou 6 personnes, coûtant de 12 à 40 fr.

5° Cantines complètes (cuisine et table) en aluminium, pour 2, 4 et 6 personnes, coûtant de 200 à 350 fr., mais ayant l'avantage de ne peser que 15 kilos.

Tous ces modèles sont composés de façon identique. Nous conseillons l'usage de vaisselle en fer émaillé, de couverts en métal blanc ou ruolz et nous proscrivons l'aluminium trop tendre, et trop oxydable à l'air humide des pays chauds.

Les plats et casseroles en fer émaillé font un excellent usage si l'on en prend tant soit peu soin. Les gobelets et timbales ont sur les verres l'avantage de ne pas se casser, mais on fabrique aujourd'hui des verres clissés de trois grandeurs s'emboîtant les uns dans les autres et très solides.

On trouve aussi dans le commerce des moulins à café sans caisse, d'un volume très réduit et d'un maniement commode.

6° Divers petits ustensiles pliants, tels que : réchaud instantané en fer-blanc, réchaud trépied pliant à alcool solide, couteau-couvert et couteau-fourchette à manches s'emboîtant, couverts de voyage pliants, trousse nécessaire de chasseur et voyageur pour repas dans la brousse, etc., tous systèmes ingénieux, pratiques et assez solides. Nous conseillons de ne pas faire usage du tire-bouchon ordinaire qui perce et détériore les bouchons, mais du tire-bouchon extracteur à pression latérale pliant, qui coûte très bon marché.

Personnel. — Un garçon nègre sait généralement faire un peu de cuisine. Il y a quatre degrés dans la valeur des domestiques noirs :

	Solde.
1° Marmiton, sait à peine faire cuire des œufs.	7 à 10 fr.
2° Sait faire les omelettes et les rôtis	12 à 15 fr.
3° Sait faire les ragoûts	15 à 25 fr.
4° Sait faire les desserts et entremets	25 à 35 fr.

Il existe bien entendu des cuisiniers de profession. Mais ils ne consentent guère à aller dans la brousse. Le garçon, lorsqu'il doit faire la cuisine, a besoin d'un aide pour les petits soins de propreté de la maison. — En résumé pour être bien servi, il faut avoir deux domestiques, l'un à 50 fr. et l'autre à 12 ou 15. Les officiers qui possèdent un tirailleur ordonnance peuvent se passer du deuxième boy. Se défier de la fâcheuse manie qu'ont les boys noirs de se servir des verres et couverts de leurs patrons. La délicate question de la conduite à tenir avec les domestiques noirs est traitée au chapitre 14.

Locaux. — Lorsque l'on vit en popote, il est indispensable d'avoir une case spéciale servant de salle à manger et d'office et où chacun se retrouve chez soi. *La popote doit être un terrain neutre où l'on oublie les ennuis des fonctions et où la compagnie des camarades doit effacer les tristes souvenirs.*

La popote joue un rôle immense sur la santé des coloniaux : bien comprise et bien gérée elle devient la joie de l'exil. Mal administrée elle dégénère en une salle de café ou de maison publique, où l'on boit, où l'on se bat et où l'on se perd.

Les Cercles, les Cafés et les mauvaises Popotes tuent chaque année plus d'Européens que toutes les colonnes de guerre n'en ont coûté depuis 1881.

J'ai connu en 1899 une popote où trois Européens mangeaient pour 80 francs par mois et buvaient pour 160 francs. En 8 mois, l'un était mort de bilieuse, l'autre faisait du ramollissement cérébral, le troisième était rapatrié pour cirrhose. Ce fait n'est malheureusement pas unique.

Vie isolée. — Le même personnel et le même matériel servent à l'Européen isolé.

Nous conseillons vivement à celui qui vit seul de faire manger à sa table sa femme indigène, ses singes ou ses chiens, en un mot d'avoir un commensal, à quelque règne animal qu'il appartienne.

Seul on mange vite, mal et peu.

ALIMENTATION.

Une des conditions de la bonne alimentation aux colonies est de rechercher le plus possible la variété dans la préparation des mets et dans leur choix.

Des aliments. — A. *Villes du littoral.* — Dans les villes du littoral on se procure des aliments de quatre façons : 1° en les achetant sur les marchés indigènes assez bien pourvus; 2° en s'adressant aux commerçants européens installés; 3° en demandant des cessions remboursables de vivres aux paquebots de passage; 4° en se faisant adresser régulièrement de France des colis postaux bien composés suivant les saisons.

Rations. — B. *Postes de l'intérieur.* — Dans les postes de l'intérieur, le gouvernement fournit aux militaires et fonctionnaires une ration journalière de vivres et peut, sur la demande des commerçants, colons et touristes, leur faire la même cession à titre onéreux.

Il y a cinq sortes de rations :

Ration n° 1. Viande . . . 500 grammes. ⎫
— Pain . . . . 750 — ⎪
— Café . . . . . 40 — ⎬ Officiers et assimilés
— Sucre . . . . 40 — ⎪
— Vin . . . . 500 — ⎪
— Sel . . . . . 20 — ⎭

Ration n° 2. Même composition avec en plus.
— Riz . . . . . 50 grammes. ⎫
— Thé . . . . 20 — ⎪
— Huile . . . . 12 — ⎬ Sous-officiers.
— Vinaigre . . . 8 — ⎪
— Sardines à l'huile . . . 20 — ⎭

Ration n° 3. Viande . . . . 250 grammes. ⎫
— Riz . . . . . 500 — ⎬ Troupes indigènes.
— Sel . . . . . 20 — ⎭

Ration n° 4. Viande . . . 500 grammes. ⎫ Fonctionnaires
— Riz . . . . . 400 — ⎬ indigènes.
— Sel . . . . . 20 — ⎭

Ration n° 5. Riz . . . . . 400 grammes. ⎫ Porteurs et
— Sel . . . . . 20 — ⎬ domestiques
 ⎭ en campagne.

Les rations n° 1 et 2, les seules qui s'appliquent aux Européens, comportent en outre 5 centilitres de tafia. — Telles qu'elles sont constituées, elles sont insuffisantes.

Rations normales. — L'homme adulte doit consommer 25 gr. d'azote et 380 gr. de carbone par jour. — La ration du Soudan ainsi constituée ne donne que 23 gr. d'azote et 340 gr. de carbone : il faudrait qu'elle fût modifiée et élevée à :

	En station.	En marche.
Pain frais	750 grammes.	750 grammes.
Viande	450 —	500 —
Légumes secs . . .	100 —	150 —
Vin	50 centilit.	50 centilit.
Café	40 grammes.	50 grammes.
Sucre	50 —	125 —
Sel	20 —	25 —

Le tafia est inutile et ne serait délivré que sur prescriptions médicales.

A). **Vivres frais.** — L'Afrique occidentale fournit aux Européens des vivres frais de toute nature.

Viandes de boucherie. — Les viandes africaines n'offrent presque jamais l'aspect de nos viandes d'Europe, rouges, fermes, assez grasses, à odeur bien franche. Cependant il faut rejeter les viandes pâles, molles, dont la section présente des reflets irisés, ou des épanchements sanguinolents, à odeur douteuse ou à graisse jaune verdâtre.

Les morceaux seront de préférence prélevés par les Européens dans les masses des muscles dorsaux, formant le filet et le faux-filet et dans la partie supérieure des cuisses (culotte ou semelle). Bien examiner les poumons, le foie et le cœur avant de s'en servir, et les rejeter si l'on voit des petits noyaux blancs ou grisâtres inclus dans l'épaisseur des tissus.

Les principales viandes de boucherie sont : 1° le bœuf d'Afrique, petit et savoureux ; 2° le bœuf à bosse ou bœuf porteur, dont la chair plus grasse est aussi moins bonne ; 3° le mouton ; 4° la chèvre. Ces viandes se mangent rôties, bouillies ou apprêtées avec des légumes ; 5° le cochon d'Europe qui s'acclimate très bien là-bas. Les préparations culinaires de ces diverses viandes sont trop connues pour que nous nous y arrêtions ; signalons les plus courantes : Beefsteak. Filet rôti. Bœuf bouilli, au gratin. Beignets de bœuf bouilli. Bœuf mironton. Bœuf en daube. Bœuf à la mode. Côtelettes panées. Épaule de mouton farcie. Gigot braisé. Ragoût de mouton. Rognons sautés au madère. Foie au gratin. Gras double en sauce. Cervelle au beurre noir. Langue à la vinaigrette. Pieds sauce blanche. Côtelettes ou rôti de porc sauce Robert, etc., etc.

Nous recommandons de toujours faire cuire fortement les viandes, en raison de la fréquence des ténias en Afrique.

B). **Gibiers.** — 1° Hippopotames, le morceau préféré est le pied que l'on fait bouillir longuement et que l'on sert en sauce piquante. Le reste de la viande ressemble à celle du bœuf ; 2° l'Éléphant, viande dure et coriace. La trompe seule est comestible, on la fait cuire au four ; 3° le Buffle ; 4° le Bœuf sauvage ; 5° le Cochon sauvage ou Phacochère ; 6° les Antilopes et les Gazelles ; ces viandes sont rouges, fermes et parfois coriaces on les laisse se faire pendant deux ou trois jours, soit à l'air libre, soit dans un bain de vinaigre, soit dans des feuilles de papayer ; 7° les Singes ; 8° les Agoutis et les Écureuils ou rats palmistes, viandes blanches assez délicates que l'on mange rôties et froides ou préparées en civet, ou en sauce chasseur.

C). **Oiseaux.** — 1° Poulets. Les poules du Soudan sont la ressource des voyageurs, leur prix varie de 50 centimes à 1 franc, elles sont petites et maigres, mais la grande variété de leur préparation les rend toujours agréables ; 2° Pintades, Perdrix ; 3° Pigeons, Tourterelles ; 4° Canards, Oies, Dindons. Ces volailles se préparent comme le poulet ; 5° Cailles, Poules d'eau, Sarcelles, Bécassines, se mangent rôties ou en salmis ; 6° l'Outarde, viande succulente quand elle est froide et rôtie ; 7° le Canard sauvage, Plongeon royal, Courlis, Pluvier, etc., etc., se mangent en salmis après marinade de vingt-quatre heures.

D). Poissons. — Les rivières africaines sont très poissonneuses, les espèces les meilleures sont les gros brochets nommés « capitaines » qui pèsent jusqu'à 50 livres ; les barbues, les poissons blancs, etc.

En règle générale, il faut toujours avant de préparer un poisson s'enquérir auprès des indigènes de sa valeur, car il y en a un grand nombre qui sont toxiques.

E). Divers. — Enfin on mange quelquefois en Afrique des huîtres de rivière, des crevettes, des langoustes, des tortues d'eau, des escargots de la forêt, de l'iguane (sorte de gros lézard à chair blanche assez agréable). Les indigènes eux mangent en outre du serpent, des chiens, des criquets grillés sur la poêle, des chenilles processionnaires, des vers palmistes, des rats ou souris, enfin les reines des termites.

Nous conseillons à l'Européen de s'abstenir de ces derniers aliments, parfois dangereux.

Hygiène des viandes. — Éviter d'abattre des animaux malades ou surmenés, leur viande ne se conserve pas (Voir pour les symptômes des maladies le chapitre XVI). Saigner très soigneusement l'animal abattu ou tué ; car la présence du sang dans les interstices musculaires hâte la putréfaction.

Mettre la viande abattue à l'abri de l'air, de l'humidité et du soleil. Il faut pour conserver la viande laisser l'animal entier et ne le débiter qu'au jour le jour suivant les besoins. Il est d'un très mauvais usage de distribuer les rations de viande pour 2 ou 3 jours, car la viande en morceaux de 1 à 2 kilos ne se conserve que de 28 à 30 heures en hivernage, de 36 à 40 heures en saison sèche.

Divers moyens ont été essayés pour conserver la viande fraîche : les plus ordinaires consistent à faire revenir la viande dans la poêle, puis la plonger dans une marinade ou dans du sel, enfin pour préparer faire tremper dans l'eau froide pendant 2 heures environ. Voir plus loin les divers procédés de conservation des viandes. Pour attendrir la viande trop fraîche, il suffit de la battre et d'interposer les tranches entre des feuilles vertes de papayer. Au bout d'une ou deux heures la papaïne vient à bout des coqs les plus coriaces.

Légumes et fruits. — A). *Légumes indigènes.* — 1º Riz de vallée ou riz de montagne, qui s'accommode de toutes façons : riz au gras, riz au lait, gâteau de riz, etc., etc. ; 2º maïs, avec la farine on peut fabriquer des galettes très nutritives ou des desserts appréciés, le maïs vert en épis cuit à l'eau salée donne l'illusion de la châtaigne ; 3° sorgho et mil servent à la préparation du couscous ; 4° manioc, se mange cru lorsqu'il est petit, avec sa farine on prépare des croquettes exquises. Il faut toujours laver une première fois la farine de manioc à l'eau chaude pour en extraire les principes nocifs ; 5° ignames, cous, patates douces, ozonifies, féculents délicieux que l'on utilise comme la pomme de terre ; 6° les haricots ou gnébés qui remplacent avantageusement les flageolets ; 7° les tomates cerises que l'on mange crues en salade ou dont on fait des sauces ; 8° champignons, on mange les espèces connues des noirs sous les noms de diator et sembalih, et qui correspondent aux roses des prés et à la morille.

Utilisation de quelques plantes pour l'alimentation. — En dehors des légumes proprement dits on peut tirer parti des : 1° feuilles de patates, cuites imitant l'épinard ; 2° arachides, se mangent crues, bouillies ou torréfiées ; les arachides torréfiées servent à confectionner des nougats excellents, si on les pile on en fait des sauces très aromatisées ; 3° bananes non mûres, frites dans la poêle comme des carottes, se servent salées ou sucrées ; 4° cœur de palmier ou chou palmiste ; se mange cru en salade, ou cuit soit en sauce blanche, soit farci et gratiné ; imite absolument le fond d'artichaut ; 5° papayes vertes coupées en tranches et mises dans du vinaigre, servent de cornichons ; préparées en petits morceaux et gratinées avec du beurre et du fromage, elles remplacent les plats de choux-fleurs ; 6° hibiscus ou gombo, les fruits verts coupés en tranches se servent comme entrée ; 7° cira, sorte de citrouille dont les graines torréfiées s'emploient comme celles de l'arachide (beka-bête ou boangila) ; 8° racines de jeunes papayers, de la grosseur du petit doigt, préparées en sauce blanche rappellent assez bien le salsifis.

B). *Légumes et fruits importés d'Europe.* — Les légumes et les fruits importés d'Europe sont énumérés dans le paragraphe suivant qui traite du jardinage.

Les jardins ont été rendus obligatoires dans les postes du Soudan français depuis 1882, et leur création a contribué pour une large part à améliorer l'état sanitaire des Européens vivant là-bas.

LES JARDINS

Par M. Chalot
Du Jardin Colonial de Nogent-sur-Marne, Directeur du Jardin d'essai de Libreville.

Tous ceux qui ont résidé dans les colonies savent avec quelle joie est toujours saluée l'apparition de légumes frais sur les tables.

Utilité des jardins. — Leur utilité, au point de vue de la santé, est incontestable. Aussi les Européens, qu'ils soient fonctionnaires, colons ou particuliers, auront-ils toujours intérêt à établir un petit jardin potager. Les quelques peines qui résulteront de son entretien seront largement compensées par les produits qu'il fournira. Ces derniers, inutile de le dire, seront d'autant plus nombreux et de bonne qualité, que leur culture aura été bien comprise.

Il est en effet possible, dans toutes les colonies françaises de l'Afrique occidentale, d'être approvisionné, pendant une bonne partie de l'année, en légumes d'Europe. A part quelques exceptions, ils viennent tous d'une façon satisfaisante.

Saison favorable. — Cependant on peut dire que, plus la saison sèche de la colonie où l'on résidera sera longue, et mieux les plantes de nos pays tempérés se comporteront. Ainsi, au Sénégal, où l'on peut compter sur un minimum de six à sept mois de saison sèche, il est plus facile de cultiver les légumes d'Europe qu'au Congo où elle ne dure guère que trois mois. Ces trois mois de saison sèche permettent de compter sur les produits du jardin potager pendant cinq et six mois. La même proportion est à établir pour le Sénégal, où la longueur de la saison sèche permet d'en avoir presque toute l'année. Sans entrer dans le détail des faits, nous dirons cependant que les principales causes qui font que les légumes d'Europe viennent mal dans les colonies intertropicales pendant la saison des pluies sont : une lumière insuffisante et une atmosphère trop humide qui s'oppose à la juste transpiration de leurs feuilles.

Emplacement d'un jardin potager. — Il y aura toujours avantage, pour la surveillance et l'entretien, à installer le jardin potager à proximité de l'habitation, si le sol n'est pas trop pauvre.

Dès qu'on aura fait choix de l'emplacement, lequel pourra être garni déjà de quelques arbres et se trouver sur une légère pente, ou en terrain plat, mais pas marécageux, et qui pourrait n'avoir comme étendue que quelques ares, la première chose à faire sera de l'entourer d'une petite palissade ou clôture quelconque, pour le mettre à l'abri des déprédations que causent habituellement aux plantes les animaux tels que : moutons, cabris, poules, etc.

Irrigation. — Il va sans dire que l'eau étant le principal facteur de réussite pour un jardin potager, il conviendra, avant toute chose, de tenir le plus grand compte de la facilité plus ou moins grande que l'on aura pour s'en procurer en quantité suffisante, et cela jusqu'à la fin de la saison sèche.

Sans arrosages journaliers, tout au moins pour les petits plants, au début de leur végétation, on pourrait s'attendre à de sérieux mécomptes. Aux colonies, comme en France d'ailleurs, les légumes ne sont bons qu'à la condition de venir très vite. Pour atteindre ce résultat, il faut le concours de deux choses : les engrais et l'eau.

Engrais. — Il sera donc utile, quand la question de l'eau sera résolue, de conserver précieusement toutes les matières fertilisantes que l'on pourra se procurer : fumier animal, herbes pourries, cendres de bois, etc., et de les mettre en dépôt.

On comprendra qu'il est en effet plus simple, chaque fois que cela se peut, de conserver toujours pour le jardin le même emplacement, en ayant soin de fumer le sol après chaque récolte, plutôt que d'être astreint chaque année à le déplacer, comme le font les indigènes pour leurs cultures.

Disposition du jardin. — La disposition à adopter pour un jardin potager est des plus simples.

Une fois que le sol aura été pioché ou bêché, le terrain n'aura qu'à être divisé par planches ayant de 1^m,20 à 1^m,50 de large, lesquelles seront séparées par des sentiers de 50 centimètres. La longueur des planches sera subordonnée à l'étendue de terrain dont on disposera. Les planches ayant de 3 à 4 mètres de longueur sont adoptées par la généralité.

Nous avons dit plus haut que les légumes d'Europe venaient surtout bien pendant la période sèche. Il est, malgré cela, possible d'obtenir des produits en saison des pluies. Il suffit, pour cela, de modifier la disposition du jardin, ou d'avoir un jardin pour la saison des pluies et un jardin pour la saison sèche.

Dans le jardin pour saison sèche, les planches destinées à être occupées par les différentes cultures, devront être ou plates ou, mieux encore, de 4 à 5 centimètres en contre-bas des sentiers, de façon à retenir plus facilement l'eau versée par les arrosages.

Au contraire, dans le jardin destiné à la culture en saison des pluies, les planches devront être surélevées de 15 à 20 centimètres pour permettre aux eaux de pluie de s'écouler facilement sans séjourner sur les plantes, ce qui aurait l'inconvénient de les faire pourrir. Pour retenir la terre des planches, il suffira d'enfoncer tout autour d'elles des piquets de 30 à 40 centimètres, placés les uns à côté des autres, ou si on veut les espacer davantage, de les relier entre eux par une sorte de clayonnage grossier.

D'une façon générale, nos plantes d'Europe craignent le soleil africain, surtout lorsqu'elles sont à l'état de jeunes plants. Il sera donc nécessaire d'établir, à 1 mètre au-dessus des planches destinées aux semis, de légères toitures disposées sur des piquets fourchus reliés entre eux par des lattes ou de longues baguettes sur lesquelles on mettra des feuilles de palmier, de bananier, etc.

Les arrosages, dont les jardins ne peuvent se passer pendant la saison sèche, seront toujours faits le soir, de cinq heures à six heures et demie par exemple. Ceux effectués le matin ne sont que très peu profitables aux plantes.

Les repiquages de jeunes plants seront également faits le soir, à moins que l'on puisse profiter, pendant la journée, d'un temps couvert. Ils seront toujours suivis d'un arrosage, même pendant la saison pluvieuse et malgré une probabilité de pluie.

Insectes nuisibles. — Dans les jardins, les principaux ennemis sont, suivant les régions, les termites, les chenilles, les fourmis, les sauterelles. On fait disparaître les termites par de fréquents binages; les fourmis en épandant un peu de cendres de bois sur le sol cultivé; quant aux sauterelles et aux chenilles, il n'y a guère d'autre moyen bien pratique que celui qui consiste à les faire chasser ou à les faire ramasser et tuer par un indigène.

Des pintades qu'on laisserait tous les jours pendant quelques heures dans le jardin le débarrasseraient de nombreux insectes.

Graines potagères. — Les plantes potagères d'Europe, à part de rares exceptions, ne fournissent pas de graines dans les contrées intertropicales. Les quelques espèces qui en produisent ayant tendance, au bout de quelque temps, à donner des légumes dégénérés, il est à conseiller, au lieu d'utiliser ces graines pour faire de nouveaux semis, de les renouveler par des semences provenant de types cultivés avec soin par les marchands grainiers de la métropole.

On a constaté depuis longtemps déjà que, sous les climats

chauds et humides, les graines potagères perdent rapidement leur faculté germinative.

Pour ne jamais en manquer, il sera donc bon d'en faire venir de France, non pas de grandes quantités à la fois, mais souvent, de façon à en être toujours approvisionné.

Un certain nombre de légumes exigent plusieurs mois avant de donner un produit. Il est, par conséquent, utile d'en faire des semis au moment favorable, c'est-à-dire un mois avant la fin de la saison des pluies. Les salades, poireaux, tomates, aubergines, choux, etc., sont dans ce cas.

La maison Vilmorin, à Paris, prépare spécialement pour les colonies des assortiments de graines adaptées au climat des différentes régions. Les graines sont livrées en boîte, dont le couvercle se visse, ce qui permet de maintenir constamment les semences à l'abri des influences de l'air et de les conserver en bon état pendant un maximum de temps.

PRINCIPALES PLANTES A CULTIVER

Asperge. — On sème en toute saison des graines qui germent environ un mois après. Lorsque les griffes ont pris un certain développement on les arrache soigneusement pour les planter dans un terrain léger et sablonneux, à 40 cm les unes des autres et en lignes espacées de 1 mètre. Il est bon de les placer sur un petit monticule en ayant soin de bien étaler les racines à plat. On recouvre ensuite d'environ 0^m,15 de terre et on étend au-dessus une légère couche d'herbe déjà un peu consommée. Un mois après les jeunes pousses paraîtront; on les laissera se développer en ayant soin de biner de temps à autre autour de la plante. Pendant la saison sèche un grand nombre de jeunes pousses sécheront et dépériront. Lorsque la saison des pluies sera nettement dessinée on coupera au rez-du-sol toutes ces tiges desséchées, on binera fortement et on paillera de nouveau. De nouvelles tiges sortiront que l'on pourra cueillir et apprêter pour la consommation, en les coupant le plus près possible de la griffe. Pour que les asperges soient blanches et tendres, il est nécessaire de les butter avec de la terre ou de les mettre à l'abri de la lumière, en les cachant avec de l'herbe, sans quoi elles seraient vertes.

Aubergine. — Originaire des pays chauds et humides, l'aubergine peut se cultiver en toute saison, il en existe d'ailleurs quelques variétés comestibles dans les villages indigènes. Pour obtenir de beaux produits il suffit de faire tous les 0^m,50 de petits trous que l'on remplit de bonne terre dans laquelle on repique les jeunes plants. Pendant la saison des pluies et même pendant la saison sèche, un léger paillis autour de chaque plante ne sera pas superflu. L'aubergine n'a pas besoin d'être abritée du soleil.

Les variétés à recommander sont : l'aubergine violette longue, la ronde très grosse et la blanche longue de Chine.

Baselle. — Remplace l'épinard d'Europe qui ne vient pas à la côte d'Afrique. La culture de la baselle consiste à établir à l'aide d'un cordeau plusieurs sillons espacés de 0^m,30 et profonds de 0^m,03 à 0^m,05 ; on y sèmera les graines et on recouvrira. Lorsque les jeunes tiges auront atteint environ 0^m,30 on binera et de place en place on mettra des tuteurs pour soutenir les tiges qui atteignent 1^m,50 de longueur. Il ne restera plus alors qu'à attendre que les feuilles soient assez larges pour être cueillies ; à la récolte on ne prendra que les plus belles pour ne pas dégarnir la plante trop rapidement.

Basilic commun. — Il se comporte admirablement dans les jardins. Quelques pieds seront suffisants pour l'assaisonnement des mets.

Betterave. — Il va sans dire que nous ne nous occupons ici que de la betterave potagère, laquelle, sans venir très bien, donne cependant un produit qui n'est pas négligeable.

On sème les graines très clair en rayons espacés de 0^m,40, ou bien on les sème d'abord en pépinière, et on les repique à la même distance que celle qui vient d'être indiquée, en laissant une place suffisante entre chaque plant. Dans ce cas il faut avoir soin en repiquant les jeunes plants de bien placer les racines verticalement. Deux mois après on peut commencer à récolter.

Les variétés donnant de bons résultats sont : la betterave rouge ronde précoce ; la betterave rouge noire plate d'Égypte.

Carotte. — Dans une des planches du jardin on enlève 0^m,20 de terre que l'on rejette sur les bords de façon à avoir une sorte de petite fosse. Le fond en est garni avec de la bonne terre mélangée d'herbes ou mieux de fumier ; la fosse est ensuite recomblée. Cette pratique, toute locale, a pour but de rendre les carottes plus belles en forçant leurs racines à aller puiser leur nourriture à une certaine profondeur.

On pourrait semer en même temps que les carottes des graines de radis mélangées à elles, car les carottes demandant à être très éclaircies pour parvenir à leur entier développement il sera facile de les espacer suffisamment lorsque l'on arrachera les radis, c'est-à-dire une vingtaine de jours après le semis. On devra semer de préférence : la carotte rouge courte hâtive; rouge demi-longue; nantaise rouge demi-longue de carantan.

Céleri cultivé. — Pendant le mois qui précède la fin de la saison des pluies on sème dans des caisses et on recouvre légèrement les graines. Dès que le plant a pris un certain développement, le repiquer en place à 0^m,50 de distance. Au fur et à mesure que la plante grandira, la butter.

Autant que possible semer des graines très fraîches de céleri plein-blanc et de céleri pascal.

Céleri-rave. — On sème le céleri-rave soit dans des caisses, soit dans des planches préparées à cet effet. Le repiquage sera fait dans de la terre qui aura déjà été remuée plusieurs fois et lorsque le plant aura 0^m,10 à 0^m,15 de hauteur. On le placera en ligne et en quinconce à 0^m,50 de distance. Deux mois après les raves pourront être utilisées, surtout si l'on a soin de ne semer que du céleri d'Erfurt ou du céleri géant de Prague.

On sait que les racines de la plante se conservent pendant un certain temps dans un local sain.

Chicorée. — Légume s'accommodant fort bien du climat et qu'avec un peu de soin on peut faire venir superbe. Cette plante peut être cultivée en tout temps, mais c'est surtout pendant la saison sèche qu'elle arrive à son entier développement.

On sème à la fin de la saison des pluies ou au commencement de la saison sèche des graines de chicorée frisée de Meaux, fine d'été ou d'Italie, frisée fine de Rouen. Un mois environ après le semis les plants sont bons à être repiqués : on les arrache soigneusement après avoir eu soin de bien mouiller le sol, puis on coupe l'extrémité des racines et des feuilles et on les repique à 0^m,50 les uns des autres. Lorsque ces chicorées seront assez larges et assez volumineuses pour être utilisées on cessera tout arrosage. Avec un lien on relèvera et on attachera l'extrémité des feuilles de façon que le centre de la plante, que l'on veut faire blanchir, soit privé de lumière, sans pour cela être trop pressé. Il faut procéder à ce travail au moment où les plantes sont absolument sèches; on devra ensuite n'arroser que le pied de la plante et non le dessus, car l'eau s'infiltrant dans l'intérieur ne tarderait pas à faire pourrir les jeunes feuilles et le cœur des chicorées. Cinq à six jours après avoir été liées on pourra déjà couper des salades; attendre plus longtemps ne pourrait que leur nuire. Il y a donc avantage à ne lier en même temps qu'un petit nombre de salades, et à renouveler l'opération chaque fois que le besoin s'en fera sentir.

Chicorée-scarole. — Même culture que pour la précédente et résultats certains si l'on sème la scarole blonde à feuilles de laitue ou la scarole en cornet.

Chicorée sauvage. — La chicorée sauvage peut se semer en tout temps, en ligne ou à la volée; seulement il faut avoir soin, comme pour tous les semis, de pailler légèrement les planches ensemencées. Ces précautions une fois prises, l'on n'a plus qu'à attendre que les feuilles aient pris un certain développement pour les couper en laissant toujours celles du cœur de la plante : hachées en lanières étroites et assaisonnées comme de la salade quelques heures avant le repas, elles constituent un excellent accompagnement pour le bœuf et les autres viandes.

Chou. — Semer pendant le dernier mois de la saison des pluies, en caisses ou en pleine terre, des graines de choux dont les plants seront bons à repiquer une première fois un mois après, dans une terre bien préparée, et à 0^m,20 les uns des autres; c'est ce qu'on appelle la mise en pépinière.

Dès que ces jeunes plants seront repris, on attendra environ trois semaines pour les relever en motte et les mettre en place dans un terrain approprié à cet effet; binages légers sans attaquer les racines; arrosages fréquents.

Deux mois après, certaines variétés hâtives pourront être récoltées.

Variétés à recommander :

Chou express. . . . . ⎫ Ces variétés très hâtives
 — très hâtif d'Étampes . . . . ⎬ doivent être repiquées à
 — Joannet nantais hâtif. . . . . . ⎭ 0^m,50 les unes des autres.

Chou cœur de bœuf moyen de la halle. ⎫ Ces dernières variétés,
 — gros. . . . . ⎪ plus tardives et plus volu-
 — de Schweinfurt. . . . . ⎬ mineuses que les premières,
 — Brunswick à pied court. . . ⎭ demandent à être repiquées
à 0^m,80 de distance.

Chou de Bruxelles. — Même culture que la précédente, mais pour obtenir un beau produit, il faut avoir soin, dès qu'on aperçoit les petites pommes paraître à l'aisselle des feuilles, d'étêter le pied mère. En employant ce procédé, on oblige la sève à se porter vers les jeunes pousses. Un mois après l'étêtage, on pourra déjà récolter des choux de Bruxelles.

Concombre. — Originaire des pays chauds, le concombre vient très bien à la côte d'Afrique où les indigènes en cultivent depuis fort longtemps certaines variétés à petit fruit.

On creuse à 1 mètre de distance, au milieu d'une planche de petits trous que l'on remplit de fumier ou d'herbe déjà entrée en décomposition. On recouvre de bonne terre et sur l'emplacement de chaque trou on enterre à 0^m,3 ou 0^m,4 de profondeur quatre à cinq graines. Lorsque les pieds commencent à se former, on n'en laisse que deux et on arrache les autres. Dès que les plants portent quatre feuilles, on les étête pour faire naître des tiges qui s'étendront sur le sol que l'on aura eu la précaution de *pailler auparavant*.

Il est à recommander d'employer le concombre blanc hâtif, le jaune hâtif de Hollande et le concombre vert.

Courge. — Même culture que pour les concombres, en ayant soin de faire des trous plus grands encore, et de ne pas ménager l'engrais. Cultiver de préférence la courge de l'Ohio et la courge sucrière du Brésil.

Cresson alénois. — Semer à la volée en toute saison, mais peu à la fois, car la plante fleurit rapidement; recouvrir au râteau et pailler les planches; arrosages fréquents pendant la saison sèche. Une vingtaine de jours après le semis, on peut déjà couper au couteau l'excellente salade connue sous le nom de cressonnette.

Cresson de fontaine. — Il arrive assez souvent que l'on trouve à proximité de chez soi une petite source qui, même au plus fort de la saison sèche, laisse couler un léger filet d'eau : une cressonnière est donc tout indiquée pour l'utiliser.

Son installation est des plus simples. On creuse un petit fossé de 0^m,50 de profondeur et de 1 mètre de largeur. Le fond en sera garni avec des matières fertilisantes mélangées à de bonne terre sur laquelle on sème des graines de cresson si la plante n'existe pas encore dans la région. Dans le cas où on en posséderait déjà, il suffirait de planter des fragments de tiges qui ne tarderaient pas à s'enraciner et à pousser vigoureusement. Le cresson est vivace; pendant longtemps on pourra donc profiter du travail que nécessite l'installation d'une cressonnière; il suffira de ne pas la laisser envahir par les mauvaises herbes. A défaut d'eau courante, on peut se servir d'un baquet ou d'une vieille pirogue que l'on remplit de terre sur laquelle on sèmera des graines ou on plantera des boutures de cresson. On couvre ensuite d'eau qu'on renouvelle souvent pour l'empêcher de se corrompre.

Haricot. — Il nous paraît inutile de nous étendre sur la culture du haricot pratiquée depuis fort longtemps par les indigènes de presque toutes les régions de l'Afrique.

Nous nous contenterons de dire que cette plante peut être cultivée en toute saison et donner d'aussi beaux résultats qu'en Europe.

On se trouvera bien pourtant d'adopter les procédés de culture connus, lesquels consistent à creuser, à l'aide d'une binette et d'un cordeau, de petits poquets distants les uns des autres de 0^m.40, dans lesquels on placera de cinq à sept graines.

Les variétés donnant de bons résultats sont les suivantes :

Haricot Soissons blanc à rames.
— blanc géant sans parchemin à rames.
— coco blanc à rames.
— flageolet blanc nain.
— — roi des verts nain.
— — noir hâtif de Belgique.
— — jaune de la Chine, nain.
— dolique de Cuba, nain.

Ainsi que le nom l'indique, les haricots à rames auront besoin d'être soutenus par des tuteurs branchus de 1^m,50 à 3 mètres de hauteur; leurs tiges grêles ne pouvant soutenir les gousses qui les garnissent. Les haricots nains, au contraire, n'atteignant jamais une hauteur qui dépasse 0^m,40, se soutiennent d'eux-mêmes et n'ont pas besoin d'être tuteurés.

Laitue. — La laitue ne donne pas, sous le climat de la côte d'Afrique, des produits aussi beaux que la chicorée frisée et la scarole. Cependant, à l'aide d'une culture soignée et bien comprise, on peut obtenir d'assez bons résultats.

On sème à la fin de la saison des pluies des graines de laitue blonde d'été ou royale, gotte lente à monter, blonde de Versailles, de l'Ohio. Quand le jeune plant est pourvu de cinq à six feuilles, on le repique en planche à 0^m,50 de distance. Avec de légers binages et des arrosages, ce jeune plant formera vite de nouvelles racines, il poussera rapidement et bientôt de jeunes pommes apparaîtront. Il faudra les cueillir à ce moment, car si l'on attendait trop longtemps, les laitues monteraient à graines.

Laitue romaine. Chicon. — Même culture que pour la précédente, et l'utiliser à l'état de jeune plant.

Melon. — Jusqu'à ce jour, le melon a été peu ou point cultivé à la côte d'Afrique.

Nous nous sommes pourtant rendu compte qu'avec quelques soins l'on pouvait obtenir des melons de très bonne qualité.

Faire dans une des planches du jardin une petite fosse de 0^m.60 de largeur sur 0^m,20 de profondeur, garnir de terreau, d'herbe ou de fumier que l'on recouvre d'un peu de terre. Tous les mètres, placer deux ou trois graines, enterrées seulement de 0^m.5 et pailler ensuite. Lorsque trois feuilles seront développées, on laissera seulement un pied, le plus fort, sur les deux ou trois qui auront pu venir. Ce pied sera pincé à la deuxième feuille au-dessus des cotylédons, ou premières feuilles caractéristiques qui apparaissent au moment de la germination. Deux branches que l'on pincera à la troisième feuille ne tarderont pas à sortir. La taille se continuera de la même manière jusqu'à ce que les fleurs apparaissent, d'abord les fleurs mâles et ensuite les fleurs femelles.

Aussitôt que ces dernières seront flétries, on verra plusieurs petits fruits, mais il est bon de n'en laisser que deux ou trois par pied. Il faudra ensuite les mettre sur une petite planchette, les retourner de temps à autre sans briser le pédoncule du fruit pour qu'ils puissent mûrir dans de bonnes conditions, et les préserver avec une sorte de cage en gaze ou en toile métallique très fine.

Cette précaution, indispensable dans la plupart des cas, a pour but de préserver le jeune fruit d'une sorte de mouche qui le pique et l'empêche de grossir.

Environ deux mois et demi après, la melonnière devra commencer à produire. On reconnaîtra que les fruits sont mûrs soit à leur changement de couleur soit à leur odeur.

Avec ce procédé on peut récolter des melons toute l'année, mais la saison sèche est préférable. Cultiver de préférence le melon cantaloup, noir des Carmes, cantaloup d'Alger, cantaloup prescott fond blanc, sucrin de Tours, de Cavaillon à chair rouge.

Navet. — Le navet se sème sur de la terre fraîchement remuée, clair et à la volée, autant que possible par un temps couvert. On recouvre en poussant et en tirant légèrement le râteau sur le terrain ensemencé et en étendant après cette opération un léger paillis sur le sol. Arrosages copieux pendant la germination pour ne pas laisser attaquer les jeunes plants par les pucerons.

Quelques jours après le semis, c'est-à-dire lorsque les jeunes feuilles commencent à se développer, éclaircir, si l'on juge que les plants sont trop serrés. Sans cela on court le risque d'avoir des navets étiolés et petits. Les seuls soins à donner pendant la végétation consistent en sarclages et en arrosages. Trente ou quarante jours après les navets seront bons à être arrachés, surtout si l'on a eu soin de semer le navet demi-long race marteau que nous recommandons spécialement. On peut également cultiver le navet pendant la saison des pluies, mais le moment le plus favorable est le mois qui précède la saison sèche. En effectuant des semis mensuellement on ne sera jamais dépourvu de ce précieux légume.

Oignon. — On sème à la fin de la saison des pluies, en caisses préparées à cet effet, des graines d'oignons jaune paille des vertus, ou d'oignons jaune paille de Madère. Lorsque le plant a atteint une hauteur d'environ 15 centimètres, on le repique dans une planche fraîchement préparée à 15 centimètres de distance. On paille ensuite pour empêcher le sol de se trop tasser sous l'action des arrosages qui doivent être répétés assez souvent, et on bine avec une petite serfouette tous les huit à dix jours. Lorsque les tiges auront atteint une certaine grosseur, on les couchera sur le sol, sans les casser, avec le dos du rateau. La sève, qui sous les climats dont nous parlons tend toujours à s'élever, se trouvera arrêtée et se reportera tout entière dans le bulbe qui grossira et pourra bientôt être utilisé pour la cuisine.

On sait qu'il existe à la côte d'Afrique un petit oignon qui paraît provenir de la région du Nil. Cet oignon est cultivé partout par les indigènes. Il y aurait donc avantage à s'en procurer des bulbes pour cultiver cette espèce plus rustique que nos variétés d'Europe.

Oseille. — Cultivée depuis fort longtemps dans les jardins de nos colonies, l'oseille doit être considérée par ses propriétés hygiéniques, comme un légume de toute première nécessité qui devra toujours exister dans le potager.

On peut en toute saison semer des graines d'oseille de Belleville à larges feuilles, en pleine terre durant la période sèche, et en caisse abritée pendant la saison des pluies.

Lorsque le plant a cinq ou six feuilles, on le repique en planche ou en bordure d'allée, à 50 centimètres de distance. Peu de temps après, les feuilles qui se trouvent placées le plus près de terre pourront être cueillies. Au moment où la plante commencera à dépérir, ce que l'on reconnaît à ses feuilles allongées semblables à celles des *Rumex* ou oseilles sauvages, on séparera les pieds et on repiquera chacun d'eux dans un autre endroit convenablement fumé. En procédant ainsi on est assuré de pouvoir toujours subvenir à ses besoins, surtout si, au commencement de la saison sèche, on a la précaution de faire pailler assez fortement les planches ou les bordures d'oseille, afin d'empêcher que les arrosages ne découvrent les racines et les exposent aux rayons du soleil.

Persil. — A l'ombre, semer à la fin de la saison des pluies, en planche ou de préférence en bordure, des graines qui germeront un mois après environ. Dès que les premières feuilles seront visibles, on étendra, de chaque côté des bordures, une légère couche de fumier, ou à son défaut, de bonne terre choisie. Avec ce procédé on obtiendra très rapidement de bons résultats. Un semis de persil peut durer de cinq à six mois sans être renouvelé.

Piment. — Originaire des régions chaudes, le piment est partout cultivé par les indigènes à la côte occidentale d'Afrique. Toutefois il arrive que les Européens s'habituent difficilement aux variétés du pays, lesquelles sont à petits fruits, et cela à cause de leur saveur trop brûlante. Nous croyons donc utile de donner quelques renseignements sur la culture des piments à gros fruits cultivés en France et connus sous le nom de *poivrons*. On sème en pleine terre pendant la saison sèche, et en caisse, à l'abri, pendant la saison des pluies, des graines de *piment gros carré doux* et piment tomate nain hâtif. Lorsque ces jeunes plants sont arrivés à une hauteur de 10 à 15 centimètres, on les repique en pleine terre à 30 centimètres les uns des autres. Les binages et les arrosages sont utiles pendant la saison sèche; on paille seulement pendant la saison des pluies. Il n'y a plus ensuite qu'à attendre que les fruits soient arrivés à maturité, ce qui a lieu de cinq à six semaines après la mise en place.

Poireau. — Jusqu'à ce jour, le poireau ne semble se plaire que médiocrement sous le climat tropical. A une certaine distance de la mer, dans l'intérieur des terres, là où on se trouve à une altitude de quelques centaines de mètres, il est pourtant possible d'obtenir des poireaux atteignant une fort jolie grosseur, ainsi qu'il nous a été donné de le constater à plusieurs reprises.

Dans ce cas, la culture consiste à semer en caisse, à la fin de la saison des pluies, des graines de *poireau gros court* ou *monstrueux de Viroflay*. Dès que le plant a atteint 15 à 20 centimètres de hauteur, on creuse dans le jardin une sorte de petite fosse de 30 centimètres de profondeur, et on en garnit le fond d'une couche de fumier ou de détritus végétaux bien consommés, mélangés avec de bonne terre. Le plant de poireau est alors repiqué, après qu'on a eu soin de couper l'extrémité des tiges et des racines, à 20 centimètres de distance mais sans bornage, c'est-à-dire sans reboucher le trou fait par le plantoir.

L'arrosage qui devra suivre la plantation fera le nécessaire. On arrose et on bine de temps à autre. Au fur et à mesure que le poireau grossit et s'allonge, on recomble la fosse restée en contre-bas de quelques centimètres.

On sait que le poireau peut être consommé à la façon des asperges.

Pois. — Peu cultivé à la côte d'Afrique, le pois mérite cependant une mention spéciale, puisque, avec quelques soins, il est possible d'obtenir des résultats encourageants.

On trace, à l'aide d'un cordeau, de petits sillons de 5 à 6 centimètres de profondeur. Les semences de pois sont alors répandues dans ces sillons, lesquels sont recouverts au râteau et piétinés, pour tasser la terre, si le sol est trop sablonneux.

Il ne reste alors, pour attendre la récolte qui aura lieu quarante ou cinquante jours après, qu'à biner et à chausser les lignes de pois, c'est-à-dire à ramener un peu de terre au pied des plantes. Si les variétés cultivées sont à rames, il conviendra dès que les pois auront de 20 à 30 centimètres de hauteur d'enfoncer tous les 40 centimètres, sur les lignes, des branches de bois portant quelques ramifications, pour soutenir les tiges de pois.

Les bonnes variétés sont :

Le pois corne de bélier. . . . . à rames.
— sans parchemin de Saint-Désirat. } nains.
— vert impérial. . . . . }

Il existe également une autre variété de pois originaire des pays chauds, cultivée dans le midi de la France et en Espagne. C'est le *pois chiche*. Sa culture est en tout point semblable à celle qui vient d'être indiquée. Il sera bon, dans les cultures de pois, de placer quelques épouvantails destinés à éloigner les oiseaux et les chauves-souris, très friands de pousses de pois.

Pomme de terre. — À la côte d'Afrique la pomme de terre ne pourra jamais, croyons-nous, être l'objet de grandes cultures comme en France et dans certains pays d'Europe.

Malgré cela, étant donné le prix auquel sont vendues habituellement aux Européens des colonies de la côte les pommes de terre d'importation, il y a certainement intérêt pour eux à prélever sur leurs achats quelques tubercules, qui pourront rendre dix pour un par la culture.

Celle-ci est la suivante :

Un des bons moments de plantation est le commencement de la saison des pluies. Après avoir choisi un terrain riche et sablonneux, mais perméable, on fait de petites planches en forme d'ados, larges de 1m,20 et hautes de 40 centimètres. Des trous assez profonds seront creusés tous les 40 centimètres et remplis de compost. Le plant déjà germé sera posé sur ce compost et légèrement recouvert. Peu de temps après, les tiges apparaissent. Quand ces tiges ont atteint environ 50 centimètres, il faut procéder au buttage des pieds, et ensuite au paillage destiné à empêcher la pluie de frapper directement le sol et par conséquent de le durcir. Pendant la durée de la végétation qui est d'environ trois mois, de nombreux binages seront nécessaires. On pourra arracher les tubercules dès que les tiges commenceront à jaunir.

Radis. — Vient merveilleusement et aussi bien qu'en France. Sa culture est des plus faciles.

Dans une planche bien remuée semer à la volée des graines de radis, recouvrir au râteau et étendre sur la planche une légère couche de paille. De quinze à vingt jours après le semis, on pourra déjà récolter des radis. Ceux-ci n'étant utilisables que pendant deux semaines environ, il est à conseiller de semer peu de graines à la fois.

On choisira de préférence des graines de :

    Radis rond rose hâtif.
    — à bout blanc.
    — demi-long à bout blanc.
    — long.

Tomate. — Originaire des pays chauds et humides, la tomate se trouve partout répandue en Afrique ; on en rencontre dans tous les villages des variétés à petits fruits acides, mais néanmoins très bons. En cultivant les belles variétés qui existent en Europe on obtiendra des résultats remarquables. On sème en tout temps, soit en caisse, soit en pleine terre, des graines de tomates qui germeront rapidement. La transplantation aura lieu dans une terre préparée et fumée, lorsque le plant aura 20 à 25 centimètres de hauteur. Les plants seront espacés de 80 centimètres en tous sens. Pour obtenir un beau produit il suffit, lorsque les bouquets de fleurs ont fait place aux fruits, de pincer la branche qui les porte à une feuille au-dessus d'eux et de supprimer les branches secondaires, c'est-à-dire celles qui naissent à l'aisselle des feuilles. Chaque plante aura besoin d'être attachée solidement à un piquet, sans quoi les tiges se coucheraient et les fruits, privés de soleil, ne pourraient mûrir dans de bonnes conditions.

Comme bonnes variétés nous indiquerons :

    Tomate mikado rouge grosse
    — rouge grosse lisse.

Plantes vivrières. — Dans toutes nos colonies de la côte occidentale d'Afrique, il existe, cultivées depuis longtemps par les indigènes, un certain nombre de plantes qui parfois pourront être utilisées par les Européens.

Nous nous contenterons de citer les principales :

Amarante. — Plante dont on peut manger les feuilles assaisonnées comme celles des épinards en France.

Ambrenade. — Petit arbrisseau dont la graine, employée au moment où elle est encore tendre, peut être mangée comme les pois.

Arachide. — Les graines sont souvent consommées après avoir été grillées, elles ont alors la saveur de la noisette. Dans les régions où il y a du miel on peut en faire d'excellents gâteaux.

On peut extraire de la graine d'arachide une très bonne huile à manger. Les tiges de l'arachide soit à l'état vert, soit après avoir été séchées, constituent un fourrage très riche et recherché des animaux.

Gombo. — Précieux légume, se mange cuit à l'eau salée, ou cru en salade. Il forme la base du *calalou* aux Antilles.

Igname. — Tubercules pouvant se manger à la place de pain et remplacer la pomme de terre pour beaucoup de ses usages.

Haricot pistache-voandzou. — Plante curieuse en ce sens qu'elle mûrit ses fruits sous terre comme l'arachide, se mange comme les haricots ; bouillie à l'eau, sa saveur rappelle un peu celle du pois chiche et de la noisette.

Manioc. — Dans les cultures indigènes on distingue deux sortes de maniocs : le manioc doux et le manioc amer. Le premier, plus rare que le second, peut à la rigueur être consommé sans avoir subi de préparation ; le second, au contraire, n'est utilisable que lorsqu'il a été immergé pendant plusieurs jours dans une eau courante. Cette immersion dans l'eau a pour but de débarrasser les racines du principe nuisible qu'elles contiennent (acide cyanhydrique)

Tout le monde sait que le tapioca n'est autre chose que de la farine fine de manioc granulée sur des plaques chaudes.

Les blanchisseurs indigènes emploient cette farine comme amidon pour empeser le linge.

En délayant dans l'eau de la farine grossière de manioc et en y ajoutant 10 pour 100 d'une gomme quelconque on obtient de la colle de pâte.

Une fois qu'ils ont macéré dans l'eau et qu'ils sont très secs, les tubercules de manioc coupés par tranches rondes et très minces peuvent s'apprêter comme les pommes de terre frites.

Hachées menues, les feuilles de manioc valent celles de l'épinard.

Ajoutons que la solution de rocou est le meilleur antidote à employer dans les cas d'empoisonnement par le suc vénéneux du manioc.

Oseille. — Les feuilles d'un *Rumex* et de plusieurs *Hibiscus* peuvent remplacer l'oseille lorsque ce légume fait défaut.

Ousounifing ou *Ozonifie*. — Appelée aussi « pomme de terre du Soudan » est cultivée depuis longtemps par les indigènes des régions soudaniennes. Elle se multiplie par boutures de tiges ou par tubercules. Ces derniers, assez gros, rappellent comme saveur la pomme de terre. Plante précieuse à introduire et à cultiver dans toutes nos colonies de la côte occidentale d'Afrique.

Patate. — Son tubercule, quoique un peu sucré, remplace la pomme de terre; on peut également le faire rôtir sous la cendre; il est alors moins sucré. Mangées en guise d'épinards, les feuilles constituent un excellent légume.

Pourpier. — Presque partout il existe, poussant à l'état sauvage, plusieurs sortes de pourpiers. On fait avec leurs feuilles d'excellentes salades.

Taro. — Plante cultivée par les indigènes autour des villages. Elle se reconnaît facilement par ses feuilles, très grandes, en fer de lance. La partie comestible de la plante est le tubercule. On le mange cuit à l'eau et accommodé; il constitue alors un bon mets remplaçant la pomme de terre.

Les fruits[1]. — Un certain nombre de fruits de nos vieilles colonies ont été introduits, à des époques variables, dans nos possessions de la côte d'Afrique. Cependant on ne les trouve guère en quantité appréciable que là où l'occupation est déjà ancienne. L'Européen qui peut en jouir profite de ce qu'ont fait ses devanciers dans cet ordre d'idées. Nous ne saurions donc trop encourager les nouveaux venus à multiplier, chaque fois que l'occasion s'en présentera, les arbres fruitiers qui existent déjà dans les régions où ils seront appelés à résider, et à y importer de nouvelles espèces. Ceux qui planteront ne récolteront pas toujours ce qu'ils auront semé, car les arbres fruitiers demandent en général plus de temps que les plantes dont nous avons parlé jusqu'ici, pour donner un produit; mais ils auront préparé une existence plus agréable à leurs successeurs et auront de plus la satisfaction d'avoir, pendant leur séjour colonial, fait quelque chose de réellement utile et durable.

Ceci dit, examinons quels sont les fruits qui existent à la côte occidentale d'Afrique, et voyons le parti que chacun peut en tirer.

Abricotier de Saint-Domingue. — Arbre de 15 à 20 mètres. Le fruit est une grosse baie qui peut atteindre le volume de deux poings. La pulpe qu'il renferme est jaune orangée, assez ferme, à saveur peu

---

1. Pour plus de détails voir *Traité de cultures tropicales*, par J. Dybowski.

délicate lorsqu'on la consomme crue, mais excellente lorsqu'elle est cuite. On peut en faire de très bonnes compotes.

Anacarde, pomme de Cajou. — Par corruption, pomme d'acajou. Arbre d'une dizaine de mètres très ramifié. Son fruit a la forme d'un rognon de coq. Il renferme une huile corrosive qui est employée, dans certaines colonies, pour faire disparaître les verrues et les cors aux pieds La partie comestible est l'embryon de la graine qui a un goût très fin rappelant celui de la noisette. Pour l'extraire, on fait rôtir le fruit; il éclate alors au bout de quelques moments et laisse facilement extraire l'amande.

L'embryon de la graine n'est pas la seule partie comestible. De bonne heure le pédoncule du fruit s'accroit au point de prendre la dimension d'une poire de moyenne grandeur. Il revêt une belle couleur jaune ou rose vif, suivant les variétés. La pulpe de ce pédoncule est gorgée d'un suc agréable. On peut la consommer crue ou en extraire le jus pour en faire une boisson fermentée qui est recherchée au Brésil et passe pour avoir des propriétés dépuratives.

Ananas. — Bien que l'ananas ait pu être cité parmi les plantes vivrières, nous en parlerons en énumérant les fruits, car il nous paraît pouvoir rentrer dans cette catégorie.

L'ananas, introduit depuis bien longtemps déjà à la côte d'Afrique, s'est tellement multiplié par endroits qu'on serait tenté de le croire indigène.

Son fruit est trop connu pour que nous nous étendions sur ses mérites. Nous nous contenterons de dire que, là où il est abondant, il peut fournir par la distillation une eau-de-vie de très bonne qualité. Écrasé, il donne un vin-liqueur exquis.

Cocotier. — Palmier précieux, pousse de préférence au voisinage de la mer; dans l'intérieur des terres il vient, mais moins bien. Il se multiplie par ses noix que l'on met en terre lorsqu'elles sont bien sèches, la pointe en bas, et au commencement de la saison des pluies. Elles germent au bout de quatre à cinq mois. On peut planter les plants à un an et à 8 mètres de distance. Quand même l'on n'aurait pas en vue la production du coprah, les noix de coco pourront rendre des services pour l'alimentation des travailleurs indigènes. Le cocotier, dans de bonnes conditions, peut commencer à fructifier vers l'âge de six ans. A 10 ans, chaque palmier donne de 60 à 80 noix par an.

Corossol. — Espèce d'anone dont les fruits sont de grosses baies allongées, couvertes de pointes molles, inclinées vers la base. Sous l'enveloppe du fruit on trouve une pulpe abondante, d'un blanc pur, à consistance crémeuse. Elle est parfumée, douce en même temps qu'aigrelette, et considérée habituellement comme très agréable.

Pomme cannelle. — Cette espèce donne un fruit de la grosseur du poing. Il a l'aspect d'une petite pomme de pin. Sa surface est en effet couverte d'écailles imbriquées régulièrement. A l'intérieur du fruit se trouve une chair molle, sucrée, parfumée, et de saveur agréable. Fermenté, le fruit donne une boisson aromatique.

Cœur-de-bœuf. — Espèce voisine de la précédente. Son fruit est ovale, presque lisse, et renferme une pulpe très sucrée.

Arbre à pain. — Grand arbre à feuilles incisées. A l'intérieur, le fruit contient une masse blanche, sans graines. On mange les fruits cuits au four; ils ont alors le goût de la mie de pain.

Arbre à pain châtaigne. — Arbre appartenant à la même espèce que le précédent, mais son fruit renferme des graines. Ce sont ces graines que l'on consomme, après les avoir fait cuire à l'eau comme les châtaignes.

Jacquier. — Arbre à pain à feuilles entières. La partie comestible dans le fruit de cette espèce est la chair qui entoure les graines. Malgré son goût particulier, qui ne plaît pas toujours, la première fois, cette chair constitue un bon dessert lorsqu'on l'a apprêtée quelques heures avant le repas, avec un peu de cognac ou du vin blanc.

Avocatier. — Arbre commun à la côte d'Afrique. Son fruit a généralement la forme d'une grosse poire, plus ou moins allongée, suivant les variétés. On en trouve à fruits verts et d'autres à fruits rouge sombre ou violacé. Près de la peau, la chair est verdâtre ; au centre, elle est jaunâtre. Elle a la consistance du beurre et un goût de noisette ou d'amande fraîche. On la consomme surtout comme hors-d'œuvre assaisonné de sel et de poivre. Le noyau écrasé dans l'eau donne une encre à marquer le linge qui résiste à toutes les lessives.

Bananier. — Il en existe de nombreuses variétés qui entrent soit dans la catégorie des bananes à gros fruits, lesquels sont surtout consommés à l'état cuit, soit dans la catégorie des bananes à dessert.

Les variétés à gros fruits sont connues sous les noms de banane plantain, banane cochon. On les reconnaît aisément par leurs fruits de très grande dimension qui, au lieu d'être inclinés vers le bas du régime, sont arqués et ont leur pointe dirigée vers la naissance du régime. Les missionnaires extraient de la banane plantain une eau-de-vie de bonne qualité.

Les variétés de bananes à dessert ne sont pas aussi communes, par les indigènes les apprécient peu. Les Européens feront donc bien de s'en procurer quelques œilletons des meilleures sortes, et de les planter à proximité de leur habitation, dans un sol riche et bien fumé avec des engrais domestiques. Au bout de huit à dix mois, on pourra déjà récolter des régimes.

Cerisier de Cayenne. — Arbuste de 2 à 3 mètres de hauteur toujours buissonnant. Son fruit est une baie d'un rouge vif, de la grosseur d'une cerise, relevée de petites côtes anguleuses. La chair est acidulée et aromatique, mais meilleure, quand le fruit est bien mûr, qu'au moment où il commence à rougir.

Citronnier. — On trouve partout en Afrique, près des villages ou emplacements d'anciens villages, des citronniers à petits fruits acides. Ces fruits sont précieux pour fabriquer des limonades et pour accompagner certains mets tels que le poisson.

Eugénia pomme-rose. — Arbre produisant un fruit de la grosseur d'une prune, d'un blanc jaunâtre. Sa pulpe un peu cotonneuse a un goût de rose assez prononcé.

Goyavier. — Arbre d'introduction qui s'est presque naturalisé dans certaines colonies de la côte d'Afrique.

Les principales espèces sont : la goyave pomme, à fruit rond et à chair rouge ; la goyave poire, à fruit piriforme et à chair blanche ; la goyave fraise à chair rappelant la fraise, surtout lorsqu'elle est un peu mûre.

Les fruits des goyaviers sont astringents avant la maturité et légèrement laxatifs après. Les graines osseuses et dures ne sont pas digérées par les animaux qui les répandent ainsi partout dans la brousse.

On fait avec les goyaves des confitures aromatiques, de fines gelées et un alcool exquis ; les bourgeons de la plante sont employés en infusion contre la dysenterie.

Manguier. — Comme le goyavier, le manguier s'est tellement multiplié à la côte d'Afrique que l'on serait tenté de le croire indigène. On trouve parfois des manguiers venus par hasard et donnant des fruits de bonne qualité, mais à chair très fibreuse et de saveur térébenthinée. Il y aura intérêt, chaque fois qu'on le pourra, à se procurer, dans les différents jardins d'essai, quelques variétés de mangues greffées telles que : la mangue Julie, la mangue divine, la Reine-Amélie, etc. Le manguier est précieux comme arbre d'avenue. Avec son fruit on fait des confitures, des gelées et des compotes.

Par distillation, la mangue fournit aussi, mais en quantité relativement faible, une eau-de-vie de bonne qualité.

Oranger. — Est cultivé depuis longtemps dans nos colonies africaines. Les fruits de ces orangers ne sont pas comme ceux d'Europe, jaunes à maturité ; ils restent verts. Cette différence dans la couleur d'un même fruit, cultivé sous des climats différents, doit tenir, selon nous, à un manque de lumière et aussi à l'humidité abondante qui règne.

Pachira, châtaignier de la Guyane. — Arbre introduit depuis une quinzaine d'années. La partie comestible est la graine qui tombe sur le sol lorsque le fruit s'ouvre. Cette graine, à l'état frais, rappelle, comme saveur, celle de la noisette.

Papayer. — Petit arbre extrêmement commun. Les pieds femelles, facilement reconnaissables lorsqu'ils sont en fleurs, seuls portent des fruits. Il suffit dans un jardin d'avoir un papayer mâle pour plusieurs pieds femelles. La partie comestible du fruit est la pulpe jaune qui est parfumée, sucrée, et d'une saveur agréable. Les personnes ayant des digestions pénibles feront bien de manger souvent de la papaye comme dessert. Ajoutons que les feuilles, et surtout le lait qui coule des blessures faites aux fruits verts, ont la propriété de ramollir les viandes les plus coriaces.

Passiflore. — Plus connue sous le nom de *Barbadine*, est une plante grimpante dont on peut faire des tonnelles.

La partie comestible est constituée par le mucilage aromatique qui entoure les graines. C'est cette partie que l'on mange soit seule, soit au vin sucré, ou au rhum. Avec la coque du fruit, on fait des compotes.

Sapotillier. — Arbre à multiplier chaque fois que l'occasion s'en présentera. La sapotille peut être considérée à juste titre comme un bon fruit des colonies. Le sapotillier existe et fructifie depuis longtemps au Gabon. Le Jardin d'Essai de Libreville en a envoyé des plants dans les différentes colonies de la côte d'Afrique.

Aliments légers. — On trouve en Afrique comme aliments légers, le lait de vache ou de chèvre, les œufs de poule ou de pintade, à peu près dans toutes les régions, sauf la Grande forêt.

Vivres conservés. — *Conservation des aliments.* — Divers procédés ont été employés pour conserver les aliments, mais presque tous leur font subir des modifications importantes et parfois désagréables.

1° *Congélation* ou conservation par le froid, de la viande, œufs, légumes, fruits. C'est le seul procédé qui ne dénature pas les aliments, mais il faut les consommer dès qu'ils ont été retirés des glacières.

2° *Dessiccation.* — On dessèche la viande en l'exposant au soleil après l'avoir coupée en lanières, — certains peuples la trempent préalablement dans la saumure ou l'enfument au feu de bois. — Par la compression à la presse hydraulique on obtient un produit similaire. — Le pemmican n'est autre chose que de la pulpe de viande desséchée et pulvérisée : 1000 gr. de pemmican équivalent à 2500 gr. de viande fraîche.

La farine de viande de Hassal se compose de : viande pulvérisée à froid 88, arrow-root 8, sucre 2,5, sel 2 et de quelques condiments.

La dessiccation s'applique aux céréales, aux légumes et aux graines. Les légumes et les fruits comprimés de Prévet sont préparés de la sorte. On a essayé de fabriquer des aliments concentrés desséchés : saucissons de pois (Erbsvurst), comprimés de viande et de farine de maïs (Tasajo), mais qui ne parviennent pas à réaliser l'aliment complet, et causent parfois des diarrhées toxiques.

3° Le fumage se base sur la destruction des germes par la créosote contenue dans la fumée de bois. Le fumage est facilité par une petite salaison préalable.

4° L'enrobement consiste à isoler les aliments dans un corps imperméable à l'air, de préférence la graisse, la gélatine ou l'albumine coagulée. — Les fruits enrobés dans du sirop de sucre forment les différentes confitures.

5° La salaison, très employée pour les viandes de bœuf, de porc, et les poissons. — Il faut rejeter les salaisons qui présentent à leur surface un champignon rose spécial à ces sortes de conserves.

6° La stérilisation qui se fait soit par triple ébullition à 100° à trois jours d'intervalle, soit par ébullition sous pression à 110° (procédé Appert) ou à 108° avec détente brusque de vapeur (procédé Martin de Lignac). On prépare de la sorte la plupart des conserves alimentaires en usage courant : viandes, poissons, légumes, lait, etc.

La stérilisation s'accompagne souvent de concentration, comme pour le lait, les extraits de viande, les diverses sauces apprêtées, etc.

Coloration des aliments. — On recolore les légumes que la cuisson fait blanchir en y incorporant des sels de cuivre plus ou moins toxiques ou un excès de chlorophylle d'ortie ou d'épinard qui leur donnent une saveur désagréable. Nous conseillons de s'abstenir dans les pays chauds de tous légumes reverdis, et de ne consommer que ceux qui sont dits « au naturel ».

Les confitures, sucres, bonbons, se colorent avec des substances organiques généralement inoffensives. Toutes les couleurs dérivées de la fuchsine, des goudrons de houille, tous les sels de plomb ou d'arsenic sont formellement prohibés et n'ont guère été employés qu'en Allemagne ou en Angleterre.

Principales conserves utilisées en Afrique. — *Viandes* : bœuf bouilli, en daube, à la tomate, corned-beef, boudins, choucroute garnie, confits d'oie, de canard, de dinde, pâtés de foies gras truffés, fricandeau à l'oseille, galantines de volaille, gras-double accommodé, jambon d'York, langue fourrée, mortadelle, pieds de porc truffés, rillettes, saucisses, saucisson, tripes à la mode de Caen, veau braisé.

Poissons. — Filets de hareng à l'huile, homard, lamproie, maquereau, brandade de morue, rouget, sardines, saumon, thon, anchois.

Légumes. — Artichauts, asperges, carottes, cèpes, champignons, choux, haricots verts, flageolets, oseille, petits pois extra-fins, tomate, truffes, légumes comprimés.

Desserts. — Crème renversée, confitures diverses (abricots, cerises, coings, fraises, groseilles, pêches, poires, pommes, prunes), fruits comprimés de Prevet (pommes, poires, prunes, abricots), plum-pudding, fruits au jus, fromages divers (imitation Hollande, fromages « du chasseur »), gaufrettes et biscuits de toutes sortes (Lefèvre-Utile, Pernot, Palmers, etc.).

Divers. — Potages à la minute, bouillons concentrés, bouillons en tubes, bouillon du docteur, liebigs, extrait de viande, chocolat, cacaos, laits concentrés salés ou sucrés, laits stérilisés, cacao au lait, bonbons divers, pâtes alimentaires, tapioca, semoule, potages « presto », assaisonnements pour corser les sauces, sauces diverses (chevreuil, espagnole, purée de gibier, veloutée, genevoise, normande, etc.), fruits au vinaigre (pickles, achards, cornichons, câpres, olives, beurre des Pyrénées, saindoux, huile d'olive, vinaigre, épices diverses (poivre, carry, moutarde, etc.), légumes secs (haricots, pois cassés, lentilles), fruits secs (raisins, dattes, figues, amandes, noisettes, pommes tapées, etc.).

Soins à donner aux conserves. — Toutes ces conserves sont en général enfermées dans des boîtes en fer-blanc soudées. Quelques-unes de ces boîtes sont munies d'un réchaud à alcool qui permet de les utiliser en l'absence de tout combustible. D'autres, comme les confitures ou les choucroutes sont enfermées dans des vases en verre qui, après consommation du contenu, se transforment en verres de table. Pour se servir des conserves, il faut les réchauffer au bain-marie ; une instruction assez claire se trouve ordinairement inscrite sur la boîte, nous conseillons de toujours s'y conformer.

Une boîte est avariée lorsque le métal rouillé est perforé en un point quelconque ou lorsque les deux faces sont bombées et ne cèdent pas sous la pression des doigts. En ce cas, il faut toujours rejeter ces boîtes, car les intoxications provoquées par leurs ptomaïnes sont très graves.

Les domestiques indigènes se servent souvent de vieilles boîtes de conserves vides, en particulier des boîtes de corned-beef, pour faire la cuisine et économiser d'autant leurs casseroles. C'est une habitude qui peut avoir de sérieux inconvénients, par suite du plomb contenu dans les soudures et l'étamage.

Quelques recettes utiles. — La variété et l'agrément des préparations culinaires viennent surtout de la connaissance qu'on a des diverses sauces. Nous croyons utile de donner sommairement leur composition.

1° *Roux.* — Presque toutes les sauces dérivent d'un roux. On met dans la poêle 125 gr. de beurre, on fait fondre. On ajoute 4 à 5 cuillerées de farine, on délaye sans former de grumeaux, puis on verse du bouillon ou de l'eau en quantité voulue. Si on met la farine au moment où le beurre vient de fondre, on a un *roux blanc*; si l'on attend que le beurre ait un peu foncé par l'ébullition, on a un *roux blond*; enfin, si l'on laisse roussir complètement le beurre, on a un *roux foncé*. Le roux est la base de presque toute la cuisine.

2° *Sauce brune ou espagnole.* — Mouiller un roux blond avec du bouillon de viande bien épicé. Ajouter de la gelée de jus de viande. Faire réduire par l'ébullition, écumer, et, lorsque la sauce froidit, y laisser tomber quelques petits morceaux de beurre. Le bouillon peut être préparé avec toutes sortes de viandes et on peut y ajouter 2 cuillerées de vin blanc.

3° *Sauce blanche ou veloutée.* — Faire un roux blanc avec un bouillon de volaille parfumé au bouquet garni (thym, laurier, estragon, clou de girofle, oignon, etc.). Laisser cuire une heure à feu doux.

4° *Sauce allemande.* — On ajoute à la sauce blanche, avant qu'elle ne soit tout à fait cuite, 5 ou 6 jaunes d'œuf délayés avec du jus de citron.

5° *Sauce béchamel.* — Se prépare en ajoutant à une sauce veloutée quelques cuillerées de bonne crème de lait.

6° *Sauce béarnaise.* — Faire réduire sur le feu dans un peu de vinaigre carottes, oignons, thym, laurier. Ajouter 250 gr. de beurre, tourner lentement sans laisser bouillir; ajouter 5 à 6 jaunes d'œuf, continuer à mêler jusqu'à ce que le mélange soit bien homogène et servir.

7° *Duxelle.* — Sert pour aubergines au gratin, artichauts, choux palmistes, etc. Faire un roux blond à l'huile et 50 gr. de beurre, ajouter oignons et échalotes, puis 250 gr. de champignons hachés fin. Saler, poivrer, mouiller avec un peu d'eau et de jus de viande, épaissir par l'ébullition.

8° *Sauce hollandaise.* — Prendre 5 ou 6 jaunes d'œuf, un demi-verre d'eau, et fouetter vivement au bain-marie. Éviter de laisser bouillir. Ajouter 250 gr. de beurre, du jus de citron, du sel et servir après avoir passé au tamis.

9° *Sauce Soubise.* — Blanchir à l'eau bouillante quelques petits oignons, puis verser dans une casserole avec 125 grammes de beurre. Placer le tout sur feu doux en évitant de faire roussir les oignons. Ajouter en remuant 2 cuillerées de farine et 5 ou 6 cuillerées de crème de lait, tourner soigneusement et terminer en additionnant d'une cuillerée de sucre en poudre.

10° *Sauce piquante.* — Faire un roux d'échalotes. — Mouiller avec du bouillon gras. Ajouter des cornichons finement hachés et une cuillerée de vinaigre.

11° *Sauce tomate.* — Laver les tomates, les couper en quatre, les faire cuire avec du sel et du poivre, passer au tamis, faire un petit roux blond, mouiller avec la pulpe des tomates. Ajouter si l'on veut un peu de bouillon ou de jus de viande.

12° *Sauce provençale.* — Faire sauter et revenir dans 2 ou 3 cuillerées d'huile des échalotes, de l'ail, des champignons. Ajouter une cuillerée de farine, mouiller avec du bouillon et du vin blanc, saler, poivrer, épicer.

13° *Daube.* — Entourer la viande de bandes de lard, ajouter sel, poivre, épices, bouquet, oignons, carottes. Arroser d'un verre de vin blanc et un demi-verre d'eau-de-vie. Mouiller au bouillon. Faire cuire à l'étouffée pendant trois heures.

14° *Pot-au-feu.* — Plonger 400 gr. de viande de bœuf dans 1 litre d'eau légèrement salée. Faire cuire, écumer. Ajouter carotte, chou rave, poireau, céleri. Si l'on veut du bouillon léger, quatre heures de cuisson suffisent, et la viande est encore utilisable. Pour avoir du bouillon fort, six heures sont nécessaires, mais la viande est complètement épuisée.

Pour conserver du bouillon de viande, il faut le faire bouillir chaque jour pendant quelques instants.

15° *Potage Chantilly.* — Faire cuire des lentilles dans l'eau salée, en faire une purée que l'on délaye avec du bouillon et un morceau de beurre. Servir avec des petits croûtons frits.

16° *Potage purée Crécy.* — Faire revenir au beurre des tranches de carotte avec un peu de sucre en poudre, 2 oignons, 2 navets, 2 poireaux et du céleri. Mouiller au bouillon gras, faire cuire 1 heure et demie. Passer et ajouter un peu de riz blanchi cuit dans le bouillon avant de servir.

17° *Potage à l'Artois.* — Se fait de même manière avec des pois verts.

18° *Potage Bretonne.* — Même recette avec des navets.

19° *Potage Condé.* — Même recette avec des haricots rouges.

20° *Potage jauni.* — Faire un roux blanc à l'oignon, mouiller avec de l'eau, faire bouillir avec du pain pendant 15 à 20 minutes, puis ajouter 1 ou 2 jaunes d'œuf délayés dans du vinaigre, y laisser tomber les blancs et au bout de 5 à 6 minutes servir.

21° *Salade soudanaise.* — Faire cuire à l'eau patates douces ou ignames, betteraves rouges, navets, haricots guébés, œufs, puis couper en petits morceaux, ajouter un peu de salade verte, du blanc de volaille, de la langue de bœuf, ail, oignon, huile et vinaigre, puis au moment de servir recouvrir d'une sauce mayonnaise.

22° *Potage aux bananes.* — Ajouter à un potage gras ou à une soupe d'oignon quelques bananes dites « cochon », les écraser en purée avant de servir, épicer fortement.

23° *Civet et salmis.* — Dans un roux blanc faire revenir du lard, ajouter le gibier découpé, quelques oignons et des champignons. Mouiller avec du bouillon gras et du vin rouge, jeter bouquet garni, sel et poivre. Triturer le foie avec un peu d'eau vinaigrée, mêler au sang puis verser dans civet. Laisser cuire 4 heures. Le salmis se fait de façon identique, mais avec du vin blanc et s'aromatise avec de l'ail, échalotes, thym.

24° *Poulets.* — Les principales sauces sont : poulet au riz et au carry, poulet rôti froid, poulet sauté à l'oignon, poulet farci, poulet chasseur, etc., etc.

Poulet au blanc. — Faire fondre du beurre, ajouter de la farine, mouiller avec du bouillon ou de l'eau, lier d'un jaune d'œuf vinaigré, ajouter des champignons, quelques oignons, des patates douces, servir avec des tranches de citron. (On peut mettre dans la sauce des racines de petits papayers cuites à l'eau.)

Poulet au sang. — Recueillir le sang de la poule, le battre avec un filet de vinaigre et l'ajouter au poulet à la fin de la cuisson qui s'est faite à l'étuvée.

Poulet sauté au chou palmiste. — Faire cuire à l'eau le chou palmiste puis l'ajouter au poulet à peu près cuit et lier avec une sauce à l'espagnole. *Poulet sauce tomate. Poulet sauté à l'huile de palme,* avec du riz ou du sorgho cuits à l'eau. *Beignets ou croquettes,* faits avec les restes de poulet rôti, se servent avec une sauce à la tomate.

Kouskoussou. — Bouillir du riz avec une poule découpée en petits morceaux ; ajouter poivre, sel, piment, laurier, oignon. Préparer de la même manière avec des haricots, des légumes variés (hochepot), des choux ou des petits pois.

25° *Pâte à frire.* — Dans 400 gr. de farine, ajouter 2 cuillerées d'huile, 60 gr. de beurre, 1 pincée de sel ; faire fondre le sel et le beurre dans un peu d'eau tiède, former une pâte du tout, en la maintenant assez épaisse pour qu'elle file en tombant de la cuillère. Ajouter deux blancs d'œuf battus en neige; pour beignets on supprime le sel et on ajoute 3 jaunes d'œuf. Cette pâte est plus légère lorsqu'on la prépare la veille au soir; avec cette pâte on peut faire des beignets de viande, de bananes, d'ignames, etc.

26° *Crème*. — On prend 6 jaunes d'œuf et 3 blancs, 125 gr. de sucre en poudre, on mêle bien, on ajoute un demi-litre de lait, on fait cuire au bain-marie; une fois bien cuit, on saupoudre la surface de sucre et on glace en passant au-dessus une pelle rougie au feu; on aromatise les crèmes avec du café, chocolat, citron, vanille, céleri, orange, pistaches; on peut même se passer de lait en augmentant la quantité de sucre (250 gr.) et en ajoutant un demi-verre à liqueur de rhum.

27° *Crêpes*. — La pâte des crêpes se fait comme la pâte à frire, mais on ajoute du lait jusqu'à consistance liquide et on laisse reposer 3 heures avant de s'en servir.

28° *Gâteau de Savoie*. — Prendre 5 jaunes d'œuf, les mettre dans un saladier avec 250 gr. de sucre et un zeste de citron; bien remuer, ajouter 125 gr. de fécule ou farine, fouetter les blancs en neige et les incorporer, verser dans un moule bien beurré, saupoudrer de sucre et cuire au four.

29° *Pâte à meringue*. — Battre en neige 5 blancs d'œuf, y ajouter 5 cuillerées à bouche de sucre en poudre, puis saupoudrer de sucre un papier blanc, verser dessus la neige obtenue en formant des petits tas séparés, cuire au four à feu très doux, pendant deux heures; on incorpore au sucre du chocolat, des fruits, des arachides râpées, etc., etc.

30° *Compotes et confitures*. — On peut en Afrique préparer des compotes ou confitures de goyaves, papayes, ananas, bananes, etc., etc. La compote s'obtient en faisant cuire le fruit découpé dans 125 gr. d'eau et 35 gr. de sucre et en aromatisant avec une cuillerée à café de kirsch ou tafia. La confiture exige à peu près autant de sucre que de fruit et une cuisson plus longue, jusqu'à consistance de pâte. On laisse refroidir dans des pots et on recouvre d'un papier blanc imprégné de rhum.

Utilisation de quelques produits indigènes. — *Huile*. — On remplace l'huile d'olive par l'huile d'arachide ou l'huile de palme. Cette dernière est laxative.

Graisse. — On remplace le saindoux de France par les graisses de bœuf et de mouton ou par le beurre de Karité ou de Galam. Pour atténuer son odeur, il faut le faire fondre, et, lorsqu'il bout, y projeter de l'eau froide qui dissout les produits volatils aromatiques. Le beurre de Karité coûte dans les pays de production de 0^{fr}.20 à 0^{fr}.25 le kg.

Sucre. — En guise de sucre, on trouvera à peu près partout du miel indigène assez bien préparé. Dans les régions de la Grande Forêt où pousse la canne à sucre, on pourra en recueillant le jus de ces plantes obtenir un sirop assez sucrant.

Vinaigre. — On supplée à l'absence de vinaigre en en fabriquant à l'aide de papayes, dont on écrase la pulpe que l'on laisse fermenter en vase clos pendant six à huit jours, puis on filtre et on clarifie au blanc d'œuf; on peut opérer de même avec des bananes douces très mûres.

Farine. — On remplace la farine de blé par celle de maïs, mil, sorgho, riz, manioc ou bananes plantain, mais on ne peut les faire lever.

Levain. — On n'a presque jamais de levain en Afrique; on utilise du vinaigre de vin pour en faire, ou bien on pétrit la pâte avec de l'eau de palmier (bangui ou bambou), cueillie du matin même et en pleine fermentation. Ce vin de palme donne du pain bien levé, très léger et agréable au goût.

Conservation des œufs, du lait, du beurre. — Les œufs se conservent plongés dans du sable humide, de l'huile, du beurre de Karité fondu ou de l'eau de chaux; le lait s'additionne de 2 ou 3 gr. de bicarbonate de soude par litre; le beurre se recouvre complètement d'eau fortement salée, et, s'il devient rance, on le pétrit dans de l'eau additionnée de bicarbonate de soude.

Four de campagne. — En cours de route, on improvise des fours de campagne en creusant un trou dans une ancienne termitière ou en enfonçant dans un talus et en recouvrant de terre battue un grand vase indigène nommé « canarie »; enfin, si l'on veut posséder pour quelques jours un four plus vaste, on creuse une tranchée de 0m.50 de large, de 2 à 3 m. de longueur et de 1 m. de profondeur d'un côté, remontant obliquement à la surface du sol. Dans la paroi verticale, on ménage une cavité où l'on fait une cheminée d'appel, puis on allume un premier feu doux qui a pour but de durcir et cuire la terre. Après quoi on bouche la cheminée d'appel et on utilise le four. Il est utile de le recouvrir d'une légère paillote.

Verres de table improvisés. — On utilise fréquemment comme verres de table les pots de confiture Danouville, de choucroute de Strasbourg. On scie les fonds des bouteilles plates et blanches de vinaigre d'Orléans.

Pour cela, il suffit d'échauffer la bouteille avec un cordelet très dur, puis de projeter de l'eau froide sur la ligne de frottement, ou bien on remplit jusqu'à la hauteur voulue la bouteille d'eau froide, on y verse une légère nappe d'huile, puis on plonge vivement dans l'eau une tige de fer ou une baïonnette rougie au feu. Le verre se fend au niveau de la surface de l'eau.

PRIX MOYENS DES DIVERSES DENRÉES

OBJETS	QUANTITÉ	SÉNÉGAL	MOYEN-NIGER	HAUTE-GUINÉE	B^{ie} COTE D'IVOIRE	DAHOMEY	TCHAD
		Fr.	Fr.	Fr.	Fr.	Fr.	Fr.
Bœuf	1	140 »	90 »	110 »	150 »	»	49 »
Mouton	1	8 »	10 »	12 »	15 »	5 »	5 »
Chèvre	1	5 »	8 »	5 »	4 »	5 »	5 »
Poulet	1	1 »	» 50	» 50	» 50	1 »	» 50 » 30
Œufs	12	» 60	» 50	» 50	1 »	» 60	» 30
Lait	1 litre	» 50	» 25	» 25	» 50	»	» 15
Riz	1 kil.	»	» 10	» 30	» 50	»	» 15
Maïs	1 kil.	»	» 20	20 »	» 20	»	» 10
Ignames	1 kil.	»	»	»	» 10	» 10	»
Bananes	1 régime	»	»	»	» 10	» 10	»
Sel	1 kil.	» 40	1 »	1 »	2 »	1 50	1 »
Karité	1 kil.	» 25	» 50	» 40	1 »	»	»
Huile de palme	1 litre	»	»	»	» 25	» 20	»
Poisson	1 kil.	» 10	» 20	» 20	» 50	» 20	» 10
Canaries	1 de 5 litres	»	» 50	» 50	1 »	» 70	» 50

A) **Boissons européennes.** — *Vin*. — Le vin fait partie de la ration des officiers ou fonctionnaires dans les pays en campagne : ils en reçoivent 50 centilitres par jour. Ces vins de ration, généralement très bons, sont des vins de Bordeaux, titrant 11°, les principales marques sont Calvet, Eschenauer, Garros.

Le vin que l'on trouve dans le commerce est parfois assez bon, malheureusement son prix très élevé en rend l'usage difficile.

Le vin se transporte en litres, bouteilles, dames-jeannes de 20 litres, ou barriques doubles cerclées de 50 litres. On fabrique aussi aujourd'hui des tonnelets à vin à fermeture hermétique en tôle de fer de contenance variable 20, 50 ou 60 litres et pouvant se fixer à dos de chameau ou de mulet.

En dehors des vins de table généralement rouges, nous conseillons d'emporter toujours une ou deux caisses de bon vin blanc sec, pour les jours d'indispositions légères.

Les vins de Champagne ou les vins mousseux rendent les plus grands services quand on en fait un usage bien compris.

Les vins sucrés et de dessert, Banyuls, Malaga, etc., nous semblent inutiles en Afrique.

Bière. — Les bières que l'on importe en Afrique sont généralement très mauvaises : elles sont ou alcoolisées ou fortement strychnées ; dans les deux cas, nuisibles.

Cidre. — On n'en fait qu'une très faible consommation, dans les villes du littoral et plus spécialement on use de cidres mousseux.

Limonades. — On en boit beaucoup, mais nous conseillons de ne pas s'y habituer ; toutes les boissons gazeuses, dont on est trop porté à abuser, provoquent rapidement des troubles dyspeptiques.

Alcools divers. — Nous comprenons qu'en des circonstances déterminées, après une fatigue prolongée, par exemple, on fasse usage d'un excitant tel que bon rhum, cognac, chartreuse, bénédictine, etc., etc. Mais nous voudrions voir proscrire de la façon la plus rigoureuse toutes les liqueurs ou tous les vins dits apéritifs et que l'on ingère avant les repas.

L'alcool est la cause première de la morbidité des Européens, car son usage constant ou immodéré prédispose ou fait naître les lésions les plus graves du foie, des reins, du cœur et prépare un terrain d'inoculation facile à toutes les maladies infectieuses, fièvre jaune, paludisme, tuberculose, syphilis, filariose, lèpre, etc., etc.

Eaux minérales. — Beaucoup d'Européens font usage d'eaux minérales : les plus usitées sont celles de Vichy (source Saint-Yorre, Célestins, État, etc.), de Saint-Galmier, etc., etc.

Boissons aromatiques. — Café, thé, rendent les plus grands services.

B) **Boissons indigènes.** — A défaut de boissons européennes, on trouvera des boissons indigènes agréables.

1° *Dolo* ou bière de maïs, que tous les bambaras savent fabriquer ; il faut le boire au 4° ou 5° jour de sa fermentation. Son usage constant fatigue assez vite par suite de l'impureté de ce breuvage.

Le dolo se fait aussi avec du riz et du mil.

2° *Vins de palme.* — Banghi, bambou, c'est la sève du palmier d'eau, à huile ou rônier. Pour la retirer, on coupe l'arbre. Le bangui doit se boire très frais, car sa fermentation est très acide : c'est un diurétique puissant.

C) **Recettes pour la fabrication de quelques boissons.** — Il est facile de composer un certain nombre de breuvages qui seront :

1° *Vins de raisins secs.* — Laisser infuser dans 25 litres d'eau.

12 kg de raisins secs, ajouter 5 kg de sucre, laisser macérer 12 jours, malaxer, presser, ajouter au liquide obtenu 550 gr de tartrate de potasse pulvérisé. Dès que la fermentation est terminée, soutirer.

On peut diminuer la quantité de raisins secs, mais il faut compenser en ajoutant un peu d'alcool.

2° *Vins d'oranges*. — On coupe des oranges mûres, on extrait tout leur jus. On ajoute 1 kg de sucre pour 4 litres de liquide. On laisse fermenter en vase clos, on filtre.

3° *Hydromel*. — Mêler 600 gr de miel pour 1 litre d'eau, faire dissoudre, ajouter 200 gr. de tafia, exposer au soleil pendant 15 jours, filtrer, mettre en bouteilles, s'améliore en vieillissant.

4° *Cidre de pommes tapées*.

Eau.	50 litres
Pommes tapées.	1 kgr 500
Raisins secs	1 kgr
Cassonade.	1 kgr
Grains de genièvre	150 gr.

Laisser infuser 3 jours, clarifier, laisser déposer 8 jours, mettre en bouteilles.

5° *Cidre de bananes*. — Couper les bananes pelées en rondelles minces, remplir un canari de 1/3 de bananes, 2/3 d'eau, laisser macérer et fermenter, pendant 24 heures, parfumer avec du jus de citron, et boire immédiatement.

6° *Cidre d'ananas*. — Exprimer le jus d'un certain nombre d'ananas mûrs, le placer dans des vases non bouchés, laisser fermenter 12 heures, mettre en bouteilles, ficeler, boire après 24 heures de bouteille, très mousseux.

7° *Bière d'éleusine ou mlengé*. — S'obtient par ébullition et décantation des graines fermentées. On prépare de même de la bière de corossol.

8° *Bière de manioc*. — Se fabrique comme le dolo de maïs par les indigènes de la forêt.

9° *Boissons aromatiques*. — A) Café de kola, se fait comme le café ordinaire après avoir fait torréfier les fragments de noix de kola bien sèches. — B) Café d'arachides torréfiées, de gombo, de riz blanc torréfiés. — C) Thé indigène, se fait avec une herbe nommée en bambara « kani »; c'est probablement le kinkeliba ou combretum micranthum.

10° *Boissons rafraîchissantes*. — A) Eau de coco, se retire de la noix de coco avant qu'elle ne soit sèche. — B) Citronnade ou orangeade, se font comme en France en exprimant le jus de ces fruits

ALIMENTATION.

dans de l'eau sucrée. — C) Ananas à la créole, mélanger du jus d'ananas avec du lait sucré. — D) Tisane de neré ou neté, se fait en faisant bouillir la pulpe sucrée jaune qui entoure les graines dans la gousse. On obtient de la même façon des tisanes de baobab (faites avec le pain de singe), tisane de tamarin (à la dose de 15 à 30 gr. par litre seulement).

Ces boissons sont toutes très diurétiques et assez agréables.

D) Boissons artificielles. — On peut enfin fabriquer artificiellement en Afrique diverses boissons :

1° Limonades gazeuses à parfums divers, avec les appareils gazogènes « sparklet » à acide carbonique liquéfié.

2° Eaux minérales, avec des sels comprimés en pastilles dosées, effervescentes ou non.

3° Eaux gazeuses par le mélange de bicarbonate de soude 5 gr., et d'acide citrique ou tartrique 2 gr.

4° Des boissons rafraîchissantes avec des poudres diverses vendues dans le commerce sous le nom de « coco ».

Nous croyons qu'un emploi judicieux de ces produits peut rendre les plus grands services, surtout le sparklet, qui peut permettre de rendre mousseux des vins, liqueurs, etc., etc., et peut par cela même répondre à des indications thérapeutiques.

Eau potable. — *La meilleure et la plus saine de toutes les boissons est l'eau pure.*

L'eau est indispensable à la vie. Aussi devient-elle très pernicieuse lorsqu'elle est souillée, car elle devient le véhicule de nombreux germes infectieux dont les plus connus sont : les bacilles de la *fièvre typhoïde*, du *choléra*, de la *dysenterie*, qu'elle introduit directement dans le tube intestinal. De plus, elle joue un rôle très important dans l'évolution cyclique de certains autres micro-organismes (tels que les *filaires*, les *hématozoaires du paludisme*, les microbes de la *fièvre jaune*), ou animaux : les *ténias*, les *sangsues*, les *moustiques*, etc., etc.

Pour qu'une eau soit bonne, il faut qu'elle contienne de l'air, des bicarbonates et des biphosphates, de l'acide carbonique et quelques microbes (au maximum 1000 par centimètre cube). Elle doit être incolore, inodore, insipide : les poissons, les mollusques et le cresson de fontaine doivent y vivre ou y pousser. — les algues qui s'y trouvent doivent être franchement vertes et non blanches. — aucune crasse ou écume ne doit flotter à sa surface.

Pour purifier l'eau et la rendre potable, il existe plusieurs procédés :

1° *Ébullition.* — L'ébullition à 100 degrés ou ébullition en vase ouvert est un procédé simple et bien connu.

2° *La distillation* ne donne qu'une eau de qualité très inférieure par suite de son manque d'air et de sels. Avant de consommer l'eau distillée, il est bon de la laisser exposée plusieurs heures au grand air.

3° *La filtration.* — L'épuration des eaux s'obtient par filtration à travers des tissus ou des matériaux de densité variable, et qui retiennent en leur épaisseur toutes les impuretés.

Les différentes matières filtrantes employées sont : A). *Le sable* fin et bien lavé. — B). *Le charbon de bois* pulvérisé. Ces deux matières se disposent dans des barriques à fond percé de trous et par couches successives. Il faut, pour que la filtration soit efficace, que l'épaisseur de la masse filtrante soit de $1^m,50$ environ. — C). *Les pierres poreuses*, dites pierres des Canaries, qui servent à faire des bouteilles filtrantes de tous modèles, dites alcarazas en grès filtrant. — D). *La porcelaine dégourdie*, qui oppose une grande résistance au passage des micro-organismes et se vend dans le commerce sous le nom de bougies Chamberland, constituant un mode de filtration parfaite lorsque l'on dispose d'une certaine pression. — E). *Les agglomérés filtrants artificiels*, faits généralement de charbon végétal ou animal et de sels de chaux et d'amiante. Les filtres Buhring se rattachent à ce système. — F). *Les tissus spéciaux*, toiles d'amiante, cellulose amiantée, papiers amiantés, etc., etc., ont donné naissance aux filtres Grandjean ou Eden-filtres. — G). *Enfin certaines combinaisons*, telles que l'enveloppement d'agglomérés filtrants dans des tissus amiantés ont créé les filtres du système Maignen.

4° *La stérilisation.* — La stérilisation de l'eau s'obtient de deux façons : A). Ébullition sous pression à 120 degrés, température nécessaire pour détruire certains bacilles ou spores. — B). Oxydation chimique des matières organiques contenues dans l'eau au moyen de sels facilement décomposables, tels que le perchlorure de fer en présence du carbonate de soude, les permanganates de chaux ou de potasse, etc., etc.

5° *La clarification.* — La clarification des eaux s'obtient soit par décantations successives après exposition au soleil pendant 24 heures, au bout de 4 ou 5 décantations semblables, toutes les matières contenues en suspension se sont déposées, — soit par *l'alunage* des eaux, procédé chinois qui amène une précipitation rapide de toutes les matières en suspension, un vrai « collage » des eaux. — Pour cela faire, il suffit de brasser l'eau avec un cristal d'alun emmanché à un bambou ou de faire dissoudre dans l'eau, suivant son degré de souillure, de 0,20 à 0,50 centigrammes d'alun par litre.

Le procédé Lapeyrère, couronné par l'Académie de médecine, est constitué par une combinaison de 3 procédés : A). Stérilisation au permanganate de chaux. — B). Collage à l'alun. Ces deux opérations se font au moyen d'une seule poudre, produit composé, appelée permanganate alumino-calcaire. — D). Filtration à travers un tissu de laine ou une tourbe, préparée de façon à retenir les impuretés de l'eau et à réduire l'excès de permanganate.

Ce procédé, d'après lequel ont été construits les filtres Delsol, nous semble parfait, et il a l'immense avantage d'un gros débit sous un petit volume, ce qui, en campagne, est la qualité la plus prisée des troupes.

Divers modèles de filtres. — Tous ces différents systèmes ont donné naissance à des filtres dont les plus pratiques pour le voyageur sont : 1° le filtre-siphon filtrant de 1 à 25 litres à l'heure ; 2° filtres de voyage Grandjean ; 3° Eden-filtre colonial à tube incassable en laiton ; 4° filtre militaire de poche Buhring ; 5° filtres de poche Maignen dits : du soldat, officier, popote, escouade, etc. ; 6° filtres de voyage Chamberland à 2 ou 6 bougies ; 7° le bidon-filtre Delsol et le filtre d'escouade dit « du Soudan », débit de 45 à 120 litres à l'heure.

Tous ces systèmes ont été combinés en filtres individuels, ou arrangés en batteries, de façon à augmenter leur débit, suivant les besoins des établissements ou des particuliers.

Envois réguliers de vivres. — Nous conseillons aux coloniaux de prendre, avant leur départ de France, leurs dispositions pour qu'il leur soit envoyé régulièrement, soit par colis postaux, soit par caisses de 25 kilos, des vivres et des conserves soigneusement choisis et emballés. Le prix de port et les droits de douane resteront malgré tout inférieurs aux prix auxquels on peut se procurer ces produits à l'intérieur.

Hygiène de l'alimentation. — *Préceptes.* — L'Européen peut continuer à s'alimenter selon son habitude. Nous conseillons de proscrire l'usage de la *glace*, des *apéritifs*, des *épices*, ou des *condiments trop forts*.

Remplacer pour l'alimentation les corps gras par des sucres qui ont le même rôle nutritif.

Faire des repas à heures régulières et choisir de préférence : pour le 1er déjeuner 7 heures du matin ; 2e déjeuner 10 h. 30 ; dîner 6 h. 30.

Nous conseillons de faire usage du panka pendant les repas.

Lorsque le soir l'appétit est médiocre, prendre du bouillon de viande, 20 minutes environ avant de manger : c'est le meilleur et le plus rationnel de tous les apéritifs.

Si l'on désire prendre un vin médicamenteux, tonique, fébrifuge, amer ou autre, c'est à la fin du repas seulement qu'il faut l'ingérer.

Enfin nous recommandons de ne rien négliger dans l'apprêt et l'ordonnance des plats, car la sécrétion du suc gastrique ne se produit pas seulement sous l'influence des réflexes stomacaux, mais elle est fortement excitée par les sensations du goût et de l'odorat : *il ne suffit donc pas d'avoir des aliments, il faut encore qu'ils soient succulents.*

Appareils réfrigérants. Pour obtenir la réfrigération des liquides, boîtes de conserves, viandes, etc., le plus simple est d'avoir de la glace. On en fabrique avec des appareils Carré, Tozelli, etc., dont le fonctionnement en Afrique est très aléatoire. On peut avoir cependant de l'eau fraîche par l'usage des alcarazas, des bidons métalliques recouverts de drap mouillé et suspendus au vent, de canaries indigènes toujours poreux, et qu'on peut entourer d'un linge humide, enfin des gargoulettes bambaras.

CHAPITRE VIII

ÉQUIPEMENT COLONIAL

L'équipement colonial doit présenter les qualités suivantes : *solidité, simplicité, commodité*. — Du soin apporté à sa composition pourra dépendre en grande partie l'hygiène du corps, par suite la résistance au climat. On ne saurait donc choisir trop minutieusement son linge, ses effets, ses chaussures, etc., etc.

Linge de corps. — Tous les effets de corps, en contact direct avec la peau, doivent être amples.
Divers tissus sont utilisés :

A) *Flanelles*. — Nous conseillons de n'utiliser les flanelles que pour faire des ceintures abdominales ou de légères matinées flottantes. Son application immédiate sur la peau provoque chez beaucoup l'éruption de « bourbouilles ».

B) *Tissus divers*. — Ces tissus sont faits soit en laine, soit en coton, soit en laine et coton et sont généralement à mailles assez lâches.

C) *Tissus médicamenteux*. — Faits de fibres d'eucalyptus, de pin, de tourbes (Rasurel, Jaeger), etc., etc., qui ne nous semblent pas remplacer avantageusement le linge ordinaire dans les pays chauds, et coûtent fort cher.

D) *Tissus anglais*. — dits « cellular », sortes de filets à mailles très larges et qui se font en laine, coton ou fil.

E) *Toiles de chanvre ou de lin*. — Ce sont les toiles les plus couramment employées en France. Pour les pays chauds, nous leur reprochons leur défaut de conductibilité et leur trop facile imprégnation qui provoquent un refroidissement rapide des parties humides.

F) *Toile de coton*. — Souple et agréable, surtout dans les « satinettes » légères que l'on trouve aujourd'hui à assez bon prix.

G) *Soie écrue ou pongée*. — Tissu excellent pour les pays chauds, mais spécialement pour les effets de nuit ou d'intérieur. Pour les effets de jour, de marche, nous leur ferions le même reproche qu'aux toiles de chanvre ou de lin.

H) Enfin il existe des imitations de linge, en toile, papier ou celluloïd, qui par leur bon marché peuvent rendre de grands services.

Divers usages du linge. — 1º *Gilet de corps ou cinglet*. — Remplace avantageusement dans les pays chauds le gilet de flanelle. Le choisir de préférence sans manches.

2º *Gilet de bain*. — En tissu de coton ; nous conseillons d'en emporter un qui pourra beaucoup servir dans les régions humides pour les marches d'hivernage en terrains inondés. Choisir un gilet combinaison caleçon sans manches.

3º *Chemises*. — N'emporter que des chemises souples, sans plastrons empesés, sans cols ni manchettes. Lorsque l'on se trouve dans les villes du littoral, on en sera quitte pour mettre des plastrons faux cols et des manchettes en toile vraie ou mieux en linge monopole — que l'on brûle après usage.

Les chemises de nuit seront à col rabattu et à manches fermant assez bien.

4º *Caleçons*. — Sont moins utiles dans les pays chauds qu'en Europe, en raison de la fréquence du changement et du lavage des vêtements. Ils peuvent surtout préserver de la poussière et des puces.

5º *Chaussettes ou bas*. — Choisir de préférence des tissus de laine fine ou de vigogne.

6º *Ceintures de flanelle*. — Indispensables la nuit, peuvent être remplacées par les ceintures-bandages hygiéniques de toutes marques.

7º *Cols, faux cols et manchettes*. — A peu près inutiles en dehors des villes du littoral.

8° *Cravates.* — Plus gênantes qu'utiles.

9° *Foulards, mouchoirs de tête.* — Utiles, lorsque l'on doit coucher en plein air par des nuits fraîches.

Choix du linge. En résumé, nous diviserions ainsi notre linge :

A) *Linge de nuit.* — Chemises de flanelle, caleçons ou pyjamas, ceinture de laine, foulard. Les draps de lit seront de préférence en toile de coton.

B) *Linge de jour.* — 1° *Marche.* — Filets ou chemises en « cellular » ou satinette, caleçons, chaussettes tricotées en triple épaisseur aux talons et à l'extrémité. 2° *Repos ou sieste.* — Chemisette flottante de satinette (kékouan) avec caleçon et large pantalon bien fermé aux chevilles. Chaussettes en coton ou en fil.

En toute circonstance, éviter soigneusement de sortir au soleil, le torse nu.

Entretien du linge. — Le linge sale ne doit pas être empilé, mais suspendu dans des pièces aérées, où il perd son odeur et ne se moisit pas.

Lessive. — Pour laver le linge convenablement, il faut lui faire subir plusieurs opérations :

1° *Essangeage.* — Un premier savonnage léger à l'eau froide, avec trempage prolongé ;

2° *Coulage.* — Remplir un récipient du linge à lessiver, le recouvrir d'une forte toile sur laquelle on étend de la cendre de bois. Verser sur la cendre de l'eau progressivement plus chaude et recommencer pendant six à dix heures. On peut faire le coulage avec des lessives toutes préparées que l'on trouve dans le commerce. On peut encore au Soudan remplacer le coulage par une ébullition du linge dans une solution de :

Savon indigène noir	500 grammes
Eau chaude	20 litres
Ammoniaque	2 cuillerées

on fait bouillir deux heures environ.

3° *Savonnage et rinçage.* — Se fait à l'eau courante, à l'aide de brosses et de battoirs. La flanelle se brosse légèrement, mais ne se frotte ni ne se bat.

4° *Séchage*. — On suspend le linge à l'air ou au soleil.

5° *Azurage, ou passage au bleu*. — Pour faire sécher le linge azuré il faut l'étendre à plat.

6° *Empesage*. — Peut se faire, à défaut d'amidon, avec de l'eau de riz ou une faible solution de gomme arabique.

7° *Repassage*. — Pour dérouiller les fers à repasser, il suffit de les frotter sur de la cire d'abeilles et du sel.

Dans l'Afrique, où l'on ne peut se réapprovisionner aisément, il est très utile de veiller minutieusement au blanchissage du linge.

Taches sur le linge. — Les *taches de graisse* s'en vont généralement à la lessive. Sinon, il faut se servir de la solution :

    Benzine . . . . 20 grammes
    Chloroforme . . . . 15 —

Les *taches de vin* s'enlèvent en immergeant la partie souillée dans du lait bouillant, puis laver.

Les *taches d'encre* disparaissent en frottant avec du jus de tomate ou en enduisant la tache de beurre avant de mettre à la lessive.

Les *taches de café* se lavent avec de l'eau de savon à laquelle on ajoute un peu d'alcool.

Teintures indigènes. — Si l'on a besoin de faire teindre des effets de toile, les indigènes disposent de plusieurs couleurs : l'*indigo* et le *cachou* plus spécialement. On peut obtenir un *kaki* clair par une macération de pelures d'oignons dans de l'eau additionnée d'alun. Enfin les racines ou rhizomes de curcuma, garance et carthame, servent à obtenir des teintes *jaunes*, *rouges* et *roses*, que les cordonniers bambaras connaissent bien.

Vêtements superficiels. — Les vêtements superficiels sont les vestons, gilets, pantalons, pardessus, pèlerines.

On en change généralement plusieurs fois par jour :

Le matin et le soir on porte des vêtements de flanelle bleue ou de tissus de laine fins.

Le jour, on se sert de costumes en toile blanche, bleue ou kaki (couleur réglementaire aujourd'hui pour les troupes en campagne).

La nuit, suivant les diverses zones du Soudan, on revêt des effets de molleton ou de drap et souvent même est-on obligé de s'envelopper dans des pèlerines de drap ou dans de chauds pardessus d'hiver.

Il faut toujours être muni d'un vêtement très chaud, même pour aller dans les régions équatoriales.

Les vêtements superficiels sont en général à col droit et à boutons mobiles qui permettent le lavage fréquent. En cas de besoin, on peut, avec de la toile des Vosges ou de la bonne Guinée bleue, se faire fabriquer par les indigènes de larges pantalons flottants qui suppléent tant bien que mal à l'absence de cette partie du vêtement. Pour les vestons, il faut couper soi-même en prenant modèle sur un vieux veston déchiré fait en France.

Entretien des lainages. — On préserve les lainages de l'invasion des insectes et des mites en disposant au milieu d'eux des sachets de *naphtaline, camphre, lavande, poudre de pyrèthre ou poivre et tabac.*
Savon à détacher les lainages :

Savon blanc en copeaux . . .	70 grammes
Alcool.	55 —
Essence de térébenthine. . .	25 —
Jaunes d'œuf	2 ou 3

Mélanger intimement, puis ajouter de la poudre de magnésie, quantité suffisante jusqu'à consistance pâteuse. Utiliser comme un savon ordinaire à l'aide d'une petite brosse.
Pour rendre la flanelle irrétrécissable, il faut la laver dans un bain de savon très chaud puis la laisser tremper une demi-heure dans un second bain savonneux auquel on a ajouté une cuillerée à café d'alun.
— Rincer à l'eau tiède et laisser sécher.

Nettoyage des boutons, pièces métalliques, etc. — Pour nettoyer les parties métalliques des vêtements, boutons, ancres, plaques, pièces de monnaie, etc., etc., le procédé le plus simple et le moins connu consiste à les frotter avec une gomme à effacer l'encre en caoutchouc vulcanisé.

Métallisation des tissus. — Pour rendre les tissus impénétrables aux parasites ou aux moisissures, il suffit de les tremper pendant une heure dans un bain bouillant composé de :

Eau	10.000 gr. ou 10 litres
Sulfate de cuivre. . . .	40 —
Acide sulfurique. . . .	10 —

Cet apprêt persiste après plusieurs lavages.

III. **Tissus imperméables.** — Il est indispensable de se munir en Afrique de vêtements imperméables : ils sont de plusieurs natures :

1° *Vêtements de cuir*, dits vêtements norvégiens, en peau souple noire ou jaune, se détériorent très vite dans les régions chaudes et humides.

2° *Vêtements caoutchoutés* qui se font en forme de pèlerines, cabans, vestons, pantalons, et résistent assez bien lorsque ce sont des étoffes de toute première qualité. Les tissus caoutchoutés doubles à feuille intérieure se comportent moins bien à la chaleur que les tissus vulcanisés quadrillés.

3° *Vêtements cirés.* — Ce sont des vêtements en toile imperméabilisée par un vernissage spécial et qui sont utilisés dans la flotte sous le nom de suroît. Ils n'ont d'autre qualité que leur extrême bon marché.

4° *Vêtements imperméabilisés.* — Sont constitués par des tissus imperméabilisés chimiquement et très répandus dans le commerce sous les noms de draps de Suède, drap vosgien, drap poil de chameau. Ils sont très utiles, et très résistants: perméables à l'air et imperméables à l'eau, ils réalisent pour nous le type parfait des étoffes pour costumes de chasse, pêche, etc.

La forme de vêtement imperméable qui nous parait préférable est, soit la grande pèlerine à capuchon mobile, soit le macferlane à capuchon mobile.

Imperméabilisation des tissus. — Au cas où, loin de France, on voudrait imperméabiliser un tissu, on préparerait à chaud deux solutions.

1° Eau	1 litre 500
Alun	50 gr.
Gélatine	25 —
Savon blanc	25 —
2° Eau	1 litre 500
Acétate de plomb	50 gr.

Puis mélanger les deux solutions, les faire bouillir, laisser reposer par refroidissement, décanter avec précaution et plonger le tissu dans le liquide recueilli. Laisser égoutter sans tordre et sécher.

IV. **Couvertures**. — La couverture est le complément indispensable du vêtement colonial. Il faut de préférence se servir de couverture en laine souple que l'on peut faire imperméabiliser.

Nous conseillons de se munir en outre d'une couverture caoutchoutée qui pourra servir de bâche ou de couverture isolante pour dormir sur le sol.

On trouve à acheter en Afrique des couvertures indigènes en laine brute du Macina ou en coton tissé de Ségou, mais elles sont lourdes et peu chaudes, bonnes surtout à emporter dans ses collections.

Les couvertures de traite que l'on vend là-bas sont de qualité très inférieure et de teinture mauvaise.

V. **Coiffure**. — La coiffure joue en Afrique occidentale un grand rôle, la puissance chimique des rayons solaires y est plus intense que leur puissance calorique. *Une mauvaise coiffure est redoutable pour celui qui la porte : elle constitue un danger constant et implacable.*

Les coiffures varient suivant l'heure de la journée :

1º *La nuit :* nous conseillons la chéchia légère et sans gland, le béret en laine fine ou le bonnet de police.

2º *Le matin et le soir* jusqu'à 9 heures du matin et à partir de 5 heures du soir, on revêt les coiffures d'uniforme, képis, casquettes, chapeaux de feutre mou, chapeaux de paille, de toile piquée, etc., etc.

3º *Le jour*, aux heures solaires, il importe de revêtir des coiffures spéciales qui sont :

A) Le casque en liège ou en moelle de sureau de forme variable, stanley, officier, planteur, etc., etc.

B) Le chapeau en moelle de sureau explorateur.

C) Chapeau de feutre *double* à larges bords.

Ces coiffures doivent présenter les qualités suivantes : *légèreté* 200 à 250 gr. au plus, *épaisseur* : 1 centimètre, *ventilation* obtenue par des boutons aérifères et le maintien d'un interstice entre la tête et le bord du chapeau; *protection* : les casques règlementaires doivent descendre jusqu'à la nuque, les casques ou chapeaux ronds doivent avoir des bords de 10 centimètres au minimum; *arrêt des rayons chimiques* : ceci s'obtient en doublant les casques ou chapeaux insuffisants d'une coiffe de drap rouge recouverte de toile blanche. La couleur rouge inactinique préserve de l'insolation. A nos yeux, la meilleure coiffure coloniale serait un feutre rouge, aéré et recouvert de coiffes mobiles en toile blanche, car il faut se pénétrer de cette idée que *l'insolation n'est pas due à la chaleur seule, mais aussi à l'action chimique des rayons ultra violets contenus dans la lumière solaire.*

Conseil important : Ne jamais laisser porter sa coiffure sur la tête d'un noir, garçon ou tirailleur; ils ont souvent des lésions presque invisibles de teigne ou des parasites.

VI. **Parasol et parapluies.** — Nous conseillons vivement l'usage des parasols, mais en recommandant de les faire doubler de forte andrinople rouge au lieu de serge verte. Quant au parapluie, nous ne comprenons pas pourquoi on croit devoir aux colonies se passer de ses services, d'autant que, en plus de sa réelle commodité, cet objet jouit parmi les noirs d'une considération quasi sacerdotale qui ne peut que rejaillir sur celui qui s'en sert.

VII. **Chaussures.** — Il importe avant d'entrer en campagne de se munir de bonnes chaussures, car c'est un des objets les plus difficiles à se procurer dans la brousse.

1° *Chaussures de marche.* — Nous conseillons pour les pays du nord du Soudan ou la saison sèche, les brodequins en cuir fauve; pour les saisons de pluie et les terrains inondés, les souliers en toile à semelle de cuir. Les chaussures en caoutchouc ne sont ni solides ni hygiéniques.

2° *Chaussures de postes.* — On peut porter toutes les formes de chaussure à son goût, depuis les richelieu vernis, jusqu'aux sabots de bois.

3° *Chaussures de repos.* — Nous conseillons les petits souliers en toile à semelle de cuir, de corde (espadrilles) ou de caoutchouc (bains de mer). On peut aussi faire usage des diverses sortes de pantoufles usitées en Europe. Mais nous ne le conseillons pas, car elle ne préservent pas assez bien les pieds des atteintes des puces chiques.

4° *Chaussures indigènes.* — On peut, en cas de besoin, se servir de sandales (samaras) ou de bottes indigènes; mais, comme les cuirs préparés par les noirs ne sont que très légèrement tannés, on ne peut en faire usage que par temps sec. Une bonne précaution à prendre est de les imprégner d'huile ou de graisse avant de les porter.

5° *Chaussures improvisées.* — Enfin, dans le dénuement absolu, on peut se confectionner des chaussures avec des bandelettes de toile ou de drap (chaussettes russes) ou en moulant sur son pied et sa jambe une peau de mouton fraîchement tué.

6° *Guêtres et bottes.* — On ne fait guère usage de bottes aux colonies, mais très fréquemment de guêtres et molletières, de toutes formes et de toutes tailles. Les meilleures à nos yeux sont en grosse toile écrue ou en toile tannée; elles sont solides et perméables à l'eau. Les bandes molletières de l'armée, en feutre spécial ou en toile, constituent un des meilleurs modes de protection et de soutien pour la marche et la chasse.

Les molletières cuissards en toile caoutchoutée peuvent rendre de grands services pour la chasse matinale à travers les hautes herbes mouillées.

Conservation des chaussures. — Pour qu'une chaussure en cuir se conserve bien, il faut la laisser sécher 2 ou 3 mois avant de la porter. Par les temps humides on la frotte avec la mixture suivante :

Suif de mouton	125 gr.
Résine ou paraffine	8 —
Huile	100 —
Cire d'abeilles	60 —
Essence de térébenthine	50 —

ou avec les mixtures et vernis que l'on trouve tout préparés dans le commerce : cirage Haïtien, vernis copal, etc., etc.

Une chaussure boueuse doit être lavée à l'eau et non grattée au couteau. — Lorsqu'une chaussure se racornit, il suffit de l'enduire de glycérine ou d'essence de pétrole.

Pour les colonies il est préférable de se munir de cirage en poudre que l'on prépare au jour le jour en le délayant avec de l'eau. On peut suppléer à l'absence de cirage par l'emploi de papaye très mûre.

Les divers corps gras avec lesquels on peut enduire les chaussures sont là-bas : huile d'arachide, huile de palme, beurre de karité, huile de cobu ou fromager.

VIII. **Toilette.** — Beaucoup d'Européens, aux colonies, croient devoir négliger complètement leur toilette. C'est une habitude déplorable.

La coquetterie et le soin de soi-même ne sont que des manifestations de propreté et d'hygiène.

Nous conseillons donc de choisir minutieusement le nécessaire de toilette :

A) *Propreté générale. Savons.* — Il faut emporter des pains de savon blanc de Marseille pour le linge fin et le corps, des savonnettes plus fines pour les mains et la figure. L'absence de savon de toilette est une des privations les plus pénibles.

On trouve dans tout le continent noir du savon indigène fait avec des cendres de potasse et de l'huile de palme ou de fromager. Il est désagréable à l'odorat, très caustique et bon à nettoyer le gros linge.

Nous conseillons de se munir de quelques savons au sublimé, au thymol, au soufre, et à l'acide borique. On peut en avoir besoin, surtout dans la zone des forêts.

Lorsque l'on se trouve en présence d'eaux calcaires dissolvant mal les savons, il suffit d'ajouter 15 à 20 grammes de soude ou de potasse par 100 litres d'eau. On se procure facilement de la potasse par le lavage des cendres des hautes herbes des marais (kalas des noirs).

Tubs. Cuvettes. Baignoires. — Dans les villes du littoral on trouve des baignoires européennes ; à l'intérieur, on peut utiliser de vieilles pirogues que l'on cloisonne à la longueur voulue ou des « pièces de une » sciées par le milieu. On peut aussi se munir avant son départ de la malle-baignoire (système belge), sorte de panier d'osier entouré d'un revêtement en tôle pouvant former baignoire.

Les tubs et cuvettes de toutes tailles seront soit en toile caoutchoutée, soit en toile tannée. En tout cas, leur entretien est très minutieux. On pourra se doucher sur une simple toile caoutchoutée, dont les 4 angles sont relevés avec des ficelles. Enfin, à défaut de cuvettes, les calebasses ou les canaries indigènes les remplaceront fort bien.

Linge et serviettes. — Nous conseillons pour la face les serviettes éponge ou en nid d'abeilles, pour les mains la grosse toile de chanvre. Le complément nécessaire est : gant de toilette et gant à friction en crin.

B) *Soins particuliers. Cheveux et barbe.* — Il faut avoir soin de se munir d'une bonne tondeuse à deux hauteurs, dont on apprendra le maniement à son domestique. Avec un peu de patience on arrive très facilement à se tondre soi-même.

Il faudra se laver la barbe et les cheveux, soit avec l'alcoolé de savon, soit avec de la teinture de bois de Panama, mais après chaque nettoyage restituer aux poils leur graisse à l'aide d'huile fine ou de brillantine.

Une erreur très répandue fait croire que les cheveux gagnent à être coupés court. — Il n'y a rien de plus faux. Nous conseillons de porter, aux colonies, les cheveux longs, car ils constituent une protection réelle contre les rayons solaires.

Dents. — Aux colonies plus qu'ailleurs, il importe de prendre grand soin de sa dentition, car il est difficile là-bas de soigner ou d'enrayer la carie. Avant de partir en campagne, il est de stricte hygiène de se présenter à un dentiste pour faire nettoyer, obturer ou aurifier ses dents.

Il faut faire usage de brosses dures et ne pas craindre de faire saigner les gencives. Quand elles seront saines et propres elles cesseront de saigner. Le meilleur dentifrice est le savon blanc dont on imprègne la brosse. On peut utiliser les poudres ou pâtes diverses du commerce, elles sont de valeur sensiblement égale. Comme eau dentifrice nous conseillons, en dehors des eaux très connues des Bénédictins, du dentol, de l'odol, etc. l'usage du thymol Doré, antiseptique de l'ordre des phénols.

Il existe des brosses ou gants à dents en caoutchouc : ils sont insuffisants et nous leur préférerions la brosse à dent des nègres, faite d'un fragment de bois astringent spécial appelé « sotio ».

L'usage de la kola nous parait excellent pour la conservation et la beauté des dents.

Trousses. — On trouve les objets nécessaires à la toilette condensés dans des trousses en cuir de toutes dimensions et de tous prix, de 15 à 200 fr. Nous recommandons d'en acheter une.

On nettoie les brosses sales en les lavant dans une solution tiède de potasse ou de savon de potasse et en les rinçant à l'eau pure. Laisser égoutter et sécher.

Parfumerie. — Les parfums divers sont fort en vogue parmi les noirs. Mais ce sont des produits allemands très inférieurs. Nous conseillons de se munir, si on les aime, de quelques flacons d'essences fines des maisons françaises.

Conseil. — Veiller attentivement sur les objets de toilette, savons ou parfums, car les domestiques ou les femmes noires ne résistent jamais au plaisir de s'en servir lorsqu'ils les trouvent à leur portée ; et le partage peut devenir dangereux, les noirs étant souvent atteints de lésions buccales infectieuses ou de trichophytie (teigne) du cuir chevelu.

TROISIÈME PARTIE

DU TRAVAIL AUX COLONIES

Par le Dr Barot.

Considérations générales. — Il est de bon ton de prétendre que tout travail sérieux est impossible aux colonies : la chaleur, la fièvre, l'anémie, le manque de confort et de matériaux, telles sont les raisons que l'on cite à l'appui de cette proposition.

La vérité — il faut la confesser quoique pénible — *est que ce que l'on décore du nom pompeux d'amnésie coloniale n'est que de la vulgaire paresse.*—Je parle, bien entendu, de l'homme sain, car le malade est par le fait même de son état privé d'une partie de ses moyens, et cela aussi bien en France qu'en Afrique.

Nous prétendons qu'aux colonies la puissance de travail de l'homme sain est sensiblement égale à celle qu'il possède en Europe.

Tous les grands coloniaux, tous les explorateurs célèbres, Bouet Wuillaumez, Faidherbe, René Caillié, Barth, Binger, Monteil, Gallieni, ont payé d'exemple, fournissant en Afrique occidentale une somme de travail utile énorme.

Mais, pour cela, il faut n'avoir pas cessé de travailler, car, moins aux colonies qu'en France, on ne peut essayer de rattraper le temps perdu. Malheureusement, jusqu'à ces dernières années, il faut reconnaître que les coloniaux par vocation étaient rares, leurs noms sont connus et illustres pour la plupart. La masse des blancs qui peuplaient nos colonies n'y venaient que pour des motifs peu élevés parmi lesquels le payement des dettes tenait le premier rang. Aussi vivaient-ils dans l'indifférence du milieu, des pays et des races, et lorsque, de retour en France, leurs économies étaient épuisées, ils demandaient à retourner là-bas, chercher assez d'argent pour se donner en six mois de congé à Paris l'illusion de la fortune.

Cet état d'esprit, qui n'a pas encore tout à fait disparu, est déplorable et dangereux. Déplorable, parce qu'il a peuplé nos colonies de non-valeurs qui retardent par leur indolence et leurs vices la pénétration de la vraie lumière de civilisation : la pensée.

Dangereux, parce qu'il n'est qu'une forme de l'avarice et de l'égoïsme, et qu'il a pu entraîner quelques esprits faibles à des prévarications et à des agissements criminels.

Le jem'enfoutisme colonial n'est pas seulement un aveu d'impuissance ou de nullité, mais il constitue à nos yeux une lâcheté coupable et une véritable désertion morale, et mieux vaut un Européen peu intelligent, mais actif et travailleur, qu'un sceptique railleur et nonchalant.

Le travail est du reste la meilleure sauvegarde de l'individu contre les tendances si communes là-bas à l'alcoolisme et à tous ses dérivés : perversions morales, dépravations sexuelles, cruauté et criminalité. (Se reporter au chapitre xiv, *Hygiène morale*.)

Aujourd'hui, heureusement, le courant colonial français porte sur la terre noire un nombre tous les jours croissant d'officiers, fonctionnaires et commerçants dévoués à la grande cause civilisatrice.

De nombreuses sociétés de colonisation, des associations savantes, prodiguent leurs conseils aux jeunes coloniaux, et nous sommes en droit d'espérer que l'Afrique occidentale a cessé d'être une manufacture où tout, même l'homme, se transformait en or, et qu'elle est devenue la ruche industrieuse et bourdonnante où chacun accomplit sa tâche, avec, en l'esprit, l'unique préoccupation du but à atteindre : l'expansion française territoriale et intellectuelle.

Instruments de travail. — Nous comprendrons, sous le nom d'instruments de travail, tout ce qui est nécessaire à l'accomplissement des fonctions ou emplois que l'on va occuper en Afrique.

1° Un revolver 1892, une canne alpenstock. Jamais là-bas on ne fait usage du sabre. Les sous-officiers sont armés du fusil ou du mousqueton et de la baïonnette.

2° Une jumelle d'un grossissement de 5 à 8, à vision binoculaire. Les longues-vues sont trop lentes à mettre au point et fatiguent la vision. On fabrique aujourd'hui sous un faible volume des jumelles d'une très grande puissance et à champ visuel étendu, par suite d'un jeu de lentilles et de prismes qui réfléchissent plusieurs fois l'objet. Ils se trouvent dans le commerce sous les noms de jumelles Zeïs, Goërtz : on a même imaginé une jumelle qui se transforme en appareil photographique stéréoscopique 4 × 4. Ces appareils coûtent un peu cher.

Nous conseillons de toujours choisir une jumelle à écartement variable des oculaires et de préférence en cuivre, non en aluminium maroquiné qui s'hydrate et se perfore trop facilement.

3° Instruments divers de précision nécessaires à la topographie. Compas, règles alidades, boussole Peigné, etc. On trouve tous ces instruments réunis dans des trousses assez bien constituées que vendent tous les fournisseurs d'articles coloniaux.

4° Une bonne montre chronomètre que l'on aura soin de faire régler avant le départ de France.

5° Instruments nécessaires aux observations météorologiques : baromètre anéroïde, thermomètres à minima et à maxima, psychromètre, pluviomètre, sextant, etc., etc.

Tous ces instruments sont indispensables lorsque l'on veut rapporter des données précises et utiles sur les pays où l'on voyage. Il importe avant de partir de les faire régler pour les pressions normales des pays où l'on doit aller, afin d'éviter les causes d'erreur si fréquentes dans les corrections.

On trouve réunis en un seul instrument léger et de très faibles dimensions une boussole, un thermomètre et un baromètre : le coût de cet appareil est de 35 francs; il peut se mettre très aisément dans la poche et rendre de grands services à ceux qui sont obligés de restreindre le volume et le poids de leurs bagages.

6° Instruments nécessaires à la géométrie et arpentage, niveaux d'eau, cordeaux, chaînes métriques, planchettes, règles alidades, etc.

7° Fournitures de bureau, papier ministre et rayé, encres diverses, crayons, plumes, timbres en caoutchouc ou composteurs mobiles, gommes, livres de comptes, copies de lettres, etc., etc. Beaucoup d'Européens, dès qu'ils sont fixés sur la situation qu'ils auront, font imprimer en Europe toutes les circulaires, notes, etc., qui leur sont nécessaires.

Ces frais peuvent être évités par l'usage des autocopistes ou des machines à écrire. (Voir chapitre XIII.)

8° Instruments de travail nécessaires aux exploitations agricoles ou minières : haches de bûcheron, scies de long, scies égoïnes, scies à chaîne, coins en fer, herminettes, couperets, sabres d'abatis, pics et pioches, pistolets et barres à mines, cordes, hoyaux, râteaux, bêches, pelles, outils divers de grosse menuiserie, outils nécessaires au soudage des métaux, forges portatives, etc., etc.

9° Boîte à réactifs et instruments nécessaires aux analyses chimiques, recherches minières, études des divers produits végétaux utiles.

10° Livres d'études techniques ou spéciaux se rapportant aux races, langues, productions de l'Afrique, ou traités pratiques d'art militaire, d'administration, de justice, de cultures coloniales, etc., etc. Ne pas oublier d'emporter un dictionnaire encyclopédique des sciences usuelles, et un ouvrage d'économie domestique bien fait.

Enfin toute la série des cartes les plus récentes des régions où l'on aura à séjourner. Une carte d'ensemble à grande échelle et 5 ou 6 cartes pliantes, collées sur toile à faible échelle, que l'on peut enfermer dans la sacoche porte-cartes réglementaire à paroi transparente divisée en centimètres carrés.

(Voir chapitre III, Bibliographie).

CHAPITRE IX

DE L'ART MILITAIRE
EN AFRIQUE OCCIDENTALE

Par M. le Capitaine O. Meynier
De l'Infanterie coloniale
Chevalier de la Légion d'honneur, Officier d'Académie.

But de ce chapitre. — Le but de ce chapitre n'est pas de formuler des principes absolus sur les sujets si délicats de *l'éducation militaire des Soudanais, du service dans les postes et en reconnaissance, de la tactique de marche, de stationnement et de combat en Afrique, de l'édification des postes*, etc., etc.; mais bien plutôt d'exposer dans le cadre limité de cette étude non seulement les idées personnelles de l'auteur, mais pour ainsi dire la résultante des longues expériences faites dans les colonnes africaines et qui constituent la tradition de tactique soudanaise telle que tout officier arrive à l'acquérir après quelques années de séjour là-bas.

Le corps d'occupation se compose essentiellement d'éléments indigènes encadrés par des officiers et des sous-officiers européens, dont l'énumération se trouve au chapitre IV.

Les troupes régulières sont renforcées dans quelques-unes de nos colonies par des *milices indigènes* et en cas de guerre ou d'expédition spéciale par des *troupes auxiliaires* ou des *réserves* organisées dès le temps de paix.

Rôle de l'officier et des gradés européens. — Étant données les conditions de fractionnement obligé de nos forces en Afrique, il arrivera souvent qu'un jeune officier ou même un sous-officier, se trouvera avoir à surveiller, à administrer, parfois même à punir les populations réparties sur une étendue considérable de territoire; ce même officier, ce simple sous-officier, pourra par suite avoir à diriger contre des rebelles ou des ennemis, de véritables opérations de guerre exigeant de réelles qualités d'initiative et de commandement. Le rôle militaire de l'Européen est donc capital dans ceux de ces pays qui sont encore mal pacifiés et frémissent d'un joug trop récent. Non seulement il aura à faire œuvre de conquérant, à la tête de quelques tirailleurs, mais encore très souvent, il devra faire œuvre de politique et de pacificateur, écarter les causes de conflit si faciles à naître parmi ces populations guerrières. — En résumé, il devra, dès après le combat, entreprendre la pacification et préparer l'annexion morale des populations vaincues.

Dans son œuvre de conquête il dispose d'un instrument admirable, le Sénégalais, ou plus largement le Soudanais, qu'il soit tirailleur, spahi, canonnier ou conducteur.

Les races soudanaises sont merveilleusement douées au point de vue militaire. Le Bambara en particulier est guerrier dans le sang, et si une discipline sévère et intelligente le rassemble en corps bien commandés, il offre une force incomparable aux mains de ceux qui savent l'utiliser. Sa résistance physique est considérable. Soumis à un entraînement progressif, il arrive à parcourir facilement des étapes de 40, 50 et même 75 kilomètres, il supporte sans se plaindre et longtemps les privations les plus dures, la faim, et à un degré moindre, la soif. Pour lui la mort n'est rien et à tout il préfère l'ivresse de la bataille et le courage lui semble la première vertu. Disciplinable, il l'est au delà de toute expression. Les sections de Soudanais manœuvrent sous le feu le plus vif comme sur le terrain d'exercice; leur calme est admirable. A tous moments ils ont l'œil fixé sur leur chef, et les pertes les plus cruelles ne peuvent les émouvoir. L'un d'eux vient-il à être blessé, il restera à son poste jusqu'à ce qu'on lui ordonne de se retirer et il n'obéira qu'en chantant pour bien montrer que la souffrance n'a pas de prise sur lui. Il n'y a pas d'exemple d'un officier abandonné par ses soldats noirs. Pour eux, le blanc c'est leur drapeau et ils se croiraient déshonorés s'ils le laissaient blessé, mourant, si même ils livraient son cadavre aux mains de l'ennemi. L'épopée de la conquête africaine abonde en traits de ce genre.

A côté de ces grandes qualités, le soldat soudanais a des défauts qui dérivent de sa nature fruste et primitive. La discipline et l'éducation militaire à l'européenne ne peuvent que voiler momentanément ses instincts. Au combat, il redevient vite la brute implacable et cruelle. Il n'est pas foncièrement méchant, mais il se laissera aller dans l'ivresse de la lutte au courant de ses instincts qui le poussent aux pires excès. C'est à ce moment que l'autorité morale de l'Européen aura à intervenir pour lui faire comprendre la nuance parfois si faible qui différencie la guerre du crime.

Il y a, pour arriver à former les troupes noires, sinon une méthode infaillible, du moins quelques principes inéluctables. Leur instruction technique est rapidement achevée ; le Soudanais aime le métier de soldat ; il met toute son ardeur à s'instruire, et, en s'adressant à son amour-propre, on remédie aisément à l'inertie de son intelligence lente et souvent bornée. Il est d'usage, dans la plupart des colonnes du Soudan, de lever au moment d'une campagne tout ce qu'on peut trouver en jeunes gens décidés et vigoureux. Leur instruction commence au départ de la colonne, elle se poursuit en cours de route, et, lorsque deux mois après et quelquefois moins, on prend le contact avec l'ennemi, ces auxiliaires de fortune combattent en vieux guerriers et sont presque aussi solides que les troupes régulières.

Mais ce n'est là qu'une troupe de choc et qui ne présente pas encore la résistance morale nécessaire pour les expéditions plus longues, les missions pénibles, voire les longs stationnements dans les postes. Pour arriver à former un bon auxiliaire, il suffit d'un instructeur ordinaire, usant des méthodes habituelles d'instruction. *Pour en tirer tout le rendement possible et en* faire aux mains de ses chefs cet instrument fort et résistant, inébranlable devant les pires catastrophes et dévoué jusqu'à la mort, il faudra encore que le chef ait su agir sur le moral de sa troupe et ait su conquérir à la fois la confiance, le respect et l'amour de ses hommes.

La confiance, il l'aura, comme Européen d'abord, puis par la fermeté, l'assiduité qu'il mettra à accomplir son service, toujours présent à la manœuvre et à l'exercice, le premier au feu et devant le danger.

Le respect lui sera acquis sûrement par la dignité de la tenue et de la vie intime. *L'officier doit toujours apparaître à ses hommes comme un être supérieur, calme, souriant, maître de lui et d'humeur égale.*

Enfin l'amour, père des grands et sincères dévouements, l'officier le gagnera invinciblement, s'il aime lui-même ses soldats. *Le mépris hautain, le dédain injuste, l'indifférence du chef, repoussent la sympathie des subordonnés.* La bienveillance et la bonté l'attirent et auront bien vite gagné à celui qui saura mettre judicieusement en pratique ces diverses qualités le surnom de « père » que les tirailleurs donnent volontiers à leurs chefs.

I. — SERVICE DANS LES POSTES

La plupart des postes de l'Afrique occidentale ont une garnison de tirailleurs, quelquefois renforcée par des spahis. Le Soudanais, excellent soldat en campagne, est parfois bien difficile à tenir dans les postes. Il est indispensable de l'occuper activement et de le distraire. Pour cela il sera nécessaire d'établir pour la garnison d'un poste un tableau de service très chargé. Le tirailleur, même ancien, ne se lasse jamais de faire l'exercice et il met tout son amour-propre à bien manœuvrer sur les rangs. L'Européen devra montrer tout le prix qu'il attache à la manœuvre, en y assistant, et en prenant lui-même souvent le commandement. Lorsque le programme aura été plusieurs fois revu, on ne devra pas hésiter à leur faire exécuter des mouvements plus compliqués, surtout en escrime à la baïonnette. Les noirs exécutent les mouvements de l'escrime avec la même furie, le même entrain, qu'ils danseraient une danse guerrière. C'est en somme pour eux un excellent exercice qui, individuellement, leur donne plus de souplesse et plus de cohésion à l'ensemble.

Exercices de tir. — On n'insistera jamais assez sur tout ce qui a trait au tir. Le noir est en général un médiocre tireur, mais c'est le plus souvent la faute de l'instructeur bien plus que celle de l'élève. En effet, il a une bonne vue, une solide carrure et des nerfs très calmes, qualités maîtresses pour un bon tireur. Si on lui fait soigneusement exécuter les mêmes exercices que l'on fait faire au soldat français, il arrivera à des résultats au moins aussi bons. L'emploi de la hausse sera une des difficultés de l'instruction, à cause de la lecture des différentes distances; avec un peu de patience et de calme, on arrivera à la faire pratiquer couramment.

Exercices de service en campagne. — Pour compléter cette éducation, on pourra faire exécuter aux tirailleurs quelques exercices de service en campagne, pour les familiariser avec les diverses formations les plus usitées suivant le pays où l'on est en garnison.

Théories. — Pour occuper les longues heures de l'après-midi il ne sera pas mauvais de faire faire aux hommes quelques théories pour leur expliquer les parties essentielles des différents règlements. Elles seront faites de préférence par les gradés européens suivant des plans très simples. Les officiers devront eux-mêmes parler fréquemment à leurs hommes, et se rendre mieux compte ainsi, par eux-mêmes de leur état d'esprit. Pour élever leur niveau moral, on pourra de temps en temps leur faire conter les exploits des soldats de leur corps, leurs traits de dévouement ou d'héroïsme.

Les histoires de bataille les passionnent et ils comprennent mieux d'après des exemples concrets que la légende leur a déjà appris quelle doit être leur conduite dans des cas analogues; en un mot, ils apprennent ainsi pratiquement ce qu'est le devoir militaire.

Instruction générale des hommes. — On pourra parmi les tirailleurs faire un choix des plus intelligents pour leur apprendre à lire et à écrire. Ils font des écoliers très studieux et très attentifs, et, si un gradé est spécialement chargé de ces fonctions d'instituteur, il arrivera avec du temps et de la méthode à des résultats très appréciables.

Employés. — On devra chercher à restreindre au minimum le nombre des hommes employés à des services étrangers à leur état.

C'est seulement parmi les très anciens soldats que l'on devra choisir les interprètes occasionnels, les palefreniers, les jardiniers. Et encore on devra veiller rigoureusement à ce qu'ils assistent au moins une fois par semaine à des exercices spéciaux et aussi à ce qu'ils prennent leur tour de marches à l'extérieur.

Corvées. — C'est dans ce même esprit que nous estimons, avec bien d'autres officiers du Soudan, que l'on doit éviter dans la mesure du possible les *corvées générales* (construction de postes et d'habitations, etc.). *Les tirailleurs, que par suite de ces corvées on ne peut plus astreindre à un service régulier et à des exercices fréquents, y perdent vite tout esprit militaire et toute aptitude à l'obéissance.*

Et, au moment voulu, cela se traduit, au combat, par des flottements, des hésitations, un manque de discipline et de cohésion absolument fâcheux. On réalise par leur emploi des économies mal comprises qui peuvent aboutir à des désastres.

II. — SERVICE EN RECONNAISSANCE ET EN COLONNE

Les officiers, souvent même les sous-officiers, sont appelés à faire des reconnaissances en pays ennemis. Parfois, à la suite de la disparition d'officiers plus anciens, un jeune officier peut avoir à commander une véritable *colonne*, c'est-à-dire une expédition ayant un but défini, des moyens suffisants en infanterie, cavalerie et artillerie, et devant avoir une certaine durée.

Toute reconnaissance ou colonne donne lieu à un ensemble d'opérations qui peuvent être classées en trois grandes divisions : A). *La préparation.* — B). *L'exécution.* — C). *Les comptes rendus.*

1° **Préparation.** — *Les ordres.* — La reconnaissance se fait toujours d'après un *ordre écrit ou oral*. Il faut parfaitement se pénétrer du sens de l'ordre reçu, n'en laisser aucun point dans l'obscurité et demander toutes les explications nécessaires. De préférence demander un ordre écrit que l'on pourra méditer plus à son aise tout en exécutant sa mission. Cette dernière manière de procéder a encore un avantage qu'il convient de ne pas négliger dans un pays insoumis, qui est de mettre à couvert la responsabilité de chacun dans les circonstances graves.

Moyens dont on dispose. — Le commandement met à la disposition du chef de la reconnaissance une troupe d'un effectif déterminé, le matériel et les renseignements nécessaires. Dès ce moment, c'est à lui de tout préparer et de tout prévoir pour la bonne exécution de sa mission.

Des guides et des cartes. — Il doit se renseigner sur le pays où il est envoyé, prendre des informations sur les points de ravitaillement en eau et en vivres, et, suivant ces données, préparer des approvisionnements convenables. On lui donnera en général un guide, connaissant la région où il doit aller. Il sera bon de l'interroger avant le départ pour lui donner confiance et prendre contact avec lui. Si le guide appartient à une population hostile ou malveillante, il sera prudent de contrôler ses dires au moyen d'autres informateurs. Dans tous les cas, quel que soit l'indigène que l'on interroge, Arabe, Touareg, ou nègre, le grand principe sera de l'interroger avec calme et méthode afin de ne pas l'impressionner, et de ne pas lui faire perdre la tête. Il ne faudra compter sur les cartes que dans une limite restreinte, seulement pour donner des indications générales sur le terrain, et aussi comme moyen de contrôle sur les indigènes. C'est seulement dans le cas d'absolue nécessité, ou pour tenir un mouvement secret, qu'on pourra partir sans guide. Encore devra-t-on s'efforcer, dès qu'il sera possible, de s'en procurer un. Agir autrement, dans un pays où les points d'eau sont quelquefois rares, où les routes sont toujours mal tracées, serait s'exposer sinon à des désastres, du moins à des pertes de temps et à des fatigues inutiles.

Autres préparatifs. — Pendant que le chef de la reconnaissance interroge le guide et complète ses renseignements, les gradés qu'il a commis à ce soin surveillent la réception des vivres et l'agencement du convoi. Il est nécessaire que le chef trouve un moment pour vérifier que tout est au complet et si ses ordres ont été bien exécutés. Il doit partir de cet axiome qu'il *ne doit compter que sur lui-même*, qu'il *est seul responsable* et qu'une fois dans la brousse, les récriminations contre les oublis, les erreurs, ne seront d'aucune utilité. Elles enlèveront simplement confiance aux hommes.

Enfin il s'occupera encore de ses préparatifs personnels. Il faut que tout Européen ait à son service un ordonnance ou tout autre serviteur assez *débrouillard* pour qu'en une heure au maximum il sache préparer cantine d'effets, vivres, matériel de cuisine, etc., etc.

Inspection du détachement. — Avant le départ, il est de règle que le chef du détachement le présente à son supérieur direct. Cette inspection ne saurait être assez minutieuse. On doit s'assurer que les hommes ont le chargement prévu, que leurs cartouches sont au complet et leur équipement en bon état, enfin qu'aucun des hommes désignés n'est malade.

Toutes ces opérations doivent n'avoir pris que quelques instants; avec un peu de méthode et beaucoup de sang-froid, en divisant sagement le travail, et en évitant surtout d'affoler par des ordres contraires ou précipités les pauvres cervelles des noirs, on arrivera sans peine à ce résultat.

Composition des colonnes. — *Troupes.* — Les troupes d'occupation sont en majorité formées d'*infanterie*, excellente du reste, qu'on ait affaire à des tirailleurs sénégalais, soudanais ou haoussas. *La cavalerie* est très peu nombreuse; il y a même lieu de le regretter, car dans une grande partie des territoires de l'Afrique occidentale, elle serait à même de rendre de très grands services. Le tracé et l'état des routes, qui sont le plus souvent des sentiers, s'opposent à l'emploi fréquent de l'*artillerie*. On se sert à peu près exclusivement des pièces de 80 millimètres de montagne; ce n'est qu'à titre d'exception et comme batteries de siège seulement que l'on pourra se servir du 80 millimètres ou du 90 millimètres de campagne et du 95 millimètres.

Emploi des auxiliaires dans les colonnes. — Les contingents auxiliaires des chefs ou des tribus amis pourront parfois être utilisés en campagne. Ces indigènes sont souvent à même de rendre de très grands services, tant pour la découverte que pour l'exécution des poursuites. A côté de ces avantages, leur emploi présente aussi beaucoup d'inconvénients. Les auxiliaires se laissent aller au pillage, aux pires exactions, à moins qu'on n'y tienne très sérieusement la main. En second lieu, leur voisinage peut être une cause de désordre dans la conduite des troupes, par suite de leur manque de cohésion et de discipline. Dans une déroute, facile à provoquer chez eux, ils peuvent porter le plus grand trouble dans nos dispositifs de marche et de combat. Aussi, de préférence aux groupes importants d'indigènes auxiliaires, on se servira de petits partis indépendants les uns des autres et peu nombreux, que l'on pourra mieux surveiller et dont la défaite ou la suppression auront moins d'importance que celle d'une armée amie.

Des femmes dans les colonnes. — Les femmes des Sénégalais sont souvent emmenées dans les colonnes d'une certaine importance à la suite de leurs maris. Leur présence n'est pas une gêne considérable en marche, à condition de discipliner les groupes de femmes d'ailleurs très dociles. Pendant l'étape elles marchent gaillardement tout en portant sur leur tête une partie du « barda » des tirailleurs. Aussitôt arrivées au campement, sans prendre un moment de repos, elles se mettent à la cuisine et évitent à leurs maris bien des fatigues supplémentaires.

Cette mesure ne pourra s'appliquer, bien entendu, que pour des expéditions très spéciales, ou des colonnes de longue durée, hors des pays de fourrés denses.

Des convois. — Les convois se font suivant la viabilité des routes, suivant aussi les ressources du pays en moyens de transport, avec des voitures de charges, des animaux de bât, des porteurs, ou par la voie d'eau, si cela est possible.

L'emploi des voitures (en général du système Lefèvre) ne peut avoir lieu qu'à titre exceptionnel, dans des pays peu accidentés ou sur de bons sentiers. Une voiture Lefèvre traînée par un mulet, porte une charge moyenne de 300 kg.

Le plus souvent on a recours aux deux autres moyens de transport : *animaux de bât* ou *porteurs*. Les animaux de bât sont préférables quand on les utilise dans leur pays d'origine. Chameaux dans le Sahara, bœufs à bosse et bourriquots au Soudan. Un chameau peut porter de 120 à 180 kg, un bœuf de 80 à 100, un bourriquot de 50 à 80. Malheureusement, tous ces animaux ne pourront aller bien loin, dans le Sud, et, dès qu'on entre dans la zone équatoriale, on doit avoir recours aux porteurs.

La charge utile d'un porteur est de 25 kg. Il a l'avantage de marcher au même pas que la troupe, de s'arrêter et de repartir au commandement. Mais son rendement est faible, et il faut des ménagements et des soins tout spéciaux pour le conserver en forme. De plus, les porteurs sont quelquefois réquisitionnés de force et leur premier souci est de quitter la corvée : d'où un service de garde spécial très pénible. Il faut en outre se pénétrer d'une vérité évidente par elle-même : c'est que, dans un pays où les vivres font défaut, une colonne dont le convoi est formé de porteurs ne peut se lancer à plus de vingt jours de son point de départ, car chaque porteur ne pourrait plus porter que sa ration.

Dans les pays traversés par des lignes d'eau importantes, que les colonnes devront suivre dans leur marche, ou prendre comme base d'opérations, la formation de convois par eau facilitera singulièrement la lourde tâche du ravitaillement. On utilisera non seulement les embarcations européennes, mais aussi au besoin les barques indigènes, dont certaines peuvent porter plusieurs tonnes de subsistances. Les convois par eau doivent être organisés militairement et placés sous la surveillance d'une escorte particulière. Leurs mouvements et leurs points de contact avec les colonnes seront prévus par le commandement suivant des graphiques spéciaux. L'emploi des convois par eau, lorsqu'il sera possible, rendra d'immenses services.

2° **Exécution d'une reconnaissance.** — Trois phases principales dans le déroulement d'une reconnaissance. — A). *La marche*. — B). *Le stationnement*. — C). *Le combat*.

La tactique à employer sera une résultante de ces deux facteurs : d'une part, la nature du pays où l'on opère, boisé ou dénudé, plat ou montagneux ; d'autre part, l'armement et ce qu'on peut savoir du tempérament guerrier des indigènes.

Les ennemis que l'on peut avoir à combattre. — L'Afrique occidentale est vaste ; les races qui l'habitent y sont des plus diverses, depuis le Touareg blanc jusqu'aux Ashantis. Cependant il est remarquable qu'en se déplaçant sur un même degré de latitude on trouve des régions d'aspect semblable et habitées par des populations analogues. Cela est même vrai pour le continent tout entier. Rien n'est plus semblable au Soudan français entre 10° et 15° de L. N. que le Soudan égyptien à 6000 km de là. Les Mahdistes présentaient à un même degré que les Sofas de Samory, de Babemba, et de Rabah, sultan du Bornou, ce courage indomptable et ce mépris de la mort qui rendirent la conquête si difficile.

Plus au nord, entre 16° et 30° L. N., les Touareg du Sahara, avec leur tempérament ardent et rusé, leur fougue et leur audace, sont absolument comparables aux Tebbous du nord du Tchad et, plus loin, aux Gallas et aux Somalis.

De même, plus au sud, dans la grande forêt équatoriale, les populations sauvages se retrouveront pareilles de la Côte-d'Ivoire à l'Ouest Africain, à cela près qu'à proximité des côtes les noirs ont pu se procurer des armes plus efficaces que les javelots et les couteaux de jet, et que leur contact déjà ancien avec les Européens leur a donné quelque méthode.

A). **Tactique de marche.** — Suivant la saison et aussi suivant les circonstances tactiques, les marches se feront de jour ou de nuit.

Marches de jour et marches de nuit. — Pendant la saison froide il y aura intérêt à marcher de jour. Le froid engourdit les noirs et les fatigue. Pendant la saison chaude il sera préférable, si on est loin de l'ennemi, de faire des marches de nuit. Le jour sera consacré en partie au repos. Pour fixer les heures de marche, il faudra considérer non seulement la fatigue des hommes, mais aussi celle des animaux du convoi ou des porteurs. Les nécessités militaires primeront évidemment tout.

Haltes horaires. — Les noirs ont l'habitude des haltes horaires. Il faudra les faire régulièrement, en choisissant de préférence pour s'arrêter un endroit ombragé.

Marche des convois. — Si l'on a un convoi d'animaux porteurs, il faudra, dans la mesure du possible, leur éviter les haltes et les arrêts en cours de route. Comme leur marche est généralement plus lente que celle de la colonne, on ménagera entre eux une certaine distance qui leur permettra de marcher continuellement et sans à-coups, en queue de colonne. Les hommes chargés de la protection du convoi seront autorisés, en raison de ce fait, à mettre sur les animaux une partie de leur chargement.

Longueur des étapes. — Elle dépend essentiellement de l'état d'entraînement de la troupe. Une marche de 25 à 30 km peut être considérée comme une très bonne moyenne pour une colonne de peu d'importance (100 à 150 fusils); — pour une colonne plus importante, il ne faut pas compter plus de 20 à 22 km. Toutefois, après un ou deux mois de marche, les tirailleurs arriveront aisément à dépasser ces chiffres, et on pourra faire exécuter à des troupes même assez importantes des marches forcées de 50, 80 et même 100 km dans les 24 heures.

Alimentation en campagne. — Une bonne alimentation est corollaire d'un bon rendement de la troupe, au point de vue de la marche et de la résistance. Le noir n'est ni gourmand, ni difficile sur le choix de sa nourriture. Encore faut-il qu'il ait sa ration. Le premier souci du chef sera d'en assurer régulièrement les distributions. En cas d'absolu besoin, le noir saura supporter toutes les privations, mais il ne le fera de bon cœur qu'autant qu'il ne pourra pas en rendre responsable son chef.

En colonne, le soldat est nourri, soit au moyen des ressources du convoi, si le pays traversé n'offre pas de moyens suffisants, soit par l'exploitation des ressources locales.

1° *Vivre sur le convoi.* — D'après les renseignements recueillis auprès des agents politiques et de tous les autres informateurs, le commandement a pu prévoir les ressources en vivres et eau que pourra présenter le pays traversé. D'après cela, il a composé son convoi : c'est un calcul très simple dont les éléments sont fournis par le taux de la ration et le nombre de rationnaires (hommes et animaux). Le nombre de rations, converti en poids total, est toujours majoré au moins de 1/10 pour parer aux déchets inévitables en cours de route. Les vivres indigènes sont mis en vrac dans des récipients aussi étanches que possible, et distribués par jour. La viande sera généralement emmenée sur pied; le convoi de bétail se composera de préférence de bœufs dont la forte constitution s'accommodera mieux des fatigues des étapes.

L'eau, s'il y a lieu, sera transportée dans des peaux de bouc, fort bien préparées par les indigènes et qui peuvent conserver l'eau de 4 à 5 jours. Ce n'est qu'exceptionnellement qu'on pourra utiliser les voitures Lefèvre pour les transports d'eau.

2° *Exploitation des ressources locales.* — Ce sera le procédé le plus généralement employé. Il s'exercera, soit au moyen de *réquisitions*, soit au moyen d'*achats*. En pays soumis le second procédé sera pratiqué de préférence; on établira d'après les prix du pays une *mercuriale* suivant laquelle seront achetées les denrées, soit en argent dans les pays où il a cours, ou bien en étoffe et marchandises diverses.

On sera souvent forcé d'avoir recours aux *réquisitions forcées*. Dans ce cas, on prendra toutes les mesures nécessaires pour borner les réquisitions aux denrées prévues et empêcher le pillage et le désordre. Dans les villages abandonnés à eux-mêmes, on devra faire procéder régulièrement à la recherche et au rassemblement des vivres, de façon à éviter tout désordre et toute inutile dilapidation de vivres.

Formations de marche usitées. — Les deux grands principes qui doivent guider dans le choix des formations sont : 1° de se couvrir assez loin et efficacement pour éviter toute surprise ; 2° de conserver toujours en main une masse disponible prête au combat.

Service de sûreté. — Suivant la nature du pays, boisé ou dénudé, et le sens offensif des adversaires à combattre, les avant-gardes devront être poussées plus ou moins loin ; il y aura ou non des flanc-gardes. On laissera toujours une arrière-garde de force variable suivant les circonstances tactiques, destinée aussi à assurer la police du détachement.

Formations contre la cavalerie. — Au Soudan, le pays est en général découvert, la brousse est peu dense, mais le sol est souvent ondulé en larges vagues, très favorables à l'approche de troupes de cavalerie. Les Touareg et aussi les Foulbés et les Toucouleurs, qui sont d'intrépides cavaliers, emploient fréquemment la charge à fond et ils savent fort bien, dans ce but, tirer parti du terrain. Il sera donc prudent d'avoir une avant-garde poussée assez loin et des flanc-gardes. L'emploi de la cavalerie s'imposera dans ce cas, et ce ne peut être qu'à son défaut qu'on pourra confier à l'infanterie ce service fort fatigant.

Formation préparatoire de carré. — Le gros de la colonne marchera autant qu'il sera possible sur la route, qui se réduira en général à un petit sentier, mais, dès que l'on entrera dans une zone où une rencontre sera possible, on adoptera de préférence la marche en formation préparatoire de carré. Les sections seront par le flanc, prêtes par un mouvement de flanc on d'à gauche (droite) en ligne à former le carré à l'intérieur duquel se trouveront automatiquement renfermés le convoi, les malades et les troupeaux.

J'indique ci-après à titre de renseignement, le type de formation de marche d'une colonne de 600 fusils, 1 escadron de cavalerie, 1 section d'artillerie, convoi d'animaux et porteurs (fig. 22).

On devra habituer les noirs à passer rapidement de la formation préparatoire au carré, de façon que le mouvement se fasse aisément et sans la moindre hésitation. Les sections devront avoir toujours autant que possible la même place dans la formation, et, s'il y a lieu, en raison de fatigues plus fortes, de les faire alterner, ce ne sera que par périodes de quelques jours.

Si la cavalerie fait défaut, le service de sûreté sera fourni par

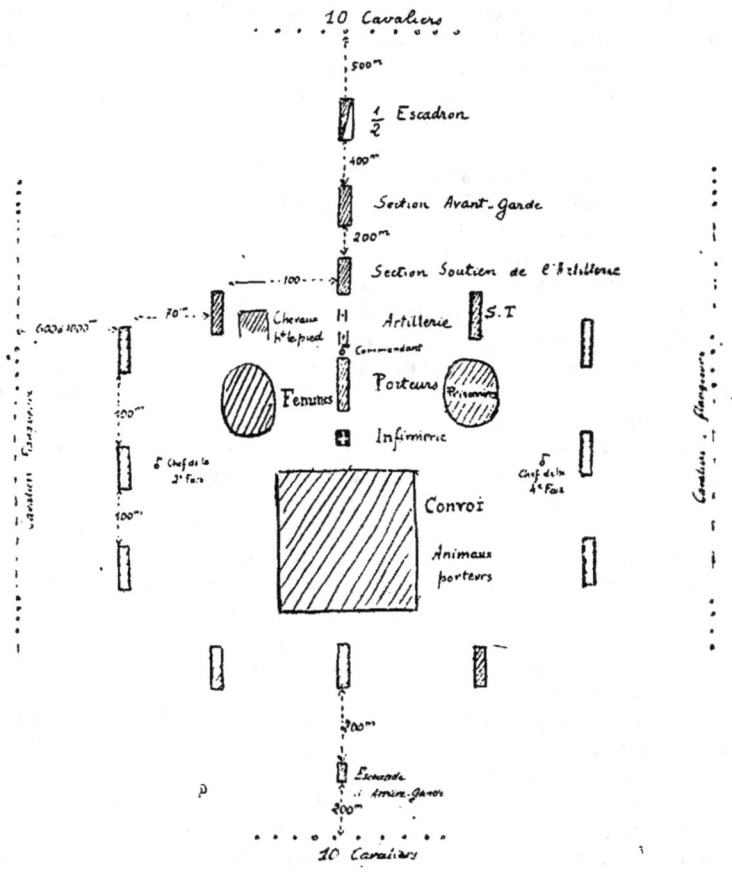

Fig. 22.

l'infanterie, mais il convient de se souvenir qu'en un pays où l'ennemi est audacieux et toujours prêt à profiter de nos faiblesses, ce service est indispensable.

Les *haltes horaires* se feront dans la formation de marche. Les sections de tête et de queue se formeront en ligne. On ne formera jamais les faisceaux ; chaque homme gardera son arme auprès de lui.

Marche à proximité de l'ennemi. — Dans les marches à proximité de l'ennemi, lorsqu'on sera averti par des renseignements certains que l'on doit être attaqué, on laissera sous bonne garde tous les impedimenta (convoi, chevaux haut-le-pied, infirmerie, prisonniers). On constituera une *colonne de combat*, dont le schéma sera toujours la formation préparatoire du carré. Cependant les faces latérales devront légèrement déborder le front de tête, de façon à pouvoir facilement appuyer une offensive marquée vers l'avant. Le front arrière formera réserve en même temps qu'il préviendra toute attaque sur les derrières.

Marches de nuit. — On pourra être amené en pleine période des opérations à faire des marches de nuit, soit pour tenter une surprise ou pour faire une marche forcée dans de meilleures conditions. Dans ce cas, on devra généralement renoncer à la marche en carré. Tous les éléments de la colonne suivront la route. Les distances de l'avant-garde et des flanc-gardes seront considérablement réduites, parfois même supprimées. Il faudra éviter de faire marcher les convois la nuit, si une attaque est possible. Une alerte de nuit risquerait en portant le désarroi dans le convoi de supprimer les ressources de la colonne. Étant donnée la qualité inférieure des armes de nos ennemis et leur insuffisance dans le tir, la formation en carré, pourtant si vulnérable, serait recommandable dans toutes les régions de l'Afrique ; mais, à mesure que l'on descend vers l'équateur, la brousse devient plus dense puis fait place à la forêt vierge, impénétrable. Dès lors, il ne peut plus être question de marcher en masses profondes. Les colonnes doivent rester sur les sentiers et la marche en file indienne s'impose. La cavalerie devient dès lors inutile et l'infanterie avec parfois de l'artillerie compose seule les colonnes.

Ce n'est que par exception qu'il sera possible de marcher sur deux rangs et de diminuer d'autant la profondeur de marche. L'ennemi ne procède plus par attaques à fond et à découvert. En général armés de fusil, les hommes de la forêt se dissimulent au plus profond des taillis, dans les troncs d'arbre, voire dans des termitières. Dans ces embuscades improvisées ils attendent, le fusil armé et pointé, sur un coude de la route. Le premier ennemi qui paraît est immanquablement touché cependant que l'agresseur se terre ou s'enfuit. L'effet moral est considérable sur les hommes qui ne voient pas d'où partent les coups de feu. Il sera bon, en pareil cas, de faire fouiller les points suspects par des feux de salve.

Dans ces régions l'avant-garde sera poussée à très peu de distance du gros de la colonne. Le convoi, généralement formé de porteurs, sera solidement encadré par des sections de tirailleurs, l'artillerie sera tirée à bras ou portée sur des supports improvisés.

Procédé employé, en cas de sérieuse résistance. — Dans les cas exceptionnels, où la résistance des indigènes sera plus tenace, et leur armement plus perfectionné, il sera quelquefois indispensable pour éviter de grosses pertes de débroussailler la route sur une certaine étendue. On n'avancera que lentement et avec précautions, en faisant préalablement le vide dans le terrain en avant par des feux de salve et des obus à mitraille. Les indigènes seront en général découragés au bout d'un certain temps et tenteront d'organiser des lignes défensives pour arrêter la marche de l'ennemi. On ne peut demander mieux, car c'est alors le combat en ligne, et une offensive vigoureuse réussira presque à coup sûr. Les indigènes découragés ne s'opposeront plus dès lors à la marche avec autant d'acharnement. Ce procédé fut employé entre Dogba et les lignes de Kotopa. Une fois ces positions enlevées, il ne se trouva plus d'obstacles sur notre route. Ce procédé ne pourra toutefois être utilisé que dans les régions où la végétation, tout en étant intensive, n'a pas encore revêtu les caractères de la forêt vierge.

Remarque générale. — Il est bien entendu que les dispositions que nous venons de décrire ne s'étendent pas à toutes les reconnaissances que peuvent avoir à diriger, en Afrique, officiers et sous-officiers. Bien souvent ils seront détachés, soit pour faire la topographie d'une région, ou encore le recensement, et dans ce cas l'escorte n'étant plus qu'un porte-respect, la plupart des mesures précédemment recommandées, seront superflues. Cependant, dans certaines régions, comme le territoire militaire de Tombouctou, par exemple, la prudence la plus élémentaire exigera qu'on ne néglige aucune précaution. Les Touareg sont de grands enfants qu'il ne faut pas exposer à des tentations trop fortes. D'une façon générale, on devra être guidé par cette seule considération :

Viser à obtenir les résultats demandés avec le moins de fatigue et le plus de sécurité possible.

Colonnes par eau. — Dans certaines colonnes exécutées sur les rives du Niger, on a pu utiliser le transport par eau, qui, tout en ménageant les forces des tirailleurs permettait de les amener plus vite en des points déterminés. Mais, une fois arrivées sur le lieu proprement dit des opérations, les troupes étaient débarquées et l'on en revenait aux méthodes habituelles de marche et de combat à terre. Il n'y a donc pas lieu de développer spécialement les indications des mesures à prendre qui seront de simples mesures de police et de sûreté.

Du stationnement. — Pendant leurs stationnements, les troupes peuvent être bivouaquées ou cantonnées.

Du cantonnement. — Le cantonnement paraît préférable *a priori*, à cause des conditions meilleures de logement et du confortable qu'il assure aux hommes. Cependant avec des hommes comme les Soudanais ou les Sénégalais, beaucoup trop portés par instinct au « chapardage » sinon au pillage, il sera prudent de ne pas employer le cantonnement.

Si on l'utilise dans un village encore habité, on devra délimiter dans l'intérieur du village toute une zone autant que possible isolée de la partie réservée à la population habituelle. Il sera bon de placer des sentinelles, destinées à empêcher les soldats d'avoir des communications avec les indigènes.

Marchés. — Si on le juge à propos, on pourra autoriser les gens du village à venir vendre aux soldats des denrées ou des marchandises quelconques. Mais alors le *marché* se fera en un point désigné par le commandement, et sous sa surveillance directe. Le tirailleur adore aller au marché, et ce sera un excellent moyen de le récompenser et de le distraire.

Emplacements de combat. — En pays ennemi, les emplacements de combat des fractions constituées seront désignés sur les lisières des villages et les limites du cantonnement. L'usage des cases ne sera permis que pendant la journée et, la nuit, seulement en cas de mauvais temps. Les hommes coucheront, une fois le soleil tombé, à leurs postes de combat.

Cavalerie. — La cavalerie sera cantonnée à l'intérieur du village. Les chevaux, très robustes du reste, seront en général installés en plein air et, s'il est possible, à l'ombre de hangars ou de quelques arbres. Dans tous les cas, on s'efforcera de les tenir rassemblés et à la corde, pour faciliter la surveillance du pansage et le rassemblement en cas d'alerte.

Artillerie. — Les emplacements de l'artillerie seront choisis d'après le terrain; mais les canons seront toujours bien mis en évidence en raison du grand effet moral produit sur les indigènes.

Convoi. — Les bagages du convoi seront rassemblés sur une place à l'intérieur du village, en un endroit autant que possible dégagé et d'abord facile, pour rendre plus commodes les manipulations et le chargement, et aussi éviter les causes d'incendie. Les animaux du convoi seront parqués ou attachés, suivant les cas.

Service de sûreté. — Le service de sûreté sera assuré par un réseau de petits postes plus ou moins dense, suivant les risques d'attaque que l'on pourra courir. Les petits postes seront fournis, soit par une fraction désignée à tour de rôle, soit dans chaque fraction (section ou compagnie) suivant un tour établi.

Service de jour. — Si le nombre des Européens présents le permet, on mettra l'ensemble du service sous la surveillance de l'un d'eux. Ce ne sera qu'à défaut de blancs que l'on pourra désigner des gradés indigènes pour ce service de jour, le gradé de jour étant responsable de la sûreté générale. S'il y a lieu, on pourra même organiser un service de nuit auquel participeront tous les Européens.

Utilisation des propriétés défensives des localités. — Il arrive souvent, au Soudan comme dans les pays équatoriaux, que les villages ont une protection défensive : murs en terre — palissades — haies. Il est bien entendu qu'on devra tirer parti, dans la mesure du possible, de ces obstacles qui pourront être de solides points d'appui dans la défense.

Bivouac. — Le mode de stationnement le plus habituel est le bivouac. Dans un pays où, au moins en saison sèche, c'est-à-dire pendant la période active des opérations, les pluies sont extrêmement rares, il est souvent avantageux d'employer le bivouac.

Avantages. — Les hommes sont rassemblés dans un petit espace ; ils sont, par suite, mieux dans la main du chef, et sous sa surveillance immédiate. Ils sont prêts à la moindre alerte ; leur rassemblement peut se faire instantanément et sans bruit, avantages appréciables en colonne.

Du choix d'un bivouac. — On sera guidé par des considérations de deux ordres, sanitaires d'une part, militaires de l'autre.

Conditions sanitaires. — Il sera bon de choisir pour camper un terrain sablonneux, légèrement en pente, bien balayé par la brise, à l'abri des émanations de marais ou d'eaux plus ou moins fétides.

Conditions militaires. — Au point de vue militaire, on s'assurera un champ de tir aussi dégagé et aussi étendu que possible, et en général un certain commandement sur le terrain environnant, facilitant la surveillance. On tirera parti des bonnes positions militaires que l'on pourra rencontrer et des obstacles naturels qui seront quelquefois d'un sérieux appoint à la défense.

Utilisation du terrain. — Si on se déplace le long d'une rivière, une bonne disposition à prendre sera de choisir le campement tout près et appuyé au cours d'eau ; mais, dans ce cas, il faudra renforcer d'autant les faces du bivouac non protégées par l'eau pour n'y être pas culbuté par une charge impétueuse.

Formations de bivouac. Le carré. — La formation type du bivouac est la *formation en carré*. C'est en effet celle qui est la plus commode à prendre et en outre celle qui, pour une ligne de feux la plus dense, présente le maximum de surface disponible. Les sections disposées en ligne, généralement sur un rang, forment les faces. La *cavalerie* occupe les côtés du carré les moins directement menacés; ses chevaux sont rangés à la corde sur une ligne parallèle à la face occupée par les cavaliers. L'*artillerie* est placée aux endroits les plus favorables, généralement à deux saillants opposés du carré. Les *officiers* et leurs chevaux, les animaux du *convoi* et le convoi lui-même, le personnel des divers services de la colonne occupent dans le carré des places bien définies. Il est nécessaire que ces divers emplacements soient clairement désignés, car au bivouac le plus grand ordre est nécessaire si on veut éviter le trouble dans le service habituel et les désastres en cas d'attaque.

Installation du bivouac. — Pour l'installation au campement, le commandant de la colonne ou un officier détaché par ses soins se porte en avant avec quelques cavaliers. Arrivé à l'endroit choisi, il les place aux quatre coins du futur carré et c'est sur eux que les chefs de section se dirigent pour faire prendre leurs emplacements aux troupes. Généralement on adopte une fois pour toutes une formation type, où les places de chacun sont faciles à trouver, une fois le carré placé. C'est aux officiers à savoir modifier les détails d'exécution, suivant que les circonstances ou le terrain forcent à s'écarter du schéma habituel.

Type du bivouac d'une colonne de 2 compagnies, 1 escadron, 1 section d'artillerie, 1 convoi (fig. 25).

Dispositions de détail. On ne forme jamais les faisceaux, chaque homme garde son fusil auprès de lui.

Une disposition assez pratique pour forcer l'homme à avoir son arme toujours à portée et la préserver du contact du sol est de faire planter en terre par les hommes une petite fourche de bois sur laquelle on pose le canon du fusil, la crosse reposant à terre. Il sera pratique de faire placer en outre une seconde fourche en bois plus forte pour suspendre les cartouchières et l'équipement, quand les hommes sont autorisés à dormir sans les avoir sur eux. Ces deux dispositions facilitent le maintien de l'ordre en fixant matériellement aux hommes la place que chacun d'eux doit occuper.

Les cavaliers adopteront les mêmes mesures. Leurs chevaux sont à la corde derrière eux. Les selles, le paquetage et les objets de harnachement sont rangés sur une seule ligne. Les pièces d'artillerie seront toujours placées à portée du personnel qui les sert. Le matériel sera rangé dans l'ordre prescrit. Les mulets formeront une ligne en arrière des canonniers et conducteurs. Les bagages du convoi sont réunis en un parc, de façon qu'une seule sentinelle puisse en assurer la garde, surtout en ce qui concerne les munitions.

Les animaux du convoi, s'il y a lieu, seront parqués dans une clôture en épines placée à l'intérieur du carré ou à l'extérieur du côté le moins menacé.

Les Européens seront à l'intérieur à portée immédiate de leur troupe. Près du commandant se trouvera une forte garde de police

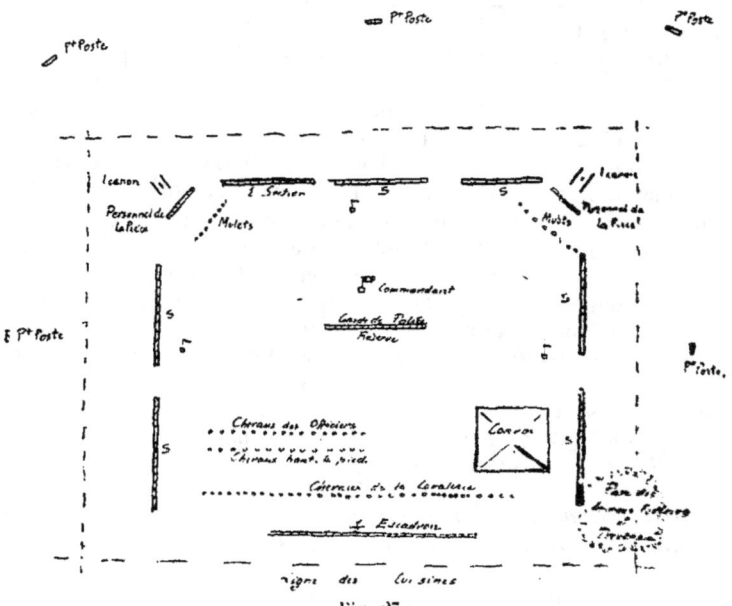

Fig. 25.

destinée aussi à servir de réserve dans sa main, en cas de besoin. Le service de jour sera organisé comme au cantonnement. Le service de sûreté se composera d'un réseau de petits postes et de sentinelles poussés plus ou moins loin. Dans tous les cas, on leur indiquera leur chemin de repli et on *préviendra les hommes du carré de l'emplacement des postes pour prévenir toute fusillade intempestive.*

Haies d'épines. — Abatis. — La formation en carré, telle que nous l'indiquons, sera généralement suffisante pour résister aux ennemis que d'ordinaire on rencontre au Soudan. Contre les Touareg, cavaliers excellents, audacieux et risque-tout, il faut redouter à tout instant des charges impétueuses contre lesquelles ne peuvent tenir que des troupes prévenues et calmes. Aussi est-il recommandé d'entourer toujours, autant qu'il est possible, les bivouacs de *haies d'épines*. Ces haies sont de véritables abatis de branches de mimosas aux piquants acérés. Lorsqu'elles présentent une épaisseur et une densité suffisantes, elles constituent un obstacle contre lequel viennent se briser les charges les plus désespérées. C'est le seul moyen, avec les réseaux de fil de fer, qu'on ait trouvé pour parer au sérieux danger que présenterait un mouvement offensif résolu d'une troupe de Touareg.

B). **Le combat.** — Il n'y a pas au Soudan, à proprement parler, de tactique unique de combat. Les dispositions prises au cours de la lutte sont évidemment différentes, suivant l'ennemi que l'on a devant soi, suivant aussi la région où on manœuvre. Chacune des différentes peuplades qu'on y rencontre, *Touareg, Soudanais* ou hommes *de la forêt*, a ses méthodes d'attaque et de défense particulières.

Il est certain cependant que notre armement perfectionné nous donne une supériorité morale incontestable dans tous les cas, et que nous devons en tirer parti pour pratiquer même dans la défensive momentanée, l'*offensive* la plus résolue.

Chez les Touareg. — Le pays du Touareg est le Sahara. Cependant quelques-unes de ses tribus sont descendues jusqu'au Niger où elles nous ont rencontrés. Les unes, après quelques combats malheureux, se sont résignées à se soumettre; les autres se sont retirées au Nord, dans la région des puits de l'Adghar et ne cessent de nous harceler. Son genre de vie particulier, son existence nomade et guerrière, ont fait du Touareg l'ennemi le plus redoutable que nous ayons rencontré. A travers les maigres pâturages du désert il erre constamment, bravant la faim et la soif. Pour occuper ses loisirs, il chasse. Rentré au campement il s'escrime au sabre ou lance le javelot. De temps en temps il part en guerre à quelques centaines de kilomètres de sa tente, pour aller attaquer un ennemi héréditaire, car les haines se conservent au pays touareg, véritables vendettas sahariennes. D'autres fois, l'unique but de ces raids est d'aller faire une razzia chez une tribu voisine. Le sentiment du droit des gens est limité dans son esprit au seul respect de leur force. Le vol et le pillage sont pour le Touareg un *sport* et on l'étonnerait fort à vouloir lui démontrer que les ghezzous qu'il organise ne sont qu'expéditions de brigandage. Il a un égal respect et une considération semblable pour les beaux coups d'épée et les vols habilement exécutés. Malheureusement pour eux, leur existence nomade ne se prête guère à une organisation quelconque. Il leur est difficile de se rassembler, par suite de l'éloignement de leurs campements; quand ils sont réunis, ils ne savent établir ni respecter aucune discipline sérieuse et durable. Sous la poussée d'un même sentiment, ils pourront se réunir en troupe soit pour une razzia ou même pour défendre leur pays contre l'étranger. Ils arrivent même quelquefois ainsi à de notables résultats, mais cet accord ne peut durer. Chacun en agit à sa guise, et, au premier échec, ou même simplement dès que le besoin de repos lui vient, chacun tire de son côté et rentre chez soi. Leur manque de cohésion permet en somme de les tenir facilement en respect.

Petites opérations de guerre contre les Touareg. — En général, les opérations de guerre que l'on aura à conduire contre les Touareg se borneront à des reconnaissances, à de petites colonnes contre telle ou telle tribu qui s'est signalée par quelque pillage trop hardi ou par une insoumission trop flagrante. Grâce à l'extraordinaire mobilité des Touareg, il arrivera souvent qu'un parti de pillards viendra dans les environs mêmes du poste où l'on se trouve enlever des troupeaux ou des hommes à des tribus amies. Il faudra réprimer immédiatement et sévèrement ces attaques, sinon l'audace de l'ennemi n'aura plus de bornes. La poursuite d'un ghezzou sera souvent inutile, à moins que son butin ne soit par trop considérable et gênant. Le plus souvent on laissera passer quelques jours ; puis brusquement on organisera à son tour un contre-ghezzou en utilisant des moyens analogues. Cette façon de procéder, la seule pratique, exigera des troupes exercées et entraînées aux fatigues du désert. Elle exigera aussi sinon l'emploi de méharis, du moins celui d'animaux de transport capables d'affronter le désert ; il faudra souvent en effet emporter avec soi tous les vivres nécessaires et quelquefois des approvisionnements considérables en eau. Les compagnies ou pelotons de méharistes que l'on a jusqu'à présent organisées n'ont pas bien réussi. Cela provient d'expériences prématurées et aussi parfois d'une méconnaissance absolue des conditions d'*existence*, d'*entretien* et d'*utilisation* du chameau, que le cadre restreint de ce chapitre ne me permet pas d'envisager en détail.

Dans tous les cas, je crois voir dans cette circonstance la cause qui a limité notre action vers le Nord et réduit notre action vis-à-vis des Touareg à une défensive passive qui les encourage. Cependant, même dans les conditions d'infériorité où nous met le manque d'instruction saharienne, les Touareg ont toujours un point faible où nous pourrons les atteindre. Le nombre des points d'eau est limité dans le désert et l'on est certain, en procédant par une série de marches cachées et par surprise de pouvoir les frapper en ces points. On pourra de la sorte leur enlever leurs troupeaux et des prisonniers, seul moyen de réduire à merci d'aussi fugitifs adversaires. L'organisation, la marche et la conduite de ces ghezzous demandent du reste une certaine habitude, un certain métier, que seule l'expérience peut arriver à donner.

Parfois les opérations que l'on aura à faire contre les Touareg prendront plus d'amplitude — et cela en particulier dans les grandes tribus qui nomadisent à la limite septentrionale du Soudan. — A l'instigation de chefs influents, des marabouts vénérés, il arrivera parfois que le ghezzou prendra plus de consistance et de valeur. C'est ainsi qu'on a vu parfois, surtout aux environs de Tombouctou, des rassemblements de 3 à 4000 guerriers.

Pour les combattre, on emploiera surtout de l'infanterie : la cavalerie seulement pour le service de sûreté, l'artillerie uniquement pour son effet moral.

Il faudra éviter de lancer sa cavalerie trop avant, et de la laisser s'engager contre la cavalerie adverse qui est *très supérieure*. En cas de choc, qu'elle se serve de son feu, non de ses sabres.

Jamais, en Afrique, une troupe de cavalerie indigène n'est arrivée à armes égales à battre les Touareg.

Il y aura rarement avec le Touareg occasion de combat en rase campagne. Il comprend trop l'infériorité de son armement et disparaît à notre approche. Cependant, en certaines circonstances, il arrivera qu'il attaque nos colonnes, ou qu'il résiste à leur effort.

Il attaquera toujours par surprise, par charges impétueuses et inopinées. Pour y parer, la première condition est d'avoir un service de sûreté bien organisé qui avertisse à temps, de façon à permettre de prendre la *formation en carré*. Sinon on résiste par le feu dans la position où on est. L'emploi du feu aura vite raison de cette furia, comme de toute tentative de défense, à condition cependant que le chef sache conserver tout son sang-froid et ménager ses cartouches. Il faudra mettre en garde les hommes contre les cris et les hurlements par lesquels le Touareg s'excite au combat, avec accompagnement de tabala.

La nuit il arrivera souvent pour attaquer les bivouacs. Une bonne haie d'épines suffira pour l'arrêter ; sinon, les hommes à genou et baïonnette au canon résisteront sur place.

2° *Au Soudan*. — Le guerrier soudanais est en général plus redoutable, malgré que ses qualités individuelles d'offensive et d'audace soient moindres. Nous avons déjà donné une idée de son caractère, de sa *bravoure* native, de ses qualités de *discipline*, en faisant la psychologie du tirailleur soudanais.

En dehors de ces caractéristiques, qui sont communes à presque toutes les populations de la zone soudanaise, elles disposent en outre d'un *armement* relativement perfectionné. De plus, un long passé de guerres leur a donné quelques traditions, quelques grands principes qui, sans être arrivés à leur former une tactique, leur ont inculqué du moins le sentiment de la *masse* et de la *cohésion*. De plus, le pays où les armées soudanaises se meuvent est généralement assez riche ; il présente des ressources abondantes en vivres et en eau, toutes conditions favorables à la formation, à la subsistance et à la mise en œuvre de groupes armés assez importants. Samory est arrivé à mettre en ligne de véritables armées de 8 à 10 000 hommes. Rabbah disposait au début d'au moins autant. Enfin le Mahdi put arriver à mettre sur pied des armées de plus de 100 000 hommes.

Les conditions de la guerre se rapprochent dès lors de celles de la guerre européenne. L'ennemi dispose en général d'une *cavalerie* bien remontée, très entraînée et très active. Son *infanterie* est solide au feu et très brave. Son artillerie se contente le plus souvent d'être bruyante ; cependant, en maintes occasions, des canons servis et pointés par des sofas nous ont fait subir des pertes sérieuses. Ces éléments sont en somme fort bons. Sous la conduite de chefs de valeur comme le Soudan en a vu si souvent émerger, ils offrent parfois une résistance considérable. Les conquérants ne sont pas rares au Soudan, qui ont passé des dix et quinze ans à faire la guerre, et à ravager le monde noir. Leurs troupes sont formées de soldats de carrière fatalistes et intrépides. L'habitude des coups de main, des razzias et même des batailles rangées leur a donné quelque peu le sentiment de *l'utilisation du terrain* et de la *manœuvre*. Cependant les conceptions tactiques de ces chefs sont le plus souvent élémentaires, et, à condition de ne pas vouloir soi-même faire par trop abstraction de la manœuvre et des grands principes tactiques, on arrivera aisément à triompher en bataille rangée. Si, au lieu d'essayer de manœuvrer son adversaire, on fonce sur lui sans préparation et sans réflexion, sa résistance sera dure. Souvent on devra renoncer à l'attaque ou bien la victoire coûtera très cher.

Au contraire, si on emploie contre lui des mouvements moins simples, si par exemple on tente une attaque dans un de ses flancs, ou que l'on menace sa ligne de retraite, il hésite, se démoralise, et lâche pied. En général, on n'aura pas avec les noirs à compter beaucoup avec les manœuvres qu'ils pourront exécuter. Ils n'ont pas comme nous le sens de l'offensive. S'ils attaquent, ce sera par surprise et en masse, mais, au cours du combat, ils ne songeront qu'à s'accrocher au terrain, sans imaginer d'autres mouvements plus compliqués. Dès lors, ce sera à nous à utiliser cette passivité. Grâce à elle, les points faibles de la défense seront faciles à trouver et à utiliser. Dès le moment qu'on aura pris l'initiative des mouvements, les noirs ne chercheront plus qu'à les repousser de front — sans imaginer qu'eux-mêmes pourraient se servir de mouvements analogues.

Enfin, malgré leur bravoure, ils ne savent pas se lancer à corps perdu dans l'*attaque décisive*. Ils songent jusqu'au dernier moment, lorsqu'ils sont armés de fusils, à se servir du feu. L'attaque à l'arme blanche leur est inconnue, et inversement l'effet des charges à la baïonnette résolues et sans tirer un coup de feu provoque en général, chez eux, la déroute irrémédiable et absolue.

Ce n'est que par exception qu'on aura à livrer aux Soudanais des combats en rase campagne; ils sentent bien leur infériorité et ne se hasardent à attaquer qu'à bon escient, lorsque leur supériorité numérique est très grande, ou quand ils occupent une position naturelle très forte — par embuscade. Même dans ces situations, à moins d'une infériorité numérique trop évidente, on pourra souvent se tirer d'affaire, sinon remporter un avantage, à condition de ne pas perdre son sang-froid, de savoir distinguer les points faibles de l'ennemi sur le front ou sur ses flancs et de se jeter dessus vigoureusement.

Le plus souvent le noir qui se méfie de lui-même et que nos manœuvres surprennent, préférera s'enfermer dans une place forte, à murs de pisé (*tata*) ou entourée d'une enceinte palissadée (*sanié*). Là du moins il n'a plus à compter avec ces mouvements imprévus qui le déconcertent, et le courage physique, individuel, reprend toute son importance.

Dans la plupart des luttes que nous avons soutenues contre des souverains soudanais, ils ont d'abord tenté de nous résister en rase campagne; convaincus bientôt de leur infériorité, ils en sont vite venus à s'enfermer dans une place forte préparée dès longtemps à l'avance, pourvue de moyens de défense abondants, et ravitaillée en eau et en grains; de sorte que l'objectif final d'une campagne s'est trouvé être la capitale de nos ennemis. D'autre fois, et c'est ce qui s'est passé avec Rabah, l'armée entière se mobilise à la rencontre de l'ennemi; mais, arrivée à bonne portée, elle s'arrête et construit rapidement une enceinte provisoire, le plus souvent palissadée. Dans tous les cas, la guerre se réduit dès lors à l'attaque d'une place forte en pays noir.

Pour enlever une place forte, on peut procéder soit par une *attaque brusquée* ou de vive force, soit par un véritable *siège régulier*.

Attaques brusquées. — Toute attaque d'une position doit être, autant que possible, précédée d'une *reconnaissance* des lieux. Elle sera plus ou moins rapide, suivant le temps dont on disposera, mais elle est indispensable pour éviter les embuscades et reconnaître les points faibles. Le chef devra y procéder lui-même, s'il le peut, car ce sera le meilleur moyen pour lui de fixer sa décision, conformément aux circonstances et au terrain.

Une fois le *point d'attaque* déterminé, on portera le gros de ses troupes et l'artillerie à proximité. La troupe sera divisée en deux parts, l'une qui sera chargée de l'*attaque*, de l'*assaut*, l'autre qui servira de *réserve* et qui sera tenue autant que possible à l'abri des feux ennemis. Il est indispensable de conserver toujours une réserve pour parer aux contre-attaques et soutenir l'effort des colonnes d'assaut.

Préparation de l'attaque. — A moins de vouloir tenter une *surprise absolue*, auquel cas le mouvement devrait se faire sans bruit et sans coup de feu, on fera précéder l'attaque d'une *préparation* par le *canon* ou par les *feux d'infanterie* s'il y a lieu (enceintes palissadées). Pendant qu'une pièce de canon, par exemple, arrose les abords du point d'attaque d'une grêle de projectiles, le restant de l'artillerie pourra battre en brèche un point faible de l'enceinte. En général, le canon de 80 mm de montagne, tirant l'obus à la mélinite, suffira pour ouvrir une brèche convenable.

La brèche faite, tout le monde se précipite au pas de gymnastique pour aller se mettre à l'abri des murs, dans l'angle mort que ces enceintes, généralement dépourvues de flanquement, présentent à leur pied. Alors, pendant que les meilleurs tireurs de la réserve surveillent la crête des murs, des travailleurs rendent la brèche praticable avec des outils portatifs ou des pétards de mélinite.

L'assaut. — Enfin le chef, qui de sa personne se trouve avec la colonne d'attaque, donne le signal de l'*assaut*, généralement suivi de la fuite de l'adversaire.

Si l'on a devant soi un *sanié*, il sera plus difficile d'y pratiquer une brèche avec le canon. Il faudra essayer de déraciner les palis avec des obus percutants.

L'action des feux d'infanterie servira utilement à faire dégarnir les abords du point d'attaque. On pourra, s'il est nécessaire, faire brèche avec des pétards portés à main par des hommes cachés derrière des boucliers de paille.

Sièges réguliers. — Devant des places plus fortes, il faudra parfois employer, à proprement parler, des *sièges réguliers*. Étant donné l'armement actuel des Soudanais, ces sièges seront entrepris dans des conditions sensiblement analogues à ceux du xviiie siècle. On fera de véritables lignes de *contrevallation*, rendues de place en place plus solides par des *bastions* ou des *ouvrages fortifiés*. L'artillerie qui sera installée dans ces ouvrages pourra comprendre non seulement du 80 mm de montagne, mais aussi des pièces de 90 mm et de 95 mm. On ne peut donner de règles générales à ce sujet. Il sera profitable de lire le compte rendu d'opérations de ce genre, comme le siège de Djenné par le général Archinard (attaque brusquée), ou celui de Sikasso par le colonel Audéoud. Cela donnera mieux que toute autre indication les renseignements nécessaires qui sortent du reste un peu du cadre étroit de ce chapitre.

Une particularité remarquable de ces sièges de places fortes, c'est qu'il y a encore dans l'enceinte un *réduit* de la défense, organisé, comme dernier centre de résistance. Il faudra souvent amener du canon pour vaincre l'acharnement désespéré des chefs qui se vouent à la mort, en résistant jusqu'au bout.

Un procédé important à connaître, qu'on devra toujours employer pour amollir la défense, et faciliter les désertions dans les rangs de l'ennemi : il faudra avoir soin de ménager dans le cercle des troupes chargées de l'attaque des trouées permettant un espoir de fuite aux défenseurs.

Contre les populations de la zone équatoriale. — L'aspect le plus général des pays de cette zone est la forêt vierge. Les arbres forment par leur réunion une barrière le plus souvent infranchissable. Les lianes entre-croisées, les broussailles de toute sorte rendent toute circulation impossible, en dehors des sentiers. Seuls, les indigènes savent à merveille se glisser parmi ces fourrés, s'évanouir instantanément au plus profond des bois. Des rivières nombreuses, au cours extrêmement sinueux, coulent de toutes parts. Les sentiers tracés par la main des hommes sont rares, et, à l'approche des villages, dans un but de défense, ils se divisent et se multiplient, dédales invraisemblables où l'étranger ne peut se retrouver. Les villages eux-mêmes sont dissimulés le plus souvent dans un recoin de la forêt ; c'est à peine si on les découvre en se trouvant face à face avec les enceintes palissadées qui les entourent.

Caractères des populations équatoriales. — Les hommes qui peuplent ces régions sont tout à fait près du type primitif. L'organisation sociale est des plus rudimentaires. Le sentiment de la famille est poussé assez loin chez eux, il est vrai ; leur esprit de solidarité s'étend jusqu'aux habitants d'un même village, quelquefois aux membres d'une tribu, mais il est bien rare que les villages se réunissent en confédération sous un chef plus ancien ou plus fort. Le plus souvent la guerre règne entre villages voisins. Cet état social est propre à développer leur tempérament guerrier, mais par la dispersion même des forces qu'il entraîne, il rend la résistance des noirs, qui dans un tel pays pourrait être invincible, moins redoutable.

L'armement primitif des populations équatoriales se composait surtout d'arcs et de flèches, de javelots, de lances et de couteaux de jet. Mais la proximité des côtes de l'Afrique occidentale leur a permis déjà depuis assez longtemps de changer ces armes contre des fusils de traite, à piston ou à pierre, quelquefois même à tir rapide.

Malgré tout, en pays découvert, la supériorité resterait écrasante à des troupes munies d'armes modernes perfectionnées, mais la brousse est extrêmement dense, et, dans la plupart des cas, nos adversaires se trouvent, par suite du terrain, dans des conditions d'armement sensiblement égales aux nôtres.

Procédés de combat des noirs. — Étant donnée la nature du pays et leur tempérament, l'attaque de ces nègres, quand elle se produira, se fera le plus souvent par surprise, ou au moyen d'embuscades. Ils savent merveilleusement tirer parti de la forêt, des accidents du terrain, pour organiser des traquenards contre leurs adversaires. Mais ils ne tiennent généralement pas longtemps, une fois leur coup de surprise fait, et ne résistent pas à une attaque vigoureuse à l'arme blanche. Comme pour les Soudanais, le sens de l'offensive n'est pas très développé chez eux, et, s'ils ont l'intention de combattre un adversaire européen avec acharnement, ils préféreront la défensive dans une position fortifiée généralement dans leur village le plus important.

Attaque des places fortes. — Nous retombons dès lors dans une situation analogue à celle que nous avons décrite au Soudan, avec ces différences que la *reconnaissance* est rendue très difficile par l'épaisseur des fourrés qui règnent parfois autour des villages. De plus, les enceintes sont presque toujours faites en *palissades*, contre lesquelles l'effet du canon est à peu près nul. Pour ouvrir une brèche il faudra souvent, au prix de difficultés et de dangers très considérables, aller porter des pétards. Un procédé usité au Congo belge consiste pour cela, ainsi que nous l'avons déjà dit, à faire porter en avant des sapeurs des fagots de broussailles ou d'herbes sèches, bouclier protecteur souvent suffisant.

La prise d'une enceinte fortifiée dans ces conditions ne sera pas sans coûter de grosses pertes. Les noirs se défendront avec d'autant plus d'énergie que chez eux il n'est pas fait de quartier aux vaincus. Là encore, il sera bon de laisser une *issue* par laquelle pourront s'enfuir les guerriers démoralisés.

Blocus. Investissement. — Il appartiendra au commandement de supputer si les résultats moraux et matériels acquis par une attaque de vive force compensent les pertes sensibles auxquelles il s'exposera.

Étant donné le mode d'alimentation des indigènes de la forêt, qui ne leur permet pas de faire des approvisionnements considérables de vivres, on pourra parfois essayer de prendre une place par le blocus et attendre que la faim ou la soif aient réduit nos adversaires à merci. Il faudra, bien entendu, pour cela disposer de forces suffisantes et établir autour de l'enceinte assiégée tout un système de travaux assurant l'investissement effectif dans les meilleures conditions.

Le plus souvent, après quelques épreuves malheureuses, les noirs renonceront à une action ouverte contre nous. Ils évacueront leurs villages et feront le vide de toutes parts, se contentant de tendre des embuscades à nos petits détachements et de massacrer les isolés. La guerre deviendra dès lors plus difficile et plus longue. On pourra essayer de tenir, ou au besoin d'anéantir les terrains de culture d'où ils tirent leur subsistance. Un autre procédé, si on dispose d'auxiliaires, sera d'essayer de les surprendre, ou de s'emparer de leurs femmes et de leurs enfants; mais ce procédé sera rendu très difficile par la connaissance profonde qu'ont les indigènes de leur pays et des cachettes qu'il peut offrir.

En général, comme dans tous les pays, où par sa nature le sol se prête par trop à la fuite et à la défense des habitants, il faudra compter surtout sur l'action progressive et constante d'une occupation prolongée, et essayer d'obtenir par la *politique* ce qu'on ne peut demander à la force.

L'armement de nos troupes en forêt devrait consister en mousquetons 1892 à chargeur et non en fusil modèle 1874.

C). **Les Comptes rendus.** — Toute reconnaissance ou colonne donne lieu à un *Compte rendu*, rapport d'ensemble sur les opérations et les résultats obtenus.

Un compte rendu se composera toujours de deux parties : le *rapport* proprement dit, et le *croquis* du chemin parcouru. Pour la *rédaction du rapport*, il n'y aura qu'à se reporter aux conseils généraux que donne le service en campagne. Comme, cependant, les reconnaissances auront souvent une durée assez longue, dans des territoires très vastes, on pourra adopter le plus souvent le type suivant :

Rapport du Lieutenant X..., sur la reconnaissance effectuée du... au...

  I. — *Ordres reçus.*
 II. — *Mesures d'exécution.*
III. — *Journal des marches et opérations.*
 IV. — *Résultats obtenus ou renseignements rapportés.*

Je me contenterai de ces indications générales, qui suffiront à donner à un rapport un aspect méthodique et logique, sans insister sur les qualités indispensables de clarté et de concision, dont tous les officiers connaissent les avantages de par leurs études antérieures.

J'insisterai par contre davantage sur les méthodes à employer pour *lever les itinéraires* et en faire la *rédaction*. Les reconnaissances dans l'Afrique occidentale se feront dans des pays sinon inconnus et non encore parcourus, du moins dans des régions sur lesquelles on n'a que des notions générales et à l'étude desquelles toute nouvelle contribution sera d'un grand intérêt. Il faudra donc veiller à ce que tout chef de colonne ou de reconnaissance, qu'il soit du reste officier ou sous-officier, rapporte de son expédition un levé d'itinéraire aussi exact et consciencieux qu'il est possible de l'exiger de la part de son auteur. Il est certain que l'on ne pourra pas demander d'un gradé dont l'instruction générale est restreinte les mêmes résultats que d'un officier. Cependant si on lui indique une méthode à suivre pour recueillir en cours de route quelques renseignements topographiques et autres, ces quelques matériaux, mis en œuvre après le retour au poste, par un chef qui possédera toujours plus de compétence, apporteront leur pierre à l'œuvre commune, faite de l'effort de tous.

Il y aurait évidemment avantage à ce que dans une colonne, par une sage répartition du travail, un officier soit exclusivement chargé de la topographie, mais il arrivera souvent que le chef sera le seul Européen de la colonne et dès lors il devra assumer, en plus de la conduite de sa petite troupe, la charge de s'occuper du levé du terrain. Il ne pourra employer que des méthodes d'une exactitude très relative et ses levés seront expédiés. En raison de ses occupations, il ne pourra dessiner le terrain sur la planchette ; il devra se borner à prendre des notes hâtives qu'il inscrira au moment des haltes horaires. Les deux seuls instruments dont il aura besoin seront en général une *boussole alidade* et *une montre*. Les tirailleurs arrivent au bout de peu de temps à adopter une allure de marche normale toujours à peu près uniforme. Les variations que pourra amener la nature plus ou moins sauvage des pays traversés ou les difficultés de la route seront faciles à apprécier avec un peu d'habitude. Dès lors, avec le secours de la montre, on arrivera facilement à évaluer les *distances parcourues*. La boussole donnera les *azimuts* remarquables que l'on notera en cours de route. Des observations sur la nature du terrain, rédigées pendant la halte en quelques mots, suffiront à rappeler l'aspect général du pays. Voilà pour ce qui concerne la *planimétrie*. Pour le *nivellement*, le travail sera plus compliqué. Un *baromètre altimétrique* sera d'un grand secours, car ses indications, sans être d'une vérité absolue, seront précieuses par leur exactitude relative.

La grande question sera dans ces levés d'apporter aux observations autant de méthode et d'exactitude que possible et surtout de la *régularité*.

Il sera bon de préparer à l'avance des *carnets d'observations* topographiques dont on n'aura, au moment voulu, qu'à garnir les colonnes. Nous croyons bon de donner ici, de mémoire, le tracé d'un de ces carnets proposé par le colonel Caudrelier alors qu'il commandait une des régions de l'ancien Soudan français.

DÉFINITION DU POINT D'ORIGINE DES VISÉES	POINT VISÉ	HEURE DE L'OBSERVATION	DISTANCE PARCOURUE	AZIMUTHS OBSERVÉS	INDICATIONS DU BAROMÈTRE	DIFFÉRENCE DE COTE	PETIT CROQUIS Observations sur la nature du pays
Coude de la route.	Grand arbre sur la route.	1ʰ 20	»	195°	765ᵐ/ᵐ	»	Terrain découvert. — Quelques rôniers.
Grand arbre sur la route.	Monticule de sable.	1ʰ 45	2000ᵐ	180°	765ᵐ/ᵐ	+ 4ᵐ	
Monticule de sable.	Thalweg d'un petit ruisseau.	3ʰ 10	1600ᵐ	190°	760ᵐ/ᵐ	+ 8ᵐ	

On pourra, comme dans l'exemple choisi, porter des indications sur le carnet à tous les points remarquables, ou bien, si la route est sensiblement droite et le pays découvert et uniforme se borner aux observations faites aux haltes horaires. Rien ne sera plus simple que de remplir ces carnets d'observations.

La vitesse de marche pour une troupe ordinaire peut être évaluée à 4 km à l'heure, y compris une halte horaire de 10 minutes.

Il arrivera parfois que les reconnaissances se feront par voie d'eau dans une embarcation européenne ou indigène.

Les observations se feront d'après la même méthode, mais, dans ce cas particulier, il sera plus difficile d'évaluer les vitesses de marche, qui dans les cours d'eau africains à l'allure torrentielle sont essentiellement variables. C'est là encore une question d'habitude.

On ne disposera pas toujours de boussole et de baromètre. On y suppléera dans la mesure du possible, au moyen d'observations du soleil, et de l'orientation relative de la route suivie. On devra tenir compte des particularités que présente la marche du soleil sous les tropiques et ne pas oublier que, pendant toute une partie de l'année, vers midi, il se trouve franchement au nord et non au sud, comme dans nos climats. Les indigènes, qu'on ne pourra assez consulter en cours de route sauront toujours indiquer de façon exacte l'endroit où le soleil se lève et celui où il se couche. Ils sauront aussi en général donner des orientations des routes suivies avec une exactitude relativement très grande. Dès lors on disposera d'assez d'éléments d'appréciation pour pouvoir, dans tous les cas rapporter des documents utiles.

Rédaction des levés. — En cours de route, il sera très bon de rédiger chaque jour, après l'arrivée à l'étape, l'itinéraire parcouru, en même temps que l'on mettra au courant le *Journal des marches* qui doit être tenu régulièrement dans tout détachement. Le souvenir est bien plus récent et plus frais de toutes les particularités de la route parcourue, et le « topo » obtenu y gagne une grande note de sincérité et d'exactitude

Mise au net. — La *mise au net* se fera seulement au retour au poste. Avant de rechercher le fignolage des traits et du dessin, on devra viser à l'exactitude scrupuleuse, en raison de l'intérêt que présenteront toujours de nouveaux travaux sur ces régions à demi inconnues. Il sera intéressant de reporter sur son itinéraire les particularités que l'on aura remarquées sur la géologie, la faune et la flore et de les compléter au besoin par une petite étude géographique.

Cartes par renseignements. — Le tracé des cartes par renseignements présentera beaucoup plus de difficultés que celui des itinéraires parcourus. Le topographe aura en effet à rapporter et à consigner, non pas le fruit de ses observations personnelles, dont il peut en somme toujours connaître l'exactitude approchée, mais les renseignements plus ou moins vagues, plus ou moins volontairement exacts d'indigènes dont on ne peut connaître les intentions. Ce genre de travail exigera un tact spécial, un doigté tout particulier, qui, chez certains officiers, atteint à la perfection. Les procédés employés seront du même ordre que ceux que nous avons indiqués pour recueillir les renseignements. Mais, là, il faudra serrer de plus près la vérité, car les tuyaux recueillis doivent se traduire par un document exact et non par des généralités. Il arrivera parfois sans doute, comme chez les populations sahariennes, et chez de rares individus d'une instruction plus relevée, que les indigènes pourront donner d'eux-mêmes une représentation exacte du terrain. Les Touareg traceront sur le sable de véritables cartes où les orientations seront scrupuleusement respectées, et les distances bien reportées. Dans ce cas, la mission du topographe sera bien simplifiée, puisqu'il n'aura qu'à faire une copie. Le plus souvent, on n'aura pas affaire à des informateurs aussi intelligents et instruits, et ce ne sera qu'en les pressant de questions méthodiquement suivies que l'on pourra obtenir des résultats.

On devra, si on le peut, choisir les informateurs parmi des gens que leurs occupations ou leur métier forcent à connaître parfaitement les routes dont on veut le tracé. Avant de les entamer, on devra s'enquérir de leur genre de vie, se faire, si possible, une idée de leur caractère, de leur optique particulière, en leur faisant décrire par exemple des routes que l'on a suivies soi-même. L'indigène se mettra de cette façon en confiance, surtout si on le traite avec bienveillance et qu'on ne cherche pas à le limiter. Il faut savoir souvent au milieu de bien des insanités reconnaître les parcelles de vérité. Peu à peu on l'amène au pays dont on veut particulièrement s'occuper, de façon à ne pas éveiller leur défiance, et alors, comme on a eu le temps de se faire aux petites manies de chacun, on arrive à obtenir le meilleur rendement.

Le renseignement qui vient d'un seul informateur ne peut être accepté pour exact, à moins d'avoir la confiance la plus absolue en lui, ce qui ne doit pas être. Il faut contrôler les dires d'un premier indigène par deux, trois nouvelles enquêtes dont on consigne soigneusement les résultats. La comparaison des documents obtenus, et même leur superposition permettra le plus souvent de tracer une carte approximativement exacte.

Les points principaux de l'interrogatoire devront porter : 1° *au point de vue de la planimétrie*, sur la longueur des distances séparant les points marquants, sur les principales directions à suivre, sur les cours d'eau, la nature des différents terrains traversés ;

2° *Au point de vue du nivellement* sur la valeur des accidents de terrain, et leur origine plus ou moins rocheuse ;

3° *Au point de vue du ravitaillement*, sur l'organisation et la population des villages, les ressources en vivres et en eau qu'ils peuvent présenter.

Enfin sur tous les points qui peuvent présenter quelque intérêt par rapport à la mission en vue de laquelle on recueille des renseignements.

Ces indications sont forcément très vagues. Seules l'habitude et l'expérience permettront de recueillir des renseignements avec fruit et d'en tirer le meilleur parti.

On ne saura apporter assez de scrupuleuse attention et de conscience à ces levés par renseignements, qui servent souvent de point de départ à des expéditions importantes.

CONSTRUCTION DES POSTES

Emplacement géographique. — Le choix de l'emplacement géographique est du ressort du haut commandement. En général, il sera déterminé par la nécessité de tenir un point *politique* important : centre des populations, capitale d'États plus ou moins organisés ; ou bien un centre *commercial* : point de raccord des grandes routes de caravane ou des voies de transit, ou encore centre de production *agricole ou industriel*. Il pourra encore être motivé par la nécessité d'occuper un point important sous le rapport *purement militaire* : col ou point de rétrécissement d'un fleuve, passage forcé des déplacements commerciaux et des exodes guerriers.

Emplacement topographique. — En général, en confiant à un officier la mission d'installer un poste, on lui précisera l'endroit qu'il doit occuper, ou du moins la zone de terrain dans laquelle il doit se trouver, en indiquant nettement les conditions que devra remplir ce poste, suivant que l'on estimera que les conditions de la défense devront l'emporter ou bien les avantages d'une installation confortable et large.

Reconnaissance du terrain. — Dans tous les cas, une fois pénétré des intentions de ses chefs, l'officier chargé de cette mission procédera d'abord à une *reconnaissance* approfondie de la zone qu'on lui a indiquée, pour se faire une idée nette de sa constitution topographique et géologique. Une fois ce travail préliminaire terminé, son attention se portera plus spécialement sur certaines positions remarquables. Dans l'examen qu'il devra faire de leurs différentes caractéristiques, il devra en premier lieu se préoccuper des *conditions sanitaires*. En second lieu, il devra envisager les *nécessités tactiques* qui, suivant les cas, devront primer les conditions sanitaires ou leur être subordonnées. Cependant il est de toute évidence qu'il n'y aurait aucun avantage à occuper une position incomparable au point de vue militaire, si, par suite de son emplacement défectueux sous le rapport sanitaire, il devait occasionner la disparition des officiers et gradés chargés de la défendre.

Conditions tactiques. — Il sera généralement avantageux

de choisir un point assez élevé, qui offre un certain *commandement* sur le pays environnant. La surveillance des abords du poste sera ainsi facilitée et par suite sa défense. Le *champ de tir* devra être de toutes parts aussi étendu que possible, de manière à tirer le meilleur parti de la longue portée de nos armes. Éviter d'installer le poste dans les abords immédiats d'une ville ou d'une agglomération. Ce serait une faute qui faciliterait les surprises et les trahisons. Le poste doit être à bonne portée de la ville, pour la tenir au besoin sous le feu de son artillerie, mais assez loin pour éviter l'infiltration forcée de la population civile et le relâchement consécutif de la discipline et de la surveillance.

S'il y a un fleuve, on installera le poste à proximité, et on dégagera les abords des rives de façon à avoir en tout temps accès à l'eau.

Lorsque l'eau sera fournie par des puits comme dans le Soudan central (Zinder, Sokoto), ce sera de bonne politique de s'installer à peu de distance de ces puits de façon à être soi-même facilement approvisionné, et à pouvoir, à un moment donné, couper l'eau à une population révoltée ou insoumise. Il vaudrait mieux avoir l'eau dans l'intérieur du poste, mais cette situation sera l'exception plutôt que la règle, étant données les conditions exigées, d'autre part, de commandement et de salubrité.

En général, il sera aisé, partant de cette base, de trouver un emplacement répondant au moins en partie aux conditions demandées.

Tracé du poste. — Une fois l'emplacement choisi, restera à déterminer le *tracé de l'enceinte*. Un tracé parfait serait celui qui permettrait, en renfermant toutes les constructions indispensables, d'utiliser au mieux tous ses fusils, et, s'il y a lieu, son artillerie. Il devra être réduit au minimum de façon à pouvoir en assurer au besoin la défense avec des moyens restreints, si, par exemple, on se trouve dans l'obligation d'envoyer une reconnaissance au dehors, ou de renforcer des points menacés.

L'étendue de l'enceinte sera évidemment déterminée par l'impor-

-tance des constructions qu'on y devra renfermer et par la nécessité d'assurer entre ces bâtiments des jours suffisants pour empêcher la confusion et permettre en tout temps les rassemblements et les mouvements intérieurs.

Le tracé se pliera au terrain tout en se rapprochant le plus souvent de la forme carrée qui pour une longueur d'enceinte minima donnera le maximum de surface utilisable.

Le flanquement sera assuré, s'il y a lieu, par des bastions ou des saillants. Il ne sera du reste bien nécessaire que dans le cas d'une enceinte fortifiée d'un certain développement et d'une certaine hauteur, présentant des angles morts.

Il sera quelquefois indispensable de pratiquer un *réduit intérieur*; ou du moins d'introduire dans le tracé un *cavalier défensif* permettant de défendre le poste avec quelques hommes seulement.

Nous allons étudier successivement le cas d'un *poste provisoire*, sorte de camp retranché qu'on est souvent amené à organiser, pour jalonner une ligne d'opérations et assurer ses communications, puis le cas d'un *poste définitif* destiné à assurer l'occupation d'une région.

Postes provisoires. — Ce seront souvent de simples camps ou bivouacs occupés par une colonne, dont on aura remarqué après coup les qualités plus particulières de défense, et dont on se contentera de renforcer les obstacles. L'enceinte sera formée d'une palissade de circonstance ou plus simplement d'abatis très denses, réunis et renforcés par des réseaux de fil de fer enroulés autour de pieux solidement fixés en terre.

Dans l'intérieur de l'enceinte, des bâtiments de fortune, élevés à la hâte avec les matériaux immédiats, serviront d'abris pour les troupes et les magasins de dépôt.

Dans les villages du Soudan, bâtis en terre sèche, il sera quelquefois pratique de se servir d'un groupe d'habitations formant réduit. Il faudra pour cela que ce groupe soit détaché du reste de la ville, qu'il occupe une position dominante, enfin qu'on puisse tenir facilement ses abords par le feu.

Dans ces conditions, on aura d'excellents réduits dont la défense sera beaucoup facilitée par l'importance de l'obstacle.

Dans les villages de l'Afrique équatoriale, on pourra de même tirer parti des saniés (enceintes palissadées) déjà existants.

Postes définitifs. — Suivant les moyens dont l'on dispose, et aussi les habitudes du pays qui ne sont que la résultante des matériaux existants, la construction de l'enceinte se fera en *murs de terre sèche*, ou en *palissades*.

1° *Construction des murs en terre sèche.* — Les Soudanais font leurs constructions en briques sèches, réunies par un mortier d'argile humide.

Les *briques* consistent simplement en des boules d'argile pétries à la main et exposées pendant quelques jours au soleil. Il est bien évident que, si on le peut, il vaudra mieux fabriquer des briques au moule, et même les faire cuire ; mais, pour les débuts et lorsqu'on n'a ni le temps ni les moyens d'employer ces procédés perfectionnés, on s'en tiendra aux méthodes indigènes qui permettent de regagner en rapidité d'exécution ce que l'on perd en solidité. Quelques jours d'exposition au soleil suffisent pour rendre les briques improvisées relativement dures. Le mortier employé pour les réunir, se composant uniquement d'argile mêlée à l'eau, on pourra immédiatement se mettre à l'œuvre.

Fondations. — On procédera donc au jalonnage du tracé, suivant le plan que la reconnaissance des terrains aura fait adopter, et on creusera les fondations. Suivant la résistance du sol, ces fondations seront plus ou moins considérables, mais il sera généralement suffisant de leur donner 1 mètre de largeur sur $0^m,60$ à 1 mètre de profondeur. Le tracé devra être soigneusement piqueté et indiqué avec des ficelles, car les indigènes n'ont nullement le sens des alignements. Les fondations creusées, on procède aussitôt à la mise en place des briques. Pour cela, on fait alterner une couche de banco (argile humide) avec une couche de briques sèches qu'on fait se pénétrer mutuellement. Les fondations sont ainsi construites tout d'abord, puis on procède à l'édification du mur lui-même d'après la même méthode. Il est prudent de ne pas élever le mur de plus de $0^m,40$ à $0^m,60$ à la fois, car il risquerait fort de s'écrouler. Cette hauteur atteinte, on le laisse sécher jusqu'à ce que sa solidité permette de superposer de nouvelles couches de briques et de banco. Il faut attendre en général de deux à six jours, suivant la saison. Les maçons adroits et accoutumés à ce genre de travail ne sont pas rares au Soudan, et, à condition de surveiller leur œuvre et d'assurer par soi-même le respect des lignes et de la verticale, on arrivera vite à construire une enceinte réellement forte. En effet, sous l'action du soleil, les murs durcissent toujours et arrivent à avoir dans certaines régions la dureté de la pierre.

Suivant les besoins de la défense on édifiera de même des bastions et des saillants que l'on pourra facilement pourvoir de meurtrières ou de créneaux.

2° *Palissades.* — Dans le pays où le bois est abondant, une excellente protection sera procurée par une *enceinte palissadée*. On choisira à cet effet de jeunes arbres de $0^m,10$ à $0^m,20$ de diamètre que l'on ébranchera et dont on égalisera à peu près la hauteur.

Puis, on creusera le long du tracé d'enceinte choisi un fossé destiné à servir de fondation dans lequel on enfoncera de 0ᵐ,50 à 0ᵐ,80 les arbres coupés. On les mettra jointifs autant qu'il sera possible, de façon à empêcher le passage des adversaires entre eux, tout en permettant de tirer à travers les interstices. Il faudra avoir soin de choisir pour cet usage des bois que leur essence mette à l'abri des termites et des autres insectes destructeurs, sous peine de voir au bout de peu de temps l'enceinte s'effriter et tomber d'elle-même.

Dans les pays équatoriaux, choisir, pour construire les palissades, des essences vivaces qui prennent racine et constituent, en quelques mois, une immense haie vive impénétrable.

Dans l'intérieur du poste seront rassemblés différents bâtiments comprenant en général :

A. *Logements pour les Européens.* — B. *Ambulance ou infirmerie.* — C. *Logements pour les indigènes.* — D. *Écuries.* — E. *Magasins.* — F. *Poudrière.*

Le plus souvent, afin de réduire la surface du poste, et d'augmenter par suite ses propriétés défensives, les indigènes mariés seront logés avec leur famille en dehors de l'enceinte. Une garde de police renouvelée tous les jours, avec le contingent des célibataires qui habiteront dans les bâtiments communs destinés à l'instruction et aux inspections des tirailleurs, sera presque toujours suffisantes pour parer aux dangers d'une attaque inopinée. Dans ce cas, les villages des tirailleurs seront tout à proximité des postes ; on pourra utilement les entourer d'abatis destinés à prévenir une surprise en masse.

Les paragraphes A, B, C, D et E des bâtiments des postes ayant été traités au chapitre VI, nous nous contenterons de parler de l'édification des poudrières.

F). *Poudrière.* — La poudrière, destinée à enfermer les approvisionnements en munitions de toutes sortes et en explosifs, sera construite si possible dans un endroit du poste éloigné de tout bâtiment habité.

Pour éviter une part des accidents que pourrait entraîner une explosion fortuite, on la construira en général d'après le système suivant. La poudrière elle-même sera un bâtiment en terre couvert en ergamasse. Tout autour on élèvera un véritable mur d'enceinte, premier obstacle aux explosions possibles. On la placera loin des constructions susceptibles de prendre feu.

Enfin, si la poudrière est destinée à contenir des approvisionnements assez considérables, la meilleure sauvegarde sera une surveillance constante exercée par une sentinelle spéciale, et une prudence jamais assez grande dans les manipulations et les diverses opérations de sortie et de rentrée des projectiles et explosifs.

Construction des ergamasses. — Les murs en terre sèche sont construits d'après les procédés que nous avons indiqués plus haut, au moyen de briques de terre durcie et d'argile délayée. On les élève à la hauteur où on veut installer le toit ou *ergamasse*. Pour construire une ergamasse au-dessus d'un bâtiment que nous supposerons de forme parallélipipédique, on commence par établir sur les murs du bâtiment une charpente solide formée de troncs de rôniers juxtaposés parallèlement et placés horizontalement. Au-dessus de la grille ainsi obtenue on dispose une surface continue formée par des petits bois coupés à une longueur correspondant à la distance qui sépare deux rôniers. Sur cette charpente on met des nattes que l'on recouvre de couches de terre successives empilées et fortement damées. Pour rendre ces toitures tout à fait imperméables à la pluie, on pourra recouvrir la surface des ergamasses, comme celle des murs, d'un enduit de bouse de vache, et leur donner une légère inclinaison aboutissant à des rigoles et à des gargouilles.

CHAPITRE X

ADMINISTRATION

Par M. le Commissaire principal des colonies Desbordes,
Chevalier de la Légion d'honneur

I. — SERVICES POLITIQUES ET DE GOUVERNEMENT

OBLIGATIONS ET DROITS DES PERSONNELS ÉNUMÉRÉS AU CHAPITRE IV

Gouvernement général. — Le Gouverneur général de l'Afrique occidentale française est chargé de la haute direction politique et militaire de tous les territoires dépendant du Sénégal, de la Guinée française, de la Côte d'Ivoire et du Dahomey. (Décret 17 octobre 1899.)

Son cabinet et les bureaux de son secrétariat, à Saint-Louis, centralisent toutes les affaires de politique générale ressortissant à ces diverses colonies. Un bureau spécial est chargé des questions militaires.

Gouvernements. — Le Gouverneur est le dépositaire de l'autorité du chef de l'État (Ordonnance organique du 7 septembre 1840). Il a les pouvoirs les plus étendus en matière administrative: il assure l'administration de la justice, est le chef suprême des diverses catégories de fonctionnaires; dispose, en vue de la défense, des forces de terre et de mer stationnées dans chaque colonie (Décret du 9 novembre 1904), arrête le budget local, etc.

Ses bureaux comprennent : un cabinet et un secrétariat, qui est en même temps le plus souvent celui du conseil d'administration.

Secrétariat général. — Au point de vue politique et administration générale, le secrétariat général est divisé en deux bureaux qui se partagent les attributions suivantes :

1er bureau, administration générale, cultes, cimetières, régime sanitaire, recrutement, colonisation, domaines, concessions, expropriations, mines, cadastre, industrie, commerce, agriculture, douanes, débits de boissons, contributions, postes et télégraphes, communes le cas échéant (Sénégal), casier administratif électoral, établissements dangereux, incommodes ou insalubres, contentieux, dons et legs, élections, brevets d'invention, consulats, police générale, prisons, relégation, réhabilitation, immigration, émigration, instruction publique, bourses, assistance publique, hospices, médecine et pharmacie, nantissement, naturalisation, presse, réunions publiques, loteries, recherches dans l'intérêt des familles.

2e bureau. — Approvisionnements, baux, marchés, adjudications, liquidation des factures des fournisseurs, phares, routes et canaux, ports et rades, pilotage, balisage, travaux publics, expédition et réception des fonds, visite des vapeurs du commerce, examen des mécaniciens, chemins de fer.

Sous les ordres du secrétaire général, des chefs de bureaux, sous-chefs et commis du cadre des secrétariats généraux forment le personnel de ces bureaux.

Affaires indigènes. — Ce service, d'une façon générale, est chargé des relations avec les populations indigènes. Il comprend une direction au chef-lieu de la colonie, des administrateurs des colonies et des agents du cadre des affaires indigènes dans les différentes circonscriptions de la colonie.

La direction donne l'impulsion première à tous les actes de la politique indigène, adresse des instructions aux régions, cercles et postes, centralise les rapports qui en proviennent. Au Sénégal, elle est chargée spécialement de la centralisation et de la régularisation de toutes les recettes et dépenses ressortissant aux budgets régionaux et, par suite, se préoccupe plus particulièrement de l'administration des territoires de protectorat.

Les principales attributions de la direction des affaires indigènes sont les suivantes : organisation des régions et des cercles, administration, recensement, police, missions, écoles indigènes, écoles des cercles, justice indigène, contrôle des détenus, villages de liberté, religions indigènes, étude des sectes religieuses musulmanes, travaux publics des cercles, routes et ponts, marchés, personnel des affaires indigènes.

Dans les circonscriptions territoriales, les administrateurs, les agents du cadre des affaires indigènes, les officiers des troupes coloniales, qui remplissent les fonctions de commandants de région, de cercle ou poste, sont les représentants directs du gouverneur, pour toutes les affaires politiques et administratives.

Leur situation rappelle celle des préfets et sous-préfets de la métropole, mais ils possèdent des attributions beaucoup plus étendues.

Les territoires sont généralement divisés en *Régions, Cercles et Postes*.

Commandant de région. — L'action du commandant de région doit s'exercer par un contrôle incessant sur l'administration des cercles, plutôt que par une action immédiate. Il fait des tournées aussi fréquentes que possible dans les cercles et postes relevant de son autorité, procède à des inventaires des magasins, vérifie les contrôles du personnel, examine la gestion financière, s'assure qu'aucune mesure vexatoire n'est adoptée à l'égard des populations indigènes, se rend compte des moyens de défense dont disposent ses subordonnés, est seul chargé des questions de politique extérieure, tient des fiches de renseignements pour les personnages importants de sa région. Il centralise les écritures des cercles et postes, annote les rapports politiques et transmet le tout chaque mois au gouverneur.

Dans le cas où il n'existe pas dans la colonie, ou dans une certaine partie de la colonie, de commandants de région, les commandants de cercle remplissent les attributions ci-dessus énumérées, en sus de celles qui leur sont propres.

Commandants de cercle ou de poste. — Le commandant de cercle représente l'autorité du gouverneur auprès des populations indigènes, il applique ses instructions sous la direction du commandant de région. Pour pouvoir mettre en œuvre l'initiative que comporte son rôle, il se préoccupe de toutes les questions intéressant son cercle, histoire et topographie, ethnographie, religions, mœurs et coutumes, ressources diverses.

Il s'efforce de connaître personnellement les chefs indigènes placés sous son autorité, et doit, tout d'abord, étudier les idiomes des peuplades qu'il administre. Il ne s'immisce dans l'administration indigène, dans leurs habitudes et leurs coutumes que pour mettre un terme aux pratiques contraires à notre civilisation.

Les chefs de village et de canton sont pour lui des auxiliaires et des intermédiaires précieux, qu'il doit employer au mieux des intérêts de notre occupation. Leur nomination doit faire l'objet de toutes ses préoccupations, il doit faire prévaloir les candidatures de ceux qui se montrent dévoués à notre cause.

Il est chargé de l'administration, de la justice indigène; règle par lui-même ou par un de ses agents les différends et les contestations. Il a intérêt à conserver aux chefs indigènes les attributions judiciaires qui leur sont conférées par la coutume, à la condition, toutefois, d'exercer à cet égard une surveillance étroite.

Il est chargé de la police générale de sa circonscription, surveille ou fait surveiller les indigènes dangereux ou réputés hostiles à notre cause et prend les mesures de prudence que la situation lui commande. Il tient des fiches de renseignements pour l'établissement des rapports politiques.

Son rôle est particulièrement important au point de vue de l'impôt. Il doit tout d'abord, dans cet ordre d'idées, se préoccuper du recensement de la population et faire ou faire faire de fréquentes tournées dans ce but. Puis il établit les rôles, les fait parvenir aux villages, et assure les recouvrements. Il agit de toute son influence pour obtenir, sans employer des mesures de coercition, la rentrée intégrale des contributions prévues.

Le commandant de cercle est officier de l'état civil, et remplit, le cas échéant, les fonctions d'officier de police judiciaire.

Au point de vue financier, il gère ou fait gérer par un de ses adjoints une agence spéciale.

Une de ses principales préoccupations est d'assurer une sage progression des recettes du budget local.

Pour les dépenses il ne peut sortir des limites des crédits mis à sa disposition, notamment en matière de travaux publics.

En vue d'assurer la sécurité et la tranquillité des territoires, le commandant de cercle a à sa disposition des gardes-cercles ou gardes régionaux. Lorsque des troupes régulières sont stationnées dans sa circonscription, il a le droit de les réquisitionner si les circonstances viennent à l'exiger.

Instruction publique. — Il existe à Saint-Louis du Sénégal une école secondaire spéciale sous la direction des frères de Ploërmel, où sont professés les cours de l'enseignement moderne classique. A cette exception près toutes les écoles laïques ou congréganistes des colonies de la côte occidentale d'Afrique sont des écoles primaires.

On peut passer au Sénégal les examens du certificat d'études primaires, et des brevets de capacité pour l'enseignement primaire comprenant le brevet élémentaire et le brevet supérieur.—

Les écoles professionnelles, installées principalement auprès des directions d'artillerie, préparent des ouvriers d'état.

Dans les écoles musulmanes qui sont fort nombreuses, les élèves apprennent à reconnaître et à tracer les caractères arabes, et à psalmodier les versets du Coran.

Cultes. — L'exercice à la côte d'Afrique des différents cultes reconnus par l'État a lieu dans les mêmes conditions qu'en France. Au Sénégal, les villes de Dakar, Gorée, Rufisque, Saint-Louis sont divisées en paroisses, gérées par des conseils de fabrique. Dans les autres colonies, des missions catholiques et protestantes célèbrent les cérémonies de leurs cultes respectifs. Elles sont la plupart du temps subventionnées par les budgets locaux. Le culte musulman est subventionné à Saint-Louis du Sénégal.

ADMINISTRATION.

En thèse générale, les croyances des indigènes sont scrupuleusement respectées.

Police. Gendarmerie. Prisons. — Ces trois services rentrent dans les attributions du secrétariat général que nous avons déjà énumérées. Ils sont organisés d'une façon complète au Sénégal, et d'une façon embryonnaire dans les autres colonies de la côte d'Afrique, où il n'existe pas d'ailleurs de gendarmerie. Des comités de surveillance des prisons sont institués à Saint-Louis et à Dakar. Sous les ordres d'un maréchal des logis chef, la brigade de gendarmerie du Sénégal comprend : 1 maréchal des logis, 1 brigadier et 12 gendarmes à pied.

Service sanitaire. — Des médecins arraisonneurs, des agents ordinaires de la santé (douaniers généralement) assurent le service de la santé à l'arrivée des navires. Des lazarets ont été installés notamment au cap Manuel près de Dakar. Des conseils et comités d'hygiène fonctionnent dans toutes les villes importantes.

Assistance publique. — Au Sénégal, à Saint-Louis, existent 1 hôpital militaire, 1 hospice civil et 1 dispensaire ; à Gorée, 1 infirmerie militaire et 1 infirmerie civile ; à Dakar, 1 hôpital militaire, 1 infirmerie civile et 1 dispensaire ; à Rufisque, 1 dispensaire.

Les autorisations d'admission à l'hospice civil sont délivrées par le secrétaire général du Gouvernement, sur la production du médecin chargé de l'hospice. Si le demandeur est sans ressources il doit produire, en outre, un certificat d'indigence délivré par le maire (communes du Sénégal).

Dans le Haut-Sénégal, en Guinée, à la Côte d'Ivoire, au Dahomey, au Congo, il existe des hôpitaux et ambulances du Gouvernement dirigés par les officiers du corps de santé des troupes coloniales, et où sont traités à la fois les malades militaires et les malades civils, ces derniers contre remboursement, ou gratuitement en cas d'indigence sur décision du gouvernement.

Le personnel subalterne des hôpitaux comprend des infirmiers militaires coloniaux et des sœurs infirmières de la congrégation de Saint-Joseph de Cluny. Ces dernières sont également chargées des dispensaires. Elles ont installé, en outre, dans tous les centres, des ouvroirs ou des asiles.

II. — SERVICES FINANCIERS

Définition. — Toutes les *dépenses civiles* et *de la gendarmerie* sont en principe, depuis le 1ᵉʳ janvier 1901, supportées par les *budgets locaux* des colonies (art. 33 de la loi du 13 avril 1900). Les *dépenses militaires* seules sont acquittées sur les fonds du *budget de l'État*. Pour faire face à ces dépenses, le *budget de l'État* aux colonies tire ses ressources du budget général des recettes de la métropole, mais ne bénéficie d'aucun impôt dans la colonie: le *budget local* réalise sur place des recettes diverses, telles que : taxes et contributions, droits de douane, patentes, impôt de capitation, produits du domaine, etc.

L'exécution du *budget local* d'une part, du *budget de l'État* d'autre part, est confiée à deux ordres de fonctionnaires : les *ordonnateurs* et les *comptables*.

Ordonnateurs. — Les ordonnateurs sont : pour le *budget de l'État* (dépenses militaires), le *chef des services administratifs militaires*; pour le budget local, le *gouverneur*, qui, dans la pratique, délègue toujours ou presque toujours ses pouvoirs en la matière *au secrétaire général de la colonie*.

Comptable. — Un seul comptable, le *trésorier payeur de la colonie* centralise, dans ses écritures, les comptes des deux budgets.

Services administratifs militaires. — Le chef des services administratifs militaires a sous ses ordres, pour l'accomplissement des divers détails du service, les bureaux des revues, des approvisionnements et travaux, des subsistances et enfin *des fonds*, où est effectué l'ordonnancement des dépenses liquidées par les précédents.

Bureau des fonds. — D'une façon générale, les questions traitées au bureau des fonds peuvent se résumer comme suit : Comptabilité en deniers. — Centralisation des recettes et des dépenses. — Formation des budgets et des comptes annuels. — Emplois des crédits. — Ordonnancement. — Tenue des comptes courants. — Virements.

L'ordonnateur peut déléguer ses pouvoirs à des sous-ordonnateurs afin d'assurer le service sur les différents points d'une colonie. C'est ainsi qu'il existe en Afrique occidentale des officiers du commissariat des troupes coloniales remplissant ces fonctions à Dakar, Kayes, Bobo-Dioulasso, Tombouctou, Zinder, sous la haute direction du chef des services administratifs militaires résidant à Saint-Louis.

Budget local. — Secrétariat général. — Le secrétariat général, dont nous avons examiné déjà en partie l'organisation au point de vue des affaires politiques, comprend, en outre, un *bureau des finances*, qui est l'organisme financier du budget local.

Bureau des finances. — Ce bureau est dirigé par des fonctionnaires du cadre des secrétariats généraux : chefs de bureau, sous-chefs et commis.

Ses attributions sont les mêmes d'une façon générale que celles du bureau des Fonds des services administratifs militaires. Elles sont toutefois plus complexes et plus étendues, en ce sens que le Bureau des finances centralise les recettes du budget local en même temps qu'il assure le paiement des dépenses, tandis que le bureau des fonds se préoccupe presque uniquement des seules dépenses.

Ces attributions du bureau des finances sont, en résumé, les suivantes :

Préparation des budgets et des comptes du service local ; ordonnancement des dépenses du personnel et du matériel des divers services civils de la colonie ; comptabilité coloniale ; contrôle des services financiers ; assurance ; enregistrement ; curatelle ; apurement.

Le gouverneur ou le secrétaire général délégué dans les fonctions d'ordonnateur peut sous-déléguer ses pouvoirs à des fonctionnaires du cadre des secrétariats généraux, en vue d'assurer la marche des services financiers dans les centres de la colonie.

Trésorier payeur. — Un trésorier-payeur est installé au chef-lieu de chaque colonie. Dans les villes ou postes où un service d'ordonnancement a été établi, le service du Trésor est assuré par des trésoriers particuliers ou des préposés du Trésor, relevant tous du trésorier-payeur de la colonie. Ces succursales font les mêmes opérations que la caisse centrale : *Encaissement des recettes. Paiement des dépenses. Service des bons et traites du Trésor et des mandats postaux. Comptabilité.*

Agences spéciales. — Dans les postes de toutes les colonies de la côte occidentale d'Afrique, des caisses spéciales, dites *Caisses d'agences spéciales*, ont été établies pour assurer le service des recettes et des dépenses en numéraire. Ces agences sont tenues soit par les commandants des cercles et postes, soit par leurs adjoints. Les opérations qu'elles effectuent et la comptabilité qu'elles établissent sont des plus simples. Généralement, en ce qui concerne les dépenses du personnel, elles paient seulement les indemnités et suppléments, les soldes étant réglées aux chefs-lieux d'ordonnancement par les bureaux des Revues et des fonds (personnel militaire) ou par le bureau des Finances (personnel civil).

Sous une série unique de numéros, l'agent spécial établit pour chaque recette et dépense un état, qui est enregistré sur un registre-journal. En fin de mois, ces pièces comptables sont réunies et transmises avec une copie du livre-journal au service de l'apurement du chef-lieu, qui régularise par l'établissement de mandats ou d'ordres de recettes.

Comment et où l'on peut se faire établir et payer un mandat de paiement à la côte occidentale d'Afrique. — 1° *Budget de l'État. Personnel militaire. Ordonnancement et mandatement* à Saint-Louis, Dakar, Kayes, Bobo-Dioulasso, Tombouctou, Zinder par les bureaux des Revues et des fonds des services administratifs militaires. — à Bingerville, Porto-Novo, Konakry, par le bureau des Finances du secrétariat général, qui agit en lieu et place des bureaux des services administratifs militaires.

2° *Budgets locaux. Personnels civils* à Saint-Louis, Dakar, Bingerville, Konakry, Porto-Novo, Libreville, Brazzaville, sur les fonds du budget local de chaque colonie, par le bureau des finances du secrétariat général. — à Bobo-Dioulasso, Tombouctou, Zinder, sur les fonds du budget autonome du Haut-Sénégal et Moyen-Niger, par le sous-ordonnateur des services administratifs militaires qui est en même temps sous-ordonnateur du budget autonome; — à Kayes, sur les fonds de ce même budget, par les bureaux de la direction du service local.

Banque de l'Afrique occidentale. — Décret du 29 juin 1901. Capital social 1 500 000 francs, en 3000 actions de 500 francs. Siège social à Paris. Succursales et agences à Saint-Louis, Dakar, Rufisque, Konakry. Doit étendre ses opérations à la Côte d'Ivoire, au Dahomey, au Congo, dans le Haut-Sénégal (Kayes), et dans les pays étrangers de la côte d'Afrique. Fait les opérations de toutes les banques, c'est-à-dire les opérations de prêt, d'escompte, de change et de dépôt. Prête sur récoltes pendantes, pendant les quatre mois qui précèdent la récolte, et seulement sur le tiers de la valeur estimative. Pour l'escompte deux signatures suffisent.

Émet des billets de banque de 500, 100, 25 et 5 francs remboursables à vue et reçus comme monnaie légale par les caisses publiques et par les particuliers. Le montant de ces billets ne doit pas excéder trois fois l'encaisse en numéraire.

III. — ADMINISTRATION DE LA JUSTICE

Nous avons examiné au chapitre IV l'organisation de la Justice, nous reste à étudier son fonctionnement.

Sénégal. — Une Cour d'appel. Deux tribunaux de première instance. Une Cour d'assises.

D'une façon générale ces tribunaux fonctionnent comme les tribunaux similaires de la Métropole.

Cour d'appel. — Est composée de : un procureur général chef du service judiciaire, un substitut du procureur général, un président, quatre conseillers, un conseiller auditeur.

Siège à Saint-Louis et comprend dans son ressort tous les territoires du Sénégal et du Haut-Sénégal et Moyen-Niger. Au civil comme au criminel ses arrêts sont rendus par trois magistrats.

Une chambre des mises en accusation a été instituée par décret du 11 août 1899. Elle se compose de trois magistrats désignés par le président.

La Cour connaît des appels : 1° en matière civile, de commerce et de douane; 2° en matière correctionnelle ou de simple police.

Il existe auprès de la Cour un greffier qui est en même temps greffier du Tribunal de première instance de Saint-Louis.

Tribunaux de première instance. — Un à Saint-Louis, un à Dakar. Composés de : un président, un procureur de la République, un lieutenant de juge, un juge suppléant. Le ressort du tribunal de Saint-Louis comprend : 1° Saint-Louis; 2° les postes du fleuve Sénégal; 3° les régions situées au sud du fleuve jusques et y compris N'Dande dans le Cayor. Le ressort du tribunal de Dakar comprend : 1° Gorée; 2° les territoires situés au sud de cette île; 3° les territoires situés au sud de N'Dande dans le Cayor.

Compétence de ces tribunaux. — 1° Toutes actions civiles et commerciales, en premier et dernier ressort, jusqu'à 1500 francs en principal ou 100 francs de revenu déterminé ; 2° toutes actions civiles et commerciales, au-dessus de ces chiffres, en premier ressort seulement, et avec faculté d'appel devant la Cour de Saint-Louis; 3° tous délits et contraventions ressortissant à la juridiction correctionnelle et à la juridiction de simple police.

Le lieutenant de juge remplit les fonctions de juge d'instruction. Le juge suppléant remplace les membres du tribunal absents ou empêchés, et peut, le cas échéant, remplacer le procureur de la République, dans ses fonctions de ministère public.

Un greffe est installé auprès du tribunal de Dakar.

Cour d'assises. — Composée de : 1° le président de la Cour d'appel, président ; 2° deux conseillers à la Cour ; 3° quatre assesseurs, choisis sur une liste de 40 à 60 notables établie en novembre de chaque année, par le procureur général, chef du service judiciaire de la Colonie ; 4° le procureur de la République. Le greffier de la Cour d'appel tient la plume. Le ressort de la Cour d'assises comprend tous les territoires du Sénégal et du Haut-Sénégal et Moyen-Niger.

Lorsqu'un jugement de la Cour d'assises a été annulé par la Cour de cassation, et que l'affaire est renvoyée au Sénégal, la Cour est reconstituée comme suit : le gouverneur président, deux magistrats n'ayant pas connu de l'affaire la première fois, et quatre assesseurs, un procureur de la République nouveau (celui de Dakar) ou le substitut, un greffier.

Les administrateurs de Sedhiou et de Bakel forment avec deux habitants notables de ces villes un tribunal qui peut juger les affaires correctionnelles et de simple police, du ressort de leur circonscription territoriale.

Justice musulmane. — A Saint-Louis, un tribunal et un conseil d'appel spéciaux règlent les contestations entre musulmans, en ce qui concerne l'état civil, le mariage, les successions, les donations et les testaments.

Les magistrats sont des musulmans, la loi appliquée est celle du Coran. Les musulmans ne sont pas obligés de soumettre leurs litiges à ces tribunaux ; ils peuvent, s'ils le désirent, évoquer l'affaire devant les tribunaux français.

Haut-Sénégal et Moyen-Niger. — Placé comme nous l'avons vu dans le ressort de la Cour d'appel, de la Cour d'assises du Sénégal, et du Tribunal de première instance de Saint-Louis. Cependant, pour rendre l'administration de la justice plus rapide dans ces territoires, il a été institué à Kayes, par décret du 15 mai 1889, *une justice de paix à compétence étendue.* Les fonctions de juge de paix sont remplies par le commandant du cercle de Kayes ; celles de procureur de la République, généralement par un des officiers du commissariat des troupes coloniales en service à Kayes.

Compétence. Au civil. — 1° Toutes affaires dévolues en France aux juges de paix, et toutes actions personnelles et mobilières jusqu'à une valeur de 1000 francs en capital, et 60 francs de revenu déterminé, en premier et dernier ressort; 2° toutes les autres actions, en premier ressort seulement et à charge d'appel devant le Tribunal de première instance de Saint-Louis. *En matière correctionnelle et de simple police*. — 1° Toutes les contraventions et les délits n'entraînant pas une peine supérieure à l'amende ou à 2 mois de prison, en premier et dernier ressort; 2° tous les délits entraînant des peines supérieures à celles ci-dessus indiquées en premier ressort seulement et à charge d'appel à Saint-Louis.

La procédure est la même que celle suivie par les justices de paix métropolitaines. Le juge de paix de Kayes remplit les fonctions de juge d'instruction pour les crimes commis dans les territoires du Haut-Sénégal.

Guinée française. Côte d'Ivoire. Dahomey. — Le fonctionnement de la justice dans ces trois colonies a été réglé par deux décrets du 6 août 1901 et 15 avril 1902.

Chaque colonie possède : *Un tribunal de première instance. Une Cour criminelle. Des justices de paix à compétence étendue. Un tribunal spécial. Des tribunaux indigènes.*

Un *Tribunal supérieur* est installé à Konakry.

Tribunal supérieur. — Composé d'un président et de trois juges. Les fonctions de ministère public sont remplies par le procureur de la République près le tribunal de Konakry ou par son substitut.

Le procureur de la république de Konakry est chef du service judiciaire de la Guinée, de la côte d'Ivoire et du Dahomey.

Ressort du tribunal supérieur : tous les territoires des trois colonies.

Compétence. — Appel de tous jugements rendus en premier ressort par les tribunaux de 1ʳᵉ instance et les justices de paix en matière civile, commerciale ou correctionnelle. Annulation pour excès de pouvoir, incompétence ou violation de la loi des décisions rendues en premier et dernier ressort par les mêmes juridictions.

Cours criminelles. — Compétence : tous crimes commis dans l'étendue de la colonie et toutes affaires déférées en France aux cours d'assises, lorsque les accusés sont des Européens ou assimilés, ou des indigènes des territoires annexés, ou bien encore lorsque les victimes de ces crimes sont l'une ou l'autre de ces personnes. Elles connaissent des mêmes crimes, à quelque nation qu'appartiennent les accusés, quand ils sont commis dans l'étendue du ressort des tribunaux de 1ʳᵉ instance.

Justice de paix à compétence étendue. — Dans les territoires placés hors du ressort des tribunaux de 1ʳᵉ instance, des justices de paix peuvent être instituées par arrêtés du gouverneur rendus sur proposition du chef du service judiciaire. Les administrateurs des circonscriptions territoriales remplissent alors les fonctions de juge de paix. Ces juridictions peuvent être supprimées par arrêté du gouverneur. Même compétence que les tribunaux de 1ʳᵉ instance.

Tribunaux de première instance. — Un par colonie. *Compétence* : 1° toutes affaires civiles et commerciales dans lesquelles sont intéressés des Français, Européens ou assimilés ou indigènes des territoires annexés, ou encore indigènes quelconques lorsque ceux-ci leur soumettent leur différend ; 2° tous délits et contraventions commis par les mêmes catégories de personnes. — *Ressort.* Déterminé par arrêté des gouverneurs, approuvé par le ministre des colonies.

Tous ces tribunaux (cour criminelle, justice de paix, 1ʳᵉ instance) ne peuvent prononcer d'autres peines que celles édictées par la loi française.

En cas de complicité, ils sont compétents pour juger avec des Européens les indigènes des territoires non annexés.

Tribunaux indigènes. — Connaissent des affaires civiles entre indigènes, et des délits et contraventions commis par ceux-ci envers leurs congénères. Dans les localités situées en dehors du ressort des tribunaux de 1ʳᵉ instance, les crimes des indigènes contre leurs congénères sont jugés par ces tribunaux. Les peines prononcées ne peuvent être des châtiments corporels. Les coutumes et usages du pays, hors cette exception, sont suivis pour l'application de la loi.

Les gouverneurs organisent les tribunaux indigènes par des arrêtés.

Tribunal spécial. — Composé du président du tribunal de 1ʳᵉ instance, de deux fonctionnaires et de deux notables indigènes.

Compétence. — Homologation, annulation, appel des jugements rendus par les tribunaux indigènes. La procédure à suivre est déterminée par arrêté du gouverneur.

Les gouverneurs peuvent autoriser la tenue d'*audiences foraines* dans les territoires de trois colonies. Dans ce cas, les juges présidents et les juges de paix à compétence étendue peuvent siéger dans toutes les matières de leur compétence sans l'assistance de greffier ni de ministère public.

Congo français. — 1° Deux tribunaux de 1ʳᵉ instance à Libreville et à Brazzaville, le premier ayant dans son ressort tout l'ancien Gabon et le littoral, le second toutes les régions du Congo et de l'Oubanghi ; 2° des juges de paix à N'Djolé, Loango, Mayumba, Ouesso, Carnot, Loukoléla, Bangui et Mobouje (les fonctions sont remplies par les administrateurs des circonscriptions territoriales, la compétence est restreinte); 3° un conseil d'appel pouvant se transformer en tribunal criminel et siégeant à Libreville.

Le chef du service judiciaire est un magistrat du rang de conseiller.

IV. — POSITIONS DIVERSES DU PERSONNEL — SOLDES INDEMNITÉS
(DÉCRET DU 25 DÉCEMBRE 1897)

1° *Des diverses espèces de solde et des dispositions auxquelles elles s'appliquent.* — Quatre espèces de solde : la solde d'activité, la solde de non-activité, la solde de disponibilité, la solde de réforme.

Activité. — La solde d'activité comprend : 1° la solde de présence; 2° la solde de permission; 3° la solde de congé; 4° la solde de détention; 5° la solde de captivité; 6° la solde de résidence libre.

Le droit à la solde d'activité commence : pour le personnel officier, du jour du décret de nomination; pour les fonctionnaires coloniaux nommés par le Président de la République, le Ministre ou les gouverneurs, de la veille de leur embarquement pour rejoindre leur destination; pour les fonctionnaires empruntés à d'autres départements ministériels, du jour où ils cessent d'être payés sur les fonds de leur département; pour les fonctionnaires et agents nommés dans les colonies, du jour où ils prennent leur service; pour le personnel dont la nomination a lieu à la suite d'un concours ou d'un examen, du jour où ils prennent rang, conformément aux dispositions particulières qui régissent le corps ou le service auquel ils sont affectés.

Les droits à la solde d'activité cessent :

Pour les officiers mis en non-activité ou en réforme, du lendemain du jour de la notification de la décision intervenue;

Pour les officiers ou fonctionnaires démissionnaires, du lendemain du jour de la notification de l'acceptation de leur démission; — pour les fonctionnaires licenciés par mesure disciplinaire, du lendemain du jour de la notification de la décision prononçant le licenciement ; — pour les fonctionnaires licenciés pour toute autre cause, du jour où ils cessent leurs fonctions ; s'ils ont droit au rapatriement, ils touchent leur solde jusqu'à leur embarquement, dans une limite maxima de 30 jours ; une indemnité spéciale de licenciement peut, en outre, leur être allouée par décision du Ministre ; — pour les officiers et fonctionnaires retraités, du jour de leur radiation des contrôles ; — pour les fonctionnaires empruntés à d'autres départements ministériels, du jour où ils quittent le service s'ils sont en France, ou du jour de leur débarquement au retour des colonies mais sous bénéfice, en ce dernier cas, de l'attribution du congé, auquel ils peuvent avoir droit.

La radiation des contrôles pour l'admission à la retraite a lieu : par application de la limite d'âge, le jour où les officiers ou fonctionnaires sont atteints par cette limite ; sur leur demande, du jour fixé par la décision qui les admet à la retraite ; d'office, par mesure disciplinaire, du lendemain du jour où ils reçoivent notification de la mesure qui les frappe ; d'office, pour cause de santé ou d'inaptitude à la date fixée par la décision.

Les officiers ou fonctionnaires en service aux colonies, et qui demandent à jouir de leur pension en France, continuent à percevoir leur solde d'activité jusqu'au jour exclu de leur débarquement en France.

L'officier ou fonctionnaire, appelé à remplir temporairement des fonctions attribuées à un emploi ou à un grade supérieur au sien, n'a droit qu'à la solde du grade ou de l'emploi dont il est titulaire. Cette disposition ne s'applique pas aux officiers ou fonctionnaires appelés à l'emploi, par intérim, des fonctions de gouverneurs, lieutenants-gouverneurs, secrétaires généraux ou magistrats. Ces intérimaires reçoivent des allocations spéciales. (Voir article 9 du décret.)

Solde de présence. — Comprend : 1° la solde d'Europe ; 2° la solde coloniale.

La solde d'Europe est due : — *a*) en France; *b*) de passage en France ou dans une colonie autre que celle dans laquelle ils sont appelés à servir pour les fonctionnaires se rendant à leur poste ou rentrant en France ou dans leur colonie d'origine; *c*) durant les traversées à l'aller comme au retour, et pour les voyages entre deux colonies.

En cas de disparition d'un bâtiment à la mer, le droit à la solde est arrêté le 61e jour à compter de la date des dernières nouvelles.

La solde coloniale est allouée pendant la durée des services aux colonies. Les évêques seuls continuent à la percevoir dans toutes les positions de congé régulier.

Les officiers ou fonctionnaires en mission dans la colonie à laquelle ils appartiennent, ou dans une autre colonie, ou dans un pays étranger hors d'Europe, reçoivent la solde coloniale. Cette solde est payée du jour du débarquement inclus au jour de l'embarquement exclu.

Les fonctionnaires, mis en quarantaine à l'arrivée dans la colonie où ils doivent servir, touchent la solde coloniale durant cette quarantaine. Lorsque la quarantaine a lieu en cours de voyage, ils continuent à recevoir la solde d'Europe. Dans les deux cas ils ne peuvent prétendre à l'attribution de l'indemnité de séjour.

Les gouverneurs ne reçoivent l'intégralité de leurs allocations que du jour de leur entrée en fonctions. S'ils sont remplacés, et qu'ils attendent dans la colonie l'arrivée de leur successeur, ils perçoivent, du jour de l'entrée en fonctions de ce dernier, jusqu'à leur embarquement, la solde d'Europe et l'indemnité de séjour réglementaire.

Solde de permission. — Durant 30 jours par an, avec solde coloniale aux Colonies et solde d'Europe en France. Cette durée peut être prolongée jusqu'à 45 jours, pour les permissions accordées en vue de se rendre d'une colonie en France. L'aller et le retour sont compris dans les 45 jours. La solde attribuée est la solde d'Europe.

Les permissions de 30 jours sont accordées par le Ministre, les directeurs de l'Administration centrale et les gouverneurs. Celles ne dépassant pas 15 jours sont accordées par les chefs de service.

Solde de congé. — Huit espèces de congés :

1° *Congés pour affaires personnelles.* — Durée : un an au maximum. 1 2 solde d'Europe pendant 6 mois seulement; accordés par le Ministre et exceptionnellement par les gouverneurs, ne peuvent jamais être transformés en congés de convalescence.

2° *Congés administratifs.* — 6 mois à solde entière d'Europe après un séjour consécutif de 2 ans dans le Haut-Sénégal, en Guinée, à la Côte d'Ivoire, au Dahomey et au Congo, ou de 3 ans au Sénégal.

La durée en est augmentée, dans la limite d'une année, d'un mois pour chaque période supplémentaire de séjour de 4 mois pour les premières colonies, et 6 mois pour le Sénégal.

Accordés par les gouverneurs. — Tous les titulaires de congés administratifs doivent passer la visite médicale avant leur embarquement dans la colonie.

3° *Congés pour examens.* — Aux officiers de santé employés aux Colonies à titre auxiliaire, à tous les officiers et fonctionnaires, venant en France, pour y subir des examens ou des concours nécessités par leur carrière.

Durée : 6 mois, solde entière d'Europe, avec faculté de prolongation de 6 mois à 1/2 solde.

Accordés par les gouverneurs.

4° *Congés de convalescence.* — A la suite de maladie épidémique ou endémique, ou de blessure reçue en service commandé.

Durée totale à solde entière d'Europe : 12 mois, par fractions successives de 3 mois. Les gouverneurs qui accordent ce congé peuvent accorder plus de 3 mois à la fois, sans toutefois dépasser 6 mois, sur avis motivé du Conseil de santé (Décret du 1er novembre 1899).

Pour toute autre cause qu'une maladie épidémique ou endémique ou une blessure reçue en service commandé, la durée des congés de convalescence avec solde entière ne peut dépasser 6 mois.

Après une année de congé, l'officier est placé d'office dans la position de non-activité pour infirmités temporaires. Le fonctionnaire peut obtenir deux nouvelles prolongations de 6 mois après avis du Conseil supérieur de santé des Colonies ; ensuite, s'il ne peut reprendre son service, il est mis à la retraite, s'il y a lieu, ou licencié, avec pension si la maladie est incurable.

Les fonctionnaires et agents, dont la solde est inférieure à 1 800 francs, reçoivent pour la durée de leurs congés de convalescence, jusqu'à concurrence de cette somme, une allocation complémentaire.

5° *Congés pour faire usage des eaux.* — Durée égale au double du temps passé dans les stations thermales, sans pouvoir toutefois excéder 2 mois. Solde entière d'Europe. Accordés par les gouverneurs et le Ministre, auxquels, le cas échéant, les demandes d'hospitalisation dans les établissements thermaux doivent être adressées.

6° *Congés pour servir au commerce, à l'industrie, ou auprès d'une puissance étrangère.* — Durée : 5 ans, sans prolongation ni renouvellement, sans solde. Accordés par le Ministre.

7° *Congés aux fonctionnaires métropolitains en expectative de réintégration dans leur département.* — Durée : 6 mois, solde entière d'Europe ; prolongation 6 mois, 1/2 solde. Sauf dans le cas de mesure disciplinaire. Accordés par les gouverneurs et par le Ministre.

8° *Congés spéciaux accordés aux officiers du corps de santé des Colonies pour suivre les cours de bactériologie.*

Solde de détention. — Demi-solde pendant la prévention ; rappel en cas d'acquittement. Perte complète de la solde pendant toute la durée de l'emprisonnement à la suite d'une condamnation.

Solde de captivité. — Tarifs spéciaux pour les officiers ; moitié de la solde d'Europe pour les fonctionnaires civils. Du jour de la prise par l'ennemi jusqu'au jour de la rentrée sur le territoire français.

Solde de résidence libre. — Spéciale aux officiers du commissariat et à ceux du corps de santé, qui, sans être en congé, ne sont pas pourvus de poste. Est égale à la solde d'Europe diminuée de la retenue de logement.

Non-activité. — La solde de non-activité est égale à la moitié de la solde d'activité en cas de licenciement de corps, de suppression d'emploi, de rentrée de captivité à l'ennemi, et d'infirmités temporaires, et aux 2/5ᵉˢ de la même solde en cas de retrait ou de suspension d'emploi.

Ne s'applique qu'au personnel officier régi par la loi du 19 mai 1844, et dans les conditions déterminées par cette loi. Les lieutenants, sous-lieutenants et assimilés reçoivent en cas de licenciement de corps, de suppression d'emploi etc., les 5/5ᵉˢ de leur solde au lieu de la moitié.

Disponibilité. — Situation spéciale aux gouverneurs non pourvus d'un poste. Solde déterminée par un tarif spécial, de 4000 à 10 000 francs selon les grades. Durée : 5 ans pour les gouverneurs ayant plus de 15 ans de services ; 2 ans pour ceux ayant moins de 15 ans.

Réforme. — Situation spéciale au personnel officier d'après les lois des 19 mai 1844 et 17 août 1879.

1° **Accessoires de solde.** — a). *Suppléments* : *de fonctions*, spécial aux fonctions, dû pour leur durée effective, fixé par des tarifs spéciaux ; *de résidence dans Paris*, aux officiers et fonctionnaires pourvus d'un emploi à Paris, dû pour la durée de la présence effective ; *d'ancienneté de grade*, aux commissaires de 1ʳᵉ classe et aux médecins-majors après 12 ans de grade.

b). *Indemnités* : *de rassemblement*, dans les villes où existent des rassemblements extraordinaires de troupes, à cause de la cherté des vivres ; tarifs spéciaux ; payée aux officiers et fonctionnaires civils; *de responsabilité aux comptables des matières*, chargés d'un magasin ou d'une section de magasin, payable 7/10⁰ˢ mensuellement, et 3/10ᵉˢ après vérification des comptes à Paris; *pour frais de bureau*, en nature ou par des allocations annuelles à titre d'abonnement payées aux titulaires du jour de leur entrée en fonctions, l'intérimaire ne la perçoit qu'en cas de vacance d'emploi; *pour perte d'effets*, variable avec les grades et emplois, payée pour une perte totale, ou pour perte partielle d'effets, en service commandé, par suite de circonstances de force majeure, en vertu d'une décision spéciale du Ministre; *de premier établissement des gouverneurs et évêques*, variable avec les colonies, payable intégralement pour un premier départ, mais la moitié étant remboursable si le séjour dans la colonie ne dure pas une année; pour un deuxième départ, le 1 5ᵉ seulement est payable; *de représentation*, aux gouverneurs; variable avec les colonies et les postes occupés, allouée pendant la durée de la présence dans la colonie, majorée d'une indemnité journalière en cas de déplacement pour le service; *de chauffage et d'éclairage*, en France et à Saint-Pierre et Miquelon, mais non à la Côte occidentale d'Afrique.

2° **Privation de solde, retenues, délégations.** — a). Privation de solde. L'officier, fonctionnaire ou agent absent de son poste, sans autorisation, ne reçoit aucune solde pour la durée de son absence. Il en est de même, lorsque se rendant à son poste il y arrive après l'expiration des délais fixés par sa feuille de route. Les gouverneurs peuvent infliger par mesure disciplinaire, et provisoirement jusqu'à ce qu'une décision du Ministre intervienne, des retenues de solde pour une période ne dépassant pas 3 mois.

Les suspensions d'emploi entraînent toujours privation de solde.

b). *Retenues de solde pour le service des pensions.* — Pensions militaires : 5 ⁰/₀ sur la solde d'Europe et coloniale et accessoires pour les officiers et assimilés; 5 ⁰/₀ pour le personnel n'ayant pas rang d'officier, mais assimilé pour la pension. — *Pensions civiles* : Loi du 9 juin 1853. 5 ⁰/₀ sur la parité d'office ou la solde d'Europe, jamais sur le supplément colonial et retenue du premier douzième, lors de la nomination et lors des augmentations successives.

Les fonctionnaires dont les emplois ne donnent pas droit à une pension de l'État (fonctionnaires locaux nommés par le gouverneur) ne subissent sur leurs soldes aucune retenue de cette nature.

Retenue d'hôpital. — L'officier ou fonctionnaire en traitement à l'hôpital continue à percevoir sa solde, mais subit sur son montant une retenue journalière fixée par des tarifs spéciaux mais dont la quotité ne doit pas être supérieure à la moitié de ladite solde. Cette retenue est opérée du jour inclus de l'entrée à l'hôpital jusqu'au jour exclus de la sortie. On peut être reçu à l'hôpital dans les mêmes conditions, au cours d'un congé ou d'une permission, sur la présentation du titre de congé ou de permission.

Retenue de logement et d'ameublement. — Les officiers et fonctionnaires logés et meublés aux frais de l'État ou de la colonie supportent une retenue, déterminée dans des tarifs spéciaux, même s'ils n'occupent pas le logement qui leur a été assigné ou ne font pas usage des meubles fournis.

Retenues pour dettes envers l'État. — Signalées par le service qui ordonnance, peuvent être reprises à raison du cinquième de la solde brute, après vérification du livret et si l'intéressé ne conteste pas les indications portées à ce livret. Dans le cas contraire, il doit y avoir demande de renseignements au service auquel appartenait le fonctionnaire lors de l'origine de la dette.

Retenues au profit des tiers : Pour aliments. — Prescrite par le Ministre, dans les conditions des articles 203, 205, 206, 207, 214 et 259 du Code civil, cette retenue est indépendante de toute autre que l'officier ou le fonctionnaire peut déjà subir ; — cinquième de la solde : *Pour dettes envers les particuliers.* — Ces retenues ont lieu en vertu d'oppositions judiciaires faites entre les mains des trésoriers généraux et particuliers ou, à Paris, entre les mains du conservateur des oppositions au ministère des finances. Pour les traitements inférieurs à 2000 fr., une intervention du juge de paix du domicile du débiteur saisi est nécessaire. La retenue ne peut dépasser le cinquième de la solde.

En cas où des retenues sont opérées à la fois pour l'État et pour des tiers (aliments et dettes), la retenue peut atteindre les deux tiers du traitement colonial et la moitié de la solde d'Europe. La retenue pour aliments est alors payée intégralement, les dettes envers l'État sont ensuite remboursées ; les tiers reçoivent le disponible qui peut rester.

Délégations. — Retenue de la moitié de la solde coloniale qui est ensuite payée en France aux parents au profit desquels la délégation est souscrite. (Voir chap. v, par. 4.)

Contrôles. — *Règles générales des paiements. Livrets de solde. Réclamations.* — Les soldes et les accessoires de solde se décomptent par mois à raison de la douzième partie de la fixation annuelle, et par jour, à raison de la trentième partie de la fixation mensuelle.

La solde et les accessoires se paient *par mois* et *à terme échu*.

Il n'est jamais consenti d'avances sauf lors des départs pour les colonies. (Voir chap. v, par. 3.)

La situation des officiers et des fonctionnaires est suivie par les administrations dont ils dépendent : en France, par le ministère et les services coloniaux des ports ; aux colonies, par le secrétariat général, pour le personnel civil, — par les services administratifs militaires pour le personnel militaire.

Ces différents services tiennent les contrôles du personnel et y inscrivent toutes les mutations qui se produisent.

L'officier ou fonctionnaire doit se présenter une fois par mois au jour indiqué au bureau compétent pour signer l'état d'émargement ou retirer son mandat de paiement individuel.

Chaque officier ou fonctionnaire est muni d'un livret qui est destiné à constater sa situation financière chaque fois qu'il change de position. Les inscriptions portées sur ces livrets par les services compétents sont des plus importantes.

Ne jamais reprendre son livret sans relire les apostilles qui viennent d'y être portées et sans se bien rendre compte de leur exactitude. Ne pas hésiter à en demander la rectification.

Les livrets sont la propriété des fonctionnaires et officiers auxquels ils sont remis lorsqu'ils sont terminés. Ils comprennent un nombre de pages déterminé, qu'il est interdit d'augmenter par des adjonctions de feuillets supplémentaires.

Lors d'un départ se présenter toujours au service chargé de l'administration du personnel auquel on appartient, et retirer son livret. A l'arrivée, se présenter au même service et déposer son livret. Ces deux visites sont indispensables et absolument réglementaires.

En cas de perte d'un livret, le titulaire en fait la déclaration par écrit au fonctionnaire chargé de payer sa solde. Il mentionne dans cette déclaration, et sous sa responsabilité, la date à laquelle il a cessé d'être payé et les indications propres à préciser sa situation financière.

Les réclamations relatives à la solde et aux accessoires de solde doivent être adressées aux fonctionnaires chargés de la liquidation, puis, après réponse de ceux-ci et, s'il y a lieu, à ceux chargés de l'ordonnancement, et enfin au Ministre par la voie hiérarchique.

ADMINISTRATION. 221

Dans ce dernier cas, les réponses reçues précédemment doivent être jointes à la réclamation.

Les réclamations doivent être remises *ouvertes* aux chefs de ceux qui les formulent.

Les gouverneurs et les chefs de service des ports peuvent retarder pendant 8 jours la transmission d'une réclamation. Si l'auteur de cette réclamation persiste dans sa détermination, ils opèrent la transmission en ajoutant leurs observations. Ils avisent l'auteur.

V. — TARIFS DE SOLDE

GOUVERNEURS, ADMINISTRATEURS COLONIAUX; AGENTS DES AFFAIRES INDIGÈNES

GRADES	SOLDE D'EUROPE	SOLDE COLONIALE	SUPPLÉMENT DE RÉSIDENCE DANS PARIS	OBSERVATIONS
	Fr.	Fr.	Fr.	Pour les gouverneurs, les frais de premier établissement et les frais de représentation varient avec les colonies.
Gouverneur général	25.000 »	50.000 »	2.608 80	
Gouverneur :				
1re classe	15.000 »	30.000 »	1.515 60	
2e —	12.500 »	25.000 »	1.515 60	
3e —	10.000 »	20.000 »	1.515 60	
Administrateur en chef :				1er établ. Reprs
				Fr. Fr.
1re classe	»	16.500 à 17.000	1.215 20	Gouv. génér. 10.000 20.000
2e —	»	15.000 à 16.000	1.080 »	Guinée. . . . 6.000 10.000
Administrat. :				Côte d'Ivoire. 6.000 10.000
1re classe	»	13.000 à 14.500	1.080 »	Dahomey. . . 6.000 10.000
2e —	»	11.000 à 12.500	1.080 »	Congo. . . . 8.000 15.000
3e —	»	9.000 à 10.500	1.080 »	Les soldes d'Europe des administrateurs sont fixées d'une manière uniforme à la moitié des soldes coloniales.
Administrateur adjoint :				
1re classe	»	8.000 à 9.000	756 »	
2e —	»	6.500 à 7.500	756 »	
3e —	»	3.000 à 6.000	741 60	
Adjoint. 1re cl.	»	4.800 » (a)	»	
— . 2e —	»	4.200 »	»	(a) Ces soldes sont données à titre d'indication : elles varient généralement avec les colonies.
Commis. 1re cl.	»	3.600 »	»	
— . 2e —	»	3.000 »	»	
— . 3e —	»	2.700 »	»	

SECRÉTARIAT GÉNÉRAL

	SOLDE D'EUROPE	SOLDE COLONIALE
	Fr.	Fr.
Secrétaire général de 1re classe	9.000 »	18.000 »
— 2e —	8.000 »	16.000 »
Chef de bureau de 1re classe	4.000 »	Les soldes coloniales de ce personnel sont fixées par des arrêtés du gouverneur pour chaque colonie.
— 2e —	3.500 »	
Sous-chef de bureau de 1re classe	3.000 »	
— 2e —	2.500 »	
Commis principal	2.000 »	
Commis de 1re classe	1.750 »	
— 2e —	1.500 »	
Écrivain de 1re classe	1.250 »	
— 2e —	1.000 »	

PERSONNEL MILITAIRE — SOLDE, INDEMNITÉS

Officiers.

GRADES	SOLDE DE FRANCE MENSUELLE	SOLDE COLONIALE MENSUELLE
	Fr.	Fr.
Général	1.050 »	2.215 »
Colonel	678 »	1.065 »
Lieutenant-colonel	519 »	885 »
Chef de bataillon	450 »	755 »
Capitaine 1er	417 »	507 »
Capitaine 2e	333 »	455 »
Lieutenant 1er	225 »	408 »
Lieutenant 2e	210 »	381 »
Sous-Lieutenant	195 »	384 »

Sous-officiers et soldats.

GRADES	SOLDE JOURNALIÈRE	HAUTE PAIE MENSUELLE	PRIMES D'ENTRETIEN	PRIMES DE RENGAGEMENT
	Fr.	Fr.	Fr.	Fr.	Fr.
Adjudant	2 65	1 15	48 »	de 400 à 1.000	de 600 à 2.000
Sergent	» 95	1 10	36 »		
Caporal	» 45	1 »	24 »	de 180 à 1.200	
Soldat	» 28	» 65	»		

ADMINISTRATION.

PERSONNEL DE LA JUSTICE

	SOLDE D'EUROPE	SOLDE COLONIALE
Sénégal.	fr.	fr.
Procureur général	7500. »	15000. »
Président de la Cour d'appel	6000. »	12000. »
Conseillers	4000. »	8000. »
Conseillers auditeurs	2500. »	5000. »
Juges-Présidents. — Saint-Louis	3500. »	7000. »
— Dakar	3000. »	6000. »
Procureur de la République. — Saint-Louis	2750. »	5500. »
— Dakar	3000. »	6000. »
Guinée. — Dahomey. — Côte-d'Ivoire.		
Procureur de la république de Konakry. — Chef du Service judiciaire des trois colonies	8000. »	16000. »
Président du Tribunal supérieur de Konakry	6000. »	12000. »
Juges au Tribunal supérieur, juges-présidents des tribunaux de première instance, Procureur de la République	5000. »	10000. »
Substitut du Procureur à Konakry	3500. »	7000. »
Juges suppléants des Tribunaux de première instance	3000. »	6000. »
Greffiers	2250. »	4500. »
Congo français		
Président du Conseil d'appel	7000. »	15000. »
Juges-présidents et Procureur de la République	5000. »	9000. »
Greffier notaire	2000. »	4500. »

PERSONNEL DES CULTES

	SOLDE D'EUROPE	SOLDE COLONIALE
	fr.	fr.
Préfet apostolique	3000. »	6000. »
Desservant	1400. »	5000. »
Vicaire	1400. »	5000. »
Indemnités aux aumôniers	»	1000. »
Pasteur protestant	1400. »	6000. »

RETENUES D'HÔPITAL.

	MONTANT DE LA RETENUE PAR JOUR.	
	en France.	aux Colonies.
	Fr.	Fr.
Gouverneurs	5. »	10. »
Officiers généraux	5. »	10. »
Officiers supérieurs	4. »	6. »
Capitaines	2.60	4.50
Lieutenants	2. »	4. »
Sous-lieutenants	1.50	3. »
Personnel des secrétariats généraux, administrateurs, agents des affaires indigènes, trésoriers, magistrats, clergé, garde-magasins et comptables, fonctionnaires et agents des divers services locaux.		
Traitements d'Europe : 7.001 fr. et au-dessus	5. »	10. »
3.001 à 7.000 fr	4. »	6. »
2.501 à 3.000 —	2.60	4.50
1.801 à 2.500 —	2. »	4. »
1.401 à 1.800 —	1.50	3. »
1.001 à 1.400 —	1.25	2.50
1.000 fr. et au-dessous	1. »	2. »

CHAPITRE XI

TRANSACTIONS COMMERCIALES — DOUANES
DOMANIALITÉ
ET CONCESSIONS TERRITORIALES
RÉGIME MINIER

AU SÉNÉGAL, A LA GUINÉE, A LA COTE D'IVOIRE, ET AU CONGO FRANÇAIS

Par M. le Commissaire principal des colonies DESBORDES
Chevalier de la Légion d'honneur.

I. — COMMERCE

Vue d'ensemble. — Les maisons de commerce dont l'énumération est donnée chapitre XVIII ont toutes leur siège central soit au chef-lieu de la colonie dans laquelle elles accomplissent leurs opérations, soit dans les ports principaux de cette colonie.

A l'intérieur, dans les agglomérations importantes, elles ont installé des comptoirs dirigés par des employés européens.

Dans les villages indigènes éloignés, mais qui sont des centres connus de production et de négoce, elles sont représentées par des traitants noirs.

L'impulsion première est donnée à cette organisation locale par le siège social installé en Europe.

Les marchandises, soigneusement choisies d'après les indications fournies par les agents locaux sur les habitudes de consommation de la clientèle, sont expédiées par navires au port le plus rapproché de la colonie, puis réparties selon les besoins entre les différents magasins de la maison. Les comptoirs reçoivent leur réapprovisionnement à l'époque où les communications sont les plus faciles. Les traitants noirs viennent généralement, en apportant les produits qu'ils ont achetés, réassortir leur pacotille durant la morte-saison de la traite. Enfin, les dioulas ou colporteurs, qui constituent une clientèle importante et précieuse, achètent de ville en ville, dans leurs longues pérégrinations, les quelques marchandises qu'ils s'en vont vendre dans les villages indigènes, mais ne sont pas à proprement parler des agents d'une maison déterminée. Aussi n'hésitent-ils pas parfois, s'ils y trouvent leur avantage, à changer leurs fournisseurs habituels.

Fondation d'un établissement commercial. — A la côte d'Afrique, comme partout, la prospérité commerciale d'une maison est en raison directe de l'habileté professionnelle et de l'activité de ses agents. Il ne convient pas de s'imaginer, comme on le fait parfois, que les affaires coloniales sont faciles et toujours rémunératrices, et qu'il suffit d'avoir de l'énergie et quelques capitaux pour immédiatement réussir. La question est beaucoup plus complexe. *L'énergie, la volonté de parvenir, des capitaux*, sont certes des facteurs de succès ; mais il faut encore qu'ils soient complétés par trois qualités primordiales : *une santé robuste, une expérience déjà sérieuse du commerce et de ses nécessités, une grande ténacité.* Il est indispensable, dans ce dernier ordre d'idées, que le commerçant qui va s'installer à la côte d'Afrique ne s'imagine pas arriver rapidement au succès et à la richesse, et qu'il soit fermement résolu à rester de longues années dans la colonie qu'il a choisie. Sans abandonner tout esprit de retour, il doit se dire que dorénavant, son principal établissement étant hors de France, ses séjours en France seront l'exception. Sa vie se déroulera dans la nouvelle patrie qu'il a adoptée ; il devra se consacrer entièrement à son développement, qui correspondra d'ailleurs à celui de ses propres affaires. Une telle conception apparaît comme la base même de la création d'un établissement de commerce aux colonies.

Une fois sa décision prise, après toutes les réflexions qu'elle comporte, le commerçant qui se sent à la fois assez vigoureux, assez résolu et assez riche pour tenter une entreprise coloniale, doit, à notre avis, faire tout d'abord un voyage d'études dans la contrée sur laquelle son choix s'est porté. Il examinera et pèsera ainsi par lui-même, *de visu*, toutes les chances que son projet peut avoir de réussir. Il étudiera, en outre, le pays, ses habitudes, ses coutumes commerciales, se rendra compte des nécessités de la vie courante, comme aussi des besoins des indigènes, et par suite des sortes et des qualités de marchandises qui leur conviendront. Enfin, au point de vue financier, il appréciera la somme globale que coûtera l'installation projetée, et, par comparaison avec les ressources dont il dispose, saura exactement ce qu'il peut faire.

Un voyage d'études préliminaires est donc indispensable à tout commerçant qui veut créer un établissement aux colonies.

Ajoutons que ce voyage coûtant relativement un prix peu élevé constituerait une économie pour l'intéressé au cas où la région choisie ne se prêterait pas à l'installation qu'il a en vue, car les dépenses engagées auraient été beaucoup plus considérables s'il avait tenté de suite cette installation et s'il était parti la première fois avec marchandises, vivres, etc.

Employés de commerce. — Le jeune homme qui est vigoureux et résolu et qui possède déjà certaines connaissances commerciales, mais qui manque de capitaux, doit, s'il désire aller à la côte d'Afrique, rechercher une place dans une société ou une maison qui a déjà des établissements dans nos colonies. Il se met dans ce but en rapport en France avec les directions centrales de ces sociétés ou maisons, et, si sa candidature est acceptée, passe un contrat synallagmatique de louage de travail.

Avant de signer ce contrat, il doit l'examiner de près, l'étudier attentivement, bien peser les engagements qu'il prend comme les avantages qu'on lui offre, se renseigner au besoin à l'office colonial ou auprès de gens expérimentés.

Généralement les bases de ces contrats sont les suivantes : en échange de son travail et de sa collaboration constante, l'employé est nourri et logé et reçoit : 1° une solde fixe ; 2° un tant pour 100 sur les affaires qu'il traite. Le voyage d'aller, comme celui de retour après un certain nombre d'années de séjour ou en cas de maladie, sont payés par l'employeur. Sont également à la charge de celui-ci, le cas échéant, les frais de maladie.

Indiquons, sans entrer dans une discussion complète, quelques principes généraux dont il convient de tenir compte en la matière :

1° Il serait préférable d'obtenir une solde et un pourcentage sur les affaires plus élevés, et de ne pas être nourri, la nourriture fournie par beaucoup de sociétés ou de maisons consistant trop souvent en conserves ;

2° Bien spécifier la question du rapatriement en cas de aladie ;

3° Les sociétés et maisons de commerce ouvrent généralement a leurs agents un crédit pour leur consommation personnelle et donnent facilement des avances. Ne pas s'endetter, de façon à conserver entière sa liberté d'action.

Transactions commerciales. — Échange et troc. — Achats en numéraire. — La forme initiale du commerce à la côte occidentale d'Afrique est l'échange ou le troc. Le commerçant européen qui, le premier, se trouve en contact avec l'indigène, ne saurait songer à offrir à celui-ci de l'argent monnayé ; il ne peut qu'échanger contre les marchandises qu'il importe les produits du sol ou de l'industrie indigène qu'il exportera. Il est bien certain que, dans ces conditions, l'opération est toujours avantageuse pour l'Européen qui, pour un article de peu de valeur, obtient un produit riche et pour une petite quantité obtient une grande quantité. Mais de pareilles transactions, qui jadis ont permis des fortunes rapides, ne sont plus possibles aujourd'hui à la côte d'Afrique. La concurrence est venue et a forcément régularisé les opérations d'échange. L'occupation effective de nos colonies, le développement de leur organisation administrative et économique ont, d'autre part, modifié en de nombreux points les habitudes commerciales du début, et l'achat en numéraire a parfois remplacé le troc. Ce dernier système cependant est encore employé dans certaines contrées concurremment avec celui de l'achat en numéraire, et dans d'autres, plus éloignées, reste encore uniquement en vigueur. En thèse générale, sur tout le littoral et dans les centres importants reliés à la mer par des moyens et des voies de communication pratique, l'achat et la vente contre de l'argent comptant se généralisent de plus en plus; dans l'intérieur, loin des centres, l'échange se pratique encore.

Il semble, de prime abord, que l'échange doive donner des résultats plus rémunérateurs. Ce n'est pas toujours exact. S'il est bien certain, en effet, qu'il est possible de troquer une valeur de marchandise peu élevée, contre une valeur de produits plus élevée, il n'en est pas moins vrai qu'il faut tenir compte des déchets, des pertes et des dépréciations que supportent les marchandises, notamment en cours de transport, et aussi du plus ou moins de débit de ces marchandises. Les indigènes ont, pour certains articles, pour les tissus par exemple, des habitudes qui varient peu; ils tiennent à la couleur, à la trame, à la forme. Cependant, si leurs désirs sont sollicités par des étoffes nouvelles, ils se laissent assez facilement aller à les acheter. Une pacotille bien comprise peut ainsi se trouver inutilisable, d'où perte considérable.

Ces aléas n'existent pas avec le numéraire qui se perd moins facilement, et ne subit ni déchets, ni dépréciations. Il est donc, croyons-nous, de l'intérêt, bien entendu, du commerçant de pousser de plus en plus ses clients à l'emploi de l'argent monnayé. Les administrations de nos diverses colonies, d'ailleurs, qui voient à juste titre, dans la pénétration de plus en plus grande du numéraire un moyen d'augmenter notre influence, font tous leurs efforts pour le répandre en grandes quantités. L'intérêt du commerce et celui de l'administration sont ici intimement liés.

D'ailleurs à bien prendre, et là où il est possible, l'usage du numéraire est aussi avantageux comme rapport, que l'emploi des marchandises d'échange. En même temps qu'il achète des produits pour l'exportation, le commerçant vend des marchandises d'importation ; à côté des magasins où il recueille les produits, il a son comptoir de détail. Pour réaliser des bénéfices rémunérateurs, il lui suffit de fixer pour ses ventes des séries de prix proportionnelles à celles qu'il est obligé d'adopter pour ses achats. Il ne donnera plus une coudée ou deux de guinées, par exemple, ou un mauvais miroir, ou tel autre article de peu de valeur, pour un kilogramme de gomme ou quelques boules de caoutchouc; mais il pourra encore, pour les mêmes quantités, payer une somme infime représentant à peu de chose près la valeur de la guinée, du miroir, ou de l'autre objet qu'il donnerait en échange.

Rapports entre le commerçant et l'indigène. — Dans tous les cas, le commerçant, dans son intérêt même, doit s'inspirer toujours de cette idée, que s'il n'est pas honnête il n'est pas non plus avantageux de tromper. La loi des transactions avec les indigènes doit être celle de la réciprocité des bénéfices, nous ne disons pas l'égalité matérielle toutefois. *Toute opération commerciale doit avoir comme résultat: un bénéfice d'argent pour l'Européen, un bénéfice d'utilité pour l'indigène.* Il est hors de doute que le commerçant aisé qui s'inspirera de cette maxime, et l'adoptera scrupuleusement, doit réussir à inspirer confiance à l'indigène, à l'inciter à renoncer aux tromperies sur la qualité des produits, et par suite à se créer une clientèle fidèle.

Les Sociétés et les maisons qui réussissent le mieux à l'heure actuelle à la côte d'Afrique sont celles qui n'ont pas hésité à faire usage du numéraire, et qui ont recommandé à leurs agents d'apporter la plus grande loyauté dans leurs rapports commerciaux avec les populations indigènes.

Intérêts des capitaux engagés. — Le temps n'est plus où un commerçant se déclarait peu satisfait, lorsque les capitaux engagés par lui ne lui rapportaient pas de 200 à 400 pour 100 et plus. La concurrence, le jeu de la loi de l'offre et de la demande, ont fait disparaître la source de ces bénéfices fabuleux. A l'heure actuelle il faut se contenter de beaucoup moins. Il est bien certain cependant que sur certains points, à l'intérieur notamment, les rapports obtenus sont encore des plus considérables, et atteignent 100 et 200 pour 100. Sur la côte ils sont moindres, et certaines maisons en certaines places du littoral s'estiment heureuses de réaliser du 50 ou du 25 pour 100 ou même moins.

Il serait difficile de fixer en pareille matière une règle même approximative.

Il est bien certain que, la concurrence augmentant, les bénéfices immédiats diminueront.

Le commerçant colonial actuel, s'il veut être sage, doit borner ses désirs et ses espérances. Qu'au lieu d'obtenir, en bénéfices nets, du 3 ou du 5 pour 100, comme en France, il parvienne à réaliser du 10, du 15, du 20 pour 100, après un travail opiniâtre, et il aura lieu encore de se féliciter.

II. — RÉGIME DOUANIER ET TAXES DIVERSES

A la côte d'Afrique le régime douanier et les taxes varient avec les colonies.

Sénégal. — Arrêté 29 juin 1865, modifié en 1872, 1879, 1890, 1899.

Droits perçus : 1° *Droits de douane* de la rivière Saloum à la frontière Nord, sur toute la côte : 7 pour 100 *ad valorem* sur les marchandises étrangères. Les guinées cependant ne paient que 0^f.06 par mètre et les kolas 0ʳ,50 par kg. — 2º *Droits à l'importation* frappant les *marchandises de toutes provenances* entrant dans la colonie par le littoral : 5 pour 100, sauf pour le tabac en feuilles, 10 pour 100 ; pour les munitions, poudres et armes, 15 pour 100 ; pour les guinées, 0ʳ,025 par mètre. Les spiritueux acquittent un droit de 100 francs par hectolitre d'alcool pur.

Le port de Gorée est port franc.

Exemptions. — Approvisionnements appartenant à l'État ou à la colonie, bagages, vêtements et meubles usagers, outils usagers, fruits, appareils à glace, glace, eaux minérales, ornements d'église, livres et bibliothèques, monnaies. (Déc. 2 décembre 1890.)

3º *Taxes de consommation.* — Sur les boissons et tabacs consommés dans la colonie, qu'ils y aient été récoltés, importés ou fabriqués.

Vins ordinaires en fûts	5 fr. par hectolitre.
Vins en bouteilles	50 —
Vins de liqueur	50 —
Eaux-de-vie à 65°	40 —
— moins de 65°	30 —
Liqueurs, fruits à l'eau-de-vie	40 —
Cidres et poirés	7 pour 100 *ad valorem*.
Bière	20 fr. par hectolitre.
Tabacs en feuilles	25 pour 100 *ad valorem*.
— fabriqués	50 —

4º *Droits de port et taxes de navigation.*

Tonnage : Bâtiments pontés à Saint-Louis . .	2 fr. 50 par tonneau
Bâtiments non pontés à Saint-Louis	1 fr. 25 —

Dans les autres ports :

Bâtiments de plus de 10 tonneaux	2 fr. 50
— de 2 à 10 tonneaux	1 fr. 25
— au-dessous de 2 tonneaux	Exempts.
Ancrage : Bâtiments français . . .	0 fr. 50 par tonneau.
— étrangers . . .	1 fr. » —

Francisation et congé.

Congés annuels : Navires pontés . . .	6 fr. par an.
— non pontés . .	1 fr. —

Francisation de bâtiments étrangers.

2 tonneaux et au-dessous	Exemption.
De 2 à 30 tonneaux	150 fr. une fois payés.
Au-dessus de 30 tonneaux	5 fr. par tonneau.

Droit d'acte ou brevet de francisation.

Jusqu'à 30 tonneaux	Exemption.
De 31 tonneaux à 100	6 fr.
De 101 — à 200	18 fr.
De 201 — à 500	24 —
Ensuite par 100 tonneaux.	6 —

5° *Taxes spéciales.*

7 pour 100 *ad valorem* sur tous les produits *exportés* de la Casamance.

1 fr ,50 par 100 kg de gomme *exportés.*

5 pour 100 *ad valorem* sur le caoutchouc *exporté.*

Citons en outre : les droits de dépôt et de magasinage; les droits d'octroi municipal pour les villes de Saint-Louis, Dakar et Gorée (arrêté local du 10 août 1894); les droits d'emmagasinage des poudres du commerce et de la dynamite.

6° *Patentes et Licences.*

Patentes. — Décret du 6 août 1881.

Droit fixe :

600 fr. pour la patente de négociant et de banquier.
400 fr. pour celle de commerçant de 1re classe.
200 fr.   —   —   2e classe.
150 fr.   —   —   3e classe.

Suivant classement annuel par les Chambres de commerce.

150 fr. pour celle de boulanger.

75 fr. pour les baraques du marché, petits magasins et marchands de colas.

Droit proportionnel :

20 pour 100 sur la valeur locative réelle ou estimée des magasins, boutiques et autres locaux servant exclusivement à l'exercice du commerce et de tout ce qui en dépend.

Patente de colporteur. — 30 fr. par mois.

Licences des cabaretiers hors des communes.

        1re classe . . . . 800 fr.
        2e classe. . . . . 600 —
        3e classe . . . . 500 —

Nota. — Pour les relations douanières entre le Sénégal, la métropole et les autres colonies, consulter la loi du 11 janvier 1892, articles 3, 4, 5 et 15.

Haut-Sénégal. — Une taxe spéciale, sorte de droit d'importation, l'*Oussourou*. Un dixième des marchandises ou troupeaux pénétrant dans la colonie par les frontières de l'Est et du Nord est perçu au profit du budget autonome du Haut-Sénégal et Moyen-Niger.

Patentes.   1re classe . . . 500 fr.
Droit fixe seulement. 2e classe . . . . 200 —
                                3e classe . . . . 120 —
                                4e classe . . . . 60 —

Licences. — 2 classes : 500 et 200 fr.

Patentes de dioulas ou colporteurs. — 5 classes variables avec la valeur de la pacotille.

    1re classe : 1500 fr. marchandises . . . . . . 50 fr.
    2e classe : 1000 fr.   —   . . . . . . 35 —
    3e classe : 500 fr.   —   . . . . . . 20 —
    4e classe : 200 fr.   —   . . . . . . 10 —
    5e classe : 100 fr.   —   . . . . . . 5 —

Guinée. — *Contributions indirectes. Douanes.* — La loi métropolitaine du 11 janvier 1892 n'est pas applicable à la Guinée. Deux sortes de droits :

1° *Droits d'entrée.*

a) Sur les marchandises étrangères : huiles de palme, de bouloucouria, d'illipe et de palmistes. 1 fr. par 100 kg. (Droit du tarif métropolitain.) Bois d'ébénisterie et bois odorants (droits du tarif métropolitain). Café (demi-droit métropolitain, soit 78 fr. par 100 kg).

       Colas . . . . 125 fr. par 100 kg.
       Bananes . . . . 5 fr.   —
           (Droit du tarif métropolitain.)

b) Sur les marchandises d'importation indirecte :

Tissus, vêtements confectionnés	25 fr.	»	les 100 kg nets.
Tabac fabriqué en feuilles . . .	10 fr.	»	les 100 kg brut.
Poudre de traite et autres . . .	20 fr.	»	—
Autres marchandises	3 fr. 60		—

Ces droits varient avec les marchandises et sont fixés soit par les tarifs métropolitains, soit par les décrets des 27 mai 1892, 21 juillet 1896, 22 août 1896 et 4 avril 1897.

2° *Droits de sortie.* — 7 pour 100 *ad valorem* sur les produits de toute nature exportés, quelle que soit leur destination. Les cafés, cacaos et bananes provenant des plantations de la colonie ont été exemptés du droit de sortie pour une période de 10 ans (arrêté local du 29 novembre 1896).

Taxes de consommation. — Tabacs en feuilles ou fabriqués, 50 fr. par 100 kg; sel brut ou raffiné, 1 fr. par 100 kg; vins, bières, cidres et poirés : en cercles, 5 francs; en bouteilles, 7 francs l'hectolitre.

Boissons alcooliques autres de toute nature : 0 fr. 90 par hectolitre et par degré d'alcool contenu avec un minimum de 25 francs par hectolitre de liquide.

Droits de navigation. — Konakry est port franc. Dans tous les autres ports 0 fr. 50 par tonne de jauge pour les bâtiments français; 1 franc par tonne de jauge pour les bâtiments étrangers. Les bâtiments ayant touché au Sénégal et payé les droits d'ancrage dans ce pays en sont exemptés en Guinée.

Congés. Droits annuels. — 6 francs pour les bâtiments pontés; 1 franc pour les bâtiments non pontés.

Francisation. — 150 francs pour tout bâtiment étranger au-dessous de 50 tonneaux; 5 francs par tonneau de jauge pour les navires au-dessus de 50 tonneaux.

Acte de francisation.

9 fr. pour tout bâtiment au-dessous de 100 tonneaux.
18 fr. — de 100 à 199 tonneaux.
24 fr. — de 200 à 299 tonneaux.
6 fr. en sus par 100 tonneaux au-dessus de 300 tonneaux.

Droit annuel de tonnage. — 2 fr. 50 pour les bâtiments au-dessus de 10 tonneaux; 1 fr. 25 au-dessous de 10 tonneaux.

Contributions directes. Impôt personnel. — 2 fr. par tête d'indigène à répartir entre le Gouvernement de la Guinée et les chefs indigènes.

(Arrêté local du 28 décembre 1897.)

Patentes. — Négociants de 1re classe, maisons de commerce faisant directement l'importation et l'exportation avec l'Europe. . 600 fr.

Établissements succursales de ces maisons en dehors de l'établissement principal. . . . . 500 —

Commerçants de 1re classe ne faisant qu'exceptionnellement le commerce avec l'Europe et traitant ordinairement avec les négociants établis dans la colonie. . . . . . . 300 —

Traitants à poste fixe opérant pour leur compte ou celui de maisons de commerce . . . . 200 —

Colporteurs opérant dans la colonie sans limite de rayon. 500 —

Colporteurs ne s'éloignant pas au delà de quelques kilomètres de la ville qui sert de centre à leurs opérations . . 100 —

Revendeurs au détail dans l'intérieur de la ville . . . . 60 —

(Arrêté local du 28 décembre 1897.)

CÔTE D'IVOIRE

I. — DROITS DE DOUANE ET DE CONSOMMATION
(Décret du 11 août 1897.)

Taxes de Consommation.

MARCHANDISES	QUANTITÉS	PRIX
		Fr.
Boissons. Cidres, bières et limonades (*la bouteille étant considérée comme litre*)	Hectolitre.	15 »
Vins ordinaires titrant moins de 16°	—	5 »
— — 16° et au-dessus	—	15 »
Vermouth, vins aromatisés et de liqueurs	—	20 »
Vins mousseux (*la bouteille étant considérée comme litre*)	—	25 »
Alcool à 50° et au-dessus	—	100 »
— de 25° à 49°	—	60 »
Genièvre de 25° à 49°	—	60 »
Eaux-de-vie et liqueurs de traite titrant moins de 25°	—	40 »
Autres liqueurs	—	60 »
Bimbeloterie	Valeur.	5 %
Bougies	—	—
Brosserie	—	—
Chapeaux en feutre, paille et autres	—	—
Conserves de toutes sortes	—	—
Corail taillé monté ou non	—	—
Coutellerie	100 kg	25 »
Cuivre laminé ou en barres	—	10 »
Effets confectionnés	Valeur.	5 %
Fers en barres	100 kg	2 »
Fils de toutes sortes	Valeur.	10 %
Fusils à silex	La pièce.	1 »
Autres armes	Valeur.	5 %
Outils de toutes sortes	100 kg	10 »
Ouvrages en cuivre	—	12 »
— en fer, fonte, acier, fer-blanc	—	8 »
— en cuir (chaussures comprises)	Valeur.	5 %
— en plomb, étain, zinc	100 kg	12 »
Orfèvrerie et bijouterie	Valeur.	5 %
Parapluies et parasols	—	—
Parfumerie	—	10 %
Plomb en barres, masses ou plaques	100 kg	10 »
Poteries, porcelaines, faïences, verreries, cristaux	—	12 »
Poudre de traite	—	50 »
Savon de toilette	Valeur.	10 %
Savons autres	100 kg	10 »
Sel marin et gemme	—	1 »
Sucres et mélasses	Valeur.	8 %
Sirops, confitures et bonbons	—	10 %
Tabletterie	—	5 %
Tabacs en feuilles ou fabriqués	100 kg	80 »
Tissus de soie	Valeur.	15 %
Tissus autres que ceux de soie	—	—
Viandes salées	—	5 %
Métaux non dénommés	—	5 %

Exemptions. — Sont exempts : Les objets d'habillement contenus dans les bagages de voyageurs, alors même que les voyageurs n'en sont pas accompagnés, mais à la double condition que ces objets portent des traces d'usage et que leur qualité soit en rapport avec la position sociale du propriétaire ;

Les objets de toute nature composant le mobilier des Français et des étrangers qui viennent s'installer dans la colonie ou qui y rentrent, à condition qu'ils portent des traces de service et soient notoirement destinés à l'usage des importateurs et de leurs familles ;

Les vivres, matières et objets appartenant à l'État ;

Les objets destinés au Culte et à l'Instruction publique.

(Décret du 11 août 1897.)

Autres exemptions. — Sont exemptes de taxe de consommation, à condition qu'elles soient d'origine française et importées par navires français, les marchandises ci-après :

Voies ferrées et leurs wagons, grues, treuils, chaudières à vapeur, tubes et barres de foyer de rechange pour chaudières à vapeur, moteurs à vapeur de toutes sortes complets, machines à décortiquer le café complètes, scieries mécaniques, appareils de sondage et de forage, mercure natif, baleinières de barre. (Décision du Gouverneur du 15 juin 1897.)

Sont exemptes de taxe de consommation, sans distinction d'origine, les marchandises suivantes :

Futailles vides montées ou non, houille ou charbon de terre, chaloupes à vapeur et chalands, ancres et leurs chaînes, ciment, tuiles, tôles ondulées pour toitures, portes et fenêtres manufacturées, pièces de charpente en fer et en bois. (Décision du Gouverneur du 15 juin 1897.)

Sacs vides pour l'emballage des produits du sol. Lances à boucle servant à l'exportation du bois d'acajou. (Décision du Gouverneur du 25 avril 1898.)

Droits de Douanes.

	MARCHANDISES	QUANTITÉS	PRIX
			Fr.
Boissons.	Cidres, bières et limonades (*la bouteille étant considérée comme litre*).	Hectolitre.	10 »
	Vins ordinaires titrant moins de 16°.	—	5 »
	— — 16° et au-dessus.	—	10 »
	Vermouth, vins aromatisés et de liqueurs.	—	15 »
	Vins mousseux (*la bouteille étant considérée comme litre*).	—	60 »
	Alcool à 50° et au-dessus.	—	25 »
	— de 25 à 49° (Genièvre excepté).	—	20 »
	Eaux-de-vie et liqueurs de traite, titrant moins de 25°).	—	10 »
	Autres liqueurs.	—	15 »
Bimbeloterie		Valeur.	5 %
Bougies		—	—
Brosserie		—	—
Chapeaux en feutre, paille et autres		—	—
Conserves de toutes sortes		—	—
Corail taillé monté ou non		—	—
Coutellerie		100 kg	25 »
Cuivre laminé ou en barres		—	10 »
Effets confectionnés		Valeur.	5 %
Fers en barres		100 kg	2 »
Fils de toutes sortes		Valeur.	10 %
Fusils à silex		La pièce.	1 »
Autres armes		Valeur.	5 %
Monnaies d'argent et de billon (*autres que celles de l'Union monétaire*)		Prohibé.	
Outils de toutes sortes		100 kg	15 »
Ouvrages en cuivre		—	15 »
— en fer, fonte, acier, fer-blanc		—	12 »
— en cuir (chaussures comprises)		Valeur.	5 %
— en plomb, étain, zinc		100 kg	10 »
Orfèvrerie et bijouterie		Valeur.	5 %
Parapluies et parasols		—	—
Parfumerie		—	10 %
Plomb en barres, masses ou plaques		100 kg	10 »
Poteries, porcelaines, faïences, verreries, cristaux		—	15 »
Poudre de traite		—	15 »
Savons de toilette		Valeur.	10 %
Savons autres		100 kg	10 »
Sel marin et sel gemme		—	» 50
Sucres et mélasses		Valeur.	7 %
Sirops, confitures et bonbons		—	10 %
Tabacs en feuilles ou fabriqués		—	5 %
Tabletterie		100 kg	10 »
Tissus de soie		Valeur.	10 %
Viandes salées		—	5 %
Métaux non dénommés		—	—
Marchandises non dénommées ci-dessus et non comprises au tableau d'exemptions		—	10 %

Exemptions. — Sont exempts :

Les animaux vivants ;
Les futailles vides montées ou non ;
La houille ou charbon de terre ;
Les eaux-de-vie de genièvre ;
Les graines à ensemencer ;
Les tissus autres que ceux de soie ;
Les objets d'habillement contenus dans les bagages des voyageurs, alors même que les voyageurs n'en sont pas accompagnés, mais à la double condition que ces objets portent des traces d'usage et que leur quantité soit en rapport avec la position sociale du propriétaire ;
Les objets de toute nature composant le mobilier des Français et des étrangers qui viennent s'installer dans la colonie ou qui y rentrent, à condition qu'ils portent des traces de service et soient notoirement destinés à l'usage des importateurs et de leurs familles ;
Les vivres, matières et objets appartenant à l'État ;
Les objets destinés au Culte et à l'Instruction publique.
(Décret du 11 août 1897.)

Autres exemptions. — Chaloupes à vapeur et chalands, ancres et leurs chaînes, ciment, tuiles, tôles ondulées pour toitures, portes et fenêtres manufacturées, pièces de charpente en fer et en bois.
(Décision du Gouverneur du 15 juin 1897.)

Sacs vides pour l'emballage des produits du sol, lances à boucle servant à l'exploitation du bois d'acajou.
(Décision du Gouverneur du 25 avril 1898.)

2° *Droits de sortie sur les bois.* — 6 francs par bille.
(Arrêté du 22 décembre 1897.)

3° *Taxe sur le recrutement des travailleurs indigènes.* — 2 fr. par homme.
(Arrêtés du 10 janvier 1894 et 21 janvier 1897.)

Dahomey. — A). *Taxe d'ancrage.* — Cette taxe s'applique uniquement aux navires ou embarcations de toute sorte qui circulent par les lagunes entre la colonie et l'étranger.

La perception en est faite conformément au tarif suivant :

Embarcations à vapeur . . . . . 1 fr. » par tonneau de jauge.
Embarcations autres qu'à vapeur. 0 fr. 75   —   —

TRANSACTIONS COMMERCIALES, DOUANES, ETC.

La taxe est due pour chaque voyage.

Elle est payable à l'entrée pour les vapeurs et à la sortie pour les autres embarcations.

Les pirogues faisant un service de bac sur la lagune d'Adjara payent au lieu du droit ci-dessus une taxe fixe de 5 francs par mois.

B). *Taxes de consommation.*

1° *Genièvre.* — De 0° à 25° inclus, le litre . . . . . 0 fr. 50
De 21° à 50° inclus, le litre. . . . . 0 fr. 75
Au-dessus de 50°, augmentation proportionnelle de. 0 fr. 015
par litre et par degré.

2° *Alcools, rhums, tafias et spiritueux de toute nature en fûts ou tout autre emballage.* — (Les dames-jeannes et les estagnons sont l'objet de dispositions spéciales.)
Par hectolitre et par degré. . . . . 1 fr. 20

3° *Alcools, rhums, tafias et spiritueux de toute nature en dames-jeannes ou en estagnons,* sont soumis aux taxes des alcools, rhums, tafias et spiritueux en fûts, plus une surtaxe de 0 fr. 05 par litre.

Ceux contenus dans des bouteilles quadrangulaires imitant les bouteilles de genièvre payent une surtaxe de 0 fr. 15 par bouteille.

4° *Vins artificiels.* — Le régime de l'alcool est applicable à tous les vins artificiels, c'est-à-dire ne résultant pas de la fermentation du raisin frais, de quelque façon qu'ils aient été obtenus.

5° *Tabacs.* — Par kilogramme . . . . 0 fr. 50

6° *Poudre.* — Par kilogramme . . . . 0 fr. 50

7° *Fusils de traite.* — Par pièce. . . . . 2 fr. »

Les armes de précision ne pourront être introduites dans la colonie qu'en vertu d'une autorisation spéciale et nominative. Elles acquittent le droit de 4 pour 100 *ad valorem.*

8° *Sel marin.* — Par tonne de 1000 kg. . . . . . . 6 fr. »

9° *Sel gemme.* — Par tonne de 1000 kg. . . . . . 11 fr. »

10° *Tissus de toutes provenances, fabriqués dans la colonie ou provenant de l'extérieur.* — Par kg. . . . . 0 fr. 50

Les marchandises et denrées de toute nature autres que celles dénommées ci-dessus provenant de la colonie ou importées de l'extérieur acquittent une taxe à la consommation de 4 pour 100 *ad valorem* :

La valeur est déterminée d'après les prix portés sur les factures (frais de transport ou de fret compris s'il y a lieu) augmentés de 25 pour 100.

Sont exemptées de la taxe de consommation les marchandises et denrées énumérées ci-après :

Amandes de palme ;
Animaux vivants ;
Approvisionnements destinés aux services publics et aux bâtiments de l'État ;
Armes et munitions de guerre proprement dites ;
Bois, fer, fontes et boulons pour constructions ;
Charbon de terre ;
Chaux, ciment, plâtre, pierres, sable, briques, ardoises et feutre pour couverture, verres à vitres ;
Effets à l'usage des voyageurs ;
Effets d'habillement, d'équipement pour les troupes et d'uniformes pour les fonctionnaires ;
Emballages servant à l'exportation des marchandises ;
Embarcations à vapeur ou autres ;
Fruits frais et graines ;
Fûts, futailles en bottes et en cercles :
Huile de palme ;
Instruments aratoires ;
Instruments de précision, de musique et de mathématiques ;
Légumes frais ;
Livres et registres imprimés, musique, étiquettes imprimées ;
Machines à vapeur ou autres, chaudières à vapeur et pièces détachées de machines ;
Maïs, manioc et ignames ;
Matériel pour les services publics et de l'État ;
Médicaments ;
Monnaies ayant cours légal ;
Noix de cocos et de colas ;
Objets mobiliers usagés, importés par les voyageurs ;
Ocres, tôles ondulées, clous à zinc et à feutre ;
Ornements d'église et objets destinés au culte ;
Outils, instruments d'art ou mécanique ;
Poissons frais ;
Viandes fraîches.

La perception des taxes de consommation est effectuée en monnaie française.

C). *Produits domaniaux.* — 100 francs par hectare et par an, pour les concessions faites aux étrangers, à titre provisoire.

Lorsque les concessions deviennent définitives, les concessionnaires acquittent une somme calculée sur le pied de $0^{fr},10$ par mètre carré pour les terrains situés sur le littoral et de $0^{fr},01$ par mètre carré pour les autres terrains.

(Arrêté du 18 février 1890.)

D). *Impôt indigène.* — L'impôt de capitation a été établi sur les bases suivantes :

1° $2^{fr},25$ par homme, femme et enfant âgé de plus de dix ans, habitant les villes de Cotonou, Ouidah, Grand-Popo, Agoué, Porto-Novo et sa banlieue.

2° $1^{fr},25$ par homme, femme et enfant âgé de plus de dix ans, habitant les autres localités de la colonie.

(Arrêté du 28 juin 1899.)

Notaires. — L'arrêté local du 14 mars 1899 fixe les honoraires et vacations pour actes notariés.

Commissaires-Priseurs. — Allocations fixées d'après le décret du 11 janvier 1881.

pour 100

Congo français. — *Contributions directes ou sur rôles.* — *Patentes.* — 1° Droits sur la valeur locative des maisons (arrêté local du 10 décembre 1877). . . . . 5 »

2° Redevance annuelle pour les terrains situés sur les 25 mètres réservés du littoral (arrêtés du 8 février 1884 et du 26 septembre 1891).

Maisons d'habitation et dépendances (magasins fermés, cuisines, cabinets, etc.) par mètre carré. . . . . 2 »

Hangars ouverts pour bois rouge et embarcations, par mètre carré, jusqu'à 100 mètres carrés 0 50

Pour ceux dont les surfaces excèdent 100 mètres carrés, par mètre carré en sus 0 20

3° Contribution des patentes (arrêtés locaux des 8 décembre 1866, 30 avril 1891 et 8 décembre 1894).

Patente de commerçant proprement dit . . . . 600 »

	pour 100
Patente de traitant ou détaillant	150 »

Sont exemptés de cette dernière patente les traitants, débitants et contre-maîtres agissant pour le compte d'une compagnie ou maison de commerce soumise elle-même à la patente dans la colonie. Ces derniers devront être pourvus d'un livret individuel dont le coût est de. . . . . 25 »

Patente de capitaine ou de subrécargue quand la cargaison est d'une valeur supérieure à 10 000 francs. . . . . . 500 »

Patente de capitaine ou de subrécargue, quand la cargaison est d'une valeur comprise entre 1000 et 10 000 francs. 200 »

Patente de capitaine ou de subrécargue, quand les cargaisons ou pacotilles sont d'une valeur inférieure à 1000 francs. . . . . 50 »

Patente de boulanger (arrêté du 11 août 1888) . . . . . 100 »

Patente de ponton (arrêté du 28 juin 1887). . . . . 500 »

4° Contribution des licences pour Libreville seulement (arrêté du 8 décembre 1866).

Licence de débitant ou cabaretier. . . . . 600 »

5° Contribution des licences sur les territoires de Setté-Cama, Mayumba, Quillou, Loango, Nyanga, Kounkuati, Pointe-Noire et Massabe (arrêtés des 30 avril 1881 et 20 décembre 1892).

Les débitants d'alcool en gros ou en détail payent indistinctement un droit de licence de. . . . . 100 »

Contributions indirectes. — *Droits de douane.* — 1° *Droits d'importation :*

RÉGION DU SUD FAISANT PARTIE DU BASSIN CONVENTIONNEL DU CONGO. — 20 francs par hectolitre à 50 degrés centigrades sur les spiritueux (acte de Bruxelles, art. 92 et art. 2 de l'arrêté du 4 mai 1895).

Les autres produits sont taxés à 6 pour 100 de leur valeur sauf les armes, les munitions, la poudre et le sel, qui acquittent un droit de 10 pour 100 (protocole de Lisbonne du 8 avril 1892).

Les navires et les bateaux, les machines à vapeur, les appareils mécaniques servant à l'industrie ou à l'agriculture et les outils d'un usage industriel et agricole seront exempts à l'entrée, pendant une période de quatre ans, prenant cours le jour de l'application des droits, et pourront ensuite être imposés à 3 pour 100.

Les locomotives, voitures et matériel de chemins de fer seront exempts pendant la période de construction des lignes et jusqu'au jour de l'exploitation. Ils pourront ensuite être imposés à 3 pour 100.

RÉGION NON COMPRISE DANS LE BASSIN CONVENTIONNEL DU CONGO (ANCIEN GABON). — Est applicable dans cette région le tarif général de douanes annexé à la loi du 11 janvier 1892.

Un décret du 29 novembre 1892 a apporté toutefois les modifications suivantes à ce tarif.

I. *Animaux vivants.* — (Chevaux, mulets, ânes et ânesses exceptés), exempts.

II. *Produits et dépouilles d'animaux.* — Viandes fraîches, exemptes.

Viandes salées :

De porc, jambons, lard, 15 francs les 100 kilogrammes.
De bœufs et autres, 20 francs les 100 kilogrammes.
Volailles, pigeons, gibiers et tortues, morts, exempts.
Fromages de toutes sortes, 15 francs les 100 kilogrammes.

VI. *Farineux alimentaires.* — Céréales :

Froment, épeautre, méteil, avoine, sarrasin, orge, maïs, seigle, en grain, 2 francs les 100 kilogrammes.
Froment, épeautre, méteil, avoine, sarrasin, orge, maïs, seigle, en farine, 4 francs les 100 kilogrammes.
Riz, 4 francs les 100 kilogrammes.
Légumes secs, 5 francs le kilogramme.
Pommes de terre, 2 francs les 100 kilogrammes.

VII. *Fruits et graines.*

Fruits de table frais, exempts.
Graines à ensemencer, exemptes.

VIII. *Denrées coloniales de consommation.* — Tabacs en feuilles et Liamba, 50 francs les 100 kilogrammes.

Tabacs fabriqués, à fumer, à priser, à mâcher, 150 francs les 100 kilogrammes.
Cigares et cigarettes, 250 francs les 100 kilogrammes.
Café en fèves, torréfié ou moulu, moitié du tarif métropolitain.
Thé, poivre, muscade, girofle, vanille, moitié du tarif métropolitain.

XIV. *Produits et déchets divers.* — Légumes frais, 2 francs les 100 kilogrammes.

XV. *Boissons.*

Vins ordinaires, en barriques, 10 francs l'hectolitre.
Vins ordinaires, en caisse de 12 bouteilles, 1 fr. 80 la caisse.
Vins mousseux, en caisse de 12 bouteilles, 6 francs la caisse.
Vins de liqueur (vermouth compris), 50 centimes la bouteille.

XVI. *Marbres, pierres, terres et combustibles, minéraux.*

Huiles de schiste, de pétrole et autres huiles minérales, 8 francs l'hectolitre.
Chaux, 60 centimes les 100 kilogrammes.

XVIII. *Produits chimiques.* — Produits chimiques de toutes sortes (sels marins, de salines et gemme exceptés), 10 pour 100 *ad valorem*.

XXI. *Compositions diverses.*

Médicaments composés, exempts.
Savons autres que ceux de parfumerie, 14 francs les 100 kilogrammes.

XXV. *Tissus.*

Fils et tissus de toute espèce, vêtements confectionnés, 20 pour 100 *ad valorem*.

Sacs vides, 5 centimes pièce.

XXIX. *Armes, poudres et munitions.* — Armes de traite, sans hausse ni rayures (fusils à silex), 5 francs pièce.

Armes autres autorisées :

A tir rapide (chasse), 20 francs pièce.
A tir rapide (guerre), 50 francs pièce.
Revolvers et autres armes, 10 francs pièce.
Poudre à tirer de chasse, prohibée.
Poudre à tirer de traite, prohibée.
Capsules, 75 centimes le kilogramme.
Cartouches vides, 75 centimes le kilogramme.
Cartouches pleines, prohibées.
Plomb de chasse, 5 francs les 100 kilogrammes.

XXXIV. *Ouvrages en matières diverses.*

Allumettes chimiques en bois, 25 francs les 100 kilogrammes net.
Allumettes chimiques autres qu'en bois, 55 francs les 100 kilogrammes net.

2° *Droits à l'exportation :* A) Région du sud faisant partie du bassin conventionnel du Congo. — Sont soumis, d'après le protocole de Lisbonne du 8 avril 1892, à un droit de 10 pour 100 *ad valorem* : l'ivoire et le caoutchouc ;

A un droit de 5 pour 100 *ad valorem* :

Les arachides, le café, le copal rouge, le copal blanc, l'huile de palme, les noix palmistes, les sésames.

La valeur des produits indiqués ci-dessus a été déterminée comme suit :

Morceaux d'ivoire, pilons, etc.	10 fr. le kilog.
Dents d'un poids inférieur à 6 kilog.	16 —
Dents d'un poids supérieur à 6 kilog.	21 —
Caoutchouc	4 —
Arachides	18 f. les 100 k.
Café	110 —
Copal rouge	210 —
Copal blanc	60 —
Huile de palme	40 —
Noix palmistes	22 —
Sésame	25 —

(Protocole de Lisbonne du 8 avril 1892. — Arrêté du 16 novembre 1892.)

B). Région ne faisant point partie du bassin conventionnel du Congo (ancien Gabon). — L'Administration est autorisée à faire percevoir un droit de 7 pour 100 *ad valorem* sur les marchandises de toute nature à l'exception de l'ébène et du bois rouge (décret du 25 novembre 1890).

Les droits *ad valorem* à percevoir à la sortie de la zone maritime ne faisant point partie du bassin conventionnel du Congo sont fixés ainsi qu'il suit pour le 1ᵉʳ semestre 1898 :

Sur le caoutchouc à 7 pour 100 calculés sur une valeur de 4 francs le kilogramme.

Et sur l'ivoire :

1ʳᵉ catégorie à 7 pour 100, calculés sur une valeur de 10 francs le kilogramme, la pointe pesant moins de 4 kilogrammes.

2ᵉ catégorie à 7 pour 100, calculés sur une valeur de 18 fr. 25 le kilogramme, la pointe de 4 à 8 kilogrammes.

3ᵉ catégorie à 7 pour 100, calculés sur une valeur de 18 fr. 25 le kilogramme, la pointe de 8 kilogrammes et plus.

(Arrêtés des 16 novembre 1892 et 17 décembre 1897.)

3° *Taxes de consommation :* Région non comprise dans le bassin conventionnel du Congo.

(Arrêtés locaux des 29 décembre 1892, 11 février 1895 et 4 mai 1895.)

Spiritueux (a), eaux-de-vie et liqueurs à 50 degrés et au-dessus, l'hectolitre.	60 fr. »
Spiritueux, eaux-de-vie et liqueurs de 25 à 49 degrés, l'hectolitre	36 »
Spiritueux, eaux-de-vie et liqueurs de traite titrant moins de 25 degrés, l'hectolitre.	24 »
Liqueurs autres (b), l'hectolitre	36 »
Armes de traite, fusils à silex sans hausse, ni rayures, la pièce.	1 »

(a) Dans la dénomination de spiritueux et liqueurs ne sont pas comprises les parfumeries alcooliques et de traite.

(b) Les liquides importés en dames-jeannes, touques ou autres vases de l'espèce, seront traités de la même manière que ceux présentés dans des bouteilles.

Les contenances des bouteilles seront déterminées d'après les bases suivantes :

Seront considérées contenir :

50 centilitres, celles d'une contenance atteignant 50 centilitres inclusivement;

1 litre, celles d'une contenance de 50 centilitres à 1 litre inclusivement;

1 litre 1/2, celles contenant de 1 litre exclusivement à 1 litre 1/2 inclusivement;

2 litres, celles contenant de 1 litre 1/2 exclusivement à 2 litres, inclusivement.

Et ainsi de suite, passant de la fraction demie à l'unité.

Armes autorisées :

A tir rapide (chasse), la pièce	5 fr.	»
A tir rapide (guerre), la pièce	5	»
Revolvers et autres armes, la pièce.	5	»
Capsules, le kilogramme net.	5	»
Cartouches vides (de toutes sortes), le kilogramme	2	»
Cartouches pleines (de toutes sortes), le 100.	5	»
Plomb de chasse, les 100 kilogrammes bruts.	5	»
Poudre de traite, le kilogramme net	0	25
Poudre de chasse.	2	»

4° *Droits de navigation* (tarif du décret du 27 vendémiaire an II).
Congés de mer :

Bâtiments français de 50 tonneaux et au-dessus.....	6 fr. »
Bâtiments français au-dessous de 50 tonneaux, pontés..	5 »
Bâtiments français au-dessous de 50 tonneaux, non pontés.................	1 »
Permis de charger et de décharger pour les bâtiments..	1 »
Passeports des bâtiments étrangers..........	5 »

(Arrêtés des 31 octobre 1864, 30 décembre 1878 et 4 mai 1895.)

Droits sanitaires sur tous les bâtiments arrivant dans la colonie (paquebots français exceptés) [1].

Navires de moins de 50 tonneaux...........	exempts
Navires de 50 à 100 tonneaux exclusivement.....	9 fr. »
Navires de 100 à 200 tonneaux exclusivement....	12 »
Navires de 200 tonneaux et au-dessus.........	15 »

(Arrêtés des 29 décembre 1891, 29 octobre 1892 et 4 mai 1895.)

Droits d'ancrage [1]. — Bâtiments de 50 tonneaux de jauge et au-dessus, paquebots subventionnés exceptés, le tonneau.......................... 0 fr. 15

Droits de phare et balisage [1]. — Bâtiments de 50 tonneaux de jauge et au-dessus, paquebots subventionnés exceptés, le tonneau..................... 0 fr. 10

(Arrêtés des 29 décembre 1891 et 4 mai 1895.)

5° *Droit de statistique* (arrêté du 29 décembre 1892).

Art. 1er. — Il est perçu à Libreville et dans tous les autres ports de la colonie un droit de statistique sur les marchandises de toute nature et de toute origine, importées ou exportées, à l'exception de celles expédiées par cabotage d'un port de la colonie à un autre port de la colonie.

Ce droit est fixé comme suit :

15 centimes par colis sur les marchandises en futailles, caisses, sacs et autres emballages ;

---

1. Un arrêté local du 12 juin 1896, revêtu de l'approbation ministérielle, exonère du paiement des droits sanitaires et des taxes d'ancrage, de phare et balisage, les navires affectés à un service régulier, qui, après être sortis des eaux de la colonie, retouchent, au retour du sud, dans un ou plusieurs ports du Congo français, et maintient la remise des mêmes droits et taxes accordés aux paquebots français subventionnés, par l'arrêté du 4 mai 1895.

15 centimes par 1000 kilogrammes ou par mètre cube sur les marchandises en vrac ;

15 centimes par tête sur les animaux vivants ou abattus, des espèces chevaline, mulassière, bovine, asine, caprine, ovine et porcine.

Les marchandises en vrac, tarifées autrement qu'au poids ou au mètre cube, l'acquitteront à raison de 15 centimes par 1000 kilogrammes. Cette quotité ne pourra être fractionnée, elle sera due intégralement pour toute quantité au-dessous de 1000 kilogrammes, pour toute fraction de poids au-dessus de 1000 kilogrammes et pour toute portion de mètre cube.

Le droit ne sera réclamé qu'une fois pour les marchandises réexportées immédiatement ou transbordées immédiatement par le port d'arrivée. Celles retirées de l'entrepôt ne l'acquitteront que si elles sortent pour l'extérieur.

Le droit sera exigible séparément sur le colis contenant des objets différents et qui auront été réunis sous une même enveloppe dans le but évident d'éluder la taxe par colis.

Quand il s'agira de colis de même marchandise et d'un poids brut de 6 kilogrammes au maximum, il sera fait application du droit de 15 centimes par groupe de cinq colis. Toute fraction de ce chiffre acquittera le droit. Les engrais, même emballés, les balles et paquets non enveloppés et simplement retenus par des liens en fer, en corde ou en bois, seront considérés et taxés comme marchandises en vrac.

Art. 2. — Sont exemptés du droit de statistique :

Les approvisionnements de toute nature destinés aux services publics de la colonie ;

Les envois de fonds du Trésor ;

Les colis de bagages qui accompagnent les voyageurs ;

Le poisson frais ou salé de pêche française ;

Les colis postaux ;

Les restants de provisions débarqués d'office pour le rationnement des équipages ;

Les épaves ;

Les cargaisons mises à terre par suite de relâche et destinées à être réexportées ;

Le lest, proprement dit, sans valeur marchande ;

Les échantillons sans valeur marchande ;

Les bâtiments achetés pour la francisation ;

Les objets de collection hors de commerce ;

Le matériel des lignes télégraphiques et téléphoniques subventionnées.

6° *Droit de plombage.* — 50 centimes par colis plomb avant la mise en transit des produits destinés à l'étranger (arrêté du 19 mai 1892).

III. — CONCESSIONS TERRITORIALES — DOMANIALITÉ

A côté du commerçant qui achète à l'indigène les produits naturels du sol ou ceux de son industrie, la Société de colonisation ou le colon cherchent à exploiter directement la terre, avec l'aide de la main-d'œuvre indigène.

Dans ce but, des terrains leur sont attribués à titre de *concessions*.

Principes généraux. — Les terres vacantes et sans maître et les territoires résultant de la conquête font partie du domaine de l'État. Tous les produits résultant de la vente ou de la location des terres ainsi déterminées, qui constituent le domaine privé de l'État, sont attribués aux budgets locaux des colonies à titre de subvention pour les dépenses de colonisation.

Ces deux principes sont la base de tout le système des concessions.

L'État, étant propriétaire, peut aliéner ou donner à bail : la colonie recevra le prix de la vente ou le montant de la redevance.

Aliénations. — *Comment s'opèrent les aliénations de terres domaniales?* — 1° Par adjudication publique ;

2° De gré à gré, à titre onéreux, suivant les conditions de règlements arrêtés par les gouverneurs et approuvés par le ministre des colonies ;

3° A titre gratuit, au profit de l'exploitant d'une concession de jouissance temporaire, en ce qui concerne les parcelles qu'il aura mises en valeur dans les conditions spécifiées par l'acte de concession.

Concessions. — *Par qui et comment données?* — 1° Jusqu'à concurrence de 10 000 hectares (au Sénégal 5000 dans les pays de protectorat, et 1000 dans les pays d'administration directe) par le gouverneur, dans les conditions d'un règlement approuvé par le ministre des colonies, après avis de la Commission des concessions coloniales, instituée par le décret du 16 juillet 1898.

2° Au-dessus de 10 000 hectares, par un décret du Président de la République, avec cahier des charges, sur proposition du ministre des colonies, après avis de la Commission des concessions coloniales.

Conditions générales de l'attribution de ces deux sortes de concessions. — a. *Concession de 10 000 hectares et au-dessous.* — Demandes accompagnées : 1° pièces constatant nationalité, âge, domicile, ou actes d'association, le cas échéant ; 2° plan de la concession sollicitée ; 3° justification d'un capital de 200 000 francs environ pour 5000 à 10 000 hectares, et de 40 francs par hectare au-dessous de 5000. Ces demandes sont rendues publiques dans la colonie par insertion au *Journal officiel* et par affiches. S'il y a opposition avant le délai d'un mois, le gouverneur statue. S'il n'y a pas opposition, la concession est accordée. Si deux demandes pour un même terrain, adjudication.

Le concessionnaire est soumis aux servitudes de passage et autres reconnues nécessaires aux services publics. Il doit respecter les droits des indigènes et les droits des tiers. Il ne peut céder sa concession sans autorisation du gouverneur.

Il paie une redevance, variable avec les colonies et avec les diverses régions de ces colonies, et qui augmente après la 5ᵉ et la 10ᵉ année.

Le titre remis tout d'abord au concessionnaire est un titre provisoire. Il est transformé en titre définitif de propriété dès que le *cinquième* ou le *quart* de la superficie concédée a été mis en valeur.

La mise en valeur comporte le défrichement, l'assainissement du terrain, l'ouverture de routes ou de chemins, l'aménagement des exploitations forestières et agricoles et, le cas échéant, pour les terrains propres à l'élevage, la formation de troupeaux, à raison d'au moins 1 tête de gros bétail et 3 têtes de petit bétail par 3 hectares de pâturages. Les concessionnaires de terrains caoutchouquifères sont tenus d'exploiter avec réserve dans les conditions de la législation forestière, et de replanter au moins 5 pieds de caoutchouc par hectare et par cinq ans.

La construction de maisons et de magasins donne droit immédiatement à l'attribution en toute propriété de 5 à 10 hectares.

La déchéance du concessionnaire est prononcée après mise en demeure, s'il ne se conforme pas aux conditions de l'acte de la concession et notamment : 1° si, dans l'année qui suivra la remise du titre provisoire de concession, il n'a pas construit une maison d'habitation à l'usage des Européens et des communs pour loger les travailleurs indigènes ; 2° s'il n'a pas mis en valeur, à la fin de la cinquième année de l'envoi en possession provisoire, une superficie d'au moins 50 hectares pour une concession de 5000 à 10 000 hectares et proportionnellement pour une concession de moindre étendue, sans cependant que le minimum des terrains mis en valeur soit inférieur à 25 hectares, quand la concession comprendra au moins 1000 hectares. Pour les concessions de moindre étendue, les obligations seront déterminées par l'acte même de la concession, suivant les circonstances et la nature de l'exploitation ; 3° si, étant détenteur d'un titre de concession destiné à l'élevage, il n'a pas constitué, à la fin de la cinquième année, des troupeaux de 500 têtes de gros bétail ou de 1500 têtes de menu bétail pour 10 000 hectares ; 4° si, après la mise en demeure, il n'a pas effectué, dans un délai d'un mois, le paiement de la redevance.

Le concessionnaire qui, à l'expiration d'un délai de dix ans, n'a pas mis en valeur le cinquième de la concession, peut demander la résiliation du contrat. Si elle lui est accordée, il conserve en toute propriété un territoire équivalent à quatre fois la superficie mise en valeur, y compris cette superficie.

A l'expiration d'un délai de vingt ans, la résiliation résulte d'une décision du gouverneur rendue en Conseil d'administration. Le concessionnaire conserve en toute propriété un territoire équivalent à quatre fois la superficie mise en valeur, y compris cette superficie. Le surplus fait retour au domaine.

L'Administration se réserve le droit, sur les terrains n'ayant pas été l'objet d'un titre définitif de propriété, de reprendre les parties de terrain qui seraient nécessaires aux besoins des services publics ainsi qu'aux travaux d'utilité publique de toute nature, moyennant le paiement d'une indemnité représentative de la valeur des constructions, des cultures et des installations diverses établies sur ces parties de terrain.

Une Commission détermine préalablement, après examen des lieux, la valeur desdites constructions, cultures ou installations, et le montant de l'indemnité.

Cette Commission est composée comme suit :

L'administrateur de la région ou son délégué, *président*, avec voix prépondérante;

Un agent du service local désigné par le chef de la région;

Deux colons français désignés par le concessionnaire intéressé.

Si le titre provisoire est devenu titre définitif de propriété, le concessionnaire ne peut en être dépossédé qu'en vertu du droit commun d'expropriation.

En cas de décès du concessionnaire, ses héritiers lui sont substitués de plein droit, sur la production des titres authentiques constatant leurs droits à la succession.

Ils doivent, s'ils ne sont pas présents, se faire représenter par un mandataire spécial dans un délai maximum d'une année, à compter du jour du décès du concessionnaire; faute de quoi leurs droits deviennent caducs, en ce qui concerne les parties de la concession non encore concédée à titre définitif au moment du décès.

Les autorités administratives de la région sont chargées du

règlement des litiges entre concessionnaires et indigènes, pendant tout le temps que la concession conservera un caractère provisoire. Appel de ces décisions peut être fait devant le gouverneur en Conseil d'administration.

Quand la concession est devenue définitive, les litiges auxquels elle pourrait donner lieu sont portés devant les tribunaux.

Les contestations entre les concessionnaires et l'Administration sont soumises au Conseil du contentieux de la colonie.

Tout acte de concession, après avoir été inscrit sur le registre spécial tenu au Secrétariat général, est soumis à la formalité de l'enregistrement.

Les concessions de terrains d'une contenance inférieure à 200 hectares et les concessions urbaines sont accordées par le gouverneur, en Conseil d'administration, à titre gratuit ou onéreux et à des conditions qui sont déterminées pour chaque concession par l'acte de concession lui-même.

Toutes les dispositions qui précèdent ont été adoptées par les colonies de la côte d'Afrique. Elles ont fait l'objet d'arrêtés locaux, qui ont été approuvés par le ministre des colonies, après avis de la Commission des concessions coloniales, et qui portent la date du 14 avril 1900 pour le Congo, du 27 avril 1901 pour la Côte d'Ivoire, du 8 juin 1901 pour le Dahomey, du 15 avril 1902 pour la Guinée française.

Décret. — b. *Concessions de grande étendue.* — *Durée* : trente années. — La propriété s'acquiert par la mise en valeur, dans certaines conditions déterminées par les cahiers des charges.

Les concessionnaires exercent *tous droits de jouissance et d'exploitation* sauf en ce qui concerne les mines, sous réserve :

1° Des droits résultant pour les tiers et des obligations résultant pour eux des stipulations des actes internationaux. (Actes généraux de Berlin du 26 février 1885 et de Bruxelles du 2 juillet 1890.)

2° Des droits acquis par des tiers (sur des parcelles des terrains concédés par exemple) au jour de la promulgation du Décret de concession.

3° Des droits des indigènes, — droits de chasse et de pêche, — réserves de terres pour les cultures autour des villages, — respect des mœurs, coutumes, religion et organisation des populations indigènes.

Le concessionnaire n'est pas autorisé à exploiter lui-même, par ses seules forces et ses seuls moyens. Il doit obligatoirement, dans les trois mois de la signature du Décret de concession, se substituer une Société anonyme, constituée selon la loi française, en vue de l'exploitation et de la mise en valeur du territoire qui lui a été attribué.

Le capital de cette Société doit être en rapport avec la superficie de la concession (1 fr. par hectare, soit 500 000 fr. pour un capital de 500 000 hectares, en règle générale).

La constitution de la Société est surveillée et approuvée par le ministère des colonies. La concession ne devient définitive qu'après cette approbation, et lorsqu'un arrêté du ministre est venu sanctionner la substitution de la Société au concessionnaire.

Selon les cas, tous les administrateurs de la Société ou les trois quarts dont le président et le vice-président doivent être de nationalité française.

La Société acquitte, en paiement de sa concession, à la caisse du trésorier-payeur de la colonie ou dans une caisse métropolitaine désignée par le ministre, une redevance fixe annuelle, qui s'augmente une première fois après cinq années de bail, et une deuxième fois, après dix ans, pour être payée ensuite au taux ainsi obtenu jusqu'à l'expiration de la 30ᵉ année. La Société remet en outre à l'État 15 pour 100 de ses bénéfices nets annuels.

L'État ou la colonie conservent le droit de reprendre les terrains qui leur sont nécessaires pour les services publics ou les travaux d'utilité générale, à titre gratuit s'ils ne sont pas devenus la propriété de la Société, à titre onéreux, contre une somme de 5 fr. par hectare, représentative de la valeur du sol dans le cas contraire.

Si la Société exécute des travaux ou des ouvrages pouvant être utilisés dans l'intérêt général, le gouvernement conserve la faculté d'en prescrire la remise au domaine public ou aux services intéressés contre une juste et préalable indemnité. Si l'entretien de ces ouvrages ou travaux est laissé à la charge de la Société, celle-ci peut percevoir des droits de péage, dans des conditions déterminées par les autorités locales.

Le représentant de la Société en Afrique doit être agréé par le ministre des colonies qui peut exiger son remplacement pour un motif d'intérêt public. A partir de la sixième année de la concession, tous les agents non indigènes employés par la Société dans la colonie doivent être de nationalité française.

Les Sociétés ne reçoivent aucune délégation de souveraineté de l'État. Ce ne sont pas des compagnies à charte. Leurs agents français peuvent seulement, en vertu d'une commission spéciale du gouverneur, exercer les attributions d'officier de l'état civil.

Le commerce des armes à feu et des munitions est formellement interdit aux Sociétés concessionnaires et à leurs agents. Les armes et munitions nécessaires à la défense doivent faire l'objet d'autorisations spéciales. Si la Société, pour sa protection, demande des troupes de police, ou, si d'office, le gouverneur en installe sur le territoire de la concession, les frais d'entretien de ces troupes sont supportés par la Société.

Le gouverneur — ou un fonctionnaire désigné par lui — remplit les fonctions de commissaire du gouvernement auprès des Sociétés concessionnaires en Afrique. En France ces fonctions sont remplies par un délégué du ministre des colonies.

Toute cession partielle (sauf au-dessous de 1000 hectares) ou totale de la concession, toute modification apportée à l'organisation de la Société doivent être approuvées par le ministre des colonies, après avis de la commission des concessions coloniales.

La Société est tenue de verser un cautionnement, qui varie avec l'importance de la concession.

Dans les cas où les obligations imposées ne sont pas remplies, les pénalités sont de deux sortes :

1° Le retrait partiel ou total de la concession (non-exécution des clauses relatives aux plantations à effectuer. Voir cahier des charges) par Décret après avis de la commission des concessions;

2° La déchéance — après mise en demeure — avec saisie du cautionnement (non-commencement de l'exploitation dans un délai de deux ans; violences et sévices contre les indigènes; non-paiement de la redevance, etc.) par Décret, après avis de la commission des concessions.

Le rachat partiel ou total de la concession peut être prononcé à toute époque, pour un motif d'intérêt public, par un Décret rendu en Conseil d'État, le concessionnaire entendu. La faculté du rachat par l'État ne s'applique pas toutefois aux terres devenues la propriété définitive de la Société. Les conditions du rachat sont déterminées par une commission de neuf membres.

La Société, en dehors de la redevance qui lui est imposée, reste soumise à tous les droits et impôts existants dans la colonie. Si un impôt foncier est établi sur les terres concédées, la redevance fixe annuelle est déduite du montant de cet impôt.

Cahier des charges. — Détermine les conditions d'application des clauses du décret, et complète ces clauses.

L'article premier précise que la concession a pour but l'exploitation *agricole, forestière* et *industrielle* des terres concédées. Les articles suivants définissent les réserves, mettent à la charge des concessionnaires les frais de délimitation, fixent les servitudes dont sont grevés les terrains concédés, déterminent les obligations et les conditions de mise en valeur (constructions, plantations, cultures, élevage du bétail), — énumèrent les charges imposées aux concessionnaires en matière d'exécution de travaux publics ou de création de services de navigation (Congo), — stipulent les règles relatives au paiement des redevances et de la part de revenu revenant à l'État ou à la colonie dans les bénéfices, — contiennent des dispositions générales en ce qui concerne l'expiration de la concession, la cession à des tiers des droits des concessionnaires sur les terres concédées, le cautionnement, l'arbitrage et l'expertise en cas de contestations, l'élection de domicile des concessionnaires à Paris et au chef-lieu de la colonie, le rachat, le retrait, la déchéance, les cas de force majeure, l'enregistrement.

L'article 2, par une disposition qu'il convient de noter spécialement, donne à l'administration le droit de prélever sur les terres concédées, pour les affermer ou pour les céder à des particuliers en vue d'y créer des établissements agricoles à l'exclusion de toute exploitation forestière autre que le défrichement, des parcelles d'une étendue inférieure à 5000 hectares chacune, sans que la superficie totale de ces parcelles puisse dépasser le vingtième de la concession.

Sociétés concessionnaires déjà existantes. — Quarante concessions ont été attribuées dans les conditions que nous venons de passer en revue, au Congo français. Une a été accordée au Dahomey. Le système n'a pas été suivi dans les autres territoires de l'Ouest africain. (Voir liste au chapitre XVIII.)

Législation domaniale. — En même temps que les pouvoirs publics réglementaient le régime des terres du domaine privé de l'État aux colonies, ils prenaient un ensemble de dispositions particulières au point de vue de l'exploitation des forêts, de la propriété foncière et du domaine public.

Successivement des décrets intervinrent pour les colonies de la Côte occidentale d'Afrique dont ils constituent la charte domaniale.

Ils sont : pour le Congo des 8 février et 28 mars 1899; pour le Sénégal et la Côte d'Ivoire du 20 juillet 1900; pour le Dahomey du 5 août 1900; pour la Guinée française du 24 mars 1901.

Ces décrets sont au nombre de quatre pour chaque colonie. Le premier est relatif au domaine privé; le second au domaine public;

le troisième à la propriété privée, le quatrième au régime forestier. Leurs dispositons sont identiques.

Domaine public. — Les décrets sur le domaine public énumèrent les parties de ce domaine ainsi que les servitudes d'utilité publique.

Font partie du domaine public, et par suite sont inaliénables, et ne peuvent être concédés : les rivages de la mer et une zone de 100 mètres à partir de la limite des plus hautes marées; les cours d'eau et 25 mètres sur chaque rive pour ceux qui sont navigables et flottables; les lacs, étangs, lagunes avec 25 mètres sur chaque rive; les canaux, chemins de fer, routes, ports, rades, digues, ouvrages d'éclairage ou de balisage; les lignes télégraphiques et téléphoniques et leurs dépendances; les ouvrages de défense classés et une zone de 250 mètres autour de ces ouvrages, et généralement les biens de toute nature que le Code civil et les lois françaises déclarent non susceptibles de propriété privée.

Régime forestier. — Nul ne peut entreprendre une exploitation forestière dans les bois domaniaux s'il n'est muni d'une autorisation délivrée par le gouverneur ou par son délégué; ce permis, qui est personnel et temporaire, fixe la redevance imposée à l'exploitant.

L'exploitation doit être prudente et sage.

Les arbres à latex et ceux ayant moins d'un mètre de tour, à un mètre du sol, sont réservés.

Les récoltes des écorces, des gommes, résines, caoutchouc et gutta-percha doivent se faire de manière à ne pas détruire les végétaux producteurs.

Il est interdit de déboiser ou de défricher : 1° les versants de montagnes et coteaux offrant un angle de 30 degrés et au-dessus; 2° les terrains désignés par arrêté motivé du gouverneur.

Les exploitants doivent replanter chaque année : deux fois le nombre des arbres abattus, pour les essences de grande valeur, et 150 pieds d'arbres ou 100 pieds de liane à latex par tonne de caoutchouc ou de gutta-percha récoltée dans l'année.

Les exploitants tiennent des carnets pour l'enregistrement des arbres abattus ou du latex récolté, et les présentent à toute réquisition des agents de l'administration. Ils marquent les arbres abattus et transportés d'un marteau triangulaire.

Les infractions sont punies d'une amende de 10 à 1000 francs.

Ces dispositions s'appliquent d'une façon générale aux bois particuliers comme aux bois domaniaux.

Propriété foncière. — Le régime adopté est une adaptation du système de l'*Act torrens* en vue de la détermination de la propriété privée.

Les terres et immeubles appartenant aux Européens et aux indigènes s'ils le désirent, peuvent être *immatriculés* dans chaque colonie à la conservation de la propriété foncière. De cette immatriculation résulte pour le propriétaire la certitude de son droit de propriété.

Les immatriculations sont effectuées par le conservateur de la propriété foncière à la requête des intéressés après enquête, avec numéros d'ordres et plans à l'appui.

Une copie des inscriptions portées sur les registres de la conservation de la propriété foncière est toujours délivrée aux propriétaires, et constitue leurs titres de propriété.

Les hypothèques sont inscrites également sur les registres et n'ont d'ailleurs de valeur qu'autant que cette formalité de l'inscription a été remplie.

Elles sont de deux sortes seulement :

1° L'hypothèque conventionnelle consentie par acte sous seing privé ;

2° L'hypothèque forcée, c'est-à-dire acquise en vertu d'une décision de justice.

Les hypothèques légales et judiciaires prévues aux articles 1017, 2121 et 2115 du Code civil et 490 du Code de commerce, ainsi que les privilèges spéciaux sur les immeubles tels qu'ils résultent de l'article 2103 du Code civil ne sont pas applicables dans les colonies de la Côte occidentale d'Afrique.

IV. — RÉGIME MINIER

Décret 6 juillet 1899, portant réglementation sur la recherche et l'exploitation des mines dans les colonies ou pays de protectorat de l'Afrique continentale autres que l'Algérie et la Tunisie. Complété par un décret du 4 août 1901, portant réglementation sur la recherche et l'exploitation de l'or et des métaux précieux dans le lit des fleuves, rivières et cours d'eau dans l'Afrique continentale.

Mines et carrières. — Sont considérés comme carrières les matériaux de construction et les amendements pour la culture des terres, à l'exception des nitrates et sels associés et des phosphates.

Ces carrières suivent la condition du sol et ne peuvent donner lieu à une exploitation séparée.

Les mines comprennent les gîtes de toutes substances minérales susceptibles d'une utilisation industrielle.

Autorisation préalable. — Toute Société, ou toute personne qui veut se livrer à une entreprise minière doit tout d'abord en obtenir l'autorisation du gouverneur de la colonie. Cette autorisation est complètement distincte des différents permis que nous allons examiner. Elle est le point de départ de toute la procédure. En adressant sa requête au gouverneur, le demandeur doit faire élection de domicile dans la colonie et notifier ce domicile.

Régions ouvertes ou non à l'exploitation. — Cette autorisation préalable étant obtenue, le demandeur doit se préoccuper de savoir si la région vers laquelle s'est porté son choix est *ouverte ou non à l'exploitation.*

Dans les régions, *ouvertes à l'exploitation* par arrêté du gouverneur[1] pris en conseil d'administration ou en conseil privé, le demandeur peut obtenir des *permis de recherches et des permis d'exploitation.* Dans les régions non encore ouvertes à l'exploitation il peut obtenir des *permis d'exploration*

Permis d'exploration. — La demande doit faire connaître avec croquis et carte à l'appui, les limites et l'étendue du terrain sollicité, autant que possible déterminer ce terrain par des lignes droites, formant des figures géométriques régulières.

La demande doit être accompagnée d'un versement de 0.05 centimes par hectare.

Elle est examinée par le gouverneur qui statue. S'il y a plusieurs concurrents, il est seul juge des motifs ou considérations devant faire donner la préférence.

1. Pour ouvrir une région à l'exploitation, le gouverneur tient compte de l'état de tranquillité du pays, du degré de sécurité qu'il présente, de la pénétration plus ou moins grande de notre influence, etc.

Pour octroyer plus de 50 000 hectares, il doit soumettre sa décision au ministre des colonies.

Si la demande n'est que partiellement accueillie, le montant des droits versés en trop est remboursé au demandeur.

Le permis d'exploration donne le droit d'effectuer tous travaux de fouilles, de sondages et de reconnaissance. Le permissionnaire ne peut s'approprier les produits de ses recherches sans l'autorisation du gouverneur.

Durée du permis : 2 ans, sans possibilité de prorogation. Est incessible. Donne un droit de préférence à son détenteur pour l'obtention de permis de recherches et d'exploitation dans son périmètre d'exploitation. Le détenteur, sous peine de perdre ce droit, doit, avant l'expiration des deux années, faire connaître avec cartes à l'appui le résultat de ses investigations, et formuler les demandes de permis de recherche ou d'exploitation dont il entend bénéficier. La délivrance de ces nouveaux permis par le gouverneur doit avoir lieu dans un délai de six mois. Les régions où sont délivrés lesdits permis sont considérées, par le fait de cette délivrance, comme ouvertes à l'exploitation.

Permis de recherches — Délivrés par le gouverneur :

1° Aux demandeurs qui, dans les 12 mois de l'ouverture d'une région à l'exploitation, justifieraient avoir le plus contribué par leurs indications à la connaissance des mines dans la région.

2° A tous demandeurs, à la priorité de la demande.

Dans les conditions suivantes : demande, avec plan à l'appui, pour un cercle de 5 kilomètres de rayon au plus, dont le centre doit être rattaché à un point géographique précis.

Versement de 0,10 cent. par hectare jusqu'à 1000 hect.
— de 0,20 — — de 1001 à 5000 —
— de 0,40 — — au-dessus de 5000 —

La demande est inscrite (au Secrétariat général) sur un

registre spécial, avec indication de la date et de l'heure à laquelle elle a été déposée; il en est délivré récépissé.

Affichage à la porte des bureaux du Secrétariat général, pendant trois mois, durant lesquels opposition peut être faite.

S'il n'y a pas d'opposition, le permis est délivré, et inscrit sur registre *ad hoc*.

Si opposition, le conseil du contentieux administratif statue.

Durée de la validité : 2 ans. Renouvelable une fois, avec paiement droits doubles.

Le permis donne droit de faire tous travaux de fouilles, de sondages et de reconnaissances, et de disposer du produit de ces travaux, sous réserve d'en faire la déclaration à l'administration locale.

Ce permis peut être cédé à toute personne ou Société munie de l'autorisation préalable avec paiement d'un droit d'enregistrement de 5 pour 100 du prix de cession.

Le détenteur d'un permis de recherches a un droit de préférence pour obtenir un permis d'exploitation dans le périmètre qui lui a été accordé.

Deux permis de recherches dont les centres seraient à moins de 20 kilomètres l'un de l'autre ne peuvent être accordés à la même personne.

Permis d'exploitation. — Obtenu sur demande, avec mêmes formalités et dans mêmes conditions que permis de recherches.

Donne droit de faire au fond et au jour, tous travaux et tous établissements nécessaires à l'exploitation de la mine et au traitement de ses produits, dans un périmètre de forme rectangulaire d'une étendue de 800 hectares au plus et de 24 hectares au moins pour l'or et les gemmes et de 2500 hectares pour les autres substances.

Les droits à verser — en même temps que la demande — s'élèvent à 2 fr. par hectare pour les gemmes et pour l'or, et à 1 fr. pour les autres substances.

Durée 25 ans, renouvelable. La cession est possible, avec paiement du droit d'enregistrement de 5 pour 100 du prix de cession.

Une personne détenant déjà un permis d'exploitation peut s'en voir refuser un autre pour un terrain distant de moins de 5 km du premier.

Dans les six mois de la délivrance le terrain concédé doit être aborné. A partir de la troisième année : paiement d'une taxe de 1 fr. par hectare pour l'or et les gemmes et de 0,50 c. pour les autres substances.

En outre paiement d'un droit de 5 pour 100 sur la valeur des minerais extraits.

Les permissionnaires doivent tenir un livre d'enregistrement et d'expédition des minerais extraits et le présenter à toute réquisition des représentants de l'administration.

Dans le cas de non paiement, dans les six mois de l'échéance et après mise en demeure, des taxes et du 5 pour 100 ci-dessus indiqués, la déchéance est prononcée.

Lorsqu'un périmètre d'exploitation devient libre, soit par la déchéance, soit par la renonciation de son titulaire, soit par l'expiration des 25 années sans demande de renouvellement; il est mis en adjudication.

Les contraventions en matière de mines sont constatées et jugées comme les contraventions en matière de simple police.

CHAPITRE XII

PLANTES UTILES ET GRANDES CULTURES[1]

Par M. Chalot
Directeur du Jardin d'essai de Libreville
Officier d'Académie. — Officier du Mérite agricole.

Sénégal. — Au Sénégal l'agriculture est encore rudimentaire, car jusqu'ici elle a été laissée entre les mains des indigènes. Pourtant, dans ces dernières années, un service de l'agriculture a été créé (1898). Il a surtout cherché à perfectionner la culture de l'arachide qui est la plus importante de la colonie. Par ses soins des essais de labours à la charrue ont été tentés.

Étudions maintenant rapidement les principales cultures du Sénégal :

Arachide. — On la sème en juin et en juillet lorsque la terre est déjà détrempée par les premières pluies. Les graines sont placées en terre à la distance de 50 à 60 centimètres. On enterre de deux à trois graines ensemble de façon à former de petites touffes. Au cours de la végétation, le terrain reçoit plusieurs sarclages. La récolte a lieu fin octobre et novembre. On extrait de la graine de l'arachide une huile incolore, sans saveur, qui se conserve longtemps et peut se mélanger à l'huile d'olive. On en fait une importante consommation en Europe pour les conserves de sardines.

Au Sénégal les principaux marchés sont les escales du Cayor, Rufisque, Foundiougne et la Casamance. En France le prix des arachides varie entre 22 fr. 50 et 25 fr. 50 les 100 kilogrammes.

---

1. Pour plus de détails, consulter : *La production agricole et forestière dans les colonies françaises*, par Henri Lecomte.

Mil. — Le mil ou sorgho est le grain qui forme la base de l'alimentation des indigènes. On en distingue deux sortes : le gros et le petit, qui se subdivisent à leur tour en un grand nombre de variétés.

Le gros mil est cultivé de préférence. On le sème sur les bords du fleuve Sénégal après le retrait des eaux, c'est-à-dire en octobre et novembre ; la récolte a lieu alors en fin avril. Dans l'intérieur il est semé au commencement des pluies d'hivernage, en juin, et est récolté en novembre.

Le petit mil préfère les terres légères ; il est le plus répandu. On le récolte à la fin de septembre. Il est très précieux pour les indigènes de l'intérieur qui, très imprévoyants, ont déjà, à cette époque de l'année, consommé toutes leurs réserves. On n'exporte que très peu de mil du Sénégal. Les petites quantités mentionnées dans les statistiques sont dirigées sur Bordeaux où le grain sert à faire de la farine et de l'alcool.

Maïs, riz, manioc. — Le maïs réussit bien dans la colonie ; il est surtout cultivé dans le Fouta.

Le riz est recueilli plutôt que cultivé dans le Oualo et le Saloum, où il pousse à l'état sauvage. En Casamance, au contraire, il est planté avec beaucoup de soins. Le manioc est surtout cultivé entre Rufisque et le Saloum, sur le bord de la mer, et Tivavouane, sur la ligne ferrée. Il constitue une précieuse ressource alimentaire dans les années de disette, lorsque le mil vient à manquer.

Coton. — Pousse à l'état spontané. Il est très blanc mais un peu court, ce qui n'empêche pas les indigènes d'en faire de beaux tissus d'une grande solidité. Au Sénégal, le cotonnier est vivace. Peut-être y aurait-il quelque chose à tenter de ce côté pour les capitaux européens. Les plantations seraient faites sur des terrains concédés par les chefs sur les bords du fleuve, mais à l'abri des inondations qui font périr les cotonniers.

Bentamaré. — Plante indigène extrêmement commune qu'il pourrait y avoir avantage à cultiver. Son grain constitue un succédané du café. Les feuilles donnent de bons résultats pour le traitement de la fièvre bilieuse hématurique. C'est pourquoi depuis quelques années, on désigne aussi sur toute la Côte d'Afrique, le bentamaré sous le nom de Faux-Kinkéhbah.

Ricin. — On trouve fréquemment au Sénégal un ricin vert, dont la culture fut l'objet d'une grande propagande il y a quelques années. L'insuccès des tentatives faites en vue de cultiver le ricin d'une façon extensive tient, paraît-il, au mauvais choix de la variété essayée.

Indigo. — Vient spontanément dans le pays. On en trouve de véritables champs près du fleuve Sénégal, vers Kaédi et Bakel.

A l'analyse, cet indigo a donné d'excellents résultats; il supporte très avantageusement la comparaison avec celui de l'Inde.

Il n'y a que les Sarakholés qui cultivent l'indigo; ils tirent de jolis bénéfices des teintures qu'ils font. Actuellement, les indigènes limitent la production de l'indigo à leurs seuls besoins.

Gomme. — La gomme est une des productions les plus importantes du Sénégal. On la trouve sur la rive droite du Sénégal chez les Trarza, Brackna et Dowiches, où sa récolte est la propriété des tribus maraboutiques. Le Oualo, le Djoloff et le Cayor possèdent également des forêts de gommiers. Les Maures apportent leurs gommes aux escales du fleuve, de janvier à juin. La gomme la plus estimée est celle dite de Podor. Le principal port français d'importation est Bordeaux. On récolte annuellement 5 000 000 de kilos de gomme. Le prix moyen de la gomme de Podor et de Galam varie entre 1^{fr},20 et 1^{fr},50 le kilo.

Afin de donner une idée de l'importance des principaux produits dont nous venons de parler, nous citerons quelques chiffres, concernant les exportations du Sénégal pendant l'année 1900 :

Amandes de palme.	450.559 kil.
Arachides.	140.925.285 —
Bentamaré	5.565 —
Gomme.	2.949.522 —
Caoutchouc (Dob)	21.801 —
— autres.	418.595 —
Coton non égrené	64.505 —
Mil.	2.706 —

Caoutchouc. — Les indigènes l'extraient de plusieurs plantes, notamment d'une liane, *Landolphia Heudelotii*, qui donne un bon caoutchouc, et d'un arbre appelé *Dob* (*Ficus Vogelii*), qui produit un caoutchouc inférieur.

Les lianes sont très communes en Casamance et dans les régions des *Niayes* qui bordent l'Océan, de Dakar à Saint-Louis.

Le caoutchouc donne lieu à un trafic important dans les régions sud du Sénégal.

Des essais de culture assez importants de *Manihot-Glaziowii* ou caoutchoutiers de Céara ont été entrepris dans ces dernières années. Les résultats concernant la végétation des arbres ont été superbes, mais nous craignons que l'on ait des mécomptes au moment où l'on saignera les caoutchoutiers.

Bois. — Le Sénégal n'exporte guère que du bois de Roñier (610 m^3 en 1898); on en trouve de véritables forêts entre Dakar et Saint-Louis. On rencontre encore : le Caïlcédrat ou acajou du Sénégal

(*Khaya senegalensis*), à bois plus tendre et moins serré que celui du véritable acajou ; il est peu répandu ; on l'appelle encore quinquina du Sénégal, car son écorce est employée par les indigènes aux mêmes usages que celle du quinquina ; le mûrier (*Morus sp.*), qui donne un beau bois jaune ; le Vèn (*Pterocarpus erinaceus*) donne un bois dur et d'une belle teinte rose ; l'ébène du pays (*Dalbergia melanaxylon*) sert à fabriquer de belles cannes ; le bois de fer de la Casamance, etc. Les exportations de ces bois d'ébénisterie sont peu considérables (269 kg en 1896).

Au Sénégal, le service de l'agriculture, créé en 1898, comprenait un inspecteur de l'agriculture, chef du service, et des agents de culture. Ceux-ci dirigent les jardins d'essai fondés dans les cercles. Il existe actuellement deux jardins d'essai, l'un à Richard-Toll, de création déjà ancienne et reconstitué il y a quelques années, l'autre à Sor (près de Saint-Louis), et des fermes d'expériences dans le Cayor, à Louga et à Tivavouane.

Les colons pourront aussi visiter avec profit le pénitencier agricole de Thiès, où le P. Sébire a obtenu des résultats très encourageants.

Climat. — Au Sénégal, l'année se partage en deux saisons nettement tranchées. La première, de décembre à la fin de mai, est sèche et fraîche. Pendant cette saison, la température peut varier de 20° entre le matin et l'après-midi. Elle ne descend guère plus bas que 11° au-dessus de 0, pour atteindre 25 à 25° à l'ombre et 55 à 56 au soleil. En 1890-1891, on a pourtant constaté un abaissement de température exceptionnel : 7° à Saint-Louis, et à Podor 5° au-dessus de 0.

La saison des pluies survient vers la fin de mai ou le milieu de juin et dure jusque vers la fin de novembre ; mais les pluies ne sont réellement abondantes que du 15 juillet au 15 septembre. Pendant cette saison, le thermomètre se maintient entre 27 et 30° au-dessus de 0 à l'ombre ; au soleil, la moyenne est de 40°.

On trouvera dans le tableau ci-dessous la quantité de pluies annuelles et le nombre de jours de pluie, de 1894 à 1900, d'après les observations faites à Saint-Louis.

Années.	Pluies annuelles en millimètres.	Nombre de jours de pluie.
1894	419.1	57
1895	121.5	28
1896	254.0	15
1897	509.5	21
1898	452.1	30
1899	416.8	40
1900	421.5	54

Soudan. — Il n'y a pas encore d'agriculture proprement dite dans l'ancien Soudan, partagé aujourd'hui entre les colonies du Sénégal, de la Guinée française, de la Côte d'Ivoire et du Dahomey.

En effet, jusqu'à ces dernières années le manque de sécurité provoqué par les rapines et les pillages perpétuels de quelques chefs de tribu empêchèrent les indigènes de se livrer à la culture en grand. Depuis, ces dangers ayant disparu, le noir refait ses champs de mil et, alors qu'en 1885 on a eu beaucoup de peine à trouver 60 000 kg. de mil entre Kayes et Bafoulabé, en 1896, on a pu en acheter 200 000 kg. dans les environs de Kayes seulement.

Par une décision en date du 25 mars 1896, le général de Trentinian, a créé trois Jardins d'Essai à Kati, Siguiri et Goundam; un autre avait été organisé auparavant à Kayes. Ces jardins sont destinés à poursuivre des essais de culture et d'acclimatation afin de développer l'agriculture autant que le climat et les mœurs des indigènes le permettent.

Beaucoup de personnes, à un moment donné, considéraient que le coton était une des cultures d'avenir du Soudan. Il y a lieu à ce sujet d'émettre quelques doutes, car il sera difficile d'obtenir des noirs le travail régulier qu'exige la culture du coton. De plus il faut faire remarquer que les cotons de qualité ordinaire sont produits aux États-Unis et aux Indes, à un prix qui défie toute concurrence.

Guinée française. — En Guinée française, les pluies sont plus abondantes qu'au Sénégal. Il résulte en effet des observations météorologiques faites à Conakry qu'il y a sept mois de saison des pluies et cinq mois de saison sèche. Aussi la végétation spontanée y est-elle assez riche. D'une façon générale le pays est couvert d'une broussaille impénétrable, ne dépassant pas quelques mètres de hauteur, à travers laquelle serpentent les sentiers frayés par les indigènes, et s'ouvrent çà et là les clairières formées par les défrichements qui entourent chaque village.

Beaucoup de plantes existant au Sénégal se trouvent aussi en Guinée française. Nous ne parlerons donc que de celles qui sont un peu particulières à la colonie et qui donnent lieu à un certain trafic.

Palmier à huile [1]. — Le palmier à huile (Elæis guineensis), forme le fond de la végétation arborescente des côtes de la Guinée. Ce sont surtout les amandes de palme qui donnent lieu à des exportations importantes, car on n'expédie que de petites quantités d'huile. Pour récolter les régimes, les indigènes se servent d'un large anneau en rotin dont ils entourent le palmier et sur lequel l'homme appuie ses reins, tandis que ses pieds sont posés sur le tronc du palmier, et par secousses successives il fait glisser l'anneau le long du palmier, dont le tronc n'est pas lisse, mais couvert encore de la souche des vieilles feuilles.

Arrivé au sommet, le noir abat les feuilles qui le gênent, avec une *matchète*, puis détache avec le même instrument les régimes mûrs qu'il laisse tomber et redescend en faisant une manœuvre inverse à celle de l'ascension. Les régimes sont ensuite découpés de façon à faire sortir les fruits; ceux-ci sont exposés au soleil pour en hâter la maturation, puis mis à bouillir dans de grands chaudrons à moitié remplis d'eau. Étant plus légère, l'huile contenue dans le brou de la noix surnage et est décantée. Cette huile a un goût spécial qui ne plaît pas toujours à l'Européen, mais pour le noir, c'est la graisse par excellence.

Après avoir servi à la fabrication de l'huile de palme, les noix sont retirées des chaudrons, mises en tas, et leur coque, ligneuse, est brisée par les femmes et les enfants.

Les amandes débarrassées de leur enveloppe sont vendues dans les factoreries qui les expédient en Europe pour la fabrication de l'huile de palmiste.

Kola. — Le kolatier est un bel arbre qui existe en abondance dans les pays Soussous, depuis la frontière Sierra-Leonaise jusqu'au confins sud du Rio-Nunez, mais il ne pousse ni au nord, ni dans le massif du Fouta-Djallon. La noix de kola donne lieu à un petit chiffre d'exportation.

Arachide. — Elle n'est guère cultivée, car elle ne peut pas supporter la concurrence avec celle du Sénégal, ni avec celle de l'Inde.

Sésame. — Autrefois cette graine était l'un des plus gros articles

---

1. Pour plus de détails, voir la *Notice sur la Guinée française*, par M. Famechon, Exposition Universelle de 1900.

d'exportation de la Guinée, mais dans ces dernières années les prix atteints par le caoutchouc ont fait que les indigènes ont presque renoncé à toutes les cultures moins riches.

Les exportations de sésame n'atteignent pas en effet une centaine de mille francs.

Gomme copal. — Il existe encore des peuplements assez importants de gommiers dans le Kabitaye, le Kanéabenna et le Kokounia. C'est pendant la saison sèche que les indigènes vont récolter la gomme. Munis d'une hachette, ils incisent les troncs et deux mois après, la gomme qui s'est solidifiée est récoltée, mise en sacs et envoyée aux comptoirs de la côte où elle se vend environ 2 francs le kilogramme.

Caoutchouc. — Le caoutchouc représente les trois quarts de la valeur des exportations de la Guinée. Il est produit par différentes lianes appartenant au genre *Landolphia* et surtout par le *Landolphia Heudelotii*.

Les incendies et une exploitation absolument intensive et déréglée ont détruit les lianes au voisinage du littoral et maintenant il faut aller les chercher dans l'intérieur (Fouta-Djallon) et dans les territoires presque inhabités du bassin du Niger ou des rives du Campony, du Rio-Grande et de la Gambie.

Dans ces dernières années, la concurrence que se faisaient les factoreries pour l'achat du caoutchouc aux indigènes était telle que ce produit était payé sur place presque aussi cher qu'il se vend en Europe.

Valeur des exportations en 1900 :

Amandes de palme	476.959 fr.
Arachides	118.520 —
Sésames	40.556 —
Lamy	100 —
Méné	100 —
Café	2.722 —
Gomme	255.800 —
Caoutchouc	7.580.120 —
Bois d'acajou	100 —

Bois. — Autrefois la Guinée était couverte d'épaisses forêts que les indigènes ont peu à peu détruites pour avoir des terrains de culture. Il reste encore néanmoins quelques essences qui pourront être employées pour la charpente, la menuiserie et l'ébénisterie. Ces essences malheureusement ne sont pas assez groupées ni assez rapprochées des fleuves pour donner lieu à des exploitations forestières dans le genre de celles de la Côte d'Ivoire.

Parmi les bois qui pourraient être utilisés il convient de citer : le cailcédrat, le colatier, le tali (Erytrophleum guineense) le *Bassia Parkii* ou Karité, etc.

Jardin d'Essai. — En 1897 le Gouvernement de la Guinée a créé à Camayen, près de Konakry, un Jardin d'Essai, et dans ces derniers temps une station agronomique à Timbo.

Le Jardin d'Essai a déjà pu introduire et multiplier dans la colonie un certain nombre de plantes industrielles et d'arbres fruitiers. Quelques grandes cultures, susceptibles de s'implanter et de fournir des produits d'exportation, ont été entreprises soit par les particuliers, soit par le Jardin d'Essai. Nous allons dire quelques mots sur chacune d'elles.

Café. — Il existe, dans certains massifs de la chaîne côtière, particulièrement dans le Bové, le Labaya et le Benna, de véritables peuplements d'un caféier indigène à feuilles fines et serrées (*Coffea stenophylla*) et dont les graines, petites, très parfumées, sont vendues sous le nom de café du Rio-Nunez.

Il est évident que si on trouvait dans la colonie une main-d'œuvre suffisante pour permettre la culture du caféier dans de bonnes conditions, c'est le caféier du Rio-Nunez qu'il faudrait cultiver de préférence à tout autre.

Des plantations de *caféier de Libéria*, entreprises sur une grande échelle et avec d'importants capitaux, il y a de cela sept ou huit ans, n'ont pas donné de bons résultats, ce qui a jeté un certain discrédit sur la culture du café en Guinée.

Cacaoyer. — Il en a été fait des essais de plantation, mais nous ne savons pas s'ils ont donné de bien brillants résultats; il est à craindre que non. Pour qui a étudié la culture du cacaoyer la Guinée, avec ses cinq mois de saison sèche, ne paraît pas être le climat qui convient. Nous ne saurions donc trop insister, pour que les personnes qui auraient l'intention de cultiver le cacaoyer à la Guinée française, se renseignent bien avant d'y porter leurs capitaux.

Bananier. — La grande consommation qui se fait des bananes en

Angleterre, et la place que ce fruit est susceptible de prendre en France, lorsque son prix de vente aura un peu baissé, ont incité quelques colons à créer des plantations de bananiers aux environs de Konakry. Les premiers essais ont donné des résultats négatifs, mais repris depuis quelque temps, de concert avec le Jardin d'Essai, ils paraissent promettre pour l'avenir.

Nous avons eu l'occasion de voir des régimes de bananes de la Guinée arriver en France dans de bonnes conditions. L'espèce de bananier cultivée est le *Musa sinensis* ou bananier nain. C'est d'ailleurs une variété de cette espèce qui est cultivée depuis longtemps aux îles Canaries.

Climat. — A Konakry, pendant la saison des pluies, le thermomètre ne dépasse pas 35° pendant les journées les plus chaudes d'avril, et ne descend pas au-dessous de 24° pendant les nuits les plus froides.

La saison des pluies commence habituellement vers la fin de mars et se termine dans les derniers jours du mois de novembre. Quant à la saison sèche, elle occupe le reste de l'année et, contrairement à ce qui se constate ailleurs, est plus chaude que la saison des pluies.

En ce qui concerne la quantité d'eau qui tombe annuellement, on peut dire qu'elle est d'environ 4 mètres.

La répartition des chutes de pluie est la suivante :

Mois.	Hauteur d'eau tombée exprimée en millimètres.	Nombre de jours de pluie.
Janvier	0	0
Février	0	0
Mars	0	0
Avril	2	2
Mai	115	7
Juin	525	21
Juillet	1.067	29
Août	1.449	27
Septembre	651	25
Octobre	588	25
Novembre	50	8
Décembre	1	1
Total	3.904	145

Il va sans dire que les chiffres que nous donnons ci-dessus ne constituent pas une moyenne absolue de la quantité de pluie annuelle et du nombre de jours de pluie. D'une année à l'autre, on peut en effet constater des différences sensibles, surtout dans la répartition des pluies, si ce n'est dans la quantité totale.

Notre but, en citant ces chiffres, n'est que de fixer les idées.

Côte d'Ivoire[1]. — *Climat*. — Les conditions climatologiques d'une colonie étant très importantes à connaître pour qui veut aller y faire de l'agriculture, nous allons, comme nous l'avons déjà fait pour le Sénégal et la Guinée, donner quelques chiffres concernant la moyenne annuelle de jours de pluie, la précipitation totale, ainsi que les maxima et minima de température.

A la Côte d'Ivoire (Grand-Bassam) il y a environ 116 jours de pluie par an, se décomposant de la façon suivante :

Pendant la grande saison sèche, de décembre à mars, on compte 21 jours de pluie. Du mois d'avril au mois de juillet (grande saison des pluies) on en compte 57. D'août à septembre, pendant la petite saison sèche, il y a encore 10 jours de pluie et pendant la petite saison des pluies, d'octobre à novembre, il y en a 27.

Cette répartition des pluies indique que les grandes cultures comme celles du cacaoyer d'abord et de la vanille ensuite, ont toutes les chances de réussir à la Côte d'Ivoire où il n'y a pas de longue saison absolument sèche.

Quant à la température minimum ($15°$) elle a été constatée en septembre et la température maximum ($37°$) en février et en mars.

Jardin d'Essai. — La colonie possède à Dabou un Jardin d'Essai d'une superficie d'environ 4 hectares. Son personnel se compose d'un jardinier-chef européen, et d'un certain nombre de manœuvres indigènes. En 1897 il a déjà distribué 5000 pieds de café, 6000 boutures de plantes à caoutchouc et 600 pieds de cacaoyer. Il a délivré, en outre, de nombreux pieds d'arbres fruitiers. Les principales plantations existant actuellement à la

---

[1]. Les renseignements sur la Côte d'Ivoire sont tirés en grande partie de la *Production agricole et forestière dans les colonies françaises*, par Henri Lecomte, et de la Notice publiée sur la Colonie à l'occasion de l'Exposition de 1900.

Côte d'Ivoire ont pour objet la production du café et celle du cacao. La culture du caoutchoutier de Céara a été aussi entreprise dans ces dernières années.

Plantation d'Elima. — Dans le Cercle d'Assinie; 200 hectares dont 125 plantés de caféiers de Libéria; cette superficie comprend 125 000 plants qui, en 1899, étaient déjà presque tous en plein rapport. Une usine pourvue d'une machine à vapeur de la force de 15 chevaux sert à actionner les machines pour la manipulation du café; 125 travailleurs indigènes sont employés pendant la récolte. La production annuelle est de 60 000 kilos de café.

Plantation de Prollo. — Sur le fleuve Cavally; en 1898, cette plantation avait défriché 50 hectares et possédait 4000 pieds de café, 2500 de cacaoyer et un certain nombre de caoutchoutiers du Para.

Plantation d'Impérié. — Comprend 150 hectares défrichés sur lesquels, en 1898, 8 hectares étaient plantés en café et 10 en cacaoyers.

Plantation de Dabou. — Concession de 600 hectares; la Société coloniale française de la Guinée avait déjà planté, en 1898, environ 5000 pieds de caoutchoutier de Céara.

Les autres plantations sont celles de M'bato et de Woodin à Rock-Béréby. Cette dernière comprenait 16 000 caféiers en 1899.

A Potou, il existe des plantations de cacaoyers d'une certaine importance qui avaient été créées par MM. Saffray et Baillin, agents de la West-African Company.

Palmier à huile. — Le palmier à huile existe en abondance le long du littoral des lagunes et jusqu'à une certaine distance dans l'intérieur. Les indigènes l'exploitent activement et fabriquent l'huile ou vendent simplement les amandes. Cette exploitation est concentrée dans les cercles de Dabou et de Grand-Lahou, et en général sur tout le littoral.

Caoutchouc. — Le caoutchouc est produit en abondance, dans toutes les parties boisées de la colonie, par des lianes du genre *Landolphia* et par des arbres du genre *Ficus*. L'exploitation de ce produit est en plein développement dans l'Indénié où il était malheureusement récolté, jusqu'à ces dernières années, par des noirs anglais qui le dirigeaient ensuite sur les ports de la Côte d'Or. Elle commence à prendre de l'extension dans les cercles d'Assinie, de Grand-Bassam, de Dabou et du Baoulé; elle est à ses débuts dans les cercles de la côte ouest.

Acajou. — L'acajou donne lieu à un mouvement d'affaires très important; en raison du manque de communications on ne l'exploite guère cependant qu'au voisinage des lagunes et des rivières. Le commerce est très considérable dans les cercles d'Assinie, de Grand-Bassam et de Grand-Lahou.

EXPORTATIONS DE LA CÔTE D'IVOIRE EN 1900

Noix de kola	248 kil.
Amandes de palme	5.107.856 —
Café	24.722 —
Huile de palme	4.540.006 —
Gomme copal	2.509 —
Caoutchouc	1.051.781 —
Bois d'acajou	13.422.912 —
Bois de teinture	10.759 —
Piassava	4.917 —

Régime de la propriété. — Chaque village est entouré d'une portion de terrains débroussés qui servent aux cultures des arbres ou des autres végétaux produisant la nourriture des habitants. Les autres terrains, non encore défrichés, et de beaucoup les plus nombreux, appartiennent, mais théoriquement, aux chefs de villages; mais en réalité ces droits ne s'exercent pas. Il arrive cependant parfois, ce qui prouve bien l'existence d'une certaine autorité, que les coupeurs de bois sont obligés de payer une redevance au chef du village voisin, pour chaque arbre qui est abattu.

Les cultures auxquelles se livrent les indigènes ne sont que des cultures vivrières : bananiers, igname, manioc, patate, maïs, riz, papayer, ananas, cocotier. Le régime des concessions aux Européens est réglementé par l'arrêté local du 10 septembre 1895. Les redevances propres à chaque espèce de concession ont été calculées de la façon la plus équitable. En ce qui concerne principalement les concessions agricoles, le droit annuel est de 0 fr. 50 par hectare. Toutefois, à titre d'encouragement, la plupart des concessions agricoles accordées jusqu'à ce jour l'ont été à titre gratuit, afin de compenser, dans une certaine mesure, les frais assez élevés d'installation, de défrichements, et de mise en valeur. Ces concessions gratuites sont pour la plupart valables pour une période de cinq années, à l'expiration de laquelle l'administration locale, tenant compte des efforts faits et des résultats obtenus, se rend libre, soit d'exiger à l'avenir l'acquittement des droits, soit d'accorder au colon la faveur d'une nouvelle gratuité pour une période à déterminer. En résumé, la Côte d'Ivoire, par son climat et la richesse de son sol, se prêterait merveilleusement aux entreprises agricoles, si on était assuré de trouver sur place la main-d'œuvre nécessaire et si on créait des voies de communication. Malheureusement, ces deux facteurs, indispensables pour la réussite des exploitations agricoles, feront sans doute encore défaut pendant longtemps. D'un autre côté, la fièvre de l'or qui, dans ces derniers temps, semble s'être emparée de toutes les énergies et des capitaux qui n'hésitent pas à s'employer au loin, retardera encore le développement agricole de la colonie.

Dahomey. — *Climat.* — Il est encore assez difficile de donner des chiffres précis en ce qui concerne la climatologie du Dahomey, car, pour cela, il faudrait connaitre les moyennes de quelques années d'observations météorologiques. Pour l'instant les rares documents que l'on possède à cet égard permettent seulement de dire que la moyenne de température annuelle est d'environ 28°. Les plus hautes températures constatées ont été de 36° et les plus basses de 15°, en nombres ronds.

Pour ce qui est de la quantité de pluie annuelle, elle a été de 0^m,928 répartis sur 77 jours en 1897, et de 1^m,687 répartis sur 94 jours en 1898. Les mois les plus secs sont habituellement : décembre, janvier et février; tous les autres sont assez pluvieux.

Jusqu'ici des préoccupations politiques d'extension et d'organisation ont empêché le gouvernement local de s'occuper de la question agricole d'une façon suivie. Il faut pourtant rappeler qu'en 1895, à l'instigation de M. le gouverneur Ballot, un certain nombre de plantes utiles furent introduites par nos soins; ces premières introductions devaient constituer les bases d'un Jardin d'Essai à créer par la suite. Dans ces derniers temps, un agent de culture est parti au Dahomey pour y diriger les champs d'expériences créés en 1898 et étudier la question d'élevage.

Les productions de la colonie sont à peu près les mêmes que celles dont nous nous sommes déjà occupé pour les pays voisins.

Après l'huile de palme qui tient une place prépondérante dans les productions du pays, nous citerons la kola, le coprah, le caoutchouc, l'indigo, les haricots, l'arachide, le maïs, le manioc, le mil blanc, le mil rouge, le riz rouge, le coton, le tabac, le karité, etc.

Sans revenir sur la fabrication de l'huile de palme dont il a été question plus loin, nous dirons que l'exportation des produits du palmier à huile s'est élevée en 1900 à :

    Amandes de palme. . . . . . . 21 986 tonnes.
    Huile de palme . . . .   8 920 —

Il faut remarquer que ce commerce est à peu près stationnaire depuis un certain nombre d'années; et cela tient uniquement, ou à peu près, au manque de moyens de communication qui empêche l'exploitation de s'étendre au delà du littoral ou du voisinage des rivières. Ceci ressort de la moyenne des exportations des onze dernières années qui a été de :

    Amandes de palme. . . . . . . 21 210 tonnes.
    Huile de palme . . . .   8 000 —

Caoutchouc. — Les lianes du genre *Landolphia* ne paraissent pas très abondantes au Dahomey; cependant on en connaît deux qui fournissent du caoutchouc, mais qu'une exploitation imprudente a failli détruire. Il existe en outre un assez grand nombre d'arbres de la famille des Apocynées et des *Ficus* qui pourront dans l'avenir être exploités avantageusement. Les exportations de caoutchouc, nulles il y a quelques années, sont encore très faibles, comme le fait voir le tableau ci-après.

Cocotier. — C'est seulement depuis quatre ou cinq ans que les indigènes se sont aperçus qu'ils avaient plus d'intérêt à faire du coprah avec leurs noix de cocos, qu'à les employer pour la cuisine ou la nourriture des porcs ou de la volaille.

Malheureusement les cocotiers n'ont jamais été cultivés dans la colonie et y sont peu nombreux; le commerce du coprah s'y trouvera donc limité. Ce produit, quand il est sain et bien sec, se vend sur place 200 fr. la tonne.

Kola. — La kola du Dahomey est particulière; chaque graine se divise en 4 et 5 parties. Elle est récoltée principalement à Abomey-Calavi et dans les environs, en septembre et octobre.

Le commerce en est peu important, les indigènes du bas pays étant seuls à en consommer. La kola du Dahomey n'est pas appréciée en Europe. Il y a quelques années on en exportait énormément au Brésil. Les communications directes par voiliers ayant cessé, ce commerce est devenu nul. Actuellement la kola coûte 2 fr. 50 à 3 fr. le kilogramme.

Arachide. — Cette plante est peu cultivée, le taux des frets pour l'Europe n'en permettant pas l'exportation, toute la récolte est consommée par les indigènes. — La valeur marchande de l'arachide est de 0 fr. 50 à 0 fr. 55 le kilogramme non décortiqué.

Café. — Celui qui est produit dans la colonie suffit presque à la consommation locale; quand les plantations existant à Porto-Novo, à Ouidah et à Allada seront en plein rapport, il pourra être exporté des quantités importantes de café.

Cacao. — Un certain nombre de petites plantations de cacaoyers entreprises par les indigènes indiquent que cette culture, faite dans de bonnes conditions, pourra donner, plus en grand, de bons résultats.

EXPORTATIONS DE 1900

Noix de coco (pièce)	198.655 kil.
— de kola	40.272 —
Arachides	50.000 —
Coprah	220.580 —
Caoutchouc	19.875 —

Congo français. — *Climat*. — Les chiffres concernant la moyenne de trois années d'observations 1896-1897 et 1898, que nous allons donner ci-après, permettront d'avoir une idée assez nette du climat de la zone côtière du Congo français.

La moyenne des minima, pendant ces trois années, a été de $22°,51$; celle des maxima de $30°,55$. La moyenne annuelle obtenue est de $26°,45$. Quant au nombre des jours de pluie il a été de 158, et la quantité de pluie annuelle de $2^m,39$. Les mois les plus secs sont habituellement juin, juillet et août. D'après les observations sur lesquelles nous nous basons, il est tombé en juin $0^{mm},7$, en juillet $5^{mm},6$ et en août $20^{mm},5$.

Les plus hautes températures ont été observées en mars et en avril ($34°$ et $34°,5$); les plus basses en juin, juillet et août ($17°$).

Choix du sol. — En ce moment, l'absence de voies de communication autres que les cours d'eau, fait que les exploitations agricoles ne peuvent être entreprises que près de la côte ou sur les bords des fleuves et des rivières navigables.

Il y a toujours intérêt à choisir les emplacements de plantations dans les régions boisées, car le sol y est plus riche que les terrains de plaine, et cela, malgré le travail qu'entraîne le défrichement de la forêt. De plus, à une certaine distance de la côte, dans les régions boisées, la saison sèche n'est pas aussi rigoureuse, ce qui permet d'espérer de bons résultats en cultivant le cacao et la vanille.

Ce sont en effet actuellement les deux seules cultures qui soient à conseiller, car celle du café exige une main-d'œuvre nombreuse au moment de la cueillette. De plus on sait que la valeur marchande du café, par suite de la surproduction au Brésil, a beaucoup baissé dans ces dernières années, ce qui n'a pas été sans jeter un certain découragement chez les planteurs de la colonie, qui au début avaient fait de la production du café le but principal de leur exploitation.

Cacaoyer[1]. — Les terrains riches, profonds et abrités contre les grands vents conviennent bien à cette culture. Il faut semer les graines très fraîches, car celles-ci perdent en quelques jours leur faculté germinative. On les sème soit directement en place, soit, ce qui est préférable, en pépinière ou dans de petits paniers en liane remplis de terreau. Quand le plant possède six feuilles on le met en place avec le panier, dans un terrain préparé convenablement au préalable. Les plants doivent être espacés de 4 à 5 mètres en tous sens suivant la qualité du sol. Si le terrain a été entièrement déboisé, ce qui est préférable, il faut avoir soin de planter des bananiers entre les cacaoyers, pour ombrager ces derniers pendant trois ou quatre ans. Jusqu'à cinq ans, c'est-à-dire jusqu'à la première récolte sérieuse, la plantation ne demande qu'un peu d'entretien, surtout au début, pour empêcher que les mauvaises herbes ne l'envahissent.

A partir de la cinquième année, dans de bonnes conditions de culture, chaque cacaoyer pourra produire annuellement 50 fruits (ou *cabosses*), fournissant chacun 40 grammes de graines sèches, soit un rendement de 2 kilogrammes par arbre d'un prix moyen de 2 fr. le kilogramme. On voit ce que peut rapporter une plantation.

Vanille[2]. — La vanille est une plante qui se comporte admirablement dans la colonie où il en existe, dans les bois, de nombreuses espèces indigènes. L'espèce qui est cultivée est d'introduction; c'est la *vanilla planifolia* originaire du Mexique, qui produit presque toute la vanille du commerce.

Dans ces dernières années des cultures de vanille d'une certaine

---

1. Pour plus de renseignements voir *Le Cacaoyer et sa culture*.
2. Pour plus de détails, voir *Le Vanillier et sa culture*, préparation et commerce de la vanille.

importance ont été établies au Congo, et notamment aux environs de Libreville.

La vanille, on le sait, est une liane qui, dans les forêts, grimpe le long des arbres. Dans les cultures il faut donc lui donner un tuteur qui la soutienne et lui procure en même temps de l'ombre. La plante se multiplie par boutures que l'on couche en terre au pied des tuteurs. Elle commence à fleurir vers la deuxième année. Les fleurs, pour donner des gousses de vanille, ont besoin d'être fécondées une à une. Cette opération qui peut paraître de prime abord difficile est au contraire à la portée de tout le monde. Les indigènes s'en acquittent très bien après qu'on leur a montré en quoi consiste la fécondation. Quant à la cueillette des gousses et à leur préparation, dont les détails ne sauraient trouver place dans cet ouvrage, on y arrive facilement avec un peu de pratique. La vanille récoltée au Congo a été reconnue comme étant de bonne qualité et évaluée à 60 fr. le kilogramme.

En résumé, la culture de la vanille est très rémunératrice.

Café. — Bien que la culture du café ait été en faveur au Congo il y a une dizaine d'années, et qu'il existe actuellement environ 500 000 caféiers, contre 200 000 cacaoyers dans les différentes exploitations agricoles de la colonie, nous ne nous occuperons pas ici de cette culture, car pour l'instant elle ne doit pas être conseillée pour les raisons que nous avons fait connaître plus haut.

Produits indigènes. — Il existe au Congo, comme dans les colonies voisines, de nombreuses plantes susceptibles d'être exploitées et de fournir des produits utilisables par l'industrie. Malheureusement dans l'état actuel des choses, un petit nombre seulement d'entre elles sont mentionnées dans les exportations. Il en est de même pour les essences forestières qui abondent dans les forêts de la colonie. Leur exploitation est en effet rendue assez difficile par le manque de voies de communication et le peu de main-d'œuvre que l'on trouve sur place.

Nous ne nous occuperons donc ici que des produits donnant lieu à un certain mouvement d'affaires.

Ébène. — Évila des Gabonais. Il y a beaucoup d'ébène au Congo, mais les plus belles billes sont tirées de l'Ogoué et du Fernan-vaz. Ce bois atteint de hauts prix de vente sur les marchés du Havre, de Liverpool, de Hambourg et d'Anvers.

Okoumé. — Grand arbre très commun au Gabon. Il donne une assez grande quantité de résine qui a l'odeur de l'encens. On distingue deux sortes d'okoumé : l'okoumé mâle, à bois blanc et à écorce lisse; l'okoumé femelle (le plus recherché) à bois rose et à écorce très rugueuse. C'est surtout ce dernier que l'on exporte du Congo.

Les indigènes se servent du bois d'okoumé pour fabriquer leurs grandes pirogues d'une seule pièce.

On en fait un grand commerce sur la côte du Congo français, mais les plus belles billes viennent du Como, de l'Ogooué, du Fernan-vaz et du Mayumbe, par le Kouilou.

Bois rouge. — Eziguo des Gabonais. Le bois de cet arbre, rouge carmin sert à faire de très beaux meubles; il est employé aussi pour la teinture. Les commerçants l'exportent dans ce but sous forme de petits morceaux. Quand on veut en faire des meubles, il faut nécessairement l'exporter par billes d'assez grandes dimensions.

Bois jaune. — M'bilinga des Gabonais. Il en existe plusieurs sortes, mais celui qui est exporté provient de l'Ogooué; son bois est jaune et est employé pour la grosse charpente.

Owala. — Arbre assez commun dont les graines renferment 49 pour 100 d'une matière grasse huileuse qui pourrait être employée pour la fabrication des bougies et du savon. Le port de Marseille trouverait à employer de grandes quantités de cette graine.

Copal. — Se rencontre fréquemment au pied de certains arbres de la famille des Cœsalpiniées qui le sécrètent. Il peut servir à fabriquer des vernis de bonne qualité.

Piassawa. — Produit constitué par les longs filaments noirâtres qui sont entremêlés sur les troncs du *Raphia tædigera*, palmier assez abondant au Gabon dans la région du Como. En France, on utilise ce produit pour la construction des balayeuses mécaniques, en usage dans les villes.

EXPORTATIONS DE LA COLONIE EN 1900

Amandes de palme	688.090 kil.
Caoutchouc	655.241 —
Noix de kola	2.255 —
Café	15.145 —
Cacao	14.006 —
Bois divers	5.777.075 —
Piassava, joncs, roseaux, etc.	117.829 —
Huile de palme	112.105 —
Gommes diverses	9.899 —

Jardin d'essai. — Il existe à Libreville un Jardin d'Essai, d'une superficie de 6 hectares, créé en 1887.

Le personnel de cet établissement comprend un directeur et une vingtaine d'hommes, plus un contremaître indigène.

Les plants et les graines du Jardin d'Essai sont cédés aux particuliers d'après un tarif annexé à l'arrêté du 15 septembre 1900, qui réglemente les cessions de graines et de plants. Jusque-là toutes les délivrances avaient été gratuites.

En plus des pépinières, on trouve au Jardin d'Essai de Libreville, des cultures de cacaoyers, caféiers, vanilliers, plantes à caoutchouc diverses, giroflier, poivrier, cannelier, etc., et en outre tous les arbres fruitiers de nos vieilles colonies qu'il peut y avoir utilité à multiplier et à répandre au Congo français.

Les personnes désireuses de faire de l'agriculture au Congo trouveront donc au Jardin d'Essai, non seulement tous les plants dont elles pourraient avoir besoin, mais aussi tous les renseignements concernant chaque culture en particulier.

A Brazzaville, un Jardin d'Essai a été créé en août 1900.

CONCLUSION

En terminant ces quelques notes sur les productions et les cultures de nos colonies de l'Afrique occidentale nous croyons bon de donner, à ceux qui auraient l'intention de fonder une exploitation agricole dans l'une ou l'autre de ces colonies, quelques conseils qui peuvent se résumer de la manière suivante :

1º Bien s'assurer avant toute chose que le climat du pays où l'on désire entreprendre une culture quelconque est bien favorable à la plante que l'on veut cultiver ;

2º Voir ensuite si la main-d'œuvre dont on aura besoin pourra se trouver sur place et quel sera son prix de revient ;

3º Calculer, tout au moins d'une façon approximative, en se gardant bien des exagérations, le coût des cultures et leur rendement éventuel ;

4º Placer toujours à la tête de l'entreprise une personne sérieuse ayant déjà de l'expérience et un certain séjour dans la colonie.

CHAPITRE XIII

DES PLAISIRS ET DES SPORTS

I. — PLAISIRS

Aux colonies plus qu'en France il importe de combattre l'ennui par mille petites occupations en dehors des heures de travail, qui entretiennent l'activité manuelle et intellectuelle et en même temps servent à améliorer les conditions matérielles de l'existence.

1. **Lecture.** — Une des plus agréables distractions est sans contredit la lecture.

A) *Journaux*. — Nous conseillons de prendre un abonnement à un grand journal quotidien, de préférence un de ceux qui ont une chronique coloniale, et qui donnent les extraits des documents officiels concernant les colonies. Lorsque plusieurs Européens se trouvent réunis, il est bon qu'ils soient abonnés à des journaux différents.

Recommander soigneusement à la direction du journal choisi d'expédier par quinzaine et dans un seul paquet, afin qu'il ne s'égare pas de numéros.

Il existe en Afrique occidentale un journal et des bulletins officiels des différentes colonies fournissant des renseignements locaux.

B) *Revues*. — Suivant les emplois ou les fonctions que l'on exerce, il est bon d'être abonné à une ou plusieurs revues littéraires ou techniques (sciences, médecine, agriculture, tactique, chimie, géographie, ethnographie, anthropologie, administration, jurisprudence, droit commercial, etc.), qui tiendront le lecteur au courant du mouvement des idées européennes. Les revues humoristiques et caricaturales, les grands journaux illustrés d'actualité, font d'agréables diversions aux heures de solitude ou de maladie.

C) *Livres*. — Nous conseillons de s'entendre avant le départ avec un libraire ou un commissionnaire en librairie pour qu'il fasse à chaque courrier ou tous les mois l'envoi par colis postal de un ou deux livres choisis dans les dernières publications. Les Européens qui vivent en popote feront bien de constituer ainsi une sorte de petite bibliothèque de poste dont la surveillance devra incomber au commandant du poste. Il est navrant de constater que la plupart des postes africains français est encore dépourvue de ce précieux élément de travail.

II. Correspondance. — Un des meilleurs moyens pour l'Européen de conserver intact le souvenir de ses impressions et de le mettre à l'abri des incidents de voyage (perte de cantine, incendie de case, chavirement de pirogue), est de rédiger soigneusement sa correspondance ou tout au moins la partie de la correspondance adressée au parent le plus proche ou à l'ami le plus intime qui prendra soin de classer et de conserver toutes les lettres.

Papier et enveloppes. — Comme les courriers voyagent à tête de porteurs enfermés dans de simples sacs de toile, il faut choisir des enveloppes de papier très fort ou mieux doublées de toile ; mais ne jamais se servir de papier de deuil, car la bordure noire de ces papiers rend trop facile la violation de ces correspondances (recommandation ministérielle d'octobre 1899).

Cachets. — Les cachets de cire sont inutilisables en Afrique ; ils fondent à la chaleur et agglomèrent les correspondances entre elles, causant des déchirures fréquentes d'enveloppes. La feuille de papier à cigarettes que l'on pose parfois sur la cire avant d'appliquer le cachet est impuissante à obvier à ces inconvénients en raison des bavures circulaires qui se produisent. Nous conseillons donc d'utiliser de préférence les cachets métalliques à crampons.

Encre. — Les encres liquides se détériorent très vite en Afrique. Nous recommandons l'usage des encres en poudre et des encres d'aniline que l'on prépare au fur et à mesure de ses besoins.

Machines à écrire. — Pour les correspondances importantes ou commerciales, les machines à écrire des différents modèles peuvent rendre les mêmes services qu'en France ; cependant nous croyons qu'il serait prudent de n'emporter là-bas que des machines à caractères métalliques.

Autocopistes — On a souvent besoin de tirer à un certain nombre d'exemplaires un plan, un tarif, une circulaire.

Les autocopistes permettent d'obtenir 2, 5 et 100 épreuves très nettes. Ceux de ces appareils qui ont pour base la gélatine en plateaux ou en pellicules devront être écartés, parce qu'ils ne résistent pas à des températures supérieures à 55°. Il faudra donc de préférence faire usage des autocopistes à parchemin ou mieux des mimiographes ou des limorapides à feuilles de baudruche. On peut avoir un de ces appareils très perfectionnés à partir de 55 francs, et ils offrent l'avantage de permettre la conservation des clichés intéressants.

Lorsque l'on ne désire que quelques copies d'une pièce on peut se servir d'une encre spéciale dite encre à décalquer qui peut impressionner 4 ou 5 feuillets humides.

III. Musique. — On peut en Afrique se distraire en faisant de la musique.

Si l'on est musicien et instrumentiste, on emporte soit une flûte, soit un violon, mandoline, cornet à piston ou même accordéon et l'on abrégera, au caprice des morceaux ou de l'inspiration, les longues soirées tropicales.

Si l'on n'est pas musicien, on aura la ressource précieuse des boîtes à musique de toute nature et de toutes tailles, des phonographes, des graphophones ou mieux des gramophones dont les plaques musicales sont constituées par des disques de carton laqué très résistants.

Nous conseillons à ceux qui voudraient conserver les airs et les chants indigènes d'emporter un graphophone avec un certain nombre de rouleaux de cire vierge que l'on fera impressionner par les noirs : on obtient ainsi des documents authentiques et fort intéressants.

Les factoreries feront bien d'installer dans leurs boutiques des boîtes à musique qui attirent invinciblement les nègres.

Enfin lorsque des Européens se trouvent en assez grand nombre dans un poste, il leur est facile d'organiser des petits chœurs à 2 ou 3 voix, de donner des petites soirées, avec lanterne magique, ombres chinoises, jeux de prestidigitation, etc., etc. Tout cela divertit, délasse et procure le calme et la joie, qui sont deux grands facteurs de la santé.

Cependant, nous recommandons d'éviter les expansions trop bruyantes des jours de fête, qui n'ont plus rien de musical et qui produisent sur les esprits des noirs auditeurs le plus déplorable effet : *L'Européen braillard est assimilé par les nègres à un griot, secte méprisée et inférieure.*

IV. Beaux-arts. — A) *Dessin et Peinture.* — 1° Au crayon. On utilise les crayons ordinaires à mine de plomb, les crayons Conté, les crayons de couleur; 2° aux pastels de couleurs ; 3° aux couleurs en poudre (gouache et peintures grossières à l'eau), en tablettes préparées avec du miel (aquarelle) en tube à l'huile, à l'essence, à la cire, aux vernis, etc., etc., suivant l'effet à obtenir.

Il est évident que le dessin et la peinture étant des arts très délicats, il est difficile de s'improviser peintre sans avoir méthodiquement étudié et sans connaître les notions indispensables de dessin linéaire, d'ombrage, de perspective, de coloris, etc., etc.

Nous conseillons cependant aux Européens, peu sûrs de leur coup de crayon et désireux néanmoins de fixer rapidement le croquis d'un paysage, de se munir, soit d'une chambre claire de Wollaston soit d'une chambre noire portative qui permettent de tracer mécaniquement le contour des objets.

Un explorateur doit savoir dessiner, car il y a bien des scènes que la photographie est impuissante à rendre.

Les agrandissements ou les réductions de dessin se font aujourd'hui commodément à l'aide du pantographe.

B) *Modelage*. — Sans savoir dessiner, on peut essayer de modeler : il suffit d'avoir un peu de coup d'œil et le sentiment des proportions.

On peut modeler avec de la terre glaise, bien pétrie et débarrassée de tout gravier, ou avec une cire spéciale ainsi composée :

Cire jaune	500 grammes.
Poix de Bretagne	120 —
Saindoux	50 —
Essence de térébenthine	50 —

et que l'on peut colorer à volonté.

On apprend à modeler en reproduisant des objets très simples. On fera bien même de se livrer au début au moulage sur tour en cherchant à imiter les canaries indigènes de toutes tailles et que l'on transformera aisément en vases ornementaux. Il ne restera plus qu'à les cuire au four à briques.

Pour modeler on commence par former avec la terre ou la cire un noyau auquel l'on donne la forme générale de l'objet à reproduire, puis on rajoute des boulettes aux endroits voulus, on creuse à l'ébauchoir, etc., etc.

Les proportions générales sont les mêmes que pour le dessin : dans l'ébauche d'un corps humain par exemple, la hauteur de la tête doit représenter 7 ou 8 fois la hauteur totale du corps.

Pour modeler à la cire, il faut enduire d'huile les ébauchoirs.

Sculpture sur bois. — Il est aussi facile de tenter la sculpture sur bois que le modelage. Les instruments nécessaires pour cela sont des gouges et des maillets. Mais il faut bien prendre garde en commençant d'enlever trop de bois. Certaines essences se prêtent très bien à la sculpture, en particulier le fromager, bois blanc, léger et assez mou.

Estampage. — Pour conserver les empreintes de sculptures indigènes, fétiches, etc., il suffit d'enduire les objets d'huile s'ils sont en métal, de poudre de talc s'ils sont en bois et d'appliquer fortement en tous sens de la terre à modelage. Une fois bien tassée on la retire et on la laisse sécher à l'ombre. Il n'y a plus qu'à couler du plâtre dans ce moule creux. Un deuxième procédé d'estampage consiste à appliquer sur le bas-relief à reproduire une ou plusieurs feuilles de papier de soie, après avoir mouillé à grande eau. On frappe sur le papier avec une brosse afin de la faire adhérer dans toutes ses parties, on applique de nouvelles feuilles, puis quand tout est bien recouvert on applique du papier enduit de colle de pâte et ainsi jusqu'à ce qu'on ait obtenu une épaisseur convenable. On laisse sécher. Le moule se détache de lui-même.

C). *Divers procédés ornementaux.* — 1° *Décalque au poncis.* Consiste à percer une série de trous sur le dessin à reproduire, puis passer sur ces trous de la ouate imprégnée de poudre de charbon ou de sanguine ou un pinceau de couleur. — 2° *Papier à calquer transparent.* Le procédé le plus simple consiste à enduire une feuille de papier ordinaire d'essence de térébenthine puis d'une couche de glycérine et le laisser sécher. — 3° *Papier à décalquer.* Mélanger à une solution de savon vert, du noir de fumée ou de la sanguine en poudre, et de la terre rouge bien pilée, et étendre uniformément avec un pinceau. — 4° *Peinture orientale.* Ce genre de distraction consiste à découper dans du papier verni transparent des séries de patrons pris sur des dessins. On reporte le patron ajouré sur une feuille blanche et l'on passe une brosse de couleur qui reproduit le dessin. Chaque couleur à reproduire exige un patron différent et ne s'applique que quand la couleur précédente est sèche. Avec ce procédé on peut faire une série de dessins semblables coloriés mécaniquement. C'est le procédé plus perfectionné des lettres en fer-blanc ajourées pour adresses. — 5° *Applications coloriées.* Crachis. Ce procédé enfantin mais avec lequel on peut obtenir de jolis effets, consiste à fixer des feuilles d'arbres ou des fleurs sur du papier puis à projeter avec une brosse ou un pinceau des gouttelettes de couleur qui dessinent en blanc l'image des modèles.

Il est facile d'ornementer par ce procédé les murs des cases indigènes au moment du crépissage à la terre blanche ou rouge.

V. **Photographie.** — La photographie est aujourd'hui devenue le complément indispensable de toute relation de voyage, de toute démonstration scientifique, de toute étude anthropologique.

Nous conseillons donc à tous les Européens de se munir d'un appareil photographique.

Un bon appareil peut jusqu'à un certain point suppléer à la prise des notes journalières. En tout cas, au retour il évoque puissamment les paysages confondus ou ranime les scènes oubliées.

1° *Appareils.* — Un appareil photographique colonial doit présenter de nombreuses qualités : solidité, impénétrabilité aux rayons chimiques, simplicité de mécanisme, légèreté. — A. Solidité. C'est-à-dire résistance aux chocs, à la chaleur et à l'humidité. Donc de préférence il faut éviter les appareils à joints collés et recouverts de maroquinerie. De même il vaut mieux ne pas utiliser les chambres à soufflet. — B. Impénétrabilité aux rayons chimiques. La puissance chimique du soleil équatorial est considérable ; elle suffit à voiler les plaques contenues dans un appareil en bois, et enfermé lui-même dans une cantine en bois. Le voile à travers ces deux épaisseurs de bois se produit au mois de janvier au niveau du 9ᵉ degré Nord en 30 à 40 minutes. Or, là-bas, les appareils photographiques sont exposés plusieurs heures par jour à la lumière solaire. C'est donc proscrire les appareils en bois ou en aluminium trop mince. Il faut exclusivement se munir d'appareils métalliques en acier ou aluminium épais et verni. En tout cas, nous conseillons de toujours conserver son appareil enveloppé dans une étoffe rouge, et autant que possible de faire doubler de rouge les étuis et les sacoches photographiques. — C. Simplicité de mécanisme. En raison même de l'éloignement qui rend les réparations impossibles sur place. — D. Légèreté. Parce que l'Européen ne devra jamais confier à un noir son appareil photographique et qu'il importe d'être le moins possible gêné par le poids des objets nécessaires et les courroies qui les soutiennent (revolver, jumelles, bidons, etc.).

Choix de l'appareil. — Suivant la nature des vues que l'on désire prendre, il faut choisir tel ou tel appareil.

Pour le paysage, nous recommandons des 9 × 12 ou mieux des appareils panoramiques 9 × 30.

Pour les scènes animées, il est préférable d'avoir des appareils stéréoscopiques 4 1/2 × 6 ou 6 1/2 × 9. Pour les groupes et les portraits, il faut des 13 × 18. Les divers appareils qui se comportent le mieux en Afrique occidentale sont le vérascope Richard, le photosphère, le marsouin de Hanau, les stéréo-jumelles, les photo-jumelles, le spido, la jumelle Bellieni simple ou stéréoscopique, le photo-stéréo binocle Goertz. Un appareil nouveau vient d'être créé sous le nom de stéréo-spido panoramatique Gaumont qui permet d'obtenir à volonté des vues stéréoscopiques ou des vues panoramiques. Il se complète, comme du reste le Marsouin, d'un inverseur automatique dit « Epanastrophe » agrandisseur des clichés.

2° *Objectifs.* — Il importe encore plus en Afrique qu'en Europe de posséder un bon objectif. Car si les zones tropicales sont favorables à la photographie et présentent une vive luminosité, la zone équatoriale est surtout éclairée par de la lumière diffuse qui rend plus difficile la prise d'instantanés rapides : il faut donc des objectifs très lumineux.

3° *Obturateurs*. — Pour les régions du Haut Sénégal et Moyen Niger, il est bon d'avoir un obturateur pour vitesses très rapides et pouvant donner du 1/10 au 1/500 de seconde, et muni d'un diaphragme iris, en métal ou en ébonite. Les poires en caoutchouc résistent mal en Afrique, cependant on fabrique aujourd'hui des caoutchouc de qualité supérieure qui soigneusement conservés dans des boîtes en fer-blanc, entourés d'un linge fin humide, rendent de grands services.

4° *Pied*. — Le pied n'est utile qu'autant qu'on se propose de prendre des paysages ou des groupes immobiles. En ce cas il vaut mieux se munir d'un pied en bois, seul réparable là-bas.

5° *Accessoires divers*. — Étui en cuir pour l'appareil, de préférence doublé de velours ou *feutre rouge*.

Cuvettes en celluloïde légères et inattaquables.

Lanterne pliante, la plus légère possible, etc.

Nous ne conseillons pas d'emporter une caisse à révéler; elles sont lourdes, encombrantes et peu pratiques en voyage.

6° *Produits photographiques*. — Plaques. Elles se conservent bien à la condition d'être enfermées dans des boîtes en fer soudées.

Pellicules. — Résistent assez bien au climat à la même condition. Mais il faut absolument éviter de charger les appareils à pellicules pendant le jour. Le papier noir qui les entoure n'est pas assez épais pour la lumière équatoriale.

De plus lorsque les pellicules sont soumises à une chaleur de 35 à 40 degrés, elles sont tachées par le numérotage blanc du papier qui les enveloppe.

Papiers divers. — Se conservent assez mal là-bas. Il a été tenté des papiers coloniaux à émulsions formolées. Nous ne connaissons pas leur valeur.

Les papiers à noircissement indirect, au gélatino-bromure nous semblent préférables.

Révélateurs. — Emporter des révélateurs tout préparés, soit en poudre, soit en solutions concentrées. L'hyposulfite se conservera en flacons de verre ou en boîtes soudées. L'alun ou le formol sont indispensables là-bas pour tanner les plaques révélées et que le bain prolongé décollerait très aisément.

Au cas où l'on voudrait fabriquer soi-même ces produits nous donnons les principales formules :

1° Révélateur. . . .	Hydroquinone.	6 gr.
	Sulfite anhydre de soude .	25 —
	Carbonate de potasse . .	40 —
	Eau	500 —
2° Fixateur.	Hyposulfite de soude. . .	100 gr.
	Eau	500 —
3°	Alun ou formol	10 gr.
	Eau	500 —
4° Renforçateurs . .	1ʳᵉ *Solution* :	
	Sublimé	4 gr.
	Eau	100 —
	2ᵉ *Solution* :	
	Ammoniaque	10 —
	Eau	100 —
5° Vernis	Alcool à 95°.	100 cc.
	Gomme laque.	5 gr.
	Benjoin	5 —

Nous nous empressons de dire que l'on trouve dans le commerce sous les noms de cristallos, métol, panchromatic, éclair, graphol, octol, iconogène, adurol, etc., des produits très bons, facilement transportables et qui ne se détériorent pas à la chaleur.

Manipulations. — C'est la partie la plus délicate de la photographie aux colonies. Il faut faire toutes les manipulations de nuit avec de l'eau que l'on a refroidie le plus possible dans des jarres indigènes.

Nous croyons qu'il faut révéler sur place toutes les plaques et non les expédier impressionnées en France.

Enfin l'on trouve aujourd'hui des cantines photographiques en fer, très bien composées et contenant sous un moindre volume le matériel indispensable à cet art.

Cinématographie. — Les observations et les conseils qui se trouvent ci-dessus peuvent s'appliquer aux appareils cinématographiques.

Photo-peinture. — Une distraction agréable consiste à colorier les photographies prises. Deux procédés sont employés : la photo-peinture et la photo-miniature.

La photo-peinture est la peinture directe à l'aide de couleurs spéciales des épreuves positives, elle réclame beaucoup d'adresse et de délicatesse dans les mouvements. La photo-miniature, plus simple, est un plaquage de couleurs mordantes au verso des épreuves que l'on a préalablement rendues transparentes.

On arrive en peu de temps par l'un ou l'autre de ces procédés à obtenir de véritables petites miniatures artistiques.

VI. **Collections diverses.** — 1° *Zoologiques*. — On peut être appelé à tuer en chasse des animaux dont on désire conserver la fourrure et même le squelette tout entier ; car dans l'immensité de la brousse soudanaise vivent des espèces que nous ne connaissons que par ouï-dire. Quelques-unes semblent n'être que des créations imaginatives des noirs comme le « sowara », fauve redoutable qui tiendrait de la panthère, de la hyène et de l'âne, comme « l'homme des bois ou l'homme à queue » qui vivrait dans la grande forêt et n'est autre que le chimpanzé. Mais à côté de ces animaux fabuleux il existe des espèces non décrites ; nous avons personnellement vu : un primate, haut de 35 cm, mi-singe, mi-écureuil à tête de fouine, dont l'anatomie ne répond à aucune des espèces décrites ; — un rongeur, de la grosseur d'un rat d'égout et entièrement zébré en rouge vermillon et noir ; — un helminthe, parasite des poumons d'un boa constrictor. C'est le seul hasard qui nous a fait rencontrer ces trois êtres. Nous sommes convaincus qu'un zoologiste consciencieux et éclairé enrichirait de beaucoup de nouveautés la série animale.

Mammifères. — Pour conserver les mammifères, de toutes tailles, il faut commencer par les dépouiller. Pour cela on fend la peau avec un bistouri, du milieu du menton à la naissance de la queue. Au niveau du milieu du sternum et du ventre, on fait partir quatre nouvelles incisions aboutissant à l'extrémité interne des membres. On dépouille, on étale la peau sur une natte et on la saupoudre soit d'alun pulvérisé, soit de cendre de potasse, ou on la frotte soigneusement de savon arsénical :

Acide arsénieux pulvérisé	32 gr.
Carbonate de potasse	12 —
Camphre	1 —
Savon blanc en copeaux	32 —
Chaux vive	4 —
Eau distillée	32 —

On laisse sécher la peau tendue dans un endroit sec et très aéré mais non au soleil. Puis si l'on dispose de beaucoup de place on bourre de coton ou mousse stérilisée, ou de tourbe imprégnée de sublimé ou d'alun et on recoud grossièrement. Si l'on est obligé de tasser ses bagages, on plie et l'on roule la peau.

Ne jamais laisser de graisse après la peau. Les parties délicates du dépouillement sont : la queue que l'on retourne en doigt de gant ou que l'on fend sur sa longueur si elle est trop grosse ; les pattes où on laisse bien soigneusement les dernières phalanges et les griffes ou ongles ; la tête où l'on doit tâcher de conserver les paupières, les lèvres et les oreilles dont on coupe les cartilages au ras de l'os.

Lorsque l'on désire conserver le squelette, le procédé le plus simple est de l'exposer au grand air, dans un endroit clos où les hyènes et les chacals ne pourront l'atteindre. Les chairs sont rapidement enlevées par les vautours, et les fourmis se chargent du nettoyage complet et du blanchiment des os. Un petit mammifère peut être complètement dépouillé en un jour par une colonne de fourmis magnans.

Le squelette propre, on l'emballe soigneusement en attachant tous les os ensemble et en étiquetant le colis. On mentionne la taille de l'animal, la couleur des yeux, et ce que l'on a pu apprendre de ses habitudes et de son genre de vie.

Oiseaux. — On dépouille l'oiseau, en incisant la peau de l'anus au sternum après avoir écarté les plumes, puis on la détache avec les doigts. Arrivé aux ailes, on découvre l'articulation que l'on coupe au ras du corps, on sépare le cou, on dépouille les jambes jusqu'à l'articulation des pattes, on désarticule, on coupe le croupion au ras des grosses plumes. On écorche le cou en retournant la peau en doigt de gant. On sectionne au ras de la tête. Par le trou occipital que l'on peut agrandir, on vide le crâne puis on le bourre de coton imprégné de savon arsenical. On peut si l'on veut, le laver à une solution de formol à 1 pour 100. Puis on retourne la peau du cou que l'on a enduite d'arsenic, on la bourre de coton et l'on traite le reste de la peau comme celle des mammifères. La bouche et les yeux sont garnis de coton arsénié.

L'empaillage et le montage des oiseaux se font en France et exigent des connaissances spéciales.

Conseil. — Nous recommandons de toujours laver l'animal à dépouiller avant d'y toucher. Car beaucoup sont couverts de poux et de tiques. Pour cela une solution de formol à 1 ou 2 pour 100 nous paraît excellente.

Reptiles. Poissons. Batraciens. Annelides. — Ces sortes d'animaux se conservent entiers, car leur étude nécessite des recherches micrographiques sur tous leurs organes.

Il faut donc les immerger dans : 1° alcool dénaturé;

2° Solution phéniquée . . { Acide phénique cristallisé. . 5 gr.
Glycérine . . . . 6 —
Eau . . . . 1.000 —

3° Solution formolée. . . { Formol. . . . . 50 gr.
Sel marin . . . . 6 —
Eau . . . . 1.000 —

Le formol n'altère pas les couleurs des sujets.

Pour faire voyager ces préparations il est bon lorsqu'elles sont un peu volumineuses de les envelopper dans des bandelettes de linge avant de les immerger.

Mollusques. — On les fait dessécher dans des boîtes en bois ou bien on les immerge dans l'alcool, ou on les vide après les avoir fait bouillir.

Insectes. Arachnides. Chenilles. — On les prend à l'aide de filets ou de pinces. On les place dans des tubes ou des flacons de verre où l'on laisse tomber quelques gouttes de chloroforme, de formol ou d'alcool absolu, ou bien où l'on place un fragment de cyanure de potassium ou de naphtaline. Puis ces animaux sont fixés dans des boîtes en fer contenant de la naphtaline.

Les papillons avant d'être mis au contact de ces poisons, doivent être assez fortement serrés entre les doigts de façon à les empêcher de se débattre et de détériorer leurs couleurs.

Les chenilles se conservent par immersion dans l'alcool ou le formol, ou dans la solution suivante :

Alcool . . . . 550 gr.
Eau . . . . 500 —
Sublimé. . . . . 5 —
Alun calciné. . . . . 80 —

Outillage. — Les instruments nécessaires aux préparations zoologiques sont : scalpels droits et convexes, couteaux à ligaments, ciseaux droits et courbes sur le tranchant, pinces à dissection, aiguilles à dissocier, érignes et crochets, filets à papillon, boîtes métalliques, etc., etc.

2° *Botanique.* — L'étude de la flore africaine est des plus importantes pour l'avenir de ces pays. Il existe là-bas un grand nombre de plantes qui par leurs résines, leurs fibres, leurs gommes, leurs racines, les alcaloïdes ou les glucosides qu'elles contiennent sont destinées à entrer un jour dans la consommation européenne.

Nous conseillons donc vivement à tous les chefs de poste de faire confectionner des herbiers.

Il faut dans l'étude d'une plante noter : le sol où elle pousse, les conditions hydrothermiques de son développement, le rendement, l'utilisation qu'en font les indigènes, le nom indigène, la mention du village ou territoire où elle a été cueillie, puis une description sommaire de la forme générale et des couleurs qui disparaissent par la dessiccation joints à des spécimens de la plante.

Les spécimens intéressants sont : des coupes de racines ou de tiges, des feuilles, des fleurs et des graines.

Les divers procédés de conservation des plantes sont :

1° *Dessiccation.* — On place les plantes à conserver entre de nombreuses feuilles de papier, puis on les soumet à une pression assez forte. Ces papiers doivent être changés au moins une fois par jour et mis à sécher au soleil.

Lorsque les plantes sont sèches on les classe dans des boîtes en fer que l'on saupoudre de naphtaline.

Lorsque l'on ne dispose que de très peu de temps, il est préférable de tremper les plantes vertes dans une solution tiède d'eau alunée à 2 pour 100, puis on les tasse entre des feuilles de papier buvard exposées à l'air et imprégnées de la même solution.

On peut activer la dessiccation des plantes en passant un fer chaud sur le papier qui les enferme.

2° *Immersion dans des vapeurs d'alcool.* — On enferme les bouquets de plantes dans des caisses en fer au fond desquelles se trouve de l'alcool. On soude la caisse, et à l'ouverture on dessèche comme si les plantes étaient vertes. (Procédé Schweinfurth.)

Lorsque l'on désire rapporter en Europe des spécimens vivants de produits coloniaux il faut utiliser des caisses spéciales à châssis vitrés dites caisses de *ward*, qui sont de véritables serres portatives, ou bien il faut se contenter de rapporter des bulbes, tubercules et graines.

Les graines sèches, récoltées à maturité complète, seront enfermées dans des sachets de papier, et entassées dans des boîtes en fer-blanc que l'on soudera.

Les graines charnues ou cornées (café) se transportent dans un lit de terre humide.

Les graines de kola ne se conservent qu'entourées de feuilles très vertes des marais et que l'on renouvelle tous les huit ou dix jours. Chaque fois que l'on refait les paquets, il est bon de tremper les kolas dans l'eau fraîche.

3° *Minéralogiques.*— Plus que les collections d'animaux ou de plantes, les collections minéralogiques exigent des connaissances spéciales. Les observations à noter en ramassant des morceaux de roches sont : le point précis où on l'a trouvé, la direction générale des couches du sol en ce point et l'emplacement approximatif sur la carte de la région de recherches.

Lorsqu'on se trouve en face d'une coupe de terrain il faut prendre un échantillon de chaque couche, et au besoin dessiner la structure des couches.

Les points les plus productifs de renseignements utiles sont les puits indigènes et les berges souvent à pic des fleuves et des rivières.

Lorsque l'on fait des fouilles sur des emplacements d'anciens villages il faut étudier attentivement le premier mètre de tranchée, on peut y trouver les traces superposées de villages antérieurs avec des objets ou débris d'objets intéressants.

L'étude des cailloux roulés des rivières pourra fournir d'utiles renseignements.

Il est nécessaire pour ces recherches de posséder un ou deux marteaux concasseurs en fer, un bon burin en acier, et si l'on désire pousser plus loin ses fouilles, une barre et un pistolet à mine, une boîte assortie de quelques réactifs chimiques, une boussole.

4° *Collections diverses.* — Dans l'Afrique occidentale, on peut facilement essayer de constituer des collections très variées. Les plus usuelles sont : 1° dents d'éléphants et d'hippopotames; 2° tissus de coton ou de laine (vêtements, couvertures, pagnes, etc.); 3° cuirs ouvragés; 4° armes blanches (sabres, poignards, haches, casse-tête) ou de jet (lances, arcs, flèches); 5° calebasses ou canaries travaillés; 6° sculptures sur bois; 7° moulages en terre coloriée (trois couleurs, noire, rouge, blanche); 8° bijoux en cuivre, argent et or (bagues, bracelets, boucles d'oreilles, bracelets de pied, colliers, amulettes, épingles à cheveux, etc., etc.); 9° pièces coulées en bronze ou cuivre représentant des êtres familiers (bœufs, moutons, chevaux, iguanes, etc., etc.); 10° ustensiles divers de ménage ou de toilette; 11° instruments de musique (koras, balafons, guitares, dadon, flûtes, etc.); 12° selles, tapis de selle et harnachements de chevaux ou de bœufs porteurs; 13° objets sacerdotaux; 14° outils et instruments divers (forgerons, médecins, cordonniers, tisserands, etc.).

Nous conseillons, autant que possible, d'acheter ces objets neufs, et se défier des intermédiaires qui s'offrent à les procurer (boys, tirailleurs, dioulas, maures), car ils ont l'habitude de prélever des commissions exorbitantes dépassant souvent la valeur de l'objet.

Nous ne pouvons donner des prix même approximatifs de ces produits, ils varient beaucoup suivant les régions.

VII. Petites occupations. — Les Européens désœuvrés cherchent à occuper leurs loisirs de mille manières.

Les uns ornent les murs de leurs cases, d'autres s'ingénient à fabriquer avec des vieilles caisses à vin des meubles de toutes sortes, d'autres font des jardins d'agrément où ils font pousser des zinias, des liserons, des capucines, d'autres s'amusent à élever des animaux, dressent des singes (pleureurs, cynocéphales, chimpanzés, pains à cacheter, etc, etc.), des chiens du pays, des chats sauvages, des chats-tigres et même des panthères.

Enfin un certain nombre se livrent à des jeux de hasard qu'ils font venir ou apportent de France (dominos, dames, échecs, cartes, loto, nain jaune, etc.).

Il existe un jeu indigène qui a de grandes analogies avec le jacquet et qui semble passionner ses fidèles. Il se pratique à l'aide d'un billot de bois creusé de 10 fossettes où l'on déplace des boules.

VIII. Distractions indigènes. — Enfin un certain nombre de distractions indigènes viennent faire diversion aux travaux des Européens et ne manquent pas d'originalité.

1° En première ligne nous citerons les tamtams où se mêlent les danses individuelles ou en figures, les chants, les discours, les cavalcades, les facéties burlesques, les sauteries enfantines, les airs de musique, les pantomimes guerrières ou lascives, etc.; 2° puis les cérémonies religieuses, mariages, circoncision, excision, enterrements, naissances; 3° les fêtes rituelles musulmanes (tabaski), grandes et petites; 4° les fêtes européennes, jour de l'an et 14 juillet.

A chacune de ces solennités l'Européen peut se documenter à bon compte, sur les mœurs, les aspirations, les sentiments artistiques. Il peut entendre et transcrire les airs ou des chansons originales, noter des légendes parfois gracieuses et dignes de la publication

II. — DES SPORTS

I. Chasse. — La chasse est en Afrique occidentale une distraction doublée d'un moyen d'existence. Précieuse pour la santé si l'on s'y livre avec modération et prudence, elle constitue un danger redoutable si l'on se laisse emporter sans ménagement à cette passion.

La chasse aux fauves est dangereuse en elle-même; la chasse à l'affût ou au marais, par les conditions de mauvaise hygiène qu'elle comporte.

Dans certains postes, la ration journalière de viande est fournie par la chasse; en ce cas il convient d'exercer spécialement une équipe de quatre ou cinq tirailleurs à ce sport, ils y deviennent rapidement habiles.

Nous conseillons à tous les Européens de s'adonner à la chasse, dans les limites de leur résistance physique bien entendu, et de leurs besoins immédiats seulement. Les espèces comestibles ne doivent être chassées que lorsqu'on en a besoin pour vivre. Cet exercice ainsi compris est utile, sain et habitue l'individu aux dangers et aux surprises parfois désagréables de la brousse.

Principaux gibiers. — 1° ÉLÉPHANTS. — Se trouvent dans la région Haute, Côte d'Ivoire, Odienné, Séguela, Touba, Tombougou. Rares aujourd'hui. Voyagent par troupeaux, et vivent dans les vallées marécageuses, se déplacent par les nuits de lune. Vue faible, ouïe et odorat très fins. Se vise entre les deux yeux, derrière l'oreille ou au défaut de l'épaule. Balle explosible ou sectionnée.

2° HIPPOPOTAME. — Se tient de préférence dans les grands lacs du moyen Niger, dans les affluents du haut Niger, et dans le cours supérieur des fleuves côtiers, vit souvent par familles. Cet animal fuit généralement devant l'homme, mais blessé il devient agressif et dangereux même pour des chalands de une et deux tonnes. Passe sa journée dans l'eau et va paître à terre la nuit. Surpris à terre il se précipite vers l'eau par le chemin le plus court et dans cette fuite est redoutable.

Les nègres le harponnent avec des fers empoisonnés au strophantus.

Les Européens peuvent le chasser à terre, ou sur l'eau. Mais dans ce dernier cas il faut toujours rester près de la rive pour se ménager la possibilité d'un débarquement en cas d'attaque. Balle explosible ou sectionnée.

Se vise au milieu du front ou entre l'œil et l'oreille. Dès que le coup est tiré il faut s'éloigner à forces de pagayes; l'animal tué raide coule à pic, blessé il se débat violemment et charge en nageant entre deux eaux. Une embarcation surprise par un hippopotame et saisie par lui est en général broyée, mais les hommes qui la montent ont le loisir de se sauver à la nage.

L'animal tué ne flotte guère avant 2 ou 3 heures, il faut donc attendre ce temps-là pour s'emparer de cette proie.

3° GIRAFE. — Très rare aujourd'hui, se vise au défaut de l'épaule. Balle sectionnée.

4° Bœufs sauvages. — Vivent par troupeaux parfois nombreux. Blessés ils chargent avec furie et s'acharnent sur leurs victimes.

Se visent au défaut de l'épaule gauche et à balle explosible ou sectionnée, ou si l'on est assez près avec la balle à sections.

Si l'on est chargé on vise entre les deux yeux à balle pleine blindée ou à pointe d'acier.

Si l'animal tombe au premier coup de feu, ne pas s'approcher de lui avant d'être sûr qu'il est bien mort.

5° Antilopes. Gazelles. — Ont une ouïe et un odorat très fins. Il faut s'approcher d'elles contre le vent, de préférence le matin de très bonne heure au pâturage. Se vise au cou ou à l'épaule à balles ordinaires en plomb ou sectionnées. Les petites espèces se tirent à chevrotines.

Éviter de tuer des femelles ou de jeunes faons.

6° Lion. Panthère. Léopard. — Se chassent à l'affût avec un appât vivant (mouton), se visent à l'épaule ou entre les deux yeux, se tirent à balles sectionnées. Ne jamais aller seul à la chasse de ces fauves.

Dans les endroits infestés faire construire en pieux solides une case de 4 mètres carrés recouverte de branchage et où l'on se met à l'affût.

Les lions du Macina sont parfois énormes et très féroces.

Les indigènes chassent ces fauves à l'aide de trappes où ils les font tomber, ou de canons de fusils chargés et fixés à un arbre dont l'animal, en saisissant l'appât, fait partir la détente.

7° Hyènes. Chacals. Chiens sauvages. — Vivent en bandes, se chassent à l'affût ou en organisant des battues. Les chacals et les chiens sauvages traqués foncent sur l'homme et l'attaquent.

8° Serpents. — Les serpents venimeux de grosse taille ou les boas se tirent au plomb. Les autres espèces sont tuées avec des bâtons ou des sabres d'abatis.

9° Caïmans. — Se chassent de la rive ou en pirogue, de préférence aux heures chaudes, pendant qu'ils dorment sur le sable. Se visent à la tête ou au cou.

La destruction de ces redoutables monstres fluviaux devrait donner droit à des primes d'encouragement.

10° Agoutis. — Se chassent à l'affût sur un arbre vers 4 à 5 heures du soir. Difficiles à tirer, très soupçonneux, on les tue avec des chevrotines.

11° Singes. — Chasse difficile et très intéressante. Ils est à peu près impossible de les surprendre, car ils vivent en bandes et ont toujours une ou deux sentinelles sur les arbres. Il faut étudier leur chemin habituel et installer avec des branches bien vertes un buisson épais, bien clos en dessus, où l'on reporte soigneusement des herbes entières, qui servira d'affût. Ils s'aventurent dans les champs de cultures de 9 heures du matin à midi et de 4 à 5 heures du soir. Vers 6 heures ils regagnent à travers bois leurs retraites.

Dès que l'on est installé dans la cachette, il ne faut pas faire un seul mouvement; les éclaireurs en découvrant l'affût auront l'air surpris et hésitant. Si rien ne bouge, ils avanceront avec confiance au bout d'un moment.

Toujours viser le plus gros de la bande pour éviter une attaque. Ne poursuivre qu'avec prudence. Les chimpanzés et les cynocéphales sont particulièrement redoutables.

12° Gibier d'eau. — Se chasse en pirogue en se laissant aller au fil du courant, le matin de bonne heure ou le soir vers 5 heures. Les canards sauvages suivent tous les jours la même route et en se portant sur leur passage, on peut les abattre au vol très aisément. Les bécassines, poules d'eau, se tirent sur la berge. Les pluviers, le courlis, le chevalier gambette, très soupçonneux, se tirent à l'affût, lorsqu'ils se posent sur le rivage.

13° Outardes. — L'outarde qui donne un gibier superbe, se laisse approcher facilement au moment où elle mange, dans les champs d'arachide, se tire à balle ou à gros plombs à charges grillagées.

14° Petit gibier. — Pintades, perdrix, cailles, tourterelles, se rencontrent de préférence dans les champs de culture. Se chassent perchées le matin au lever du jour, — au moment où elles mangent, vers midi, — à l'heure où elles vont boire, de 4 à 5 heures du soir, — ou au vol au moment où elles regagnent leurs nids pour la nuit.

Les pigeons verts se chassent à l'affût sous des arbres spéciaux à grosses baies rouges, dont ils font leur nourriture.

15° Oiseaux divers. — Les petits oiseaux appelés mange-mils, les gendarmes, les alouettes, se chassent pendant la journée, à la lisière des champs de mil. On les tire à la cendrée, plomb n° 10.

16° Rapaces. — Nous conseillons aux Européens qui disposeront d'un assez grand nombre de cartouches, d'abattre avec acharnement les aigles et les milans, qui sont la terreur des villages indigènes où ils rendent parfois impossible l'élevage de la volaille. De plus, le vol lent et circulaire de ces oiseaux offre un but facile et la reconnaissance des indigènes est réelle. En bien des villages, la dépouille d'un de ces rapaces provoquera des cadeaux importants de la part des noirs.

Équipement de chasse. — ARMES. — 1° L'Européen militaire dispose de fusils de guerre modèles 1874 et 1886. Le second est très bon en général. Cependant nous reprochons à ses balles leur faible diamètre et leur trop grande force de pénétration, elles traversent les gros gibiers sans les abattre.

2° Carabines express à un ou deux coups, de 12 millimètres, avec ou sans chiens et à percussion centrale, dont les prix varient de 200 à 600 francs.

3° Carabines Colt ou Winchester à répétition sont des armes excellentes.

4° Les fusils de chasse, de préférence du calibre 12, seront des fusils à deux coups à percussion centrale, sans chiens et à un canon « choke-rifled », plutôt que « choke-bored ». Le calibre 16 nous semble trop faible pour la moyenne des gibiers d'Afrique et la portée à laquelle on est souvent obligé de tirer.

5° La canardière de chasse Winchester, à 6 coups, démontable (modèle 1900), est une arme robuste, sûre et juste.

6° Enfin on a tenté, pour simplifier l'armement de l'explorateur, des armes combinées qui sont des merveilles de précision et d'ajustage.

Ce sont les fusils carabinés à un et deux coups et les « fusils express mixtes », à trois coups, à triple viseur et tirant à volonté la balle 1874 ou 1886. Le poids est de 3 kilos environ, le prix varie de 250 à 600 francs. Ce sont des armes parfaites.

7° Nous conseillons aux Européens qui doivent prolonger leur séjour dans la brousse, d'armer leur domestique ou leur cuisinier, soit d'un fusil à piston à deux coups, soit d'un fusil 1874 transformé en fusil de chasse du calibre 12. Les garçons arrivent très facilement à bien se servir de ces armes et peuvent varier et agrémenter l'ordinaire de leur maître.

MUNITIONS. — Pour la chasse au gros gibier et fauves, il faut se munir de cartouches à balles blindées, explosives ou sectionnées, à poudre noire ou pyroxylée et en quantité suffisante. Ces cartouches pèsent environ 40 grammes. Les 500 cartouches forment dans leur caisse une charge de porteur.

Les plombs communément employés là-bas sont les chevrotines n° 1 et 3.

Les plombs n° 00, 1, 4, 6 et 10. Ils répondent à tous les gibiers que l'on est appelé à chasser.

Nous recommandons de n'utiliser que des douilles de laiton ou d'acier, que l'on réamorce à volonté à l'aide de pinces spéciales dont le maniement est très simple. Les douilles en carton résistent mal à l'humidité des régions équatoriales.

Une bonne douille de laiton, dont le prix est de 75 centimes, doit servir à tirer 10 à 12 coups de fusil. Une douille en acier peut servir indéfiniment.

Les bourres employées seront des bourres grasses, du calibre supérieur à celui des douilles. La poudre sera la poudre noire, forte superfine n° 2, en boîtes de 200 grammes.

Pour augmenter dans des proportions assez sensibles la portée de la charge, on peut enfermer les plombs dans des étuis concentrateurs Davoust, dans des étuis grillagés, ou bien les agglomérer dans la douille avec de la poudre de remplissage Diane, ou simplement avec de la cire d'abeille ou du suif de chandelle que l'on coule dans la cartouche.

Le sertissage des cartouches métalliques se fait à l'aide d'un appareil spécial qui pince les bords en laiton.

Nous conseillons de se munir à tout hasard de quelques cartouches d'appel, à fusées ou à artifices; car il est possible de s'égarer dans les chasses de nuit et l'éclair d'un coup de fusil ordinaire ne dépasse pas la hauteur des grandes herbes.

Équipement. — Les heures de chasse étant généralement celles où l'on n'a pas à craindre le soleil, l'équipement se composera d'un chapeau de feutre gris, complet cachou en toile, chemise de flanelle et caleçon, chaussettes de laine, ceinture hypogastrique, molletières, chaussures de marche et cartouchière.

De plus, à la ceinture pendra soit un court couteau de chasse, soit un couteau-poignard solide à arrêt automatique.

Le garçon qui accompagnera portera le bidon, la pharmacie de poche, un sifflet ou corne d'appel, une boussole et un sabre d'abatis. De plus, si l'on doit se mettre à l'affût de nuit, il faudra se munir d'une couverture imperméable et d'un revolver en cas de surprise à courte distance.

Chiens. — Un chien est indispensable en Afrique, encore plus qu'en France. Faute de chien, la moitié du gibier blessé ou tué se perd dans les hautes herbes. Les chiens du Soudan se dressent très bien pour la chasse : ils ont l'odorat assez fin et suivent en jappant la piste du gibier blessé. On trouve aujourd'hui un certain nombre de chiens bâtards, descendants de chiens d'Europe qui résistent très bien au climat et pourront en quelques générations devenir des auxiliaires précieux.

Ceux qui seraient désireux d'emmener là-bas des chiens français, le peuvent, sans grands inconvénients; mais il faut de préférence choisir les chiens d'arrêt à poils ras et dans toute leur force, vers l'âge de trois ans. On surveillera attentivement leur nourriture et l'on prendra les plus grands soins de propreté. — Les noirs savent bien élever les chiens.

Pièges. — Les nègres se servent pour prendre le gibier de pièges divers : fosses profondes recouvertes de branchages où est déposé un appât; — lacets, trappes, filets tendus en travers des sentiers, etc.

Nous croyons que dans la destruction des carnassiers, l'utilisation de nos divers pièges et traquenards rendrait de grands services.

Enfin, dans certaines régions les noirs incendient la brousse, de manière à faire rabattre par le feu tout le gibier en un point précis où sont embusqués les chasseurs.

Cette coutume est déplorable, parce que les incendies de brousse dont on ne peut limiter l'étendue, ni régler la marche, provoquent des dégâts considérables par la destruction complète des jeunes arbres ou des cultures; elle doit être interdite et réprimée avec la dernière rigueur.

Conservation du gibier. — Lorsqu'on a abattu un gros gibier, il faut le faire saigner, pour que les musulmans puissent en manger, puis on vide l'intestin, on dépouille et on détaille la pièce. Si l'on ne dispose pas d'assez de monde pour cela, il faut faire prévenir le village, ou le poste le plus proche. Abandonner une nuit un gibier mort, c'est s'exposer à ne plus en retrouver que le squelette le lendemain.

II. **Pêche.** — La pêche peut être très fructueuse dans les rivières africaines, mais comme elle ne présente pas l'intérêt immédiat et émouvant de la chasse, peu d'Européens s'y livrent. C'est un grand tort. Les poissons sont nombreux, savoureux, et bien connus des indigènes, qui ne disposent pour s'en emparer que de moyens rudimentaires.

Nous conseillons donc de se munir de l'outillage nécessaire à la pêche, soit : 1° cannes démontables en bambous refendus, très solides et très légères à dévidoirs; 2° épuisette américaine pliante avec gaffe en acier; 3° lignes en cordonnet jaune imperméabilisé de grosseurs assorties; 4° lignes de fond toutes montées; 5° hameçons anglais par paquets assortis, simples et multiples avec monture à chaînette de cuivre; 6° un jeu de mouches artificielles anglaises (pour la truite et le saumon); 7° poissons artificiels Devon et poisson cuillère en métal brillant pour la pêche des capitaines; 8° accessoires divers (paniers, dégorgeoirs, etc., etc.).

Au cas où l'on voudrait tenter la pêche au filet, nous recommanderions l'*épervier clair* en chanvre tanné de 6^m,50 de diamètre.

Enfin, les grappins à plusieurs dents, les hameçons en fer forgé, les foènes, les harpons de divers modèles pourront être très utiles pour la pêche aux caïmans, aux squales et aux lamantins.

Les maisons de commerce, les factoreries installées sur les rivières africaines auraient de gros avantages à doter leurs employés de tout le matériel nécessaire à la pêche. Chaque popote devrait faire la dépense d'un outillage semblable.

Dans certaines régions, sur les lagunes de la Côte d'Ivoire en particulier, les indigènes ont établi de véritables pêcheries qui barrent toute la lagune et emprisonnent en leurs replis les poissons effrayés.

Dans la région des grands lacs, au moment du retrait des eaux, un certain nombre de poissons se trouvent brusquement enfermés dans des mares qui se dessèchent lentement. De ce fait, il se perd tous les ans une quantité considérable de ces poissons, qui asphyxiés en même temps ne peuvent être consommés immédiatement et se pourrissent. Si l'on disposait de moyens de pêche suffisants, on les capturerait peu à peu et l'on aurait le temps de les fumer ou de les saler, pour les conserver et les revendre.

III. **Équitation.** — Quoique les chevaux africains soient plus petits et beaucoup moins robustes que les nôtres, on arrive aisément à acheter des montures qui permettent de se livrer au plaisir de l'équitation.

Les chevaux soudanais marchent ou galopent, ils ne savent pas trotter, cette allure n'étant pas familière aux noirs. Ils s'habituent assez bien aux coups de fusil et l'on arrive aisément à abattre un gibier sans descendre de cheval.

Ces chevaux sautent mal, et comme ils ne sont pas ferrés, ils se blessent fréquemment sur les roches siliceuses ou schisteuses des sentiers indigènes.

Ils obéissent plus à la voix qu'au talon ou à la bride et lorsqu'on achète un cheval à un noir, il faut refaire presque entièrement son éducation.

Ils ne sont généralement pas méchants, cependant ils ruent très facilement et l'on doit approcher d'eux avec circonspection. (Voir pour les soins particuliers chapitre XVI.)

IV. Bicyclette. — La bicyclette a pénétré en Afrique en même temps que nous. Son usage est courant au Sénégal où les routes sont larges et bien entretenues. Dans les régions à demi civilisées où nous avons remplacé les sentiers indigènes par des chaussées non empierrées et que le passage constant des voitures Lefèvre transforme en ornières, son usage est impossible.

Mais partout où l'on suit les pistes indigènes, on peut circuler aussi facilement en bicyclette qu'on le fait en France sur les bas côtés des routes empierrées. On en est quitte pour porter sa machine au passage des ravins et des ruisseaux. Nous estimons que plus des trois quarts des chemins peuvent être parcourus en bicyclette. Quelques officiers qui n'ont pas hésité à en emporter jusqu'au Kissi, en ont été très satisfaits.

La précaution indispensable consiste à se munir de pièces de rechange (chambres à air, caoutchouc, etc.), qui permettent de faire les réparations les plus urgentes en attendant la venue de France par colis postal, des objets demandés.

Nous ne conseillerons pas de même façon l'usage des automobiles et motocycles. Ils exigent des routes larges, bien tassées et surtout du combustible (pétrole ou alcool) qui manque totalement là-bas.

V. Canotage. — On peut sur les fleuves africains se livrer aux douceurs du canotage malgré la présence des caïmans. Nous conseillerons à ceux qui seraient désireux de pratiquer ce sport, de faire accoupler deux pirogues qui, bien fixées par des poutres et des tiges de fer, formeraient une sorte de double périssoire très stable.

Nous avons vu à Dabou une installation analogue appliquée au lever topographique des lacs et cours d'eau. Une plate-forme en bois supportant une tente avait été établie par ce moyen sur deux grandes pirogues que manœuvraient 8 ou 10 pagayeurs, placés à l'avant et à l'arrière.

VI. Tir. — Le tir est un des sports les plus utiles au colonial. Sa pratique constante donne de la justesse de coup d'œil et de la sûreté de main qui peut, le cas échéant, préserver l'existence.

Il existe dans presque tous nos postes des champs de tir. Nous conseillons de s'y exercer une fois par semaine au fusil de guerre et au revolver d'ordonnance. Au besoin, on organise de petits concours qui excitent l'émulation.

VII. Promenades. — Excellent exercice qui, dans les pays chauds, devient nécessaire. Obligé de rester enfermé aux heures chaudes de la journée, le colonial fait ses deux petites promenades quotidiennes de 6 à 7 du matin et de 5 à 6 le soir. Le but varie à l'infini, visite au village indigène, chasse, visite aux jardins, etc., etc.

VIII. **Exercices divers.** — On peut, suivant le poste où l'on se trouve, et le goût des camarades avec lesquels on vit, installer des gymnases incomplets (trapèze, barres parallèles, barre fixe, avec un bambou bien sec, etc.), qui permettent à ceux qui les aiment de se livrer à ces exercices.

Nous recommandons l'usage des exerciseurs de chambre (sandows, zofris) à ressorts métalliques ou en caoutchouc. Ces appareils, d'une installation facile, permettent de faire travailler tous les muscles du corps et développent une force de résistance qui peut aller jusqu'à 18 et 20 kilos. Ingénieux et robustes ils remplacent avantageusement es haltères, leur petit volume les rend facilement transportables.

CHAPITRE XIV

RELATIONS SOCIALES

Par le Dr BAROT.

Sous la rubrique Relations sociales, nous avons essayé d'écrire un chapitre de *Déontologie* coloniale (c'est-à-dire science des devoirs).

Ce sera le chapitre de l'hygiène morale précédant celui de l'hygiène physique.

Psychologie du colonial. — Il y a quelques années à peine, les mots marine et colonies évoquaient en l'esprit de la plupart des Français une vague idée de quelque chose de mystérieux, de terrible, d'où rayonnait un peu de gloire, obscurcie bien vite par des fumées d'incendie, des lueurs sanglantes et des visions fantastiques.

Les soldats coloniaux étaient ceux que le mauvais sort avait frappés ou les fortes têtes maudites par leurs familles; les habitants n'apparaissaient guère, vus de France, que sous la forme de forçats ou de négriers; beaucoup de ceux qui étaient partis là-bas étaient morts sans avoir même pu écrire. Un mot fatidique : explorateur, brillait au-dessus de quelques noms étranges : Livingstone, Serpa-Pinto, Mungo-Parck, Schweinfurth, Nachtigal. Ces hommes dont on lisait avec stupéfaction les relations apparaissaient aussi éloignés que les héros des Niebelungen.

Puis brusquement la lumière s'est faite, les câbles ont marché, les relations de voyages se sont vulgarisées, et en dix ans la notion de la France coloniale est entrée dans la somme de nos connaissances.

Malheureusement, l'état d'esprit qui a si longtemps fait méconnaître les coloniaux, a eu une répercussion sur eux-mêmes. Abandonnés ou à peu près, ils ont pris l'habitude de n'agir qu'à leur guise. La vie coloniale est devenue, pour certains esprits faussés et dévoyés, l'équivalent de liberté absolue et capricieuse. Devant les difficultés matérielles de l'existence, devant le danger permanent du climat, la rigueur de la discipline a faibli, et c'est sous l'influence de ces causes générales qu'est né cet état de psychologie morbide que l'on a désigné sous le nom bizarre et caractéristique de « soudanite ».

Ce mot dépeint des états d'âme bien différents et bien complexes :

Un Européen est-il atteint d'anémie palustre profonde retentissant sur sa pensée : soudanite.

Un autre est-il aigri, grincheux, atteint de la manie si fréquente de la persécution : soudanite.

Un autre, perverti sexuel, se livre à des excès génésiques qui l'épuisent et le ramollissent : soudanite.

Un autre, alcoolique, est atteint de delirium à la faveur d'une faible insolation : soudanite, etc., etc. Les exemples pourraient se multiplier.

Eh bien ! il n'existe ni soudanite, ni africanite, ni cochinchinite ; il n'existe que des cerveaux humains avec leurs tares plus ou moins morbides, que contribuent à exagérer le relâchement des lois morales, des justes contraintes et des impérieuses obligations que comporte la vie sociale d'Europe.

Qualités nécessaires au colonial. — *Le vrai colonial doit être intelligent, par suite très bon, instruit, patient et observateur. Il doit posséder le don de la parole, être sobre de gestes, avoir de la justesse d'appréciation et de la vivacité de décision.*

Un tempérament artistique sied très bien aux colonies, car

ces sortes d'intelligences portent, lorsqu'elles veulent s'en donner la peine, dans toutes leurs études ou dans toutes leurs entreprises un souci de la perfection qui est un sûr garant de leur réussite. De plus, ils excellent en toutes choses : *le propre de la vraie supériorité est l'universalité*. Or, aux colonies, plus qu'en Europe, il faut être apte à tout. J'ai eu l'honneur d'exprimer déjà cette pensée à Paris, le 16 mars 1902, devant M. le ministre des colonies.

Je disais : « L'Européen aux colonies doit, selon les événements, être tour à tour administrateur, géomètre, ingénieur, maçon, armurier, restaurateur, comptable, douanier, magistrat, agriculteur, médecin et soldat!

« Obligé de faire face à tout instant à des nécessités nouvelles, le colonial s'ingénie à devenir universel, et dans cette virile mêlée, où il faut combattre la nature, les hommes et la maladie, seuls les caractères fortement trempés résistent et s'affirment!

« La vie de brousse, par ses dangers, ses fatigues, ses surprises, son charme farouche et son immensité, libère, revivifie et consacre les énergies qui s'endorment au bien-être de la civilisation européenne : par là, elle devient la plus grande école d'initiative individuelle ou sociale[1]! »

Au point de vue de l'instruction, il est évident qu'il faut au colonial des connaissances générales très étendues : droit, art militaire, médecine, botanique, géologie, agriculture, etc., etc., de façon à pouvoir tirer parti de tout ce qui tombera dans le champ de son observation.

1. Relations entre Européens.

— Les Européens doivent, dans leurs relations, donner l'exemple de l'urbanité et de la bonne camaraderie ; car il n'est pas un acte de la vie des blancs qui ne soit immédiatement connu de tous les indigènes, et commenté de mille façons différentes.

1. *La Gaule africaine*, Dr Barot. Angers. 1901. — Paris et Bordeaux. 1902. (Haute-Guinée et Côte d'Ivoire).

Or, rien ne contribue plus à affaiblir le prestige des Européens que les discussions bruyantes, les brouilles, les querelles de popotes.

D'officier à officier. — Les officiers vivent généralement entre eux en assez bons termes, surtout quand ils font abstraction de l'arme à laquelle ils appartiennent ou de l'école dont ils sortent.

Dans les postes où les officiers sont en grand nombre, les popotes sont organisées par compagnies ou par services. Dans les postes ordinaires ils doivent manger tous ensemble.

Les commandants de poste seront de la plus grande affabilité avec leurs camarades placés sous leurs ordres, et qui peuvent être appelés du jour au lendemain à les suppléer ou à leur succéder.

S'il s'élève à la faveur de discussions des brouilles entre les officiers, c'est au chef de poste ou à son défaut au médecin qu'incombe le rôle de conciliateur.

Une des plus grandes qualités du commandement aux colonies est de savoir maintenir la bonne entente entre tous les subordonnés.

De supérieur à inférieur. — La sympathie la plus bienveillante jointe à des ordres clairs et précis, à la préoccupation constante du bien-être matériel des inférieurs, suffiront à rendre cordiales ces relations parfois si délicates. Il faut toujours se souvenir que la vie en commun, que ce soit au lycée, dans les grandes écoles ou à la caserne, influe désavantageusement sur le caractère de ceux qui y sont soumis; elle en exagère les défauts et en annihile les qualités. Un certain nombre de fautes sont nées de cet état d'esprit.

Il faut donc se montrer très indulgent dans la punition de ces fautes, et chercher à influer sur les causes de dépression morale qui les déterminent.

Le fait de vivre aux colonies, et de faire partie d'un groupement humain, doit être toujours considéré comme circonstance atténuante.

Nous conseillons aux popotes d'officiers ou assimilés de recevoir deux fois par an à leur table (jour de l'an et 14 juillet), les sous-officiers ou employés des postes.

Allant encore plus loin dans cet ordre d'idées, nous prétendons que l'isolement et le mystère dont s'entoure parfois le haut commandement, ne doivent pas s'appliquer aux colonies, où le chef ayant besoin de tous les concours et de toutes les initiatives, doit les exciter en laissant entrevoir le but à atteindre et en faisant partager à tous ses craintes ou ses espoirs.

La fatigue ou le découragement ne frappent pas ceux qui savent à peu près exactement ce qu'ils ont à faire.

De militaires à fonctionnaires. — De militaires à fonctionnaires la plus parfaite entente et la plus grande courtoisie devraient régner : ils participent tous dans la mesure de leurs tâches à la grande œuvre qui est la civilisation de l'Afrique : les premiers l'ont conquise et en assurent la possession, les seconds l'organisent et en préparent l'exploitation méthodique. La première phase serait inutile si elle n'était pas suivie de la seconde ; mais il est évident que l'administration ne peut être établie qu'après la conquête. Il est bien certain que les noirs seront Français par peur et par impuissance avant de le devenir par le cœur. Les fonctionnaires complètent d'une façon indispensable et inéluctable l'œuvre des militaires : tout conflit entre eux nous semble impossible et se ramène généralement à des questions de personnalités justiciables de l'intervention des amis et des chefs de poste.

La rivalité entre l'élément civil et militaire, odieuse en France, devient criminelle aux colonies, parce qu'elle compromet le succès de l'œuvre commune.

De fonctionnaires à commerçants. — Ces rapports sont beaucoup plus délicats. L'effort commercial français en Afrique occidentale a pris en dix ans une expansion colossale et à laquelle on doit applaudir de tout cœur. Mais il faut que cet effort se méthodise, s'organise, se coordonne.

Lorsqu'à la suite de nos colonnes, des comptoirs se sont établis en Afrique occidentale, les commerçants se sont trouvés en présence de deux modes de négoce :

1° Faire rendre aux nouvelles colonies le plus possible en marchandises de bon écoulement (or, ivoire, caoutchouc), par tous les moyens et dans un minimum de temps, de façon à drainer toute la richesse utilisable de ces contrées à leur profit.

2° Installer un courant commercial intelligent et continu en créant des centres d'exploitation méthodique et de colonisation prospère.

C'est malheureusement le premier mode qui fut généralement choisi : et cet état d'esprit qui dirigea longtemps les commerçants français de l'Afrique eût pu avoir des résultats déplorables.

J'ai entendu un commerçant se plaindre que les affaires ne marchaient pas, parce que ses capitaux ne lui rapportaient plus 400 pour 100 !

Cette aberration commerciale a parfois poussé certains à spéculer sur les besoins des Européens et sur l'ignorance des noirs : les produits mis en circulation jusqu'à ces dernières années étaient des articles anglais de mauvaise qualité, guinées peintes, dginn, boîtes à musique, verroterie, etc., etc., taxés à des prix fantastiques et échangés contre de l'or ou du caoutchouc.

Cette fièvre du gain, qui menaçait d'épuiser en vingt ans notre Afrique française, s'est sensiblement calmée aujourd'hui et beaucoup de commerçants se sont lancés dans la voie de l'exploitation progressive et méthodique, moins rémunératrice, mais sûre, féconde et durable.

Les produits français, indiennes, satinettes, flanelles, pilous, etc., ont fait apparition sur les marchés africains, et ont vite conquis la confiance des indigènes par leur solidité et leur originalité.

Nous devons donc engager définitivement la lutte contre l'introduction des marchandises étrangères et dériver, au profit de la mère patrie, l'immensité des ressources africaines. Nos bougies, nos savons, nos spiritueux, notre poudre, nos tabacs, nos articles de Paris doivent victorieusement supplanter leurs grossières imitations d'outre-Manche ou d'outre-Rhin sur tous les marchés noirs. *Il suffit que les commerçants français le veuillent.*

L'administration a donc à se préoccuper des rapports continus des commerçants avec les indigènes : c'est là une source de conflits constants. Il existe une jurisprudence incomplète, il est vrai, mais suffisante encore. (Voir chapitre XI.)

Colons. — *L'administration doit tout faire pour aider et favoriser l'établissement de colons : eux seuls sont les vrais et les durables éléments de conquête.* Quelques officiers, enthousiasmés par la richesse et la puissance cachée de l'Afrique française, se sont transformés en colons : c'est un haut exemple qu'il convient d'applaudir et qui mérite récompense. Les conquêtes pacifiques du travail sont aussi glorieuses que les autres et le premier colon français qui, au cœur du Soudan, aura construit et mis en exploitation vraie une ferme avec ses champs et ses dépendances, aura à nos yeux remporté une victoire aussi décisive que celles de ces vingt dernières années.

Touristes. — Les voyages de touristes doivent être encouragés, car ces personnes sont en général riches et instruites et, rentrées en France, elles demeurent acquises à la cause coloniale.

Le jour où une agence aura réussi à organiser le voyage circulaire Dakar, Saint-Louis, Kayes, Bammako, Kouroussa, Konakry (qui peut durer 4 mois environ et coûter 5 à 4 000 francs), elle aura rendu un immense service à l'Afrique française.

II. Relations d'Européens à indigènes.

— Nous allons traiter ces relations en dix paragraphes, en considérant dans chacun d'eux les quatre conditions dans lesquelles nous pouvons nous trouver en Afrique par rapport aux indigènes, soit :

A) Pays d'occupation ancienne. — B) Pays d'occupation

récente. — C) Pays en voie de conquête. — D) Pays en voie d'exploration.

Croyances. — *Peuples musulmans.* — Dans les pays d'occupation ancienne, les relations avec les musulmans sont réglementées, l'islamisme étant une religion reconnue au même titre que les autres.

Dans les pays d'occupation récente, les musulmans gardent à notre égard une attitude défiante : ils ne savent pas et n'ont pas encore compris que nous ne cherchons pas à attenter à leurs croyances. Dès que la notion de liberté de conscience leur apparait, ils nous sont dévoués; aussi les chefs de poste de ces régions (ancien Soudan Nord, Tchad et Fouta-Djallon) devront s'astreindre à la connaissance des passages les plus caractéristiques du Coran. Les deux sectes auxquelles se rattachent les musulmans nègres sont les Quadria et les Tidjani. Il n'y a pas de Snoussi au Soudan ; mais dégénérées par des marabouts illettrés, ces doctrines ont beaucoup perdu de leur force et l'on ne trouve guère de pratiquants sincères que parmi les Peuls et les Toucouleurs. Les mosquées devront être respectées et les écoles musulmanes protégées et encouragées, car à défaut d'autres, elles concourent également à l'affinement des intelligences.

Les musulmans nègres, soustraits par l'éloignement à l'influence des sultans turcs ou marocains ne nous sont pas hostiles ; au contraire nous devons, par une sage et juste administration, exciter leur confiance et prendre la direction de l'islamisme en Afrique occidentale : c'est une force vive considérable qu'il nous est facile de détourner à notre profit et d'utiliser au mieux de nos intérêts; elle pourra un jour nous assurer la suprématie sur tout ce continent.

Dans les pays en voie de conquête, il faut bien faire comprendre aux vieillards le but de notre occupation et ne laisser en leur esprit aucun doute sur notre libéralisme religieux. Aux jours de grandes fêtes musulmanes on devra donner congé aux soldats, employés et ouvriers noirs.

Peuples fétichistes. — Les peuples fétichistes vivant depuis quelque temps à notre contact, comme les Bambaras, Bobos, Sousous, Fantis, etc., ont pris tous nos vices : plus particulièrement l'alcoolisme avec son cortège de tares : criminalité, dégénérescence, folie, etc.

Ils ne croient plus en leurs sorciers ; ils ne croient ni aux dogmes chrétiens ni aux dogmes musulmans qu'ils ne connaissent pas : ils ne sont pas assez instruits pour se contenter des lois de la morale abstraite ; ils n'obéiront donc qu'à la peur du gendarme.

C'est sur eux que toute la sollicitude administrative doit se reporter : il faut par le travail et l'exemple de nos propres vertus les amener à bien faire.

C'est sur ces esprits incultes que notre influence pourra se faire le plus vivement sentir et c'est pour eux que se pose la grande question : Doit-on les orienter vers une foi religieuse ? Ce stade d'évolution intellectuelle ne nous semble pas indispensable. Les nègres convertis du Sénégal ou des Guinées sont aussi peu recommandables que les autres, mais avec moins de franchise et plus d'habileté.

Il faut considérer et traiter les fétichistes comme des enfants ; une lente adaptation pourra seule en trois ou quatre générations les conduire à la conception des devoirs sociaux et des lois morales.

Chez les fétichistes en voie de conquête nous avons à lutter ouvertement contre l'influence énorme des sorciers : il n'y a qu'un moyen efficace : acheter la conscience toujours large de ces faux augures, et petit à petit par des preuves publiques de leur incapacité et de leur impuissance, ruiner leur crédit. Les populations reporteront sur nous le prestige dont nous priverons ces individus.

Dans les pays à explorer, il ne faut compter que sur le hasard et la chance ; car tel griot acheté à prix d'or un jour, se déclarera contre nous le lendemain, si les rats blancs, les kolas, ou autres oracles émettent un avis défavorable.

Bien des explorateurs furent victimes du caprice idiot des féticheurs.

Mœurs et coutumes. — Dans les régions anciennement occupées, nous avons imposé notre législation européenne ou bien nous avons groupé en une sorte de Code local les coutumes sages de ces pays.

Dans les régions récemment soumises il convient de respecter les mœurs et coutumes des habitants en les étudiant de très près, jusqu'au jour où méthodisées elles seront réglementées à leur tour.

Dans les pays en voie de conquête ou d'exploration la connaissance approfondie des mœurs et coutumes aidera beaucoup à la pacification ou à la pénétration.

Cependant il existe plusieurs coutumes générales trop importantes pour ne pas y consacrer quelques lignes.

Sacrifices humains. — Se pratiquent encore quelquefois *clandestinement* dans toute la région de la forêt vierge. Ils ont lieu à l'occasion de fêtes rituelles ou civiles et sont ordonnés par les féticheurs.

Chez les Baoulès, les enterrements des chefs furent jusqu'à notre arrivée le signal du massacre de leurs esclaves. Chez les Guerzés où notre influence est encore peu considérable, les sacrifices humains sont suivis souvent de scènes d'anthropophagie.

Ces coutumes sont proscrites et réprimées avec la dernière vigueur ; car il est inadmissible que sur une terre d'influence française, il puisse s'accomplir des crimes de lèse-humanité.

Esclavage. — L'esclavage en Afrique occidentale existe sous plusieurs formes :

Le *Servage*, qui compte: 1º les captifs de case.

Ces domestiques nés dans la maison font partie de la famille. Ils sont bien traités, ont la faculté de se marier, d'élever leurs enfants, et généralement se déclarent satisfaits de leur condition sociale. Ils ne peuvent jamais être vendus, ni échangés.

2º Captifs des champs. — Ce sont les travailleurs agricoles, et ils se trouvent dans des conditions sensiblement égales aux captifs de case.

Il arrive souvent que des captifs d'une de ces deux catégories soient assez influents pour diriger la maison de leur maître et même pour posséder eux-mêmes des captifs.

Ces captifs, dont le nombre diminue tous les jours, ne tarderont pas à disparaître par le fait même de la disparition de la traite.

L'*Esclavage proprement dit* est constitué par les captifs de traite qui sont généralement d'anciens prisonniers de guerre, vendus, et entraînés loin de leur pays au hasard des caravanes.

Samory et Babemba furent les négriers les plus actifs, se procurant à tête d'hommes les armes et les chevaux dont ils avaient besoin.

Certains de ces malheureux furent cédés pour la valeur d'un poulet ou d'une poignée de sel.

Deux grands courants de caravanes d'esclaves étaient établis au Soudan : le courant du Nord alimenté par Tieba et Babemba, chefs de Sikasso, avait son principal marché à Djenné. Là, les Maures échangeaient les captifs contre du sel. Puis les caravanes repartaient, lamentables, vers le désert, pour se diriger sur le Maroc, le sud Oranais ou la Tripolitaine. Un certain nombre d'entre elles décrivaient une courbe qui les ramenait à Médine ou à Podor, où elles alimentaient le Sénégal.

Le courant du Sud partait de Bouaké et était alimenté par les Sofas de Samory. Les esclaves achetés à Bouaké étaient disséminés dans la forêt vierge du Nigéria au Fouta-Djallon. Ils ont fourni toutes les victimes des sacrifices humains de ces régions.

Notre occupation est venue mettre un terme à cet épouvantable état de choses, et nous avons libéré en masse tous les malheureux que nous avons pu reprendre à leurs ravisseurs.

Les villages de liberté du Soudan sont uniquement constitués par des esclaves rachetés ou délivrés par nous, et que nous essayons de régénérer par le travail. L'œuvre est belle, — il faut beaucoup de patience et d'opiniâtreté pour la faire réussir.

En résumé la question de l'esclavage ne se pose plus en Afrique occidentale : en principe il n'y a plus de captifs ; en fait le temps et l'instruction se chargeront de libérer les derniers.

Polygamie. — Les nègres, qu'ils soient musulmans ou fétichistes, sont presque tous polygames.

La raison en réside surtout en ce que la femme noire à partir des premiers mois de la grossesse jusqu'à la fin de l'allaitement, soit pendant une période de deux à trois ans, refuse obstinément toute relation avec son mari. D'autre part, les femmes travaillant aux champs et à la cuisine sont une source de revenus : elles contribuent à assurer l'existence de leur mari et maître. Enfin en beaucoup de peuplades, la moyenne des femmes est plus intelligente que l'homme et il leur incombe le soin de gérer les propriétés, de faire les transactions commerciales, quelquefois même elles possèdent les champs de culture et les troupeaux, prennent part aux assemblées et aux palabres et même commandent des villages ou des tribus.

La polygamie doit être considérée en ce moment comme un mal nécessaire — un mal parce qu'elle diminue la valeur morale de l'idée de famille, et contribue à maintenir inférieure la condition sociale de la femme — nécessaire parce que, dans ces pays tout récemment encore ravagés par les négriers, le repeuplement intensif s'impose et il est évident que la polygamie contribue à multiplier le nombre des enfants, d'autant plus que dans l'Afrique occidentale la proportion des femmes est beaucoup plus élevée que celle des hommes, par suite des guerres qui l'ont désolée.

La civilisation du continent noir en augmentant les nécessités vitales, en multipliant les besoins des individus, en introduisant la lutte pour l'existence fera fatalement, et sans qu'il soit nécessaire d'invoquer des dogmes religieux, disparaître la polygamie.

De la fortune. — Les noirs disséminés dans l'immensité des territoires africains ne peuvent pas avoir la notion de la propriété foncière. Les champs qu'ils cultivent ne représentent pas la millième partie du sol, aussi choisissent-ils au hasard dans la grande brousse un endroit où pendant deux ou trois ans ils récolteront leur maïs ou leurs ignames, se contentant pour indiquer la prise de possession du terrain de marquer de quelques coups de pioche les extrémités de leur défrichement. Il n'y a du reste jamais de chicane sur ce point.

Il sera très difficile aux concessionnaires européens de faire comprendre aux noirs qu'une partie de la terre a été aliénée au détriment de la communauté.

Les troupeaux au contraire constituent un des plus sérieux éléments des fortunes privées ; mais les pâturages sont à tout le monde. Dans les pays en voie de conquête, la destruction systématique des troupeaux, faite sous le prétexte de punir les belligérants, est une grosse faute : elle ruine le pays sans profit pour nous. Il faut donc capturer ces troupeaux et les concentrer dans un poste militaire en attendant de pouvoir les mieux utiliser.

Justice. — Une des causes les plus grandes du prestige dont jouissent les Européens en Afrique est la façon dont nous comprenons la justice. Les noirs ont été vivement frappés de l'équité de la plupart des jugements rendus par nous et surtout de l'impartialité et de l'incorruptibilité des officiers ou fonctionnaires français. Ils en ont conçu une véritable admiration qui les fait se soumettre sans murmurer aux condamnations les plus dures. Aussi la justice doit-elle là-bas être rendue avec le plus de discernement possible.

Chez les musulmans on consultera les versets du Coran, chez les fétichistes, dans les cas litigieux difficiles, il est bon de faire juger en premier ressort les affaires par les chefs indigènes ou les vieillards réunis en conseil. En tous cas, quel que soit le délit commis, *il faut toujours se souvenir que les noirs, cerveaux primitifs, ne sont qu'à demi responsables de leurs actes et qu'ils doivent toujours bénéficier de circonstances atténuantes.*

La justice humaine n'est qu'une chose relative et ses verdicts ne frappent réellement que ceux qui ont la notion claire de leurs devoirs.

Dans les pays en voie de conquête, la justice relève de l'autorité militaire, mais il faut bien se garder des jugements sommaires. *Les prisonniers noirs doivent être traités selon les lois des guerres européennes*, et il serait inadmissible que l'on traitât en rebelles des peuplades qui n'ont commis d'autre crime que d'avoir méconnu notre puissance militaire et d'avoir défendu, parfois héroïquement, leurs foyers.

Deux prisonniers désarmés et mis en liberté feront plus pour la pacification d'un pays qu'une sanglante hécatombe.

Les pénalités juridiques applicables en Afrique occidentale sont, comme en France, l'amende et la prison. Elles sont insuffisantes.

Une condamnation quelle qu'elle soit n'entraine dans le pays noir aucun discrédit pour celui qui l'a encourue, et il en sera ainsi jusqu'au jour encore éloigné où ces peuples auront acquis la notion de la valeur morale. C'est pourquoi on peut parfois regretter que les châtiments corporels ne soient plus applicables. On fouette ou on gifle un enfant fautif sans éveiller la sensiblerie de personne, car tout le monde se rend compte que ce procédé de persuasion un peu vif est le seul qui, dans des conditions déterminées, puisse influencer l'esprit d'un enfant. Il en est de même pour les noirs.

Tel délinquant bambara que ne pourront émouvoir six et douze mois de prison sera définitivement corrigé par une punition corporelle infligée en place publique et qui *sans le blesser physiquement* fera rejaillir sur lui un ridicule et un discrédit dont il ne se relèvera jamais. La punition corporelle réglementée subsiste encore dans plusieurs nations civilisées; elle est un des stades obligatoires de la contrainte des êtres primitifs et souvent, moins cruelle à supporter que les tortures morales et physiques des longs interrogatoires européens, de la mise au secret ou des détentions cellulaires.

Éducation. — Dans la colonisation d'un pays, *le plus gros élément du succès final est sans contredit l'éducation des indi-*

vidus. Mais il ne faut pas entendre par le mot éducation l'enseignement tel que nous l'avons compris jusqu'à présent, c'est-à-dire *l'enseignement primaire français transplanté en Afrique*. Peu importe que les noirs sachent épeler, lire, écrire; qu'ils connaissent notre syntaxe, nos sous-préfectures! Ce qu'il faut, c'est qu'ils soient capables de nous aider dans l'utilisation de leur continent. *Leur éducation doit, par suite, être purement manuelle et professionnelle.*

Au lieu d'écoles dirigées par des instituteurs et où les enfants nègres, généralement intelligents, ânonnent sans profit, il faut ouvrir des ateliers de menuiserie, de serrurerie; créer des fermes-modèles, des jardins et des champs d'essais; ouvrir des cours pratiques d'agriculture, de médecine sommaire; édifier des moulins, des briqueteries, etc., etc. Presque tous les nègres actuels sont aptes à faire de bons ouvriers et de bons cultivateurs. Leurs arrière-petits-enfants auront tous les loisirs de recevoir une éducation plus littéraire et plus artistique. Les seuls maîtres d'écoles qui puissent nous rendre service là-bas sont les charpentiers, les menuisiers, les maçons, les jardiniers, meuniers, laboureurs, en un mot, tous ceux qui y font encore défaut.

L'armée coloniale, réalisant la devise du maréchal Bugeaud : *Ense et aratro*, cherche, dans la mesure de l'aptitude de ses sous-officiers et de ses soldats, à combler cette lacune.

Des jardins, des chantiers, des champs de culture, des ateliers et des écoles militaires ont été créés en divers postes du Soudan. *C'est de la vraie et grande colonisation.*

Impôts. — Il est juste que nos possessions africaines contribuent à l'entretien des routes et des fonctionnaires stationnés sur leur territoire; aussi une des plus délicates fonctions des commandants de cercles consiste-t-elle dans la répartition et le recensement des impôts. L'impôt direct est en général un impôt de capitation dont la valeur varie, suivant la richesse des pays, de 1 fr. à 2 fr. 50 cent. L'impôt est recouvré par l'intermédiaire des chefs de cantons et des chefs de villages, soit en argent, soit en nature. L'impôt indirect est représenté par les droits de douane et les droits d'oussourou prélevés sur les marchandises européennes et sur les produits indigènes.

Les noirs payent généralement très bien l'impôt sans avoir compris ni même cherché à comprendre son utilisation, tout simplement parce qu'ils l'ont toujours payé à leurs propres chefs.

Recrutement militaire. — Le recrutement militaire qui se fait par engagements volontaires est un des meilleurs moyens dont nous disposions pour libérer les captifs et les attacher à notre service. Les tirailleurs sont fournis par les diverses tribus mandingues et par les Ouolofs. Les spahis, par les Toucouleurs; les miliciens, un peu par toutes les peuplades. Le service militaire nous permet tous les ans de dégrossir deux à trois mille noirs qui, s'ils y contractent quelques défauts, apprennent à nous connaître, souvent à nous aimer, et un peu à parler notre langue. C'est un résultat très satisfaisant. Dans les pays en voie de conquête ou d'occupation récente, on devra chercher par tous les moyens à enrôler parmi les indigènes quelques tirailleurs. Ils pourront être du plus grand secours comme guides et interprètes.

Domesticité. — Les domestiques des Européens sont des noirs généralement intelligents; le plus grand nombre est fourni par le Sénégal et le Soudan. Ils sont assez honnêtes et dévoués; ils valent surtout par la façon dont on sait les prendre et dont on les traite. Les Européens devraient porter le plus grand soin dans l'éducation des domestiques. Il est navrant de constater que quelques blancs se sont ingéniés à abrutir ou à alcooliser leurs boys. Lorsqu'on n'est pas content des services d'un domestique noir, il faut le renvoyer en notant sur son livret les motifs de cette mesure. Les amendes infligées aux domestiques sont un mauvais moyen de répression : car ils sont toujours tentés de croire que l'on garde l'argent pour soi.

Pour être bien servi par un noir, il faut dès le début lui indiquer, d'une façon très précise et pour ainsi dire heure par heure, quelle sera sa tâche journalière et porter beaucoup de patience dans l'explication des services qu'on lui demande. Nous conseillons vivement de ne jamais utiliser les domestiques comme intermédiaires auprès des femmes indigènes. C'est un rôle qui implique des nécessités incompatibles avec un bon service.

Main-d'œuvre indigène. — C'est un des plus gros problèmes de la colonisation. L'opinion courante est que les noirs ne fournissent pas ou peu de travailleurs et qu'on ne peut rien tenter en Afrique occidentale, faute de bras.

C'est une erreur absolue. *Il est très facile de trouver des journaliers parmi les noirs : il suffit de savoir s'y prendre.*

Dans les pays d'occupation ancienne, le bien-être de notre existence a bien vite créé aux noirs des besoins nouveaux qui les incitent au travail. Les Ouolofs, les Sousous, les Fantis, les Croumens fourniront autant de bras que l'on pourra en utiliser et aussi longtemps qu'on en aura besoin, si on ne les décourage pas par les mauvais traitements, les amendes injustifiées, le surmenage physique, etc., etc.

On prend trop facilement la mauvaise habitude de considérer les noirs comme des mécanismes infatigables et économiques; ils ont besoin autant que nous d'une bonne alimentation, d'une hygiène sévère et de repos.

A 10 et 20 sous par jour, les ouvriers noirs abondent et peuvent fournir huit à dix heures de travail utile. Exiger davantage nous paraît impossible.

Dans les pays d'occupation récente, les noirs se défient de nos inventions, de nos « manières », comme ils disent. Aussi est-il impossible de recruter parmi eux des travailleurs. En ce cas, il faut consentir pour un an ou deux à un sacrifice et faire venir de la côte des équipes de Ouolofs ou de Croumens, engagés à l'année et payés un peu plus cher, 1 franc par jour en moyenne.

On installe des chantiers ou des ateliers ouverts à tous; on fait ostensiblement voir ce que l'on veut; on convie les chefs indigènes à visiter les travaux; on paye les ouvriers devant eux, en leur laissant comprendre qu'il ne tient qu'à leurs sujets de gagner de l'argent par le même moyen, et nous répondons qu'en moins de deux ans on trouvera à recruter sur place tous les bras dont on aura besoin.

Patience et habileté sont les deux armes les plus sûres pour atteindre ce but.

Lorsque l'on utilisera comme ouvriers des captifs, il convient, le jour de la paie, de leur remettre en propre l'argent qu'ils ont gagné; leur maître recevra, si l'on le juge utile, une gratification. Mais il importe de faire bien comprendre aux noirs que *c'est le travail seul qui est rémunéré par nous.*

Dans les pays en voie de conquête ou d'exploration, il est à peu près impossible de trouver sur place de la main-d'œuvre volontaire; il faut faire venir les ouvriers ou les porteurs de plus loin. *Cerner les villages et emmener les habitants de force est un procédé déplorable qui ruine les pays et nous aliène à jamais l'esprit des peuplades* : c'est de la conquête dévastatrice et non civilisatrice.

Les noirs sont très susceptibles de devenir de bons ouvriers, aimant leur travail et s'y intéressant. La menuiserie, les occupations agricoles, la construction, la métallurgie les attirent particulièrement.

Le portage leur répugne parce qu'il a en soi quelque chose d'humiliant, ayant été jusqu'à présent le lot exclusif des esclaves.

Hospitalité et réceptions. — Toutes les fois qu'un Européen demande l'hospitalité dans un village noir, il est reçu par le chef du village, qui lui offre soit une poule, soit des œufs, soit du lait, soit des légumes, en témoignage d'amitié. L'Européen doit accepter ce cadeau ; mais il doit toujours en rendre un d'une valeur double de celui qu'il a reçu. Agir autrement c'est diminuer son prestige.

Dans les pays d'occupation ancienne, les noirs discernent très bien le rang de l'Européen passager et proportionnent leur offrande au grade. Cela est naturel et il est inconcevable que cette manière de faire puisse soulever des récriminations.

Si l'on est froidement accueilli par un chef de village, il faut toujours s'enquérir des passages récents d'Européens et l'on finira par retrouver trace d'abus commis dans ce village par les tirailleurs d'escorte, les boys, parfois l'Européen lui-même qui y a précédemment séjourné. Il n'est pas rare que l'on reçoive en cours de route des plaintes fondées contre des vols, des viols, des mauvais traitements, etc., etc. Il faut toujours porter ces faits à la connaissance des commandants territoriaux, susciter une enquête et une sévère répression de semblables abus.

Les Européens, militaires, fonctionnaires ou commerçants qui se rendent coupables de délits ou de crimes de cette nature sont passibles des peines les plus sévères de nos codes, car ils retardent par ces manœuvres la pacification et l'assimilation de ces races.

Dans les régions en voie de conquête ou d'exploration, il ne faut jamais se présenter devant un village sans s'être fait précéder par un envoyé noir qui a dû expliquer au chef le motif du voyage, et lui promettre des présents. Si malgré tout, ce village est désert, il faut parlementer, appeler, et ne jamais rien prendre ou laisser prendre avant qu'un habitant ne soit rentré pour recevoir le payement des objets nécessaires.

Il faut dans ces villages surveiller attentivement les porteurs et les garçons, toujours prêts à la maraude. Si elle se produit, il ne faut pas hésiter à châtier le coupable devant le chef du village lésé en lui faisant bien comprendre l'égalité de notre justice.

Si malgré les appels, nul habitant ne se présente, on prélève dans les cases ce dont on a besoin en ayant soin de placer en évidence les calebasses ou les paniers vides et à côté d'eux le montant de leur valeur approximative, en argent, marchandises ou sel. Ainsi rémunérés, les indigènes accueilleront le second Européen qui se présentera.

Enfin lorsqu'on est amené à palabrer avec un chef indigène, il faut se conformer aux usages locaux et à l'étiquette parfois bizarre de ces contrées : échange préalable de kolas, saluts, cadeaux, etc., etc. Pour cela, il suffit de se renseigner très exactement auprès des interprètes.

Lorsque au hasard de la marche on se trouve soudain environné de noirs, il faut éviter de donner des ordres trop précipités et irréfléchis, se souvenir que souvent ce que l'on prend pour des actes d'hostilité ne sont que des manifestations de deuil ou de joie. Tel croit tomber dans un sombre guet-apens qui rencontre un simple enterrement, agrémenté de vociférations et de coups de fusil à la mode indigène. Un feu de salve ordonné dans ces conditions peut avoir les plus lamentables résultats.

Des femmes. — Dans le continent noir, comme en Europe, les femmes jouent un grand rôle dans la vie sociale. Beaucoup de drames mystérieux du Soudan rouge ont été provoqués par des femmes indigènes : malgré l'infériorité de leur condition elles parviennent à s'ingérer dans tous les actes de la vie, palabres, assemblées, etc., et à influer sur les décisions qui y seront prises.

1° *Unions temporaires.* — Quelle doit être la conduite de l'Européen en Afrique occidentale ? Pour ceux qui n'ont pas la force morale nécessaire pour supporter deux ans de continence absolue, *il n'y a qu'une ligne de conduite possible : c'est l'union temporaire avec une femme indigène bien choisie.* Cette union dure généralement pendant tout le séjour. Les motifs qui rendent nécessaire cette union sont :

Sécurité sanitaire. — La femme choisie dans ces conditions est généralement saine : tandis que les prostituées noires, non soumises à la visite médicale, sont presque toujours contaminées. Beaucoup de femmes noires, en particulier les Peulhs, sont, quoi qu'on en ait dit, relativement fidèles; et moitié par amour-propre, moitié par honnêteté ne trompent pas l'Européen qu'elles ont consenti à épouser passagèrement.

Considération. — Un mariage contracté avec la fille d'un chef de case influent peut servir à resserrer les liens de sympathie qui attachent les noirs à l'Européen et faciliter l'administration du pays. Chez certains peuples, les Baoulés par exemple, les femmes toutes-puissantes viennent facilement à nous et seront un de nos plus sérieux éléments de pacification. Il faut se souvenir que la plupart des traités signés avec les grands chefs noirs ont été ratifiés par un mariage du blanc avec une de leurs filles.

Discipline. — L'Européen qui n'a pas de femme indigène est mal vu des tirailleurs, des domestiques et des indigènes mariés placés sous ses ordres et qui redoutent toujours un abus de pouvoir. Les noirs sont très jaloux de leurs femmes et l'on peut citer des exemples d'Européens qui ont trouvé la mort pour avoir voulu, dans un moment d'oubli ou d'aberration, posséder des négresses mariées.

Hygiène. — L'Européen qui a une femme indigène, si elle n'est pas trop inintelligente, finit par s'attacher un peu à elle; elle le distrait, le soigne, *dissipe son ennui* et parfois l'empêche de se livrer à l'alcoolisme ou aux dépravations sexuelles, malheureusement si fréquentes aux pays chauds.

Instruction. — Enfin, l'union avec une femme indigène est un des plus sûrs moyens d'apprendre vite la langue indigène, de pénétrer les coutumes les plus cachées, de connaitre les chansons, les légendes parfois très jolies, de ces peuplades, de comprendre en un mot l'âme noire.

Tous ces motifs ont depuis longtemps fait passer dans les

mœurs coloniales ces sortes d'unions; dans l'ordre de préférence des races, les Européens choisissent généralement : les Peuhles, musulmanes au teint clair, aux traits réguliers, parfois très purs; les Apolloniennes, les Pourognes, les Mandès des diverses familles (Kassonkès, Malinkès, etc.), les Toucouleurs, les Baoulès, les Sousous, les Ouoloves, les Agnis, etc., etc.

Nous avons tenu compte dans cette classification rapide des qualités qui plaisent aux Européens, et non de la valeur vraie des femmes de ces diverses races.

Lorsqu'on a décidé de prendre femme, on se conforme aux coutumes des pays où l'on se trouve. On demande sa main aux parents ou maîtres de la jeune fille. On fixe avec eux le chiffre de la dot à payer et après entente on emmène sa femme sans autre formalité. *Il faut toujours porter cet acte à la connaissance du commandant territorial.*

Les fêtes et les agapes des mariages noirs ne sont pas de mise lorsqu'il s'agit d'Européens.

Lorsque l'on rentre en France, on renvoie la jeune fille dans sa famille après lui avoir fait un cadeau qui lui assurera immédiatement un époux.

Les anciennes femmes d'Européens sont très recherchées des noirs et se marient en général fort bien.

Il est certain qu'au point de vue de la morale absolue, ces unions sont blâmables; mais il faut tenir compte des divergences de civilisation, du milieu, du pays, des conditions vitales dans lesquelles on se trouve aux colonies et appliquer à ces unions temporaires la formule dont nous avons caractérisé la polygamie : mal nécessaire.

Bien entendu, au cas où ces unions donneraient naissance à des enfants, le père devra se préoccuper, lorsqu'il sera certain de la chose, de l'avenir de ces petits êtres : il existe deux établissements subventionnés par l'État et destinés à recevoir et élever les mulâtres garçons ou filles; l'un à Kita, l'autre à Dinguira, où moyennant une somme modique, les enfants des Européens sont élevés et dotés d'un métier manuel en rapport avec leurs aptitudes. Cette institution est encore insuffisante : il y a beaucoup à faire dans cet ordre d'idées. *Le problème de l'adaptation de nos races à ces climats réside tout entier là* : c'est par la création de races mulâtres que nous franciserons le plus facilement l'Afrique occidentale.

2° *Unions définitives.* — Enfin le jour où des colons seront décidés à s'installer en Afrique, nous leur conseillerons de choisir une femme indigène et de créer sur place des familles plus fortes et plus résistantes que celles qui pourraient aller s'implanter directement là-bas. Nous ne croyons pas que de longtemps encore les petits enfants blancs puissent naître et s'élever dans les climats équatoriaux ou tropicaux de l'Afrique.

Un premier croisement des Européens avec les nègres, suivi d'atténuation successive par alliances de mulâtres et de blancs, nous paraît la condition absolue de l'acclimatement.

Ces races nouvelles pourront être belles, fortes et intelligentes. Nous prétendons que si les mulâtres ont pu dans leurs rapports avec nous paraître quelquefois peu sympathiques, la faute en est, d'une part, au mépris injuste que les Européens leur ont témoigné, et d'autre part au sentiment de défiance que les nègres ont pour eux. Individus hybrides, isolés entre deux groupements humains, méconnus des uns et reniés des autres, ils ont dû se raidir pour lutter : nous sommes responsables de leur état d'esprit et nous devons tout faire pour le corriger.

Ceux qui de parti pris affichent le mépris des noirs ou des mulâtres font preuve de bien grande fatuité et de bien peu d'intelligence : nier la perfectibilité d'un cerveau vivant, c'est nier la vie elle-même, puisque l'intelligence humaine n'est qu'une forme supérieure de l'adaptation des êtres en leur milieu, en vue de l'amélioration de leur existence.

CHAPITRE XV

NOTIONS SOMMAIRES D'HYGIÈNE ET DE MÉDECINE COLONIALE

Par le Dr Barot
Lauréat des Hôpitaux de Bordeaux, 1896
Médecin-Major des Colonnes expéditionnaires du Pays Tomas, 1900
et du Baoulé, 1900-1901

Service de santé. — L'Afrique occidentale est divisée en un certain nombre de groupements sanitaires au centre desquels vit un médecin. Malheureusement, le nombre des praticiens n'est pas proportionné à l'étendue des territoires qu'ils ont à surveiller, et bien des postes isolés se trouvent à dix et douze jours de marche de leur ambulance.

Les secours médicaux dans de semblables conditions ne peuvent être que très imparfaits : aussi tous les Européens doivent-ils posséder les premières notions d'hygiène et de médecine pratique, de façon à pouvoir se secourir mutuellement en attendant l'arrivée des docteurs.

Dans les postes militaires ou civils, le soin de la visite incombe au commandant, dans les fermes et les factoreries au chef de l'exploitation.

Les médecins, dans leurs tournées régulières, s'assureront du bon état de santé des Européens des diverses groupements isolés et leur prodigueront leurs conseils.

Rôle du médecin. — Cabanis a écrit : « Par certains côtés la médecine est un sacerdoce, par d'autres elle est une vraie magistrature! » Cette phrase est encore plus exacte aux colonies qu'en France. Le rôle du médecin vraiment digne de ce nom, est immense et se présente sous une triple face.

Science. — Le médecin colonial doit être un savant : il doit avoir de toutes les branches de son art des idées claires et précises : apte à la thérapeutique générale, il doit être à même d'opérer les blessés et de suppléer des spécialistes. Il est l'unique recours des souffrants, il est celui en qui on met tout espoir terrestre et toute confiance, il doit être à la hauteur de ce rôle. Le médecin colonial qui n'aime pas son art, qui cesse de travailler et par suite de se perfectionner, qui néglige de se tenir au courant des progrès modernes est un misérable et un criminel sans excuse. Responsable devant le pays et la société des existences humaines sur lesquelles seul il doit veiller avec sollicitude, celui qui trahit cette confiance par son incapacité, son indolence ou son mauvais vouloir, devient à nos yeux passible des juridictions les plus sévères.

Le médecin doit aux colonies faire tout par lui-même et non s'en rapporter aux soins des infirmiers indigènes : il passe la visite des malades, fait les pansements délicats, formule et fabrique les potions nécessaires, veille à la propreté et à l'hygiène des camps et des villages, s'assure de la santé des troupeaux et de la valeur des viandes, analyse les eaux potables et en des conférences courtes et claires, il doit donner aux Européens qui le souhaitent, les notions utiles d'hygiène, etc., etc.

Ce sont les obligations strictes de son métier; mais à côté d'elles, il y a les études savantes, les recherches de botanique, de minéralogie, d'ethnographie, les observations climatériques, etc., etc., pour lesquelles le médecin se trouve outillé mieux que tout autre et qu'il ne lui est pas permis de dédaigner.

Sacerdoce. — Le rôle quasi sacerdotal du médecin est presque aussi important que son rôle technique. Soulageant le corps malade, il doit par sa parole, son exemple, relever les courages défaillants : il est le confident naturel de tous ceux qui pleurent, il doit aux Européens parfois nostalgiques et neurasthéniques, prodiguer les encouragements et les bonnes paroles des prêtres et des mères.

Vis-à-vis des indigènes, le médecin jouit d'une haute considération ; il devra toujours essayer de les attirer à sa visite ; le médecin qui, chaque matin, panse ou soigne 50 nègres des villages environnants, fait plus pour la cause de la civilisation que bien des campagnes de guerre.

Les noirs ne sont pas rebelles à notre science, dès qu'ils ont compris sa supériorité, ils affluent à la visite : en quelques mois et en des pays bien variés, on peut voir venir aux consultations des indigènes à peine soumis et la guérison heureuse d'une arthrite du pied nous a valu en 1899 la conquête pacifique de toute une tribu.

Il faut surtout attirer à la visite médicale les femmes et les enfants noirs, parmi lesquels la morbidité et la mortalité sont plus élevées.

Enfin le médecin aura un autre souci sacerdotal : il devra veiller à l'entretien des cimetières et des tombes de ceux que le climat, ou les hommes ont terrassés là-bas et qui ont payé de leur sang notre grandeur coloniale.

Magistrature. — L'exercice de la médecine est une magistrature en ce sens que le docteur doit vivre en dehors de toutes les discussions, de tous les conflits et de toutes les haines, prêt à intervenir dans les périodes aiguës pour calmer les esprits surexcités.

Dans les querelles entre Européens, le médecin peut tout apaiser ou tout perdre suivant sa propre valeur morale et sa propre respectabilité.

Entre les Européens et les indigènes, il doit toujours se faire l'avocat de l'accusé pour évoquer les circonstances atténuantes qui plaident en faveur des nègres : ignorance, bestialité, etc.

En un mot, il doit toujours rappeler à l'esprit de juges parfois trop prompts et trop sévères, que la nature humaine a des faiblesses punissables, mais jamais impardonnables : il doit se souvenir et mettre en pratique cette maxime si pure de Mme de Staël : « Celui qui saurait tout comprendre, saurait tout pardonner! »

Le rôle du médecin ainsi compris, en fera le camarade sincère et aimé dont les conseils sont suivis, les paroles douces et le souvenir agréable.

LES ENNEMIS DE L'EUROPÉEN

L'Européen aux colonies a six grands ennemis.

Le soleil qui, par ses rayons chimiques, lumineux ou caloriques provoque des maladies graves et souvent mortelles; le coup de chaleur, l'insolation, le coup de lumière, le coup de soleil, l'anémie tropicale, l'héméralopie, et parfois des embarras gastriques rebelles.

On y remédie par le port du casque ou des chapeaux insolaires, l'usage des lunettes noires, la légèreté du vêtement, l'abstention de promenade ou de fatigue aux heures chaudes de la journée.

L'eau, d'autant plus traîtresse qu'elle est indispensable, renferme les germes de trop nombreuses maladies dont les plus graves sont : le choléra, la dysenterie, la diarrhée infectieuse, la fièvre typhoïde, et peut-être la fièvre jaune. Enfin elle contient des larves de sangsues, de moustiques, de filaires, de ténias qui, ingérés, provoquent des troubles graves et parfois mortels.

Le seul remède à cela réside dans la purification des eaux par un des procédés décrits au chapitre 6.

Le sol. — Le sol enferme des microbes à virulence très

considérable et qui souillant les blessures déterminent le tétanos. Il contribue aussi à la propagation du paludisme ; enfin, à sa surface, vivent de nombreux parasites de toutes tailles, puces chiques, vers de Guinée, acares de la gale, poux d'agouti ou des animaux venimeux, scorpions, serpents, scolopendres, etc., etc.

Les moustiques. — Ces animaux semblent jouer un grand rôle dans la pathogénie des pays chauds : par leurs piqûres, ils nous inoculent le paludisme, la filariose (crow-crow, éléphantiasis — maladie du sommeil (?), lymphocèle et bubonocèle, etc.), et probablement même contribuent pour une large part à la propagation de la fièvre jaune.

On se défend de leurs atteintes par l'aération des appartements et l'usage des moustiquaires.

L'alcool. — L'alcool entraîne dans les pays chauds, bien plus vite qu'en France, des perturbations graves des fonctions vitales : il altère les organes et les tissus ; il provoque des maladies du foie, des reins, des artères, du cœur et du système nerveux. Enfin, par son action débilitante, il prédispose tout spécialement à la tuberculose et rend plus redoutables les atteintes des grandes maladies infectieuses : syphilis, lèpre, scarlatine, variole, paludisme, etc.

Le remède réside en la suppression radicale du mal.

La femme, malheureusement aussi bien en Afrique qu'en France, est un des grands agents de propagation de la syphilis, blennoragie, diverses affections génitales, de la gale et peut-être de la lèpre.

CONDITIONS DE LA SANTÉ AUX COLONIES

Au milieu des nombreux ennemis qui l'entourent, l'Européen doit, aux colonies, mener, pour se bien porter, une existence égale et réglée.

Un vrai colonial doit être un parfait stoïcien, incapable de tout entraînement comme aussi de toute faiblesse.

Il faut éviter les excès de tout genre qui sont une cause de dépression pour l'organisme : fatigues musculaires trop considérables des longues étapes ou des chasses mouvementées, — abus de table, de boissons alcooliques, de plaisirs sexuels, — excitations intellectuelles trop vives ou trop continues, — imprudences d'hygiène banale (refroidissements, absence de coiffure, absorption d'eau souillée, etc., etc.).

Mais, il faut d'autre part fuir, avec un égal souci, la paresse si fréquente aux pays chauds : il faut travailler, faire chaque jour un exercice modéré (promenade, cheval, chasse, etc.), se distraire par la lecture, les travaux artistiques, l'étude des pays et des races, et bien se persuader que tout acte de la vie de l'Européen aux colonies, si petit et si insignifiant qu'il puisse paraître, contribue par l'exemple à assurer ou affermir son prestige.

La santé physique, nécessaire à l'activité intellectuelle, sera assurée par une stricte surveillance de soi-même. — Il ne faut pas avoir peur de paraître ridicule par excès de précautions : toute bravade irraisonnée se paye, parfois chèrement.

Le colonial est, aux colonies, comme le marin sur son bord, en état de lutte continuelle contre un élément perfide : un moment d'inattention, une étourderie (une moustiquaire oubliée, un verre d'eau mal filtrée, un casque emporté par la tornade, un cachet de quinine méprisé, etc., etc.), peuvent être la cause déterminante des maladies mortelles auxquelles on est prédisposé par le fait même de la vie coloniale que l'on mène.

Aux colonies, c'est l'excès de prudence qui est mère de la sécurité.

PRINCIPALES MÉDICATIONS SYMPTOMATIQUES

Les différentes maladies se manifestent extérieurement par une série de phénomènes évidents, tels que : rougeur, toux, fièvre, perte de l'appétit, gonflement, etc., etc., qui se nomment des symptômes.

Le rôle du médecin est d'étudier et de coordonner ces symptômes pour en déduire la cause première, puis la connaissant, lui appliquer un traitement approprié.

La tâche du chef de poste ou d'exploitation chargé de la visite médicale, se bornera à prescrire, en présence de symptômes évidents, une médication d'attente, dont l'action diminue l'intensité des symptômes observés et favorise d'autant le corps dans sa lutte contre le mal.

Pour obtenir des renseignements utiles, il faut poser au malade les questions suivantes :

1° De quoi souffrez-vous?

2° Depuis combien de jours?

3° Comment cela a-t-il commencé?

4° Quelles sont les maladies que vous avez eues précédemment dans la durée de ce séjour colonial?

5° Où avez-vous été traité et que vous avait-on prescrit?

6° Avez-vous de l'appétit? Allez-vous aux cabinets régulièrement? Dormez-vous bien?

7° Quel est le point du corps plus particulièrement douloureux?

8° Essayez de me décrire ce que vous ressentez.

On note soigneusement toutes les réponses pour les communiquer au médecin, on prend la température du malade et l'on consulte le petit résumé suivant :

Abcès. (Voir Inflammation).

Adénite. (Voir Gonflement).

Aigreurs d'estomac (Pyrosis), se manifestent après les repas. Modifier son alimentation. — Suppression des aliments gras, des fritures, des salaisons. — Régime lacté. — Eau de Vichy artificielle. — Magnésie calcinée de 2 à 6 grammes par jour.

Anémie. — Rechercher et combattre la cause de l'anémie, fièvre, dysenterie, tuberculose, syphilis, etc., par le traitement approprié à ces affections. L'anémie par perte de sang (blessure, fausse couche, etc.), se combat par arrêt de l'hémorragie (voir Saignements), injections sous-cutanées de sérum de Hayem, bonne alimentation réparatrice, toniques et ferrugineux (vins de quinquina, de peptones, de cacao, de kola, etc.). Hydrothérapie modérée et repos.

Amaigrissement. — Lorsque l'amaigrissement coïncide avec une maladie grave et débilitante, il est normal et disparaîtra avec le mal qui le cause.

Lorsqu'il survient insidieusement, sans cause apparente, qu'il s'accompagne d'un peu d'anémie, de sueurs nocturnes, de perte d'appétit, d'un développement brusque de la barbe et des poils, il faut redouter la tuberculose pulmonaire à marche rapide et évacuer le malade sur une ambulance. On lui prescrira, en attendant du jus de viande, vin de quinquina, huile de foie de morue et liqueur de Fowler.

Antisepsie (voir Plaies).

Appétit (perte de l'appétit). — C'est une chose fréquente pour les Européens vivant aux colonies. Si la langue est recouverte d'un enduit blanchâtre, que le malade aille mal ou n'aille pas aux cabinets, que la température soit anormale (supérieure à 37°,5), donner, soit un ipéca (1gr,50), soit un sulfate de soude (40 gr.) suivis de 2 ou 3 jours de diète lactée.

Si, à ce moment, les phénomènes persistent et s'accompagnent de maux de ventre, saignement de nez, vomissements, appeler en toute hâte le médecin (traiter en attendant comme il est décrit pour chacun de ces symptômes).

La diminution progressive et lente de l'appétit est symptôme d'anémie tropicale : il se combat par les sels de quinine, les préparations de quinquina à la teinture de noix vomique et le rapatriement.

Asphyxie. — 1° *Noyés*. — Coucher le noyé sur le côté droit. Injections sous-cutanées d'éther, puis respiration artificielle : saisir la langue avec les doigts ou une pince, la tirer au dehors puis la rentrer rythmiquement à raison de 20 mouvements par minute, pendant que deux aides font accomplir à la même vitesse, des mouvements d'extension verticale des bras sans flexion du coude. Continuer sans se décourager jusqu'à que le noyé revienne à lui. A ce moment, inhalations d'éther ou d'ammoniaque, frictions vigoureuses sur tout le corps avec de l'alcool camphré. Café chaud et tafia.

2° *Pendus.* — Couper la corde, étendre sur un lit, la tête élevée, compresses froides sur la tête, sinapismes aux jambes, frictions irritantes des membres, pieds et mains, injections d'éther, au besoin ventouses scarifiées à la nuque.

3° *Par les gaz ou vapeurs.* — Exposition au grand air, respiration artificielle, flagellation du visage et du tronc à l'eau froide. — Inhalations d'oxygène et d'éther. — Boissons aromatiques alcoolisées.

Ballonnement (voir Ventre).

Bronchite (voir Toux, point de côté).

Blessures (voir Plaies).

Bourdonnements d'oreille. — Fréquents là-bas et parfois dus à l'absorption immodérée de quinine. — Lavage de l'oreille à l'eau boriquée, puis laisser tomber dans le conduit 2 à 3 gouttes de glycérine neutre ou d'huile fine.

Brûlures. — Si la peau est rouge, mais intacte, enduire de vaseline boriquée ou saupoudrer d'amidon.

Si des phlyctènes (cloques) existent, les percer en leur partie déclive, faire écouler le liquide, puis mettre de la pommade suivante :

Antipyrine. . . . . 1 gr.
Vaseline boriquée. . . . . 50 —

et panser.

Si la brûlure est plus grave et que la peau soit détruite par endroits, laver avec une solution :

Acide picrique. . . . . 5 gr.
Alcool absolu. . . . . 80 —
Eau filtrée. . . . . 1000 —

puis panser à la vaseline antipyrinée.

Recommencer le pansement dès qu'on perçoit la moindre odeur.

Chaudepisse. — Si la douleur pendant la miction s'accompagne d'écoulement blanc, jaune ou vert, empesant le linge, il y a chaudepisse ou blennoragie.

Au début, boire la limonade suivante :

Bicarbonate de soude	6 gr.
Salicylate de soude	4 —
Eau	1000 —

à raison de 1 à 2 litres par 24 heures. Bains locaux tièdes. Repos absolu. Soins minutieux de propreté. Le pus de chaude-pisse est redoutable pour les yeux. Dès que les douleurs ont disparu en pissant, injections dans le canal, immédiatement après avoir uriné, de solutions tièdes de permanganate de potasse à 1 gramme pour 5000 ou 10 000 grammes d'eau.

Si malgré le traitement, les envies d'uriner deviennent fréquentes, douloureuses à la fin, et que l'urine soit teintée de sang, il y a cystite, c'est-à-dire invasion de la vessie. Avertir le médecin et, en attendant ses conseils : limonade précédente avec 2 ou 3 bains de siège chauds par jour. — Repos absolu.

Si l'infection se transporte vers les testicules qui deviennent durs, enflammés et très douloureux au moindre contact, même à la pression du drap, il faut craindre l'orchite, et en continuant la médication calmante par les bains et le repos, prévenir le médecin.

Il faut pendant le traitement des diverses manifestations blennoragiques, s'abstenir d'excès alcooliques, de bière et de rapports sexuels.

Coliques. — Si elles sont passagères et dues à un refroidissement, mettre une ceinture de flanelle et absorber 8 à 10 gouttes de laudanum sur un morceau de sucre ou dans l'eau.

Si elles persistent et s'accompagnent de selles nombreuses, voir *Diarrhée, Dysenterie*.

Si elles sont irradiées à tout le ventre, semblant rayonner d'un point douloureux, situé le plus souvent à droite, qu'elles s'accompagnent de forte fièvre et d'abattement, prévenir en hâte le médecin : appliquer sur le ventre des cataplasmes chauds, faits d'une serviette éponge pliée en quatre et imprégnée d'eau à 40 degrés : il faut craindre des coliques hépatiques ou néphrétiques ou de l'appendicite. Diète absolue ou simplement un peu de lait. Eau de Vichy. Antipyrine à la dose de 1 à 2 grammes par jour.

Constipation. — Donner de la rhubarbe de 1 à 4 grammes, de la magnésie calcinée de 2 à 8 grammes, ou, si l'on y est sujet, emporter avec soi des pilules de podophyllin ou de cascarine.

Convulsions. — Si elles sont brusques, précédées d'un cri et accompagnées de perte de connaissance, de disparition de la sensibilité, d'émission de bave ou d'urine, évacuer le malade sur une ambulance pour qu'il soit soumis à un examen attentif.

Si les convulsions sont intermittentes, douloureuses, accompagnées de fièvre élevée, de contracture des membres, du dos ou du cou, prévenir en hâte le médecin et donner en attendant du sirop de chloral à la dose de 120 à 250 grammes par jour (de 6 à 16 grammes d'hydrate de chloral). Compresses froides sur tout le corps, rechercher avec soin sur le corps s'il existe une plaie : quand on l'aura trouvée, la cautériser en frottant fortement avec de l'acide phéniqué camphré et panser.

Chez les enfants, des convulsions ne dénotent souvent que la présence de vers intestinaux (voir ce mot).

Connaissance (perte de connaissance). — Inhalations d'éther ou d'ammoniaque. Frictions du corps à l'alcool camphré. Lotions ou flagellations froides à l'aide d'une serviette mouillée. Injections sous-cutanées d'éther et de caféine. Boissons froides fortement aromatisées (eau de menthe ou de mélisse).

Croûtes. — Dans la barbe ou les cheveux, lavage au savon, puis toucher à la teinture d'iode étendue d'eau, enduire de pommade iodoformée ou salolée.

Si ces croûtes se reproduisent, suppurent et font tomber les poils, évacuer sur une ambulance ou appeler le médecin (voir Pellicules).

Contusions. (voir Gonflement).

Démangeaisons. — Si les démangeaisons se font sentir aux mains, pieds, fesses, coudes, genoux, et de préférence le soir, gale. Lavage général du corps au savon, puis écorcher les petits boutons de la peau avec une brosse rude, toucher ces plaies avec une solution de permanganate de potasse à 1 pour 100. Étendre ensuite à leur surface, soit de la pommade soufrée d'Helmerich, soit une pommade avec :

```
Alun en poudre. . . . .      . . .    2 gr.
Carbonate de soude. . . . . . . . .   6 —
Camphre . . . . . . . . .       . .   1
Huile. . . . . .   .   .    . . . .  10 —
Saindoux. . . . . . . . . . . . . .  60 —
```

que l'on garde toute la nuit. Le lendemain matin, savonnage à grande eau.

Si les démangeaisons sont généralisées avec des plaques rouges saillantes ; que l'on ait mangé la veille du poisson, des mollusques ou des épinards indigènes ou pris de l'antipyrine : urticaire. Se purger.

Si les démangeaisons éclatent brusquement au milieu de la nuit, accompagnées de mal à la tête et courbature : c'est une forme fréquente de Dengue ou influenza des pays chauds. Repos, purgation, diète pendant quelques jours.

Si la démangeaison se produit dans les cheveux, barbe ou poils et qu'on trouve des lentes (œufs de poux) : laver les parties contaminées au sublimé chaud à 2/1000 en fermant les yeux.

Si la démangeaison se produit au bout des doigts ou des orteils, sous les ongles, que l'on y distingue une petite tache blanchâtre à point noir central : chique. Ouverture, excision avec une pointe d'épingle flambée, lavage à l'eau phéniquée et pansement.

Si la démangeaison siège autour du gland avec légère rougeur et sécrétion d'un liquide jaune fétide, laver à l'eau boriquée tiède et saupoudrer avec :

    Sous-nitrate de bismuth. . . . . 2 gr.
    Amidon. . . . . 2 —

Si la démangeaison est assez vive, et localisée à l'ouverture du canal de l'urètre, laver et injecter faiblement une solution au 1/2000 de permanganate de potasse.

Diarrhée. — Si la diarrhée est venue brusquement après un refroidissement, une indigestion, etc., mettre une ceinture de flanelle et absorber la potion :

    Sous-nitrate de bismuth. . . . . 4 gr.
    Laudanum . . . . xx gouttes
    Extrait de Ratania. . . . . 1 g. 50
    Eau sucrée. . . . . 120 —

Agiter fortement la fiole avant de boire, le bismuth restant en suspension instable dans les liquides.

Si la diarrhée persiste, et que les selles soient un peu douloureuses, la langue blanche, l'appétit diminué, prendre 10 grammes de sulfate de soude, puis quelques jours de diète lactée avec la potion bismuthée.

Si les envies d'aller à la selle sont fréquentes, le ventre douloureux, avec une sensation de pesanteur à l'anus, que les matières fécales contiennent des débris blancs, des mucosités gélatineuses, du sang, il faut craindre la dysenterie. Avertir le médecin et en attendant

1ᵉʳ jour. Mélanger :

Calomel.	1 gr.
Sucre pulvérisé	10 —

répartir en 10 paquets que l'on absorbe d'heure en heure.

Régime lacté absolu.

2ᵉ jour. Le lendemain, mettre 8 gr. de poudre d'ipéca sur un linge fin, verser au-dessus 400 gr. d'eau bouillante, ajouter XXV gouttes de laudanum, et faire boire en 24 heures.

Le 3ᵉ jour, même opération sur la même poudre.

Le 4ᵉ jour, même opération sur la même poudre.

Si cette potion (ipéca à la brésilienne) est mal supportée, la remplacer par les pilules suivantes :

Poudre d'ipéca.	1 gr
Extrait d'opium.	0ᵍʳ,10

pour 10 pilules. En donner une toutes les heures.

Si les douleurs abdominales sont vives : cataplasmes humides, chauds sur le ventre.

Si le ténesme est intense après les selles : lavement calmant avec

Laudanum.	XXXX gouttes
Poudre d'amidon.	25 gr.
Eau	250 gr.

Enfin, lorsqu'une amélioration se produit, donner tous les jours les cachets suivants :

Benzonaphtol	1 gr.
Salicylate de bismuth.	1 gr.

en 2 cachets à prendre aux deux repas principaux.

Les selles des dysentériques doivent être recueillies dans des vases pleins de liquides antiseptiques et déversées sur des foyers d'immondices que l'on calcine.

Écorchures. — Les écorchures sur la peau se lavent au sublimé à 1/1000 et se pansent à l'iodoforme.

Sur le gland ou le prépuce, si l'écorchure est seule, rouge, insensible, peu profonde, dure, laver au sublimé au 1/1000 et saupoudrer avec

  Calomel 0gr,50
  Sous-nitrate de bismuth. 0gr,50

puis surveiller attentivement la bouche et la peau du malade. Dès que l'on verra apparaître sur les lèvres, ou la langue, des ulcérations grises, sur la peau des petites taches rouges, on aura à redouter la syphilis et l'on évacuera sur l'ambulance la plus proche.

Si les écorchures sont sales, purulentes, douloureuses, multiples, on les lavera à l'eau phéniquée à 25/1000 ou au sublimé à 1/1000, mais à la température de 40 à 45° centigrades. Pommade iodoformée.

Repos absolu pour prévenir le gonflement des ganglions de l'aine.

Écoulements. — Tout écoulement du canal de l'urètre est une chaudepisse. Il ne faut pas confondre sous le nom d'écoulement les émissions involontaires et la spermatorrhée.

Les écoulements des oreilles se traitent par les lavages boriqués tièdes, et l'insufflation dans l'oreille à l'aide d'un cornet de papier, de poudre d'alun finement pulvérisée.

Les écoulements des yeux se lavent à l'eau boriquée tiède matin et soir. S'ils persistent et entrainent de la rougeur douloureuse des conjonctives, il faut appeler le médecin. En attendant, instiller tous les jours dans les yeux 2 gouttes du collyre suivant :

  Sulfate de zinc. 0gr,25
  Eau distillée. . . . . 100 gr.

Le préserver des poussières, et de la réverbération solaire (voir article Œil).

Empoisonnement. — La cause la plus fréquente, en Afrique, réside en l'usage de viande ou de conserves avariées : un vomitif immédiat, puis un purgatif et régime lacté pendant quelques jours.

En cas d'empoisonnement par le sublimé : vomitif, puis faire boire de l'eau dans laquelle on a délayé un blanc d'œuf battu par litre. Injections sous-cutanées d'éther. Café, tafia.

Empoisonnement par le laudanum : vomitif immédiat. Lavement avec un demi-litre de café chaud. Flagellations froides sur tout le corps. Injections d'éther. Respiration artificielle.

Entorse. — Repos absolu et massage de l'articulation à l'huile camphrée.

Le massage se fait de l'extrémité du membre vers la base, jamais en sens inverse.

Embarras gastrique (Voir Aigreurs, Appétit).

Étouffements. — La sensation d'étouffement se traite par des inhalations d'éther ou d'ammoniaque. Si ces étouffements sont dus à une affection connue (asthme, angine de poitrine, œdèmes pulmonaires), on s'attaque à la cause des symptômes.

S'ils sont dus à une oppression respiratoire en cours de maladie pulmonaire aiguë, on applique des ventouses. Pour ce faire, on choisit 4 ou 6 verres de petites dimensions, à bords bien réguliers et mousses, on y met un flocon de coton ou une goutte d'éther, on allume et on retourne brusquement le verre que l'on applique sur la peau au point voulu.

Une ventouse bien placée se boursoufle aussitôt et devient rouge foncé. Si l'on veut la scarifier, il suffit de pratiquer quelques légères entailles sur cette partie et réappliquer dessus la ventouse. Le sang s'écoule dans le verre.

Fièvre. — Si la fièvre débute brusquement par un frisson plus ou moins long, suivi d'une sensation désagréable de chaleur étouffante, et terminé par d'abondantes sueurs, c'est un accès de fièvre paludéenne.

Pendant l'accès, une dose massive de 1^{gr},50 à 2^{gr},50 d'antipyrine l'atténue et précipite son cycle ; les boissons aromatiques (café, thé) chaudes, favorisent les sueurs terminales. Nous préférons employer le tilleul punché à 50 gr.

Pour prévenir le lendemain le retour de l'accès, il faut prendre de la quinine, environ 8 heures avant l'heure du début de l'accès de la veille. Si l'accès a débuté à 2 heures après-midi, on prendra sa dose de quinine entre 6 et 7 heures du matin le lendemain. La guérison d'un seul accès palustre exige 21 jours de traitement ainsi compris :

Les 1er, 2e 3e jours de 1 gr. à 0^{gr},80 de quinine
— 4e 5e 6e — 0^{gr},40 —
— 7e 8e 9e — de 0^{gr},80 à 0^{gr},60 —
— 10e 11e 12e — 0^{gr},20 —
— 13e 14e 15e — de 0^{gr},60 à 0^{gr},40 —
— 16e 17e 18e — 0^{gr},10 —
— 19e 20e 21e — de 0^{gr},40 à 0^{gr},20 —

puis reprise de la dose habituelle de *quinine préventive*, soit 0^{gr},10 tous les jours ou 0ᵍʳ,20 tous les 2 jours ou 0ᵍʳ,30 tous les 3 jours.

L'usage de la quinine préventive, si controversé, nous paraît indispensable toutes les fois que l'on est appelé à fournir un effort physique extraordinaire ou à prendre part à des travaux où l'on ne pourra plus strictement se préserver du contact des moustiques et de l'absorption des poussières.

Jusqu'à plus amples démonstrations, nous ne croyons pas que « l'anopheles claviger » soit l'unique agent de transmission du paludisme. L'eau de boisson et les poussières du sol servent aussi de véhicule aux hématozoaires.

Lorsque la fièvre s'établit lentement, s'accompagne de céphalée, de vomissements, douleur dans la région hépatique, il faut adopter un régime sévère : diète lactée absolue, précédée d'un grand purgatif salin, sulfate de soude 40 gr. Puis on surveille la marche des phénomènes. Si tout rentre dans l'ordre en 2 ou 3 jours, c'est parfait, mais si les vomissements persistent, le malade se décolore ou jaunit, les urines deviennent progressivement plus foncées, il faut craindre une bilieuse hémoglobinurique et prévenir le médecin en toute hâte (voir, pour les soins à donner, l'article Jaunisse).

La fièvre n'est pas une maladie en elle-même ; c'est l'état fatal de l'organisme en lutte contre une infection ; aussi doit-on toujours, près d'un malade qui accuse de la fièvre, autre que le paludisme, rechercher un symptôme plus caractéristique.

Foie (Voir Point de côté).

Furoncle (Voir Inflammation).

Gonflement. — Lorsque le gonflement se produit à la suite d'un choc violent, d'une contusion, on applique sur la partie atteinte des compresses humides froides d'eau blanche souvent renouvelées.

Au niveau des articulations, le gonflement peut apparaître à la suite d'excessives fatigues, sans douleur : du repos et un léger massage à l'huile camphrée en viendront à bout ; s'il s'accompagne de douleur au moindre mouvement, de fièvre, d'abattement, il faut entourer les articulations malades de coton imprégné d'huile camphrée, et faire boire au souffrant 2 à 4 gr. de salicylate de soude et de 1 à 2 gr. d'antipyrine par jour, en cachets ou en potion et prévenir le médecin.

Si le gonflement s'accompagne de rougeur, chaleur et douleur (voir Inflammations).

Si le gonflement naît progressivement au niveau de l'aisselle, ou de l'aine, intéressant les chaînes ganglionnaires de ces régions : repos absolu, onctions à la pommade mercurielle ou à la pommade à l'iodure de plomb à 1/30. A l'intérieur 1 à 2 gr. d'iodure de potassium par jour.

Gorge. — Contre la rougeur de la gorge et la douleur à la déglutition, gargarismes boriqués chauds ou gargarismes alunés à 2/100. A l'extérieur, badigeonnage iodé.

Hémorragie (Voir Saignements).

Hémorroïdes. — Lavages boriqués froids de l'anus après avoir été à la selle. Lavements simples. Éviter la constipation.

Indigestion. — Donner 1^{gr},50 d'ipéca. Diète d'un jour.

Inflammation. — L'inflammation se manifeste par quatre symptômes caractéristiques : rougeur, chaleur, douleur et gonflement. Lorsque le point enflammé est limité à l'épaisseur de la peau, dans les régions du corps riches en poils ou en glandes sudoripares, qu'au milieu de la partie enflammée et très douloureuse on voit poindre un point blanc qui par la pression crève en donnant issue à un amas de pus grisâtre, c'est un furoncle. Il faut laver à l'eau phéniquée à 35/1000 et appliquer un pansement occlusif antiseptique.

Rien n'est plus contagieux que le pus de furoncle. — Lorsque le furoncle prend des proportions considérables, intéressant toute l'épaisseur de la peau, il y a menace d'anthrax. Pansements humides émollients chauds et évacuation sur l'ambulance.

Lorsque l'inflammation, dans une évolution moins rapide, gagne les couches profondes de la peau, qu'elle gêne les mouvements, détermine un peu de fièvre et cause des douleurs aiguës nommées « lancées », il faut craindre un abcès.

Si l'abcès intéresse des muscles, il se transforme en phlegmon; s'il se localise dans des ganglions, il forme l'adénite suppurée : sous les ongles et au bout des doigts, cela devient le panaris.

En tout cas, le traitement est le même. Pansements humides boriqués chauds, fréquemment renouvelés. Puis au bout de 2 ou 3 jours, lorsqu'un point de l'abcès blanchit, devient mou et fluctuant, il faut d'un coup de lancette ouvrir pour donner issue au pus qui y est collecté. On lave alors cette cavité avec du sublimé au 1/1000, ou y injecte à l'aide d'une seringue en verre soit de la vaseline liquide, soit de la glycérine iodoformée, et on fait un pansement compressif renouvelé tous les jours.

Lorsque, au milieu de l'abcès, un fil blanc émerge et qu'en le saisissant on retire une sorte de cordon blanc large de 1 mm environ, on se trouve en présence d'une filaire ou ver de Médine : on attache la tête de ce ver à une allumette ou à un fil ordinaire et on enroule journellement en prenant soin de ne pas casser le parasite. En 15 à 20 jours, l'extraction est complète. Il existe des procédés plus expéditifs qui consistent à tuer la filaire par une injection de sublimé ou de cocaïne et la tirer ensuite d'un seul coup, mais ils ne sont applicables que par les médecins.

Injections. (Voir Seringues, § 7.)

Ivresse. — Faire boire en 2 fois à 1 quart d'heure d'intervalle la potion :

   Acétate d'ammoniaque. . . . . 10 gr.
   Sel marin. . . . . 4 —
   Café concentré sucré. . . . . 50 —

Insomnie. (Voir Sommeil.)

Jaunisse ou **ictère.** — Si l'on voit quelqu'un devenir en quelques jours et sans fièvre, jaune clair, avec perte de l'appétit et quelques vertiges, on donne 1 gr. 50 d'ipéca ou 1 gr. de calomel en 8 paquets d'heure en heure. Régime lacté sévère. Eau de Vichy. Lavements froids et tous les deux ou trois jours 50 gr. de sulfate de soude.

Si l'ictère est accompagné de fièvre assez forte, d'abattement, de douleurs dans les reins, de vomissements, il faut craindre la « Bilieuse hémoglobinurique ». En attendant le médecin, ordonner :

Un grand purgatif salin : sulfate de soude, 40 gr. Si le malade le vomit, 1 gr. de calomel à doses réfractées (10 paquets d'heure en heure) avec 10 gr. de sucre. Diète absolue. Boissons gazeuses et froides. Eau de Vichy.

On s'attache à combattre tous les symptômes :

A). Contre la fièvre : antipyrine, de 1 à 2 gr. par jour. Si le malade est un paludéen, quinine, de 25 à 50 centigr. (à doses filées) en potion de 120 gr. bue en 24 heures. Si le malade n'est pas impaludé, pas de quinine, qui peut augmenter l'hématurie.

B). Contre l'abattement : café noir ou thé punché, à 50 gr. de tafia par litre de thé.

C). Contre les vomissements : boissons froides, glace, champagne, potion de Rivière (v. Vomissements).

D). Contre les douleurs : frictions à l'alcool camphré.
E). Contre l'insomnie : potion bromurée (v. Sommeil).
F). Enfin, si les urines deviennent noires, faire prendre :

Eau chloroformée saturée. . . .   4 cuillerées à bouche
Eau sucrée. . . . .   120 gr.

en 24 heures.
Si la miction ne redevient pas meilleure et que le malade supporte mal l'eau chloroformée, on pourra tenter les pilules suivantes de Lebert :

Ergotine. . . . . ⎫
Tanin. . . . . ⎬ de chaque 1gr,20
Extrait d'opium. 0gr,50

pour 20 pilules. De 2 à 10 dans la journée. Enfin il restera, comme dernière ressource, les grands lavements d'eau de Vichy tiède ou d'eau salée à 10 pour 1000. A défaut d'injections de sérum, ils donnent de bons résultats.

Incontinence d'urine. — Envoyer en observation dans les infirmeries.

Migraines. — Prendre de 1 à 2 gr. d'analgésine ou antipyrine.

Morsures. — A). Chiens, chats, singes, etc. Laver au sublimé à 1/1000 et panser.
B). Serpents. Lier le membre au-dessus de la morsure, faire saigner. Injecter dans la plaie agrandie, à l'aide d'une seringue de Pravaz, 1 gr. de la solution suivante :

Chlorure de chaux . . . . 1 gr.
Eau . . . .   100 —

Puis pansement humide antiseptique.
Soutenir le malade avec du café noir très fort, thé punché, provoquer des sueurs abondantes. Si besoin, injection d'éther.
Au cas où l'état s'aggraverait, injection hypodermique de 10 cm cubes de sérum de Calmette.

Névralgies. — Antipyrine, 1 à 2 gr. En cas de névralgies dentaires dues à de la carie, se rincer la bouche avec une décoction chaude de pavot. Extraction de la dent cariée.

Œil. — Si les paupières sont rouges, larmoyantes, collées au réveil, lavages boriques tièdes 2 ou 3 fois par jour.

Si l'œil sécrète un liquide blanc purulent, instillation de collyre au sulfate de zinc à 0,25/100.

Enfin si le malade a une blennorhagie, que la conjonctivite ait une marche rapide avec douleurs vives au globe de l'œil, impossibilité de fixer la lumière, il faut redouter la fonte purulente de l'œil et agir vite ; on retourne les paupières, on les touche avec un pinceau imprégné d'une solution de *nitrate* d'argent, 0gr,25, eau distillée, 10 gr. dont on neutralise le trop d'effet par un lavage immédiat avec de l'eau fortement salée. Puis pansement humide renouvelé plusieurs fois par jour et obturant l'œil. Dès que l'organe est hors de danger, évacuer sur l'ambulance en cas de complications.

Plaies. — Lorsqu'on se trouve en présence d'une plaie quelconque, la première chose à faire est de la laver avec de l'eau tiède ou une solution antiseptique.

Les complications des plaies sont causées par le contact sur les surfaces saignantes de la terre, du fumier, de la poussière, du pus, etc., etc., toutes matières qui contiennent des microbes plus ou moins virulents. Les doigts non lavés peuvent contaminer des plaies. Aussi importe-t-il de prendre les plus grands soins de propreté, de faire de l'antisepsie ou de l'asepsie.

L'asepsie (absence de microbes) s'obtient :

1° Par le flambage des objets métalliques (couteaux, aiguilles, seringues, pinces) à la flamme d'une lampe à alcool ;

2° Par l'ébullition prolongée dans de l'eau, dans une solution de sel marin ou dans de l'huile ;

3° Par la stérilisation sous pression à des températures de 120° centigrades ;

4° Par l'imprégnation des substances chimiques qui ont le pouvoir de tuer les microbes et que l'on nomme des antiseptiques et qui sont : le *sublimé*, l'*acide phénique*, le *chlorure de zinc*, le *formol*, le *thymol*, l'*eau oxygénée*, le *permanganate de potasse*, le *sulfate de cuivre* et de *zinc*, le *sel marin*, le *vinaigre*, l'*alcool*, que l'on emploie en solutions plus ou moins concentrées ; l'*aristol*, l'*iodoforme*, le *salol*, le *bismuth*, le *camphre*, le *charbon*, le *menthol*, le *naphtol*, l'*acide salicylique*, le *tanin*, que l'on emploie sous forme de poudres ou de pommades.

Aussi, dans l'état actuel des connaissances médicales, *aucune plaie bien soignée ne doit suppurer* : si cette complication se produit, c'est qu'il y a eu manque de propreté médicale.

Si la plaie est profonde, on en écarte les bords pour faire pénétrer l'antiseptique jusqu'au fond.

Si la plaie est ancienne, suppurante, bourgeonnante et sentant mauvais, on la cautérise avec un crayon de nitrate d'argent ou du chlorure de zinc, puis on lave et on panse.

Si la plaie est sur son fond couverte de plaques noires, à odeur fétide, on les arrache ou on les coupe au ciseau; puis on applique de la pommade salolée et un pansement humide, jusqu'à ce que les chairs aient repris un bon aspect.

Enfin si la plaie est circulaire, irrégulière, à fond grisâtre, à bords taillés à pic, qu'elle gagne lentement autour d'elle et laisse échapper un pus sanglant, c'est une ulcération phagédénique des pays chauds : il faut agir activement à l'aide d'un pinceau imprégné du mélange :

Acide phénique pur. . . . . 2 gr.
Camphre. . . . . 1 —
Alcool . . . . 20 —

On déterge et on cautérise le fond et le bord de l'ulcération; puis on lave et on applique un pansement sec à la vaseline alunée camphrée. Renouveler ceci tous les jours jusqu'à l'arrêt de la maladie.

Pellicules. — Contre l'excès des pellicules dans le cuir chevelu, se lotionner la tête, après savonnage, avec la lotion :

Sublimé . . . . 1 gr.
Acide acétique . . . . 10 —
Eau de Cologne. . . . . 50 —
Eau distillée. . . . . 1000 —

Piqûres. — Les piqûres de frelons, scorpions de faible taille, mouches maçonnes, se traitent en touchant l'endroit atteint avec un peu d'ammoniaque liquide et pansement humide.

Les piqûres par flèches empoisonnées sont très graves. On lie le membre au-dessus du point piqué; dans la plaie, agrandie, on fait immédiatement plusieurs injections avec la seringue de Roux ou de Pravaz, d'une solution saturée de tannin (20/100). Puis on fait des injections sous-cutanées d'éther et de caféine. On donne des boissons aromatiques excitantes : café noir très fort, thé punché à 50 gr. et l'on pratique, si besoin est, la respiration artificielle. *Prolonger les soins sans se décourager pendant une demi-heure environ. C'est le temps nécessaire à l'élimination par les urines de la strophantine.*

Les piqûres par épines, échardes, etc., doivent être soigneusement lavées jusqu'au fond avec du sublimé chaud au millième. Ne jamais laisser se refermer une piqûre dont le fond est souillé de terre ou de détritus de fumier : il y aurait danger de tétanos.

Point de côté. — Lorsque le point de côté coïncide avec un peu de fièvre, de la toux petite et sèche, et se fait surtout sentir dans les mouvements un peu forts d'inspiration, badigeonnage iodé répété sur ce point et enveloppement ouaté de la poitrine. Si, au bout de quelques jours, il ne disparaît pas et qu'au contraire la respiration soit un peu plus gênée, la température anormale tous les soirs, évacuer sur une ambulance en toute hâte.

Si le point de côté correspond au côté droit au niveau du foie, on applique des badigeonnages iodés ou des pointes de feu, et on fait prendre au malade un calomel à doses réfractées (1 gr. en 10 heures).

Si le point de côté se produit à gauche, a suivi des accès palustres et provoque un léger gonflement de la région de la rate ; badigeonnages iodés, pointes de feu et surtout quinine à doses un peu plus fortes (de 1 gr. à 0^{gr},80).

Enfin, lorsque les douleurs sont irradiées circulairement entre les côtes, allant du sternum à la colonne vertébrale : antipyrine de 1 à 2 gr ou salicylate de soude de 2 à 4 gr par jour. Massages à l'huile camphrée. Hydrothérapie.

Gêne respiratoire ou **dyspnée** (V. Étouffements).

Rhumatismes (V. Gonflement).

Saignements ou **hémorragies.** — S'il y a une plaie, que le sang s'écoule rouge ou noir, lentement, en nappe, laver au sublimé au 1/1000 à 40° ou 45°, puis pansement compressif maintenu pendant 1 ou 2 jours.

Si le sang jaillit par jets rouges plus ou moins gros, une artère est coupée : si le saignement est malgré tout peu considérable, lavage à l'eau phéniquée ou au sublimé très chaud et pansement compressif. Si le saignement est abondant, lier fortement le membre au-dessus de la blessure et panser en comprimant, de façon à provoquer la formation d'un caillot. Si l'on possède une pince à forcipressure et que l'on voie battre l'artère coupée, il n'y a qu'à la saisir, fermer la pince et l'incorporer dans le pansement.

Lorsque l'hémorragie a été assez forte pour provoquer une syncope et de l'anémie, traiter ces symptômes par les procédés indiqués à ces mots.

Pour comprimer fortement un membre un peu gros, on noue autour du membre un mouchoir ou une forte bande de toile que l'on laisse un peu large ; puis on introduit en-dessous une cheville en bois et l'on tourne comme un garrot. On obtient ainsi une compression puissante et constante. Mais il ne faut pas tomber dans l'excès et priver le membre de tout afflux sanguin : il se gangrenerait. Si l'on dispose d'une bande ou d'un tube de caoutchouc, il n'y a qu'à l'enrouler en l'étirant autour du point à serrer.

Dans les blessures de cuisse, lorsque l'on voit que l'hémorragie est très forte, on recherche avec les doigts dans le pli de l'aine le point où l'on sent battre la grosse artère fémorale et l'on comprime fortement avec le poing en attendant que le médecin ou un autre Européen cherche à pincer l'artère dans la plaie.

Pour arrêter les saignements de nez (épistaxis), aspirer par le nez de l'eau boriquée tiède, et, en cas de persistance, mettre un petit tampon de coton qui contribuera à la formation d'un caillot.

Les hémorragies des cavités et des séreuses (vessie, estomac, articulations, plèvre) ne peuvent être traitées que par des médecins.

Soleil (Coup de). Insolation. — Le soleil cause plusieurs maladies que l'on confond sous le terme général d'insolation :

1° Coup de soleil. Brûlure superficielle de la peau : poudre d'amidon, de talc ou vaseline boriquée ;

2° Coup de lumière qui provoque l'amblyopie ou la nyctalopie (affections organiques de l'œil) ;

3° Le coup de chaleur et l'insolation proprement dite qui se traduisent par :

1er Degré. — Pâleur, vertiges, assoupissement, soif vive, envie de vomir, sensation pénible de chaleur interne, urines abondantes et claires.

2e Degré. — Convulsions, contractures, maux de tête violents, délire, soif ardente, vomissements bilieux, pouls rapide, fièvre intense, urines rouges.

3e Degré. — Disparition des urines et des sueurs, syncope, coma, mort.

Traitement. — Étendre à l'ombre, éventer, faire des inhalations d'éther ou d'ammoniaque. Douches froides sur le corps et la tête. Boissons froides et cordiales (café noir, thé punché, potion avec 6 à 10 gr d'acétate d'ammoniaque, enfin en cas de danger immédiat saignée.

Pour cela faire, serrer fortement le bras au-dessus du coude pour faire saillir les veines. Puis dans le V que forment les veines bleues au pli du coude, avec une lancette piquer la peau au niveau de la branche externe du V. Enfoncer de 1 centimètre la lancette et d'un seul coup agrandir l'ouverture en retirant l'instrument. Le sang noir jaillit aussitôt, quand il s'en est écoulé 250 à 300 gr on desserre le lien, on lave et on applique un pansement compressif.

Sommeil. — Si absence de sommeil, cauchemars, etc., prendre la potion suivante :

    Bromure de potassium . . . .   5 gr.
    Hydrate de chloral . . . .   1 —
    Eau sucrée . . . .   120 —

Au contraire si le malade est pris d'envie irrésistible de dormir après les repas, avec sensation de chaleur et pyrosis (voir Aigreurs d'estomac), c'est de la dilatation stomacale. Consulter un médecin.

Si l'envie de dormir frappe un indigène, qu'elle soit constante, survenant pendant les actes mêmes de la vie journalière, évacuer sur l'ambulance.

Testicules (voir Chaude-pisse).

Lorsque à la suite d'un coup, les testicules gonflent douloureusement : repos absolu, bains locaux, tièdes et sangsues, si besoin, au périnée.

Tête (voir Migraines).

Lorsque les maux de tête sont réguliers, revenant tous les soirs et disparaissant au jour, consulter un médecin, mais en attendant prendre 1 à 2 gr d'iodure de potassium par 24 heures et se faire sur les cuisses tous les 2 jours 1 friction avec 4 gr de pommade mercurielle, jusqu'à concurrence de 8 frictions.

Pendant que l'on fait ces frictions, surveiller attentivement la bouche, se nettoyer les dents et se gargariser avec une solution de chlorate de potasse à 1/100°.

Si les maux de tête sont violents, constants, semblables à un étau enserrant le crâne ou à un clou qu'on y martellerait, accompagnés de vertiges et de dépression morale, évacuer sur l'ambulance.

Enfin si les maux de tête sont dus à de la fièvre palustre ou à une affection autre, traiter le symptôme du mal observé.

Toux. — Si la toux est fréquente, courte, sèche avec un point de côté à l'inspiration (voir Point de côté).

Si la toux s'accompagne de crachats blancs ou jaunes, se détachant facilement : bronchite.

Badigeonnage iodé, vêtements chauds. Boissons chaudes (thé ou tilleul punché). Repos.

Si la toux est accompagnée de fièvre, de rougeur des pommettes, de difficulté à la respiration, de crachats gris rougeâtres avec des filets de sang, il faut craindre une fluxion de poitrine.

Repos absolu. Un vomitif ou un purgatif salin (sulfate de soude). Triple badigeonnage iodé et enveloppement ouaté. Si besoin, ventouses sèches ou scarifiées sur le côté malade (voir Étouffements); potion calmante avec :

Antipyrine	1gr,50
Sirop de tolu	20 gr.
Eau de laurier-cerise	15 —
Sirop de codéine	20 —
Tafia	50 —
Eau sucrée	150 —

à prendre en 24 heures de préférence le soir avant de dormir. Appeler le médecin.

Enfin, si au bout de 3 ou 4 jours les crachats deviennent jus de pruneau, que les phénomènes généraux ne disparaissent pas, en attendant le docteur donner des bains froids.

Si la toux revient régulièrement le matin au moment où la température fraîchit, qu'elle soit escortée de sueurs, d'amaigrissement rapide, évacuer d'urgence sur l'ambulance : la tuberculose est à craindre.

Ulcérations. (Voir Plaies ulcéreuses.)

Urines. — Si les urines sont douloureuses, voir Chaude-pisse.

Si elles sont rouges ou noires, voir Jaunisse.

Il importe aux colonies de pisser abondamment et pour cela de faire usage de boissons diurétiques :

Les plantes indigènes en fournissent un certain nombre qui sont : tisanes de quinqueliba, de tamarin, de pain de singe, vin de palme très frais, etc.

Ventre (maux de). — Si ces maux de ventre sont intermittents, violents, irradiés et fugitifs (voir Coliques).

Si ces maux de ventre sont profonds, très douloureux, irradiés du dos à tout l'abdomen, provoquant des nausées, des sueurs froides, on peut croire à des coliques néphrétiques. On applique sur le ventre des cataplasmes très chauds humides et constamment renouvelés. Diète absolue. Eau de Vichy, lavements de chloral, boissons diurétiques. Injections sous-cutanées de morphine. Cachets de salicylate ou benzoate de lithine de 0gr,50 à 2 gr par jour.

Si les maux de ventre sont continus, généralisés, accompagnés de fièvre intense, de ballonnement de la paroi abdominale, d'abattement ou de délire; il faut craindre une maladie très grave, appeler en hâte le médecin, faire des injections sous-cutanées de caféine, donner des boissons très froides en petite quantité, et des bains froids pour abaisser la température.

Vers intestinaux. — En Afrique les vers intestinaux sont très fréquents parmi les blancs et les indigènes. Le plus répandu est le ténia du bœuf ou inerme. Lorsque l'on voit dans ses selles de petits vers plats longs de 2 à 3 centimètres, larges de 1/2 à 1 centimètre, avec une ouverture dans le milieu d'un de leurs côtés, que ces vers sortent involontairement de l'anus, que l'on dorme ou non, on est affligé d'un ténia.

Prendre les ténifuges européens usuels :

1° Pelletierine de Tanret, 1 dose suivie de 55 gr. d'huile de ricin ;
2° Ténifuge à l'extrait de fougère mâle, 12 capsules.

Il faut toujours aux colonies donner un léger coup de ciseaux dans ces capsules avant de les avaler, car elles sont parfois trop dures et rendues intactes.

Les indigènes expulsent leurs ténias à l'aide d'une décoction de racines torréfiées et concassées de « Yaya » à laquelle on ajoute du jus de citron, du piment, 2 cuillerées d'eau chloroformée et l'on prend une demi-heure après avoir bu ce mélange une purge de 50 gr. d'huile de ricin.

Il faut la veille de l'administration d'un ténifuge rester à la diète lactée.

Vertiges. (Voir Perte de connaissance.)

Vomissements. — Pour calmer les vomissements on fait sucer de la glace, boissons froides et gazeuses (champagne, limonades, etc.). On donne de l'eau chloroformée (4 cuillerées dans un verre d'eau sucrée en 24 heures), lavements laudanisés à XXXX gouttes. Applications sur le creux stomacal de serviettes chaudes, sinapismes, cataplasmes. Enfin potion de Rivière.

Fiole n° 1. { Acide citrique. . . . . 2 gr.
{ Eau sucrée. . . . . 50 —

Fiole n° 2. { Bicarbonate de soude . . . 2 gr.
{ Eau. . . . . 50 —

Faire boire très vite successivement une cuillerée à café de chaque fiole après chaque nausée, puis repos absolu. Si les vomissements sont sanglants ou fétides, accompagnés de fièvre, délire, ballonnement du ventre, prévenir en hâte le médecin et traiter les divers symptômes.

MÉDICAMENTS RÉGLEMENTAIRES
DES POSTES DÉPOURVUS DE MÉDECINS

(Les médicaments sont classés par ordre alphabétique des bases).

1° **Ammoniaque liquide.** — Usage externe. Employé soit comme rubéfiant, soit comme vésicant sur la peau, sert à cautériser les plaies venimeuses. En inhalations pour syncopes, empoisonnements, etc.
Contrepoison : eau vinaigrée, eau albumineuse, lait, huile.

2° **Acétate d'ammoniaque.** — Stimulant, diurétique, à l'intérieur en potion de 5 à 30 gr.

3° **Alun de potasse.** — Astringent :

En gargarismes à . . . . . 2 ou 4/100
En injections uréthrales. 1/100
En lavements (dysenterie) 2/100
En pilules de 1 à 2 gr par . . . 24 heures.

4° **Amidon.** — Poudre adoucissante sur des parties enflammées. Lavements calmants à 25 gr pour 500.

5° **Antipyrine ou Analgésine.** — Fébrifuge et calmant puissant, se prend en cachets, potions, à la dose de 1 à 4 gr en 24 heures. Produit parfois des éruptions cutanées (urticaire médicamenteux.)

6° **Azotate d'argent ou nitrate.** — Sert en crayons à cautériser les plaies bourgeonnantes. En solutions :

A 1/200 pour les yeux (conjonctivites).
A 1/50 en instillations uréthrales.
A 1/1000 en lavements (dysenterie).

Contrepoison : eau salée, huile d'olive.

7° **Benzo-naphtol.** — Antiseptique intestinal très actif à la dose de 1 à 5 gr par jour.

8° **Sous-nitrate de bismuth**. — Usage externe : pansement des plaies, inflammations : — usage interne : de 1 à 8 gr par jour en cachets ou en potions (diarrhée), en poudre 50 ctg après les repas (gastrite).

9° **Salicylate de bismuth**. — Antiseptique intestinal. S'associe souvent au benzo-naphtol. Dose : 4 à 6 gr par jour, dysenterie.

10° **Acide borique**. — Extérieurement :

Solutions. . . . . . 40/1000. Yeux, bouche.
Pommades . . . . . . 10/100.
Lavements . . . . . . 50/1000.

11° **Chlorure de chaux**. — Désinfectant des locaux et cabinets d'aisance. Mis en présence de l'eau se décompose en dégageant des vapeurs de chlore.
En solution à 1/100 s'emploie comme antidote des morsures de serpents (injections).

12° **Hydrate de chloral**. Calmant et hypnotique. De 2 à 4 gr par jour en potion. Le sirop de chloral contient 1 gr de chloral pour 20.
A l'extérieur : lotions pour cuir chevelu.
Contrepoison : ipéca, frictions, café noir ou injections de caféine. Respiration artificielle.

13° **Camphre**. — Usage externe :

Alcool camphré. . . . . 10/100.
Huile camphrée . . . . 12/100.

14° **Eau chloroformée saturée**. — Usage interne. Ne s'emploie qu'étendue d'eau à parties égales 20 à 60 gr par 24 heures.
Pour préparer l'eau chloroformée, verser quelques gouttes de chloroforme dans l'eau pure, agiter fortement, laisser reposer et décanter avec soin, pour que le chloroforme en excès qui se trouve au fond du liquide ne soit pas absorbé.

15° **Acide citrique**. — Usage interne. Limonades à raison de 2gr,50 d'acide pour 1000 gr d'eau sucrée.

16° **Collodion**. — Usage externe. Sert à fixer les pansements secs sur les parties du corps où l'on ne peut enrouler de bandes. Il faut veiller à ne jamais l'appliquer directement sur les plaies.

17° **Éther sulfurique.** — Inhalations en cas de syncope, ou absorption de X à XL gouttes sur du sucre. Au besoin injection sous-cutanée avec une seringue de Pravaz.

° L'éther, l'ammoniaque et le chloroforme se conservent mal dans les pays chauds. (Voir § 6, renseignements pratiques).

18° **Liqueur de Fowler** ou arsénite de potasse. — Fortifiant énergique, se donne à doses progressivement croissantes de V à XX gouttes par jour. Durée maxima de la médication : 1 mois. Repos de 20 jours, puis reprise du traitement.

19° **Teinture d'iode.** — Rubéfiant en applications sur la peau. IV ou V gouttes dans 1/2 verre d'eau tiède comme gargarisme.

Emporter de préférence de l'iode en paillettes et le faire dissoudre jusqu'à saturation dans l'alcool absolu.

20° **Iodoforme.** — Usage externe : en poudre sur les plaies, associé au sous-nitrate de bismuth et salol.

En pommade à . . . . 5 100.

21° **Poudre d'ipéca.** — Usage interne : vomitif à la dose de 1 gr. à 1gr,50 antidiarrhéique (voir Diarrhée).

22° **Laudanum.** — En applications externes, 10 à 50 gouttes sur des cataplasmes de riz, lin, pomme de terre, mil, etc., ou incorporé à des onguents et pommades.

Usage interne, en potion, de 1 à 25 gouttes.
— en lavements, de 10 à 40 gouttes.

23° **Magnésie calcinée.** — Laxatif et purgatif léger, de 2 à 8 gr.

24° **Sulfate de magnésie.** — Purgatif salin, de 20 à 60 gr.

25° **Pommade mercurielle.** — En onction sur des parties enflammées profondément, en frictions pour le traitement antisyphilitique, de 2 à 6 gr.

26° **Bi-chlorure de mercure ou sublimé corrosif.** — Poison violent. Usage externe, lavage des plaies en solution tiède à 1/1000 : 1/2000 : 1/4000.

Cette dernière solution doit être seule employée pour les plaies des muqueuses et cavités.

> Liqueur de Van Swieten : sublimé . . . .   1 gr.
> alcool absolu . .   10 —
> eau . . . . . .   1.000 —

(Voir Empoisonnement).

27° **Acide phénique.** — *Médicament très dangereux.* Provoque des gangrènes superficielles parfois très étendues de la peau. Ne jamais faire un pansement humide à l'acide phénique; à réserver pour le lavage des plaies très septiques.

> Dose : 25 gr. pour 1000 d'eau, solution faible.
> —   50   —   1000   —   forte.

28° **Sous-acétate de plomb** (ou extrait de saturne). — Sert à faire l'eau blanche. Applications froides sur les parties contuses, à 1 pour 100.

29 **Iodure de potassium.** — Dépuratif. Antisyphilitique de 0gr,50 à 8 gr. par jour.

30° **Bromure de potassium.** — Calmant, de 1 à 6 gr. en potion par 24 heures.

31° **Permanganate de potasse.** — Antiseptique; usage externe.

> Plaies très septiques, toucher au tampon à 1/100.
> Lavage de la peau, solution à 1.000.
> — des muqueuses, solution à 1/5000.

32° **Alcoolé de quinquina.** — Fortifiant, fébrifuge. Dose de 50 à 80 gr. par litre de vin sucré.

Ne prendre le vin de quinquina qu'après les repas; car toute liqueur alcoolique prise à jeun, même et surtout les divers quinquinas, altèrent rapidement les glandes stomacales.

33° **Quinine.** — Dose de 0gr,10 à 1 gr. par jour, jamais davantage en l'absence d'un médecin.

La quinine, pour agir efficacement sur un accès paludéen, doit être absorbée 8 heures environ avant l'heure probable du début de l'accès, et comme en solution concentrée elle irrite beaucoup les reins, il

NOTIONS SOMMAIRES D'HYGIÈNE ET DE MÉDECINE.

faut tâcher de prendre la quinine pendant le repas où l'on absorbe la plus grande quantité de liquide.

34° **Rhubarbe.** — Laxatif à la dose de 1 à 2 gr.
Purgatif — 4 gr.

35° **Huile de ricin.** — Purgatif de 25 à 45 gr.
En lavements de 40 à 60 gr. délayés avec un jaune d'œuf et 200 gr. d'eau tiède.

36° **Salicylate de soude.** — Antirhumatismal. Dose de 1 à 4 gr. par jour.

37° **Bi-carbonate de soude.** — Sert à fabriquer l'eau de Vichy artificielle à la dose de $3^{gr}50$ par litre.

38° **Sulfate de soude.** — Purgatif, de 10 à 40 gr.

39° **Pommade soufrée** (ou d'Helmerich). — En frictions sur les lésions de la gale.

40° **Tannin.** — Solution saturée à 20 pour 100; injections hypodermiques. Pommade à 10 pour 100; astringent.
1 à 4 injections avec la seringue de Pravaz, dans la plaie d'une flèche empoisonnée.

41° **Acide tartrique.** — Limonade tartrique à 1 pour 1000 d'eau sucrée.

Limonade gazeuse. { Acide tartrique . . . . . 5 gr. } pour 1000.
{ Bi- carbonate de soude . . 4 — }

42° **Thé; tilleul.** — En infusions chaudes selon la méthode ordinaire. Pour les puncher, ajouter 50 gr. de sucre et 50 gr. de tafia par litre.

43° **Vaseline blanche.** — Sert à la fabrication des pommades iodoformées 1/30; salolée 1/30; boriquée 5/30; alunée 1/50; etc., etc.
La vaseline n'est pas une graisse, c'est un produit de distillation des pétroles et forme un enduit protecteur et isolant des plaies.

RENSEIGNEMENTS PRATIQUES

1° **Pansements.** — On appelle pansement l'opération qui a pour but de soustraire une partie du corps malade au contact de l'air ou des poussières.

Les pansements sont de deux sortes : secs ou humides.

A). *Pansement sec* — divers temps :

1° Lavage de la plaie avec une des solutions antiseptiques :

>Sublimé à 1/000.
>Eau phéniquée à 25/1 000.
>Eau boriquée à 40/1 000.
>Permanganate de potasse à 1/1 000.
>Solution de formol à 1/1 000.
>Solution de thymol à 1/1 000.

Ces solutions doivent toujours être employées tièdes. Dans les ambulances, pour éviter les confusions, les solutions de sublimé sont colorées en *bleu*, celles d'acide borique en *rose*. L'odeur de l'acide phénique suffit à le faire reconnaître.

2° On applique sur la plaie bien lavée une poudre antiseptique composée de :

> Iodoforme . . . . 1 gr.
> Salol . . . . 1 —
> Sous-nitrate de bismuth . . . . 2 —

ou une des pommades antiseptiques suivantes :

> 1° Salol . . . . 1 gr.
> Vaseline . . . . 50 —
>
> 2° Iodoforme . . . . 1 —
> Vaseline . . . . 50 —
>
> 3° Alun . . . . 1 gr.
> Camphre . . . . . 0 — 50 légèrement
> Vaseline . . . . . 55 —   caustique.
>
> 4° Acide borique . . . . 5 gr.
> Vaseline . . . . 50 —

suivant l'effet plus ou moins actif que l'on cherche à obtenir.

3° On recouvre la plaie de une ou deux feuilles de gaze iodoformée, salolée ou pliniée, coupée avec des ciseaux bien propres.

4° On étale sur la gaze une couche de coton hydrophile ou absorbant.

5° On enroule une bande destinée à fixer le pansement à la partie du corps sur laquelle il se trouve.

Pour placer une bande, il faut toujours commencer par la partie du membre la moins grosse et remonter vers sa racine : on empêche la bande de faire des plis en la renversant sur elle-même à chaque tour.

Les bandes sont en toile, gaze ou flanelle.

B). *Pansements humides.* Les pansements humides sont destinés à ramollir et à calmer une inflammation ou une plaie suppurante.

1° On trempe une feuille de gaze dans une solution tiède boriquée et on l'applique sur la plaie bien lavée.

2° On étend au-dessus une couche de coton absorbant trempée dans l'eau boriquée tiède.

3° On recouvre avec une feuille de gutta laminée ou un morceau de toile inévaporente.

4° On fixe avec une bande de flanelle peu serrée ; les cataplasmes de pomme de terre, de graine de lin, de riz, sont sales et longs à préparer. Le pansement humide remplit le même rôle.

Il existe dans le commerce un cataplasme ouaté antiseptique dit *ouataplasme*, très bien compris et très utile.

Les pansements secs peuvent n'être renouvelés que tous les 2, 3, 4 ou 5 jours. Les pansements humides doivent être refaits 2 fois par jour au minimum.

2° **Injections.** — Il existe en médecine plusieurs opérations qui portent le nom d'injections : 1° Lavage des cavités naturelles (nez, bouche, vessie, rectum, vagin), qui se fait à l'aide de seringues, clysopompes, laveurs ou bocks, œnéma, etc., etc.

2° Introduction sous la peau de médicaments utiles ou injection hypodermique.

Ces injections hypodermiques se font à l'aide de seringues spéciales en verre (modèles de Pravaz, Roux, Luer, etc.), contenant de 1 à 10 gr. de liquide, et munies d'aiguilles creuses en platine iridié inoxydable.

Une injection sous-cutanée ne doit jamais provoquer d'abcès : toutes les fois que cet accident se produit, il y a eu une faute d'antisepsie commise.

Pour pratiquer une injection hypodermique : 1° on nettoie la peau du malade, soit au bras en arrière, soit au flanc, soit à la fesse, mais toujours dans une région graisseuse et dépourvue de veines apparentes. On savonne, puis on lave avec du sublimé tiède à 1/1000.

Bien entendu les mains de l'opérateur ont été elles aussi désinfectées par le même procédé.

2° On remplit la seringue du liquide à injecter. Ce liquide ne doit jamais être trouble, ni contenir des champignons. Il doit être renfermé dans un flacon cacheté ou mieux dans un tube scellé à la lampe et dont on casse délicatement une des extrémités.

3° On place l'aiguille, dont on a préalablement retiré le fil d'argent qui a pour but d'empêcher l'obturation du conduit. On la flambe sur une lampe à alcool.

4° On pince de la main gauche la peau du malade de façon à retenir entre le pouce et l'index un pli de 2 à 3 centimètres de hauteur.

5° De la main droite on enfonce verticalement l'aiguille dans le pli de la peau, on pousse doucement l'injection en lâchant la peau.

6° On place le pouce gauche près de la piqûre, on retire vivement l'aiguille, on masse doucement la partie gonflée de liquide pour hâter l'absorption ; on collodione la piqûre.

7° On nettoie la seringue et l'aiguille où l'on replace le fil d'argent.

Les injections de sérum artificiel se pratiquent de la même façon dans la peau du ventre mais très lentement et avec des seringues spéciales ou des appareils à écoulement continu.

3° **Ventouses.** — (Voir Point de côté § 5).

4° **Respiration artificielle.** — (Voir Asphyxie § 5).

5° **Secours aux blessés.** — Dès qu'un homme est blessé il faut mettre à nu la plaie, la laver soigneusement à l'aide d'un liquide antiseptique chaud, et faire immédiatement un pansement fortement serré autour du membre atteint. Si l'hémorragie est abondante, en jet rouge et de plus de 1 millimètre de diamètre, il faut faire la compression du membre.

Pour cela on recherche sur la face interne du bras ou antérieure de la cuisse, le point où l'on sent sous le doigt battre l'artère : en ce point on applique un gros tampon de coton, toile ou charpie que l'on fixe à l'aide d'un pansement très serré et que l'on maintient en place pendant 48 heures.

Si le blessé a de la tendance à perdre connaissance il faut le ranimer avec des boissons cordiales (café, thé punché, tafia, liqueurs diverses), et lui donner à boire à son gré.

Puis on installe le blessé sur un brancard ou dans un hamac pour l'évacuer sur la formation sanitaire la plus proche.

Lorsque le blessé a une fracture, il faut immobiliser le membre brisé à l'aide de fragments de bambous, de bans, que l'on applique par dessus le pansement le long de la jambe ou du bras et que l'on enserre dans des bandes de toile. En remuant les blessés fracturés, il faut prendre de très grandes précautions car une fracture guérit d'autant mieux qu'elle a été moins irritée par des manipulations ou des manœuvres maladroites.

Il est inutile de vouloir s'obstiner à retrouver une balle pour l'extraire, souvent la recherche du projectile cause des accidents graves; il faut se contenter de laver la plaie et de panser; la plupart des balles nègres sont en fer forgé et s'enkystent très bien dans les tissus.

6° **Appareils à pansements.** — Le matériel nécessaire aux pansements se compose de :

A). Une seringue à pansement en métal blanc ou en ébonite pouvant contenir 250 gr. ou un laveur d'Esmarck de 1 ou 2 litres.
B). De plateaux en fer ou en verre, ronds, ovales et réniformes.
C). Des cuvettes à solutions antiseptiques.
D). De coton hydrophile ordinaire.
E). De gazes iodoformées, salolées ou stérilisées.
F). De toile inévaporente ou lames de gutta.
G). De bandes de toile, gaze, flanelle, ou d'écharpes triangulaires, carrées, rectangulaires, en T, en croix, en fronde, en croix de Malte, en H, en Y, s'appliquant suivant leurs formes aux différentes parties du corps.
H). D'épingles de sûreté.

Nota. — Les articles D, E, F, G et H se trouvent condensés dans le Paquet de Pansement individuel des troupes françaises en campagne. Son emploi est clairement détaillé sur son enveloppe.

7° **Préparation de fortune du coton hydrophile.** — Il arrive souvent, en Afrique, que l'on manque de coton absorbant dit hydrophile. Il est très simple d'en fabriquer à l'aide du coton indigène.

A). Egrener le coton indigène.
B). Le faire bouillir pendant 30 minutes dans un bain composé de :

    Savon noir indigène . . . . 150 gr.
    Sel marin . . . .   50 —
    Eau . . . . 8.000 —

C). Laver à grande eau et laisser sécher au soleil.
D). Carder à la main ou aux cardes.
E). Disposer en feuilles allongées; tasser.
F). Imprégner dans une solution de bichlorure de mercure à 2 1 000.
H). Exprimer fortement et rouler très serré.
I). Envelopper dans un papier. Ficeler. Étiqueter. Dater.

K.) Faire sécher au four du boulanger du poste en trois séances successives.

La température du four, au sortir de la cuisson du pain, est assez élevée pour roussir l'enveloppe de papier, mais non la brûler, et stérilise parfaitement le contenu.

8° **Poids médicinaux.** — Les poids médicinaux les plus usités sont :

Le *gramme*, qui équivaut à *un* centimètre cube d'eau distillée à 4°, soit *un* millilitre ;
Le *décigramme*, 0^{gr},1, qui est la dixième partie du gramme ;
Le *centigramme*, 0^{gr},01, qui est la centième partie du gramme ;
Le *milligramme*, 0^{gr},001, qui est la millième partie du gramme :

Les poids anglais, très employés en Afrique occidentale, ont pour équivalents français :

La *livre*	anglaise.	453^{gr},592
L'*once*	—	28^{gr},349
Le *gros*	—	3^{gr},888
Le *scrupule*	—	1^{gr},296
Le *grain*	—	0^{gr},064

9° **Mesures de capacité.** — Les mesures de capacité employées en médecine sont le litre, qui équivaut à 1 décimètre cube d'eau distillée à 4° ou 1000 gr.

Le décilitre	=	100 gr.	=	100 centimètres cubes
Le centilitre	=	10	=	10 —
Le millilitre	=	1	=	1 —

L'équivalence des mesures de capacité anglaises est :

Gallon anglais	=	4^{lit},545
Pinte	=	0^{lit},568
Fluide once	=	0^{lit},280
Fluide drachme	=	0^{lit},035
Minim	=	0^{lit},006

10° **Capacité de divers objets :**

	Un litre contient :	Une cuillerée à soupe :	Une cuillerée à café :
Eau distillée	1.000 gr.	15 gr.	5 gr.
Alcool fort. . . .	850 —	11 —	4 —
Tafia	914 —	12 —	4^{gr},02

NOTIONS SOMMAIRES D'HYGIÈNE ET DE MÉDECINE.

	Un litre contient :	Une cuillerée à soupe :	Une cuillerée à café :
Chloroforme	1.480 gr.	20 gr.	6 gr.
Huile	920 —	11 —	5 —
Vin rouge	990 —	15 —	5 —
Vinaigre	1.015 —	15 —	5 —
Sirop de gomme	»	17 —	6 —
Sirop de sucre	»	20 —	6 —
Une poignée de graines représente		de 70 à 80 —	
— feuilles —		— 20 à 30 —	
Une pincée de fleurs —		— 1 à 2 —	
Un morceau de sucre cassé ordinaire représente		5 —	
Un verre de table ordinaire	—	200 —	
Un verre à bordeaux		60 —	
Un verre à liqueurs		20 —	
Une bouteille de bordeaux	—	750 —	

11° Poids des gouttes. — Le bec du compte-gouttes doit avoir 5 millimètres de diamètre extérieur.

1 gr. Eau distillée	contient	23 gouttes
1 — Alcool à 90°	—	61 —
1 — Tafia	—	50 —
1 — Chloroforme	—	56 —
1 — Éther	—	90 —
1 — Teinture alcoolique	—	55 —
1 — Huile	—	48 —
1 — Laudanum	—	55 —
1 — Glycérine	—	25 —
1 — Vin	—	50 —
1 — Vinaigre	—	26 —

12° Tableau de l'équivalence des sels de quinine :

	Quantité de quinine.	Solubilité dans l'eau.
Bromhydrate basique	0,765	1 pour 15 d'eau
— neutre	0,600	1 pour 6 eau
Chlorhydrate basique	0,816	1 — 21 —
Chlorhydro-sulfate	0,650	1 — 2 —
Lactate	0,726	1 — 10 —
Sulfate neutre	0,592	1 — 9 —
Valérianate	0,760	1 — 55 —
Sulfate basique	0,745	1 — 581 —
Bi-chlorhydrate de quinine	»	1 — 0,50

15° **Termes usuels de médecine :**

Adénopathie. — Inflammation chronique des ganglions lymphatiques.

Adipose. — Surcharge graisseuse des tissus.

Aérothérapie. — Cure par l'air atmosphérique.

Affusion. — Moyen thérapeutique qui consiste à verser une certaine quantité d'eau sur une partie du corps.

Ainhum. — Maladie tropicale caractérisée par l'amputation spontanée du cinquième orteil et qui n'est probablement qu'une forme larvée de lèpre.

Albinisme. — Absence congénitale de pigment de la peau, des poils et des prunelles; assez fréquent chez les noirs.

Albuminurie. — Présence d'albumine dans les urines.

Alcoolature. — Macération de plantes fraîches dans l'alcool.

Alcoolé. — Dissolution dans l'alcool des principes actifs des plantes; s'appelle aussi teinture.

Alcoolisme. — Ensemble des accidents et des dégénérescences produits par l'absorption faible mais continue des boissons alcooliques.

Algidité. — État caractérisé par le refroidissement de la peau et élévation de la température interne.

Amnésie. — Perte totale ou partielle de la mémoire.

Analgésie. — Abolition de la sensibilité à la douleur.

Anesthésie. — Abolition de la sensibilité générale ou locale.

Ankylose. — Perte des mouvements d'une articulation.

Anorexie. — Perte de l'appétit.

Antiseptique. — Substance qui détruit les microbes.

Anurie. — Arrêt de la sécrétion urinaire.

Aphasie. — Trouble des centres cérébraux de la parole.

Artériosclérose. — Lésions des vaisseaux sanguins, dues le plus souvent à l'alcoolisme ou à l'arthritisme.

Arthritisme. — État général et héréditaire se traduisant par des rhumatismes, la goutte, l'obésité, diabète, gravelle, calvitie précoce.

Atrophie. — Diminution de volume d'un organe.

Béribéri. — Maladie des pays chauds caractérisée par des polynévrites dues à des empoisonnements alimentaires.

Blépharite. — Inflammation du bord libre des paupières.

Botulisme. — Empoisonnement par des viandes de charcuterie avariées.

Boutons de Biskra, d'Orient, d'Alep, du Nil, de Delhi, de Gafsa, des Zibans, des pays chauds, chancres du Sahara. (Voir § 5. Ulcérations phagédéniques des pays chauds.)

Bubons. — Adénite suppurée.

Cachexie. — Anémie profonde consécutive à une longue maladie.

Catgut. — Boyaux de chat tordus qui servent à coudre les plaies.

Cathétérisme. — Introduction d'une sonde dans un conduit de l'organisme (œsophage, canal lacrymal, urèthre).

Choléra. — Maladie épidémique non contagieuse, due à l'infection par le bacille virgule.

Chorée. — Danse de Saint-Guy.

Coma. — État caractérisé par une perte totale ou partielle de connaissance; conservation des fonctions respiratoires et circulatoires.

Coryza. — Rhume de cerveau.

Crow-crow. — Ulcère des pays chauds, peut-être dû à la filariose.

Delirium tremens. — Délire spécial aux alcooliques.

Dengue. — Maladie épidémique et contagieuse des pays chauds caractérisée par des douleurs musculaires et articulaires et par de vives démangeaisons.

Diurétique. — Médicament qui possède la propriété d'augmenter la sécrétion urinaire.

Dragonneau. — Filaire de Médine.

Dyspepsie. — Troubles de la digestion.

Dysphagie. — Difficulté à avaler.

Dysurie. — Difficulté à uriner.

Elephantiasis. — (Voir Filariose.)

Epistaxis. — Saignement de nez.

Eschare. — Tissu gangrené et mortifié.

Esquille. — Fragment d'os brisé et mortifié.

Étiologie. — Étude des causes des maladies.

Filaire. — Affection des pays chauds caractérisée par la présence d'un ver dit de Médine ou de Guinée sous la peau.

Filariose. — Maladie grave provoquée par la présence dans le sang d'un ver et se manifestant par hématurie, éléphantiasis, bubonocèle, maladie du sommeil, etc., fréquent à la Guyane.

Granulie. — Forme aiguë et généralisée de la tuberculose.

Héliophobie. — Crainte du soleil.

Hématémèse. — Vomissement de sang.

Hématurie. — Émission du sang dans l'urine.

Hémoptysie. — Crachement de sang.

Hémostatique. — Moyen employé pour arrêter les saignements.

Hépatite. — Maladie du foie.

Hydrolat. — Médicament obtenu en distillant une plante avec de l'eau.

Hydrothérapie. — Méthode de traitement par l'eau, froide ou chaude.

Hypnosie. — Maladie du sommeil, très fréquente dans l'Afrique occidentale.

Hypothermie. — Abaissement de la température du corps.

Ictère. — Jaunisse.

Instillation. — Action de verser un liquide goutte à goutte.

Intoxication. — Maladie provoquée par l'action sur l'organisme de poisons minéraux, végétaux ou animaux.

Kératite. — Inflammation de la cornée.

Lénitif. — Adoucissant.

Lèpre. — Maladie très grave des pays chauds, due à l'infection de l'organisme par le bacille de Hansen.

Leucocytes. — Globules blancs du sang.

Lithiase. — Formation de pierres dans une glande (reins, vésicule biliaire, intestin, etc.).

Luxation. — Déplacement accidentel de deux surfaces articulaires.

Madura, Pied de Madura. — Maladie des pays chauds due à l'envahissement du pied par un parasite spécial, qui détermine une grosse tumeur ulcérée.

Malaria. — Nom italien de la fièvre paludéenne.

Mélæna. — Évacuation par l'anus de sang noir.

Microbe. — Appellation générale donnée à des champignons infiniment petits qui déterminent la plupart des maladies, des fermentations, et les transformations chimiques. — Les microbes se subdivisent en bacilles et bactéries, coccus, etc.

Nécrose. — Mortification des os.

Néoplasme. — Tumeur cancéreuse.

Neurasthénie. — Épuisement nerveux dû aux surmenages de toutes sortes, intellectuels, physiques, sexuels, etc.

OEdème. — Infiltration de sérum dans les divers tissus.

Oligurie. — Diminution de la quantité des urines.

Otite. — Inflammation de l'oreille.

Peste. — Maladie infectieuse et contagieuse des pays chauds disséminée par les rats et inoculée par leurs puces.

Phtisie. — État de consomption avancé aboutissant généralement à la mort.

Prophylaxie. — Moyen propre à prévenir les maladies.

Septicémie. — Infection du sang par les microbes du pus.

Sérum artificiel. — Solution de sel marin pur destinée à remplacer le sérum du sang. La formule du Sérum artificiel de Hayem est :

        Sel marin pur............ 5 gr.
        Sulfate de soude......... 10 gr.
        Eau distillée............. 1000 gr.

Spasme. — Contraction involontaire des muscles.

Splénite. — Inflammation de la rate.

Stomatite. — Inflammation de la bouche.

Succédané. — Médicament qui peut être substitué à un autre.

Suppositoire. — Préparation pharmaceutique en forme de cône, destinée à être introduite dans l'anus.

Ténesme. — Spasme douloureux de la vessie ou du rectum.

Trismus. — Contracture douloureuse des mâchoires; symptôme du tétanos.

Thérapeutique. — Science des remèdes.

Typho-malaria. — Fièvre typhoïde dont la marche générale est influencée par l'état d'impaludation du malade.

Ulcère ou *plaie annamite.* — Ulcère phagédénique des pays chauds.

Urémie. — Ensemble d'accidents toujours graves provoqués par la suppression de la fonction urinaire.

Verruga ou *Pian*. — Maladie des pays chauds caractérisée par une éruption de végétations semblables à des fraises et probablement de nature syphilitique.

Vomito negro. — Fièvre jaune.

TROUSSES ET PHARMACIES

VII. — L'Européen qui va aux colonies doit se munir de quelques instruments de chirurgie usuels et d'un certain nombre de médicaments indispensables.

1° **Trousses**. — On trouve dans le commerce des petites trousses chirurgicales de poche et de voyage, généralement assez mal composées, mais qu'il est facile de faire modifier à son gré.

Il importe que ces trousses contiennent :

1 bistouri droit pliant ;
1 paire de ciseaux droits ; — *ou mieux courbes sur le plat* ;
1 pince à dents de souris ;
4 pinces hémostatiques ;
1 sonde cannelée ;
1 spatule ;
1 thermomètre à maxima ;
1 seringue à injections hypodermiques ;
2 aiguilles à suture.

Ces instruments devront être entièrement métalliques, contenus dans une boîte en chêne verni ou mieux en métal nickelé, dont le couvercle se transforme à l'occasion en plateau à instruments.

Avant de se servir de ces instruments, il faut toujours les stériliser. Pour cela faire, il suffit de laisser tomber dans la boîte en métal quelques gouttes d'alcool à brûler, allumer, et d'éteindre au bout de quelques minutes en y versant de l'eau phéniquée. *Le sublimé attaque tous les instruments métalliques.*

La seringue à injections hypodermiques sera de préférence une seringue entièrement stérilisable, soit du modèle de Pravaz, soit du modèle de Luer, mais il faudra éviter les pistons à bourrelets de cuir. Les pistons de verre pleins, de caoutchouc rouge ou d'amiante doivent être recherchés.

Les aiguilles de ces seringues seront des aiguilles en platine iridié, car les aiguilles en acier s'obturent très facilement là-bas.

2° **Pharmacies portatives.** — Il existe un nombre de modèles considérable de pharmacies portatives répondant aux besoins de une ou plusieurs personnes. Ces pharmacies doivent se rapprocher le plus possible de la nomenclature des médicaments que nous avons donnée au paragraphe 5.

Ces pharmacies portatives sont de deux sortes.

A. Celles qui contiennent les médicaments sous leur forme naturelle inclus dans des boîtes ou dans des flacons de verre.

B.) Celles qui contiennent les médicaments sous forme de comprimés titrés du genre Fédit, qui seraient à nos yeux les plus pratiques si la quantité utile des médicaments répondait mieux à leur volume et à leur prix.

Dans la composition des pharmacies portatives il ne faudra jamais oublier de faire entrer des fils à suture (soie-stérilisée). — Quelques pansements individuels. — Un ou deux flacons de sérum de Calmette contre la morsure des serpents.

Ces pharmacies portatives seront de préférence contenues dans des boîtes en tôle de fer à fermeture hermétique.

Nous conseillons vivement d'utiliser pour les injections hypodermiques les solutions toutes préparées et stérilisées qui se vendent en ampoules de verre soudées à la lampe. Quelques-unes de ces ampoules sont même munies d'une double tubulure.

D'un côté, l'on peut fixer à même l'ampoule l'aiguille à injections et de l'autre on peut adapter une poire spéciale en caoutchouc qui permet de refouler directement la solution médicamenteuse de l'ampoule sous la peau du malade, et simplifie par conséquent l'instrumentation nécessaire en supprimant le corps de la seringue. (*Système Chevretin et Lematte.*)

(Voir table des Adresses utiles.)

Conservation des liquides volatils. — Aux colonies les liquides volatils se conservent mal : le chloroforme, l'éther, l'ammoniaque échauffés fortement émettent des vapeurs qui sous une certaine pression débouchent les flacons les mieux cachetés.

L'éther et le chloroforme doivent être, si on le peut, transportés en ampoules soudées : cependant là-bas *ils diffusent lentement à travers le verre* et l'on trouve parfois dans les caisses de pharmacies des ampoules à moitié vides, sans aucune fêlure.

A défaut d'ampoules on conservera ces liquides dans des flacons à goulot poli à l'émeri, mais bouchés avec un bouchon de bon liège recouvert de plâtre ou de cire à cacheter.

On les enfermera dans des caisses en bois remplies de sciure humide ou de sable fin humide de façon à les isoler autant que possible du milieu extérieur.

MÉDICAMENTS INDIGÈNES

La pharmacopée indigène de l'Afrique occidentale est assez pauvre. Les noirs emploient pour l'usage externe des pommades à formules très complexes dans la composition desquelles entrent des sucs végétaux et animaux et qui tirent surtout leurs propriétés curatives des formules magiques que les sorciers ont prononcées en les fabriquant. Ils connaissent cependant l'usage du lavage des plaies soit avec de l'eau pure, soit avec de l'eau de kola, soit avec du jus de citron, soit avec des décoctions de diverses écorces fortement chargées de tannin, et qu'ils additionnent de cendres de potasse et de piment. Ils se servent souvent pour faire leurs pansements de feuilles de bananier.

Ils connaissent le rôle de l'immobilisation dans la guérison des fractures et fabriquent des appareils qui ressemblent assez à celui de Scultet.

Pour leur médication interne ils se purgent à l'aide de graines de ricin, de décoction de piment. Ils boivent beaucoup, et pour toutes sortes d'affections, du jus de citron ; ils mâchent des noix de kola autant que leur situation pécuniaire le leur permet ; enfin ils fabriquent des tisanes diurétiques avec des feuilles de quinkiliba ou thé indigène, — des graines de tamarin, — des racines d'un piment spécial appelé yaya, et qui jouit de la propriété d'être un ténifuge actif, — de la farine de fruits de baobab ou pain de singes, — et d'une infinité d'autres plantes de la brousse dont il faut demander la recette aux vieilles femmes.

L'état de leur science médicale est de beaucoup moins avancé que ne l'était la science égyptienne au temps de Sésostris. Ils s'assimilent cependant très facilement quelques-unes de nos connaissances et se transforment en quelques années de travail en des infirmiers dévoués et relativement habiles.

CHAPITRE XVI

RÉSUMÉ DE MÉDECINE VÉTÉRINAIRE

Par M. Pierre
Vétérinaire en premier.

I. — HYGIÈNE DU CHEVAL, DU MULET OU DE L'ANE

Alimentation. — Denrées qui composent la ration. Les denrées qui entrent habituellement dans la ration journalière sont :

Mil. — Les variétés sont très nombreuses et toutes, à part les mils rouges, sont de bonne qualité.

Maïs. — Très répandu dans l'Afrique occidentale. C'est un aliment-type, économique, qui doit retenir l'attention. Au Sénégal et au Soudan, il est dur et résiste à l'action des molaires. Le concassage et la macération lui font perdre son invulnérabilité.

Riz. — Le riz est très abondant sur les rives du Moyen et Haut-Niger. Bien récolté et bien conservé, il fournit un aliment d'entretien très précieux. Les variétés sont très nombreuses et toutes, à part le riz des plateaux, peuvent entrer dans la composition de la ration.

Niébé. — Concassées ou macérées, les graines de niébé constituent un aliment de digestion facile. Elles conviennent bien à tous les animaux qui travaillent beaucoup. Elles engraissent rapidement le bétail, mais il faut être modéré dans leur emploi, à cause des phénomènes congestionnels qu'elles peuvent occasionner.

Blé. — Le blé est récolté en assez grande quantité dans certaines régions du Nord (Tombouctou, Goundam). Malgré son peu d'aspect et sa dureté, il constitue un excellent aliment qui convient parfaitement aux équidés à condition de ne pas en former exclusivement la ration. Au delà de 5 kgs pour le cheval et le mulet et de 1k.500 pour l'âne, le blé occasionne, en effet, des accidents congestifs. Cuite ou macérée, cette céréale est très goûtée des ruminants et des volailles.

Tubercules (manioc, patate). — La patate et le manioc doux (le plus commun au Soudan) sont deux aliments rafraîchissants qui conviennent non seulement aux animaux bien portants, mais encore et surtout à ceux qui travaillent beaucoup, qui souffrent d'un régime sec trop prolongé et aux convalescents. On devra toujours les distribuer crus et coupés en morceaux aussitôt que récoltés, car ils s'altèrent très rapidement.

Foin, et denrées similaires. — Foin du pays (brousse). — Denrée de très médiocre qualité dont la composition varie suivant la région qui lui a donné naissance. Malgré son peu de valeur, on continuera à le récolter, car, tant que l'extension des cultures d'arachides ne permettra pas de le remplacer il restera une ressource. On augmentera sa valeur en choisissant bien les espèces qui le constituent.

Fane d'arachide. — Fourrage excellent auquel nul autre ne peut être comparé. Pour assurer sa conservation, il faut, au moment de le récolter, le débarrasser de la terre adhérente aux racines et l'entasser à l'abri de l'humidité et des termites.

Feuilles de maïs. — Les feuilles de maïs récoltées immédiatement après la maturité des épis et hachées, constituent un excellent fourrage qu'il ne faudra jamais délaisser.

Feuilles de bambou. — Le bambou, par ses feuilles, est un aliment d'occasion, qui, malgré son peu de valeur, ajoute de la variété à la ration ordinaire. Consommées en trop grande quantité, elles occasionnent des accidents du côté des reins (hématurie).

Fourrage vert. — On peut donner le fourrage vert aux animaux pendant et après l'hivernage, soit à l'écurie, soit en liberté. Dans les deux cas, il faut se mettre en garde contre les herbes qui croissent rapidement sur un sol marécageux, recouvert de matières végéto-animales en décomposition : elles sont débilitantes, sinon pernicieuses. Si le vert est donné à l'écurie, il faut le distribuer aussitôt que récolté et par petites portions pour éviter l'entassement et la fermentation.

Dans les régions boisées du Sud (Côte d'Ivoire), on ne devra distribuer, pendant la saison des pluies, que des fourrages secs.

Composition de la ration. — Il est impossible de fixer des limites précises à la quantité de nourriture qu'on doit donner aux chevaux ou mulets : elle dépend, en effet, de la taille, de la destination de l'animal et de la saison.

Après bien des essais, la Compagnie de conducteurs soudanais a adopté pour ses animaux (¹) le tarif suivant :

En route : mil. . . . . 4 kg.
    paille d'arachide. . . . . . 2ᵏ,500.
    brousse. 2ᵏ,500
    sel. 0ᵏ,020

En station, la ration de mil est portée à 5 kgs.

Pendant toute la saison sèche, on combattra les effets irritants d'un régime sec trop prolongé par l'addition dans la ration de patate ou de manioc haché à raison de 5 kgs par cheval.

Grains en remplacement de mil. — Le maïs peut remplacer le mil poids pour poids :

Riz. . . . . 2/5 du poids.
Niébé. . . . . 2/5 — —
Blé. . . . . 2/5 — —

En station, pendant l'hivernage, la ration pourra être ainsi composée :

Mil. 2ᵏ,500
Paille d'arachide. . . . . 2 kg.
Brousse sèche. . . . . 4 kg.
Vert. . . . . 10 kg.

Distribution des repas. — En marche, on donnera :

au réveil. . . . . 1 kg. de mil.

à l'arrivée au cantonnement : { 1 kg. de mil.
            { 1 ᵏ,500 paille d'arachide.

Le reste de la ration sera distribué le soir. Le dernier repas doit toujours être le plus copieux. A certaines époques, les mouches sont légions, elles agacent les animaux, troublent leur repos et souvent les empêchent de manger. Il importe donc de distribuer ce repas le plus tard possible.

Chaque fois qu'un animal manifestera des signes de fatigue, mangera plus lentement, on le surveillera tout particulièrement, on l'isolera. On se guidera sur son appétit pour établir la quotité de

1. Les étapes journalières couvertes par les chevaux montés et les mulets attelés et chargés à 250 ou 500 kilogrammes sont de 25 kilomètres environ.

la ration et apporter les substitutions alimentaires que permettent les ressources de la région.

Boissons. — Les animaux, toujours pressés par une soif ardente, doivent boire chaque fois que l'occasion se présente. Les accidents si graves et si fréquents que l'on observe en France après l'abreuvoir, ne sont pas à craindre dans les pays chauds. On suspectera toujours les eaux immobiles qui s'étalent en flaques à la surface d'un sol imperméable. Ces eaux, sous l'influence de la chaleur, deviennent le réceptacle d'agents pathogènes dangereux. Un grand nombre de mares sont envahies par la *sangsue du cheval*, insectes qui s'introduisent dans les premières voies respiratoires ou digestives, y occasionnent des désordres quelquefois graves. Ces parasites sont visibles à l'œil nu, il suffit d'un peu d'attention pour les éviter.

Condiments. — Les premiers phénomènes digestifs observés sous le climat torride se manifestent par une faiblesse marquée de l'appétit et un ralentissement appréciable dans la digestion. Pour combattre cette influence nuisible au bon maintien de la santé, il est indispensable d'assaisonner les aliments en vue d'exciter, par acte réflexe, les sécrétions digestives. Le sel marin est le condiment le plus recherché des animaux.

Le meilleur mode de distribution, c'est d'en faire une solution que l'on jette en pluie sur le fourrage et sur le grain. La ration de sel ne devra jamais être inférieure à 20 gr.

Campements. — *Choix d'un emplacement. Propreté des écuries.* — En Afrique, plus qu'ailleurs, le logement est une impérieuse nécessité. Et cependant, « quelques personnes étrangères à l'hygiène soutiennent qu'il est préférable de laisser les animaux en plein soleil, donnant comme raison suffisante l'exemple des indigènes qui ne prennent aucun soin de leurs chevaux. Pour répondre à cette assertion, toute gratuite, il suffit de porter un peu l'attention sur leurs produits d'élevage, ces simulacres de chevaux joignant à une petite taille les vices de conformation et de proportion. On pourrait, avec aussi peu de raison, conseiller ces galops forcenés, stupides, que font subir à ces fantômes équins ces mêmes indigènes paresseux, abrutis et prétentieux » (Richard 1885-86). Actuellement, le cheval est trop notre auxiliaire pour ne pas être l'objet de soins de tous les instants. Il faut qu'il soit confortablement logé, à proximité de la maison pour qu'on puisse le surveiller, l'alimenter suivant les exigences de sa spécialisation.

Non seulement les animaux doivent être abrités, mais il est encore indispensable d'aménager le local de façon qu'il soit commode, salubre, en un mot qu'il réponde aux indications d'une bonne hygiène.

Bivouac. — En route, on n'a ni le temps ni les moyens de construire un abri pour les animaux. On les installera à l'ombre d'un grand arbre ou d'un taillis, sur un terrain sec, boisé, assez éloigné des marécages pour ne pas être exposé à l'action des miasmes.

Si par nécessité on se trouve dans l'obligation de bivouaquer dans une zone marécageuse, on installera le campement derrière un repli de terrain qui le mettra à l'abri des vents qui balayent le marécage.

Au bivouac on a l'habitude de distribuer le grain dans la musette-mangeoire; si elle a l'avantage d'éviter le gaspillage, elle a l'immense inconvénient de gêner la respiration. L'animal s'en débarrasse brutalement ou boude sur sa ration. Mieux vaut en rejeter l'emploi et placer simplement la ration sur le sol bien balayé.

Dans le Sud les fourmis ont occasionné de très graves accidents. Pour les éloigner il suffira d'allumer quelques feux autour du campement.

Écuries. — C'est surtout en station que le choix de l'emplacement d'un campement a une importance capitale. Les exemples d'épizooties relevant de cette question sont nombreux. M. le vétérinaire Bourgès signale l'exemple d'un peloton de spahis qui avait établi son camp au milieu de hautes herbes, à proximité de la rive du fleuve. Les herbes furent coupées, le sol débroussaillé, ratissé et quelques heures plus tard les chevaux étaient campés en cet endroit.

Ombragé par de grands arbres, le campement à première vue pouvait paraître bien choisi. Tout à coup un cheval tombe malade: il meurt 48 heures après le début de l'affection. La maladie devient bientôt épizootique: en moins de 4 jours, elle fait 4 victimes sur un effectif de 58 chevaux. Pour enrayer la marche de la maladie le commandant supérieur donne l'ordre au détachement de lever le camp de Bafoulabé et de continuer sa route jusqu'à Badumbé. La mortalité s'arrête. A Badumbé les animaux sont campés sur un plateau dénudé où ils passent 25 jours. Durant cette période la santé des animaux reste bonne.

Donc tant que les exigences du service ne s'y opposeront pas il faudra choisir un lieu élevé, sec, garni de quelques arbres ou arbustes qui ne devront jamais empêcher une large aération. Les terrains humides, vierges, couverts d'une abondante végétation, constituent un emplacement dangereux. Rien, dans les pays chauds, ne porte plus sûrement une atteinte profonde à la santé des animaux qu'une humidité constante. La basse Côte d'Ivoire en est un exemple remarquable. Jusqu'à présent et cela malgré de grands sacrifices on n'a pu y faire vivre un cheval ou un mulet. Nous sommes convaincu que cet état est stationnaire et qu'il cessera lorsque par le débroussaillement on aura changé le régime météorologique de cette région

L'*orientation* à donner aux écuries est très variable en raison de la nature du sol, de la direction des vents et du régime des pluies. En règle générale, il faudra éviter le soleil et l'humidité et se mettre à l'abri des germes apportés par les vents.

Disposition générale des écuries. — Le hangar couvert en paille, plus ou moins fermé, est l'abri le plus hygiénique, le plus pratique, le plus économique et celui que les indigènes construisent vite et bien.

Au Soudan, après de nombreux essais, le service du ravitaillement a adopté l'écurie double, à couloir central, fermée sur les deux petits côtés.

Trois rangées de poteaux fourchus espacés de 2ᵐ,50 en 2ᵐ,50 et reliés entre eux par des traverses, soutiennent une toiture de paille à laquelle on a donné une inclinaison suffisante pour assurer une étanchéité parfaite.

Hauteur et largeur, 5 mètres du sol au faitage 2ᵐ,50 (poteaux extérieurs) 7ᵐ,50 de largeur (entre deux poteaux extérieurs correspondants).

Espace. — Pour que les animaux puissent prendre tranquillement leur nourriture, s'étendre librement sans avoir à redouter les coups des voisins on leur a donné 2 mètres de largeur.

Dans les écuries, les animaux sont tête à tête sur deux rangs ; elles sont pourvues d'une mangeoire collective.

Le sol, en terre battue, a une inclinaison de 1 cm. 1/2 par mètre. Un fossé extérieur assure l'écoulement des urines et des eaux de pluie.

Aux extrémités des écuries on a réservé un emplacement pour un gradé, deux gardes, le bourrelier et le maréchal-ferrant.

Dans les postes où la cavalerie est peu nombreuse nous recommandons l'écurie simple fermée sur trois faces. Au moyen d'un cloisonnage en bois de 1ᵐ,50 de hauteur on établira des stalles de 2 mètres de largeur et de 3ᵐ,50 de longueur.

Cette écurie peut donner accès sur une cour palissadée dans laquelle les animaux circuleront en toute liberté. D'anciennes caisses de conserves serviront de mangeoires individuelles.

Les écuries doivent toujours être tenues dans le plus grand état de propreté. Pendant le jour la litière doit être levée, séchée au soleil et fortement secouée avant d'être remise en place.

A certaines époques les variations nycthémérales sont très sensibles, le froid est vif. On en évitera les conséquences fâcheuses à l'aide d'une épaisse litière. Pendant la saison chaude il sera bon de camper les animaux hors des écuries pendant la nuit ; s'ils sont incommodés par les moustiques on allumera des feux de bois ou de brousse verte à une petite distance du bivouac.

Harnachement. — La caisse de harnachement contiendra une selle, une bride, un tapis, une couverture, un licol et un bridon.

Selle. — La plupart des officiers et fonctionnaires arrivent aux colonies avec les selles les plus diverses, tant au point de vue de la conservation que de la forme. Toutes, construites pour des chevaux de France, sont beaucoup trop grandes, trop lourdes, à prolongements d'arçons ridiculement longs ; elles étouffent le jeu des épaules et débordent les hanches. Il est à peu près impossible de bien les ajuster et de les fixer convenablement, d'où blessures graves du garrot, kystes et abcès de l'épaule, décollements du dos et phlegmons des reins entraînant de très longues indisponibilités, si ce n'est la perte de l'animal. Les inconvénients de ces selles s'aggravent à mesure que l'on poursuit sa route. Le cheval maigrit, son dos se creuse, ses côtes saillissent davantage et les contacts entre la peau et la selle sont moins assurés et plus durs. La question du harnachement a donc une grande importance et l'on ne devra s'embarquer qu'avec une selle en parfait état, pas trop grande, aussi légère que possible, possédant une liberté de garrot et de rein sérieuse, des prolongements d'arçons très courts. Il est inutile d'exagérer le rembourrage car dans ces conditions elle ne s'applique sur la peau qu'au garrot et à deux points du dos. Une bonne selle doit s'appliquer exactement sur toutes les parties du dos qu'elle recouvre.

Bride. — Comme la selle, la bride devra être simple, légère, solide et à action douce.

La *bride ordinaire*, bien ajustée et pourvue d'un mors L'Hotte est celle qui répondra le mieux à sa destination.

Tapis. — Le tapis sert d'intermédiaire entre le dos du cheval et la selle dont il amortit les contacts ; il empêche l'échauffement du dos. Sa nature et sa forme varient suivant le caprice du cavalier. Nous recommanderons tout particulièrement le tapis de cuir ou en peau de mouton taillé à la grandeur de la selle.

Couverture. — La couverture devient indispensable en décembre et janvier, quand les animaux sont malades ou lorsqu'ils rentrent du travail couverts de sueur.

En marche, elle sera placée bien à plat sur le dos. On relèvera très légèrement le garrot.

Licol. — Le licol, en cuir assez large, convient mieux, comme moyen d'attache, que le collier qui peut exposer à des accidents; les animaux peuvent se détacher si la courroie est trop lâche et s'étrangler si elle est trop serrée.

Achat d'une selle. — « Les bonnes selles ne se trouvent que chez les bons selliers et coûtent fort cher. Il est très avantageux de se procurer presqu'à moitié prix, des selles d'occasion de très bonne marque. Il vaut mieux, en effet, avoir une selle sortant d'une excellente maison, vieille et un peu culottée, faite, en un mot, que de posséder une selle immaculée, mais fabriquée par un médiocre sellier ». (De Comminges.) Méfiez-vous des selles dites extra-légères, à arçons métalliques ou de cuir. Ces selles, au bout de peu de temps fléchissent et blessent infailliblement le cheval.

Entretien du harnachement. — La selle doit être fréquemment passée à l'éponge humide, séchée avec une serviette et passée à la cire jaune délayée dans un peu d'huile ou de térébenthine. Si les cuirs sont trop sales ils seront lavés à l'eau et au savon.

Étriers. — Le cheval débridé il faut démonter la bride et les étriers et les laver à grande eau.

Tapis. — Le tapis de cuir doit être lavé chaque fois que l'on s'en est servi, essuyé et séché à l'ombre; s'il durcit on le frottera avec un chiffon imbibé d'huile.

Couverture. — La couverture doit toujours être d'une propreté absolue. Après le travail elle doit être dépliée, séchée et foulonnée.

Travail. — *Soins à donner aux animaux avant, pendant et après le travail.* — Les lois de la guerre, les climats torrides ont de dures nécessités et quelquefois l'hygiène doit s'effacer devant le but que l'on poursuit. Cependant, il est possible, tout en produisant le même effort, d'éviter aux animaux des fatigues inutiles, de les entourer de soins.

Les étapes, qui devront toujours être couvertes avant le lever du soleil, ne dépasseront jamais 20 ou 25 km. Il existe tant de causes individuelles, climatériques et topographiques qu'il est bien difficile d'assigner des limites, même approximatives, au travail. C'est au bon sens et à l'expérience qu'il faut laisser ce soin.

Avant de seller ou de harnacher, le palefrenier donnera un coup de bouchon sur tout le corps du cheval ou du mulet. L'emplacement de la selle ou de la sellette doit être très propre. Avant le départ, le cavalier doit s'assurer que le harnachement est bien ajusté, la couverture bien pliée et son paquetage bien équilibré. Les haltes-horaires se feront toujours en terrain plat et solide. Pendant le repos on débouclera la gourmette, on désanglera. On examinera de nouveau l'ajustage du harnachement.

A l'arrivée, le palefrenier attache son cheval, cure les pieds et enlève le harnachement. Il prend une poignée de paille dans chaque main, frotte énergiquement l'encolure, le ventre, les flancs et surtout l'emplacement de la selle ou sellette; il brosse ensuite les cuisses, les jambes, passe un bouchon de paille bien froissée sur les yeux, les naseaux, le fourreau et l'anus. Il débarrasse ensuite l'animal des *tiques* qui se fixent surtout dans la crinière et dans les oreilles. Une heure après l'arrivée, abreuvoir et baignade.

Pansage. — Le pansage complète la bienfaisante action du logement et de la nourriture. Comme eux, c'est un agent dynamophile très puissant. Il a lieu une fois par jour, après le travail. Partout où on le pourra, les grands bains, pendant la saison sèche, le remplaceront avantageusement. Ils permettent de ne pas s'embarrasser d'objets encombrants, très difficiles à se procurer, assurent la propreté absolue de la peau et, fait important, sont un agent thérapeutique contre la fièvre.

Hygiène des membres. — Les membres du cheval doivent être l'objet d'une attention constante. Pendant l'hivernage les crevasses sont fréquentes et tenaces, elles entraînent de très longues indisponibilités. Pour prévenir ces accidents, il est indispensable que les paturons soient toujours tenus très propres. Le palefrenier signalera le plus léger engorgement et la plus petite excoriation dans cette région. Les pieds doivent être l'objet d'une égale attention. Au début de la saison sèche les boiteries sont fréquentes. Beaucoup reconnaissent pour causes le dessèchement du sabot et le resserrement de la paroi dans toute son étendue. On évitera ces accidents par des graissages fréquents (beurre de karité, huile d'arachides ou de palmes). Les pieds doivent toujours être tenus très propres et, si quelquefois on les graisse, ils doivent être aussi lavés fréquemment. Le cavalier s'assurera qu'aucun symptôme morbide ne se manifeste dans le pied. Les pieds trop longs ou de travers seront immédiatement rectifiés; les pieds cerclés, fendillés et dérobés, souvent graissés; les fourchettes, échauffées ou pourries, traitées énergiquement et sans retard.

Ferrure. — Certaines régions du Haut-Sénégal et du Soudan sont très accidentées. Les routes sont recouvertes de conglomérats ferrugineux plus ou moins désagrégés qui usent rapidement les pieds et les rendent sensibles. L'absence de ferrure devient ainsi la cause de nombreuses indisponibilités. Dans tous les postes où il existe un détachement de conducteurs on pourra faire appliquer des fers aux pieds antérieurs des chevaux qui doivent faire de longues étapes.

Entretien de la queue et de la crinière. — La crinière des mulets doit toujours être rasée; la queue coupée de manière que, tendue verticalement, elle tombe au niveau de la pointe du jarret. Les chevaux seront toujours à tous crins. Jamais on ne touchera aux crins qui entourent le paturon et la couronne et aux longs poils qui se trouvent autour des yeux, des lèvres et dans les oreilles.

Hygiène des jeunes chevaux et des mulets nouvellement importés. — Les jeunes chevaux et les mulets arrivant dans la colonie doivent être l'objet d'une surveillance toute spéciale. On ne perdra jamais de vue que, si souvent les vieux animaux se remettent des fatigues qu'ils ont supportées, les jeunes se ressentent longtemps si ce n'est toujours des efforts violents auxquels on les a soumis; ils se ruinent avant l'âge et sont fatalement voués, en ces pays, à une mort prématurée. Ils seront toujours groupés et confiés à de très bons palefreniers. On leur affectera une écurie spacieuse; on variera le régime suivant les ressources du moment et de la région. Enfin, pour prévenir dans la mesure du possible les atteintes de la malaria, chaque animal recevra journellement, pendant le premier mois de l'acclimatement, 1 gr d'acide arsénieux. Pour éviter les refroidissements que pourraient causer les abaissements brusques de température, on veillera à ce que le bouchonnage soit rigoureusement exécuté à la rentrée du travail et à ce que les animaux soient couverts la nuit.

Soins généraux dans les postes. — En principe un cheval ne doit jamais rester une journée immobile, si ce n'est après une longue marche. Il devra être promené le matin après la chute du brouillard ou le soir avant le coucher du soleil. Pendant la saison sèche le régime en liberté dans un paddock offre d'immenses avantages. Outre un exercice très sain, les animaux se débarrassent plus facilement des insectes qui les irritent pendant tout le jour. Les paddocks doivent être individuels et pourvus d'un appentis qui permet au cheval de se mettre à l'abri pendant les heures chaudes de la journée.

Parasites qui attaquent les animaux. — En dehors des mouches et des moustiques il y a des insectes qui attaquent les animaux soit en marche, soit en station.

Les plus dangereux sont les abeilles. Installées dans des troncs d'arbres elles seraient inoffensives si les indigènes renonçaient au miel qui abonde dans les ruches.

En une seconde toute la colonie s'abat sur un convoi, se précipitant sur bêtes et gens, jetant partout la panique et le désordre.

En 1899, un convoi faisant le service du ravitaillement entre Bamako et Koulikoro a été attaqué dans ces conditions : 5 mulets sont morts sur place. Plusieurs autres ont été gravement malades.

Il faudra donc toujours recommander aux indigènes de ne point cueillir le miel qu'ils pourraient rencontrer sur leur route ou dans le voisinage d'un camp. Si un campement est envahi il suffira pour en chasser les abeilles d'allumer un feu produisant une abondante fumée.

Les *tiques* sont très communes; elles attaquent les bœufs, les chevaux, les mulets et les ânes. Par leurs piqûres elles produisent de petits abcès qui, en raison du nombre, peuvent devenir un véritable danger. Dans le sud les *fourmis* épouvantent les animaux, les affolent et peuvent ainsi provoquer des accidents.

GUIDE MÉDICAL A L'USAGE DES POSTES DÉPOURVUS DE VÉTÉRINAIRE
Pharmacie vétérinaire domestique.

DÉSIGNATION DES MATIÈRES	UNITÉ RÉGLEMENTAIRE	QUANTITÉS	RÉCIPIENTS Nature, Contenance.	NOMBRE
Acétate de plomb	gr.	» 500	Flacon en verre.	1
Acide arsénieux	—	» 250	Pot en grès.	1
Acide phénique	—	» 500	Flacon en verre.	1
Alcool camphré	—	» 500	—	1
Alcoolé d'iode.	—	» 250	—	1
Alcoolé de quinquina	—	» 500	—	1
Huile de térébenthine. . . .	—	» 500	—	1
Iodoforme	—	» 50	—	1
Liqueur de Villate.	—	» 500	—	1
Moutarde Rigollot (poudre).	Boîte.	2	Boîte en fer.	2
Poudre de quinquina.	gr.	» 500	Pot en grès.	1
Quinine (sulfate).	—	» 250	Flacon en verre.	1
Sulfate de soude.	—	5 000	Pot en grès.	2
Vaseline	—	» 500	—	1
Objets de pansement :				
Ouate (paquet de 250 gr.). . .	Nombre.	4	»	»
Bandes de toile (5 m.)	—	4	»	»
Épingles à pansement.	—	»	»	»
Instruments :				
Seringue pour lavements de 1 litre.	Nombre.	1	»	»
Ciseaux.	—	1	»	»
Thermomètre	—	1	»	»

Mode d'emploi des médicaments.

MÉDICAMENTS	MALADIES TRAITÉES	MODE D'EMPLOI
Acétate de plomb (astringent).	Plaies contuses, tumeurs diverses produites par le harnachement, coups, etc.	En verser peu à peu dans l'eau jusqu'à ce qu'elle blanchisse et lotionner les parties malades.
Acide arsénieux (fébrifuge).	Contre les manifestations fébriles en général.	A la dose de 0gr,50 ou 1 gr.
Acide phénique (antiseptique).	Plaies de toute nature.	En solution à 10 pour 1000. Lavage des plaies.
Alcool camphré (révulsif stimulant).	Contusions, engorgements des membres, coliques.	En frictions sur la peau préalablement imprégnée de liquide.
Alcoolé d'iode (résolutif, révulsif).	Contusions anciennes, hygromas, ulcères.	En badigeonnages.
Alcoolé de quinquina (tonique, fébrifuge).	Fièvre, ou maladies se manifestant par de la prostration.	Quatre cuillerées à bouche dans une demi-bouteille d'eau.
Huile de térébenthine (révulsif).	Coliques de tout genre.	En frictions sur la peau. En lavements, une cuillerée à bouche dans un litre d'eau après l'avoir bien agité.
Iodoforme (topique).	Plaies.	Saupoudrer très légèrement et recouvrir la région de gaze ou de poudre de quinquina.
Liqueur de Villate (escharotique).	Plaies rebelles, pourriture de la fourchette.	En lotions, pansements fixes à l'ouate ou en injections.
Moutarde Rigollot (révulsif excitant).	Maladies diverses de l'appareil respiratoire, coliques, malaria.	En cataplasmes ou en frictions sinapisées sur la poitrine, sous le ventre ou sous la gorge dans le cas d'angine.
Poudre de quinquina (protectif tonique).	Blessures diverses, cachexie palustre.	Recouvrir les plaies avec un peu de poudre sèche aseptique et additionnée d'un peu d'iodoforme. Mélanger à la ration de grain à la dose de 20 à 30 gr.
Quinine (sulfate) (fébrifuge).	Malaria.	A la dose de 4 ou 5 gr. dans un demi-litre d'eau légèrement acidulée.
Sulfate de soude (purgatif).	Inappétence, coliques.	Une poignée dans l'eau de boisson. Pour une purge, 3 à 400gr. dans 1 litre d'eau. Pour un lavement, une poignée dans 1 litre d'eau.
Vaseline (topique).	Crevasses, irritations de la peau.	En frictions et en couches assez épaisses sur les endroits irrités.

Mode d'administration d'un breuvage. — Après avoir mis le breuvage dans une bouteille dont le goulot a été recouvert d'un linge, un aide se place du côté gauche et relève suffisamment la tête de l'animal. Un autre aide, situé du même côté, maintient le cheval par le licol et l'oreille. La personne qui doit verser le liquide se tient à droite, introduit le goulot entre les mâchoires au niveau des barres. Quelquefois le breuvage versé trop vite fait fausse route et s'introduit dans la trachée provoquant une quinte de toux qui pourrait être suivie de suffocation si l'on ne s'arrêtait immédiatement.

Mode d'administration d'un lavement. — La quantité de lavement nécessaire à un cheval ou à un mulet peut être évaluée à deux ou quatre litres.

Les lavements s'administrent avec une seringue en étain de un ou deux litres dont la canule sera toujours très unie pour éviter d'érailler l'intestin.

Les chevaux ou mulets ne se prêtent pas toujours à ce genre d'opération; par suite, il est bon de prendre certaines précautions, par exemple, celle de se placer du côté gauche en faisant lever le pied antérieur correspondant. Aussitôt le lavement administré on pressera sur les reins de l'animal pour que le liquide ne soit pas rejeté immédiatement.

Les poudres ou les sels insolubles seront incorporés à une pâte faite avec du miel et de la poudre de quinquina ou plus simplement avec de la farine de blé ou de maïs. On tiendra la langue et on l'attirera au dehors de la main gauche pendant que, de la main droite, on introduira le médicament à l'aide d'une spatule en bois.

II. — MÉDECINE VÉTÉRINAIRE USUELLE
MALADIES ET ACCIDENTS LES PLUS COMMUNS

A). **Maladies contagieuses.** — Il est du devoir de chacun de porter son attention sur les maladies contagieuses et de prendre toutes les précautions pour en éviter la propagation.

On ne perdra jamais de vue que la prophylaxie se résume dans l'application de ces trois mesures de préservation :

1° *Surveillance* de la part du propriétaire et déclaration à l'autorité;
2° *Isolement*;
3° *Désinfection*.

On surveillera plus spécialement les animaux atteints de lymphangite épizootique ou de gale.

Lymphangite épizootique. — Très commune au Sénégal et au Soudan, la lymphangite épizootique, encore appelée « farcin d'Afrique ou lymphangite farcineuse », est une affection éminemment contagieuse qui cache, sous des formes souvent insidieuses et bénignes, une très haute gravité. Elle évolue dans le système lymphatique et se traduit objectivement par des cordes noueuses, indurées, siégeant sur le trajet des vaisseaux lymphatiques (face interne des membres, poitrail, encolure, etc.).

Depuis longtemps les faits ont démontré que si quelquefois elle est curable, elle est aussi très contagieuse et qu'il convient de lui appliquer des mesures basées sur son mode de propagation.

Traitement. — Très incertain. Les expériences entreprises, tant au Soudan qu'au Sénégal, ont démontré que l'iodure de potassium à la dose quotidienne de 10 grammes et la liqueur de Van Swieten (4 cuillères à bouche par jour) amènent quelquefois une amélioration notable. Ce traitement est très onéreux, mieux vaut l'expectation.

Mesures à prendre contre la lymphangite. — 1° Camper les lymphangiteux à 4 ou 500 mètres de toute habitation ;

2° Leur affecter un palefrenier spécial auquel on donnera des instructions sévères pour éviter tout contact avec les animaux de l'extérieur ;

3° Éviter toute mutation de harnachement ou de partie de harnachement et rendre individuels tous les effets de pansage ;

4° Lorsque les accidents spécifiques offriront une grande ténacité et surtout lorsque, par leur extension, ils auront une tendance à se généraliser, les animaux seront abattus et enfouis au moins à 1 mètre de profondeur ;

5° Les harnachement et effets de pansage seront soigneusement désinfectés (laver toutes les parties du harnachement au savon et à l'eau crésylée ou phéniquée à 5 0/0, laisser sécher, et recommencer l'opération trois jours après) ;

6° Dès qu'un campement aura été abandonné, la case ayant abrité le lymphangiteux sera brûlée. Les écuries permanentes seront désinfectées de la façon suivante : la litière sera brûlée, le pavé sera lavé à grande eau et arrosé avec une solution phéniquée concentrée. Si le sol était en terre battue il sera rechargé après désinfection ;

7° Recommander aux hommes chargés de la surveillance ou de la conduite d'un lymphangiteux de se laver très fréquemment les mains.

Gale. — Maladie de malpropreté et de misère. Elle débute généralement à la tête, à l'encolure, aux épaules, aux parois costales. Elle s'accuse par des petites plaques dépilées qui s'élargissent peu à peu.

Les autres symptômes sont le prurit, surtout intense la nuit, plus tard la desquamation épidermique et enfin l'induration de la peau.

Si, en garnison, elle cède quelquefois aux agents thérapeutiques et à l'isolement, en route, elle devient incurable, surtout lorsqu'elle s'est adressée à une agglomération d'animaux.

En Afrique, elle est toujours grave, elle entraîne de très longues indisponibilités et quelquefois la mort.

Traitement. — Le traitement de la gale est long et incertain.

On emploiera avantageusement : les frictions de glycérine phéniquée à 20 0/0 ;

Les lavages à l'eau pétrolée.... { eau 1000 gr.
                                  { pétrole 20 gr.

ou bien la solution au bichlorure de mercure à 1 0/0.

Mesures à prendre contre la gale. — Isoler, en dehors du poste, tous les galeux ; défense formelle de se servir des malades à l'intérieur d'un campement ; éviter les mutations de harnachement et d'effets de pansage ; désinfecter les écuries comme il a été prescrit plus haut. Au fur et à mesure de la guérison qui s'annoncera par la pousse régulière du poil, les animaux rentreront dans le poste où ils seront encore pendant quelque temps l'objet d'une surveillance particulière.

Tétanos. — Affection contagieuse transmissible à l'homme et aux animaux. Fréquente au Soudan et à la Côte d'Ivoire. Les symptômes sont les suivants :

Tête haute et tendue, encolure raide, oreilles redressées, naseaux dilatés, yeux tirés de l'orbite, corps clignotant faisant saillie, queue relevée, membres écartés et fichés, mâchoires contractées, salivation abondante, muqueuses injectées, excitabilité anormale du malade, mouvements de reculer ou de tourner très pénibles et saccadés.

Traitement. — Les médicaments, jusqu'aujourd'hui, ne jouent qu'un rôle très accessoire dans le traitement du tétanos ; il faut se borner à placer le malade dans un endroit obscur, spacieux, à sol mou, recouvert d'une épaisse litière. Il ne faudra confier les animaux atteints du tétanos qu'à des hommes n'ayant aucune plaie aux membres.

Plusieurs fois nous avons vu cette affection coïncider chez le cheval ou le mulet et chez l'homme.

Il s'en suit que le propriétaire d'un animal atteint de tétanos agira sagement en prévenant le médecin et le vétérinaire du poste le plus voisin.

Malaria. — La malaria, qui paraît être infectieuse, et dont le mode de contagion par virus fixe n'est pas absolument démontré, est une maladie très variable dans sa forme et son évolution. Elle va de l'accès de fièvre le plus bénin à l'accès pernicieux qui tue en quelques heures.

Le plus souvent l'accès débute brusquement. L'animal perd son appétit et sa vigueur, il devient mou au travail. Le rein est raide et voussé, la respiration est accélérée, la conjonctive est injectée, la bouche est sèche et pâteuse. Le thermomètre accuse une température très élevée. Les symptômes adynamiques apparaissent 12 ou 24 heures après le début. La faiblesse est grande, la tête est basse, les paupières se ferment, le regard est atone, les yeux sont larmoyants, la conjonctive est œdématiée et recouverte de taches violettes. La peau qui, au début de l'accès était sèche et brûlante, se couvre de sueurs abondantes. Si la maladie se prolonge, la prostration s'accentue; les paupières sont closes, les larmes sanguinolentes, la face interne des lèvres, des joues et la face inférieure de la langue prennent une teinte violette. Alors surviennent les complications si nombreuses et si graves qu'elles défient une analyse sommaire.

Traitement. — 1° Révulsifs cutanés étendus et énergiques (délayer une boîte de sinapisme Rigollot dans 1 ou 2 litres d'eau et frictionner énergiquement le tronc et les membres.

2° Administrer des toniques. Alcoolé de quina à la dose de 40 gr.

3° Purgatifs salins. Sulfate de soude, 500 grammes en deux fois dans la journée (solution dans un litre d'eau).

4° Fébrifuges. Sulfate de quinine à la dose de 4 ou 5 grammes.

5° Désinfectants sous forme de lavements phéniqués ou crésylés.

On prolongera le traitement par des affusions froides et la quinine. Si la maladie revêt une forme épizootique, on évacuera les écuries. Les animaux seront espacés, les malades à part assez éloignés des animaux sains. Le fumier qui est, pour la plupart du temps, un foyer d'infection sera brûlé.

Il est indispensable que les malades et convalescents soient nourris avec des denrées de choix. La situation commande le refus de fourrages altérés, quel que soit d'ailleurs le mode d'altération; dans le cas où il serait impossible de s'en procurer de bonne qualité, il importe que les substitutions jugées nécessaires soient effectuées d'urgence.

Typho-malaria. — La typho-malaria sévit, pendant l'hivernage, avec une grande intensité sur différents points de la côte. Elle est très grave par la subtilité de la contagion et les nombreuses pertes qu'elle occasionne.

Ses caractères principaux sont sa soudaineté, sa violence, sa marche rapide et sa terminaison presque toujours mortelle.

Symptômes. — L'animal atteint est immédiatement affaissé, la conjonctive prend une couleur lie de vin, le pouls devient imperceptible. La température oscille entre 39 et 41°. Un jetage spumeux, roussâtre, s'écoule par les naseaux. Bientôt le flanc se corde, la respiration devient pénible et saccadée. Au bout de quelques heures l'animal tombe et meurt.

Quelquefois la maladie se prolonge, les symptômes s'amendent et le malade guérit dans les 15 ou 30 jours si une rechute ne vient infailliblement l'emporter vers le 12e ou 15e.

Traitement. — Même traitement que pour la malaria.

Prophylaxie. — Dissémination immédiate de tous les animaux sains. Désinfection rigoureuse des écuries. Destruction des fumiers. Alimentation de choix. Travail modéré.

Maladies ordinaires. — *Anémie*. Apanage des animaux surmenés et mal soignés.

Symptômes. — Muqueuses pâles. Faiblesse extrême. Appétit capricieux. Engorgements fréquents des membres.

Traitement. — La première indication du traitement et la seule efficace, croyons-nous, consiste dans l'atténuation ou si possible dans la suppression des causes se résumant dans l'emploi d'une bonne hygiène.

Hydrémie. — Affection très fréquente et très meurtrière dans le sud, reconnaissant pour cause une nutrition languissante provoquée par la consommation d'aliments aqueux très souvent altérés, des logements défectueux et un climat chaud et humide.

En général, elle est caractérisée par des hydropisies siégeant dans les parties déclives (membres, ventre, bourses) et par des symptômes paralytiques dus à l'infiltration séreuse de la moelle ou du cerveau.

Prophylaxie. — Supprimer le fourrage vert d'une façon absolue pendant l'hivernage et le remplacer par de la paille d'arachide ou par du foin du pays emmagasiné pendant la saison sèche. Ne distribuer le vert en été que ressué et salé. Abriter les animaux sous des hangars parfaitement étanches.

Traitement. — Administrer alternativement la poudre de quinquina et la poudre de gentiane à la dose de 20 grammes. Si la maladie se complique d'accidents paralytiques, on aura recours à la caféine et à la teinture de noix vomique : 5 grammes de chaque.

Coliques. — On désigne sous ce nom une série de phénomènes pathologiques s'exprimant par un ensemble de symptômes assez uniformes, mais surtout par des douleurs abdominales plus ou moins violentes.

Les coliques reconnaissent généralement pour causes : les refroidissements, la surcharge alimentaire, le durcissement et la rétention des matières excrémentielles, l'ingestion d'aliments ou de boissons altérés, l'ingestion de sable ou de terre, les vers intestinaux et enfin la prédisposition.

Symptômes généraux. — L'apparition des douleurs est brusque. Les animaux montés ou attelés ralentissent le pas, chancellent, s'arrêtent, sont inquiets, grattent le sol, fléchissent les membres, se couchent et se livrent à des mouvements désordonnés. Les extrémités deviennent froides. Des sueurs abondantes couvrent certaines parties du corps. La bouche est sèche et chaude. Souvent le ventre est ballonné.

Traitement général. — Les animaux atteints doivent être placés sur un sol recouvert d'une épaisse litière. Dans le but de dériver la congestion intestinale, la peau sera fortement frictionnée avec des bouchons de paille. Ces frictions seront rendues plus efficaces par l'emploi de l'essence de térébenthine ou de l'alcool camphré.

Dans aucun cas, il ne faudra forcer les animaux à marcher, surtout aux allures vives. Pour ramollir les excréments et amener les mouvements de l'intestin, on emploiera les lavements savonneux additionnés d'une poignée de sulfate de soude et de quelques pincées de farine de moutarde. Si les coliques persistent, on appliquera un large sinapisme sous le ventre. On administrera 10 grammes de teinture d'opium et on continuera les lavements.

Généralités sur les maladies de l'appareil respiratoire. — La scène symptomatique est généralement ouverte par une fièvre assez élevée s'accusant par de la fatigue et de la faiblesse musculaire.

Souvent l'appétit diminue. La conjonctive revêt une teinte rouge ou jaunâtre. La respiration et la circulation sont toujours accélérées. On entend une toux sèche et douloureuse. Souvent il y a un jetage bilatéral, séreux, muqueux ou purulent.

Traitement général. — Large sinapisme sous la poitrine. Breuvages d'alcoolé de quinquina alternant avec des breuvages :

Quinine . . . . 4 grammes
Crésyl. . . . . 5 —

Lavements laxatifs.

Angine. — L'angine reconnaît pour causes les refroidissements, l'irritation produite par les fourrages altérés ou la poussière des routes.

Elle s'annonce par une toux d'abord rauque, puis grasse. Un jetage floconneux, blanc-jaunâtre, s'écoule des naseaux. La région de la gorge est sensible; les animaux éprouvent une grande difficulté pour avaler les aliments et les boissons.

Traitement. — Couvrir le malade pendant la nuit, donner des aliments faciles à avaler (racines et grains cuits).

Injecter dans la bouche, à l'aide d'une seringue, de l'eau miellée :

    Eau . . . . 2000 grammes
    Miel . . . . 200 —

Appliquer un sinapisme sous la gorge si la maladie s'aggrave.

Bronchite. — Suite de refroidissements ou d'infection.

Toux quinteuse, d'abord sèche et douloureuse, puis grasse, s'accompagnant d'un jetage jaunâtre. Respiration accélérée. Appétit diminué.

Traitement. — Si la bronchite est légère, on mettra simplement l'animal au repos. Si la maladie s'aggrave, on appliquera un large sinapisme sous la poitrine et on administrera des breuvages d'alcool de quinquina alternant avec la quinine.

Fluxion de poitrine. — Inflammation du poumon (pneumonie) ou de la plèvre (pleurésie).

Causes : Refroidissements, infections.

Symptômes : La maladie s'annonce par de la fièvre, de la stupéfaction et une couleur rouge des muqueuses, la respiration est accélérée et difficile, la toux est courte et douloureuse. Souvent il y a du jetage jaune-rougeâtre.

Traitement : Régime diététique, large sinapisme sous la poitrine, sulfate de quinine et alcool de quinquina, lavements laxatifs.

Ophtalmies. — Inflammation de l'œil à la suite de contusions, coups, d'atteintes de paludisme.

Symptômes : Paupières tuméfiées, rapprochées, œil larmoyant et sensible, conjonctive fortement injectée, cornée opaque.

Traitement : Supprimer la cause et employer les lotions d'eau fraîche boriquée.

Généralités sur les boiteries. — La boiterie est le plus souvent l'expression d'une douleur variable comme siège et comme intensité se manifestant par une irrégularité dans les allures.

Les altérations les plus fréquemment observées siègent sur les os, les tendons, au niveau des articulations et le plus souvent dans le pied. La palpation révèle dans la zone atteinte une sensibilité et une chaleur anormales.

Il faut toujours explorer le pied. On portera son attention sur les déformations du sabot et sur l'état de la sole et de la fourchette.

Engorgement du boulet et des tendons. — Caractères : Douleur, chaleur et engorgement au niveau des régions malades, appui sur le membre diminué ou nul.

Traitement : Eau froide sous forme d'irrigations ou de bains, massage à l'alcool camphré.

Crevasses. — Plaies plus ou moins profondes qui se forment dans la région du paturon. Elles sont fréquentes pendant l'hivernage entraînant parfois de très longues indisponibilités.

Soins préventifs : Tenir toujours très propre le pli du paturon et le bien sécher après les lavages ou les bains.

Traitement : Applications de miel ou de vaseline boriquée ou iodoformée, pansements ouatés maintenus en place pendant 48 heures au moyen de bandelettes, litière abondante et propre, ne faire travailler le malade qu'après complète guérison.

Fourchette échauffée ou pourrie. — Suintement fétide dans les lacunes de la fourchette.

Causes : Pieds et écuries mal tenus, crevasses mal soignées.

Symptômes : Boiterie plus ou moins accusée suivant les altérations, suintement caséeux à odeur ammoniacale.

Traitement : Cataplasmes émollients[1] enveloppant le pied, bien nettoyer la fourchette avec une curette en bois et de l'étoupe imbibée de liqueur de Villate.

Plaies en général. — Toutes les blessures sont tributaires de l'antisepsie. La moindre plaie doit être, aussitôt qu'on le peut, débarrassée de tous corps étrangers au moyen de grands lavages phéniqués ou crésylés. Elles guérissent très rapidement sous l'action de l'iodoforme ou simplement de la poudre de charbon ou de quinquina iodoformée s'il n'y a pas de complications.

Blessures du harnachement. — Contusions : Si une tumeur chaude et douloureuse se déclare au niveau du garrot ou sur les côtes, on

---

1. Farine de maïs ou décoction de Goumbo.

suspendra complètement le travail et on fixera, sur la partie malade, au moyen d'un surfaix, une serviette pliée imbibée d'eau blanche ou d'alcool camphré.

Blessures superficielles. — Applications de vaseline iodoformée, serviette très propre sous la selle entre le tapis et le dos.

Cors. — Suspendre le travail si l'on ne peut apporter les modifications[1] nécessaires à la selle, car les conséquences en sont toujours graves. On graissera la partie mortifiée et on enlèvera tous les jours, à l'aide des ciseaux, la partie de l'escharre qui se soulèvera.

Abcès. — Onction de vaseline boriquée, ponction, lavage de la poche à l'eau phéniquée, injections de glycérine iodée.

Morsures de serpents. — Indications générales : Laver largement à l'eau phéniquée, presser fortement autour de la plaie préalablement débridée, cautériser ensuite à l'acide phénique pur.
Traitement : Affusions froides, administrer du café chaud, de l'alcool ou du vin.

Piqûres d'abeilles. — Lavages à l'eau phéniquée forte ou additionnée d'ammoniaque, boissons chaudes et alcooliques.

HYGIÈNE DU BŒUF

Le bœuf plus que le cheval s'accommode d'une nourriture économique.

Les races africaines ont acquis, au grand air, des habitudes de vigueur et de rusticité remarquables, mais trop souvent les propriétaires — européens ou indigènes — abusent de ces bonnes dispositions et nourrissent leurs animaux avec une parcimonie vraiment déplorable. En principe, le bœuf doit être suffisamment nourri pour qu'il puisse suffire à la fois à son entretien propre et à la production du lait et de la viande. Les aliments distribués au bétail doivent toujours contenir une certaine quantité d'eau. A cet effet, l'herbe des pâturages constitue en général la meilleure nourriture et suffit à elle seule, pourvu qu'elle soit abondante et exempte d'altérations.

Pendant la saison sèche il est indispensable de donner à l'étable

1. Faire sur un tapis de feutre épais ou dans le rembourrage une fontaine un peu plus grande que la partie à isoler.

un supplément de ration. Les fanes d'arachide, le foin du pays bien récolté, les grains (maïs, mil, blé, niébé) cuits ou macérés, les patates, le manioc doux, et les bananes dans le sud peuvent être avantageusement utilisés. Il faut éviter de faire pacager les troupeaux sur un sol humide et marécageux où poussent en abondance les plantes vénéneuses et où pullule le distome hépatique.

La quantité d'aliments à donner à un bœuf varie suivant le climat, la saison et la qualité des fourrages.

Dans les pays où les pâturages sont suffisants et de bonne qualité, les troupeaux destinés à la boucherie pourront n'être nourris que d'herbe verte.

Pendant la saison sèche il est nécessaire de composer une ration qui variera suivant les ressources de la région.

Voici quelques types de rations composées d'aliments les plus connus pour un bœuf du poids moyen :

I. Fanes d'arachide (ou foin du pays récolté
　et séché avant maturité)........ 4 kg.
　Brousse sèche............ à discrétion.
　Maïs ou mil (macéré ou cuit)...... 4 kg.
　Sel.................. 0ᵏᵍ,020

II. Foin................. 4 kg.
　Paille............. à discrétion.
　Tubercules ou bananes......... 5 kg.
　Sel.................. 0ᵏᵍ,020

III. Herbe verte........... 20 à 50 kg.
　Paille............. à discrétion.
　Mil, maïs ou niébé........... 5 kg.
　Sel.................. 0ᵏᵍ,020

Boissons. — Il est indispensable de fournir de l'eau aux animaux pour étancher leur soif; c'est surtout pendant la saison sèche que ce besoin devient impérieux. L'eau devra toujours être potable et exempte de matières organiques.

En stabulation, l'abreuvoir aura lieu à des heures régulières. Il est de bonne hygiène de mettre à la portée des animaux l'eau qu'ils peuvent consommer pendant un repas. Sans cette précaution le bœuf se gorge à la mare puis reste longtemps sans boire. L'emploi d'auges disposées dans les étables évite bien des indispositions sinon des maladies.

Le sel marin est un condiment indispensable pour masquer la fadeur des aliments et corriger le mauvais goût de fourrages altérés que les animaux refuseraient sans cet appoint. On le donnera en grain mélangé aux fourrages ou en bloc placé dans une mangeoire. Sous cette forme l'animal se sert lui-même et suivant son goût.

Étable. — L'étable, comme l'écurie, doit offrir toutes les conditions d'aération et de salubrité réclamées par une bonne hygiène. L'activité respiratoire du bœuf étant moindre que celle du cheval, la hauteur de l'étable est habituellement inférieure à celle de l'écurie. La lumière excitant les animaux et attirant les insectes, les hangars-abris seront fermés de tous les côtés à l'aide de paillassons dans l'épaisseur desquels on ménagera quelques petites ouvertures qui rempliront l'office de cheminées d'appel. Dans chacune des étables seront aménagées des stalles pour loger les nourrissons ou les malades. Le sol doit être incliné et aussi étanche que possible. Le fumier sera enlevé tous les jours et remplacé par une abondante litière. Le mobilier doit être très sommaire. La mangeoire sera remplacée par une auge de grande capacité dans laquelle on maintiendra de l'eau en permanence. Les rateliers sont inutiles. Mieux vaut distribuer le fourrage sur le sol.

Pansage. — Malgré de déplorables erreurs enfantées par l'ignorance, la propreté est une cause absolue de la santé du bétail. Le pansage exécuté journellement procure aux bêtes bovines un bien-être qui influe considérablement sur la production du lait et de la graisse. Les bains donnés avec précaution le remplacent avantageusement.

Traitement des maladies et des accidents les plus fréquents chez les bœufs. — Les indices de l'état maladif chez le bœuf sont : le manque d'appétit, le mufle sec, le poil terne, la peau collée aux os, les extrémités ou très froides ou très chaudes, la suspension du phénomène de la rumination, la diarrhée ou la constipation.

A). **Maladies contagieuses ou infectieuses.** — *Péripneumonie contagieuse.* — La péripneumonie sévit à l'état endémique dans certaines parties du Sénégal et du Soudan où elle occasionne des pertes considérables. Après la peste elle est certainement, sous la zone torride, la plus meurtrière des maladies de l'espèce bovine.

L'insuffisance de l'alimentation pendant la saison sèche détermine, si on n'y remédie, l'amaigrissement rapide des troupeaux, favorise l'éclosion de la maladie et lui donne d'emblée une allure épizootique.

Symptômes : Les principaux symptômes sont : l'abattement, la fièvre, une respiration très accélérée et pénible. Toux plaintive et profonde, jetage muqueux ou purulent quelquefois fétide, mufle sec et chaud, membres froids, poil piqué, appétit et rumination supprimés, alternatives de constipation et de diarrhée, amaigrissement rapide, œdèmes dans les régions déclives.

La péripneumonie est caractérisée anatomiquement par des lésions pulmonaires qui varient avec l'âge de la maladie.

Le plus ordinairement le poumon est volumineux, dur et lourd, il tombe au fond de l'eau. Les coupes faites dans son épaisseur ont un aspect marbré, elles sont veinées de bandes rouge-jaunâtre ou gris-blanchâtre de 2 à 5 mm. d'épaisseur. La plèvre est couverte de fausses membranes qui peuvent atteindre plusieurs centimètres d'épaisseur. Le sac pleural contient une quantité variable de liquide louche, inodore.

La viande de ces animaux est généralement de très médiocre qualité; nous en conseillons le refus absolu pour l'alimentation de l'européen et pour celle de l'indigène lorsqu'elle rentrera dans la catégorie des viandes maigres.

Traitement. — Toutes les médications employées jusqu'à ce jour ont été reconnues inefficaces. La prophylaxie est le seul remède.

La déclaration à l'autorité administrative la plus voisine, l'abatage des malades, l'isolement et le marquage des troupeaux contaminés, l'interdiction des localités infectées, la destruction des écuries ou des cases ayant abrité des animaux malades, l'enfouissement des cadavres, peaux, abats et issues sont les mesures qui s'opposeront le plus à l'irradiation de la contagion.

Au Sénégal, certaines tribus Maures inoculent leurs troupeaux. Les opérateurs plongent la pointe d'un couteau dans le poumon d'un bœuf mort de péripneumonie et font ensuite, à l'aide de cet instrument, une ou plusieurs incisions dans la peau de la région moyenne du chanfrein. Un tel procédé de vaccination, s'il n'est pas dangereux par les accidents inhérents au mode opératoire, doit avoir une vertu préservatrice bien problématique.

Peste bovine. — La peste bovine est, par l'extrême rapidité de sa contagion, la maladie la plus redoutable qui puisse frapper l'espèce bovine.

En 1891-1892 elle est signalée au Sénégal et au Soudan où elle fait plus de 10.000 victimes en moins de six mois.

Symptômes. — La maladie s'annonce par une fièvre intense et une diminution de la sécrétion lactée. Le poil est terne et piqué, le mufle sec, la rumination suspendue; de légers tremblements musculaires se remarquent à différentes régions. La respiration est accélérée, les muqueuses sont tachetées. Un écoulement séreux apparaît aux yeux, au nez et à la vulve; la salivation est abondante; l'animal est pris de coliques auxquelles succède une diarrhée abondante et fétide. L'amaigrissement s'accuse très rapidement. La démarche est chancelante. Sur quelques malades on peut observer des symptômes rabiformes. Une éruption cutanée apparaît sur tout le corps. L'épuisement s'accuse, le malade reste étendu, tremblant, grinçant des dents et meurt vers le 4e ou 5e jour dans une période de coma ou de convulsion.

Traitement. — Le traitement est très pauvre, pour ne pas dire nul.

La loi sur les maladies contagieuses prescrit l'abatage immédiat des animaux atteints et contaminés. — Les mesures d'isolement et de désinfection prescrites pour la péripneumonie seront appliquées dans toute leur rigueur; elles s'étendront aux animaux des espèces ovines et caprines qui auront été exposées à la contagion.

La peste bovine entraine le refus des viandes. Seule la viande des animaux contaminés pourra être *consommée sur place* mais les peaux, abats et issues, seront enfouis ou incinérés.

Tuberculose. — La tuberculose est une maladie infectieuse très commune chez le bœuf, se propageant par contagion et se transmettant par hérédité; elle se communique par l'intermédiaire de l'air expiré ou par les expectorations tuberculeuses. Chez le veau elle est fréquemment produite par le lait. L'homme lui-même ne doit faire usage du lait provenant de vaches phtisiques qu'après l'avoir fait bouillir.

Cette affection est rare dans l'Afrique occidentale. Sur plus de 300 bœufs abattus et autopsiés, à Kayes en 1894-1895, nous n'avons relevé que 4 cas de tuberculose.

Symptômes. — Cette maladie a une évolution excessivement lente. Au début les symptômes sont peu apparents. Quand elle progresse, on le reconnait aux signes suivants : toux fréquente, faible et pénible, respiration accélérée, jetage muco-purulent ; poil hérissé et terne ; peau dure, sèche, collée aux côtes. A une période plus avancée, les caractères deviennent plus saillants : appétit capricieux, diarrhée persistante, amaigrissement et faiblesse extrêmes. La durée de la maladie peut varier de quelques mois à plusieurs années.

Traitement. — De tous les traitements que l'on a opposés à la phtisie celui qui ressort à une bonne hygiène est le meilleur. Accroître la résistance de l'organisme par une alimentation rationnelle et ne jamais livrer les malades ou même douteux à la reproduction, les séquestrer ou les abattre sont les meilleures indications.

Bien que l'identité de la tuberculose bovine et de la tuberculose humaine soit encore discutée, il y a lieu de prendre certaines précautions pour éviter la transmission à l'homme.

I. — Le lait des vaches tuberculeuses ou soupçonnées telles, à l'état cru, doit être considéré comme dangereux. Cet aliment ne devra être consommé que bouilli.

II. — La viande est moins dangereuse que le lait et peut dans le cas de tuberculose localisée être livrée à la consommation. Les organes tuberculeux seront saisis et détruits.

III. — La viande sera considérée comme impropre à l'alimentation lors de tuberculose généralisée (deux viscères atteints suffiront pour expliquer la généralisation), lorsque la viande renfermera des tubercules et enfin lorsque l'amaigrissement sera très avancé, quelle que soit la nature des lésions.

Hémoglobinémie. — Cette affection s'observe à l'état épizootique chez les bœufs importés dans les régions basses et marécageuses de la Guinée et de la Côte-d'Ivoire. Elle fait de sérieux ravages sur les troupeaux mal logés, subissant les alternatives si fréquentes de grand soleil et de pluies torrentielles.

Ses principaux symptômes sont, au début, la raideur de l'arrière-train, l'excrétion d'une urine colorée en rouge, la constipation alternant avec une diarrhée parfois sanguinolente. Vers la fin de la maladie la faiblesse de l'arrière-train augmente graduellement jusqu'à la chute de l'animal. On constate du larmoiement et de l'œdème sous-cutané. La mort s'annonce par la faiblesse du pouls et l'abattement extrême des sujets.

Traitement : Le traitement doit être surtout prophylactique.

Éviter l'encombrement dans les postes; mélanger l'herbe verte à une grande quantité de fourrages secs; abriter les animaux contre le soleil et la pluie; suspendre les envois pendant l'hivernage; créer à l'aide des ressources locales des races indigènes et résistantes sont les moyens de défense les plus efficaces contre l'hémoglobinémie.

Maladies ordinaires. — *Météorisation.* — Les bêtes bovines sont fréquemment frappées de météorisation à la suite de la consommation de fourrages verts; elle s'accuse par le ballonnement exagéré du ventre, la suppression de la rumination, la difficulté de la respiration et le refroidissement des extrémités.

Traitement : Mettre un bâillon en travers de la bouche, tenir la tête haute et administrer 20 à 50 grammes d'ammoniaque dans un litre d'eau.

Diarrhée. — Les refroidissements, l'ingestion d'aliments altérés ou de boissons malsaines, en sont les principales causes.

Traitement : Supprimer la cause, administrer de l'eau de riz et des lavements faits de décoction de goumbo.

Hématurie ou pissement de sang. — Cette affection, très fréquente pendant la période qui suit immédiatement l'hivernage, s'observe, sur les animaux nourris de jeunes feuilles d'arbre. Au Soudan, les feuilles de bambou consommées en grande quantité déterminent des accidents, qui, parfois, ont occasionné la mort.

Symptômes : Au retour du pâturage, l'animal rejette, sans la moindre douleur, une urine rouge; l'appétit est généralement conservé. Quelquefois on observe un peu de fièvre et des coliques légères.

Traitement : Dans la plupart des cas, la maladie disparaît en même temps que la cause. Si elle persiste, on mettra le malade à la diète, on lui appliquera un sachet émollient sur les reins et on lui administrera de 5 à 10 litres d'eau de riz.

Crevasses interdigitées. — Inflammation de la peau qui sépare les onglons. La partie malade, d'abord rouge, s'ulcère et suppure. Parfois ces symptômes se compliquent de la chute du sabot.

Cette affection reconnaît pour causes l'humidité et la malpropreté des étables.

Traitement : Bien laver les parties malades au savon et à l'eau tiède. Appliquer des cataplasmes et continuer le traitement par des applications de liqueur de Villate.

Distomatose. — Cette maladie fréquente chez le bœuf africain, est produite par un parasite (distome hépatique) qui se rencontre dans les canaux biliaires.

Symptômes : Les symptômes, qui n'ont rien de caractéristique passent inaperçus pendant plusieurs mois. Le poil se ternit, la peau se sèche et se colle aux os. L'appétit devient capricieux, la constipation alterne avec la diarrhée. Alors apparaissent les signes de la cachexie.

A l'abatage, on trouve un foie hypertrophié : son poids peut avoir triplé, sa surface est rugueuse. Lorsqu'on l'incise, on trouve dans son épaisseur une quantité plus ou moins considérable de douves logées dans des cavernes ou galeries sinueuses. La maigreur de la bête entraîne le rejet de la viande et, dans tous les cas, du **foie atteint**.

LES MOUTONS

L'Afrique occidentale est parcourue par plusieurs races bien tranchées, bien distinctes, ne se ressemblant en rien : l'une au Nord chez les Touareg et les Maures, sans laine, sans cornes de taille élevée, à corps long, à jambes hautes ; l'autre à l'Est ancêtre du mérinos, (Macina et environs de Tombouctou), à laine très longue mais peu chargée, de taille élevée à corps épais, à cuisses fournies ; et enfin la troisième dans la région du Sud, de petite taille, à corps trapu, bien ramassé, aux membres courts, aux cuisses charnues, sans laine.

Si les troupeaux des indigènes sont très hétérogènes, cela tient aux mauvais soins dont ils sont l'objet et à la négligence apportée dans le choix des reproducteurs.

Le Macina entretient des moutons qui se rapprochent beaucoup de nos races de mérinos perfectionnées. Malheureusement les Noirs n'en prennent aucun soin : ils n'ont ni hangars pour les abriter, ni approvisionnements de fourrage pour parer à la disette de la saison sèche, aussi perdent-ils annuellement la moitié de leurs troupeaux.

Chaque jour l'Amérique nous inonde d'une telle quantité de laine, que l'exploitation, jadis si fructueuse, du mérinos de France a subi un trouble considérable, un découragement profond, qui doit remettre en question l'économie des races ovines.

La laine fine, objet d'une concurrence outrée, le prix excessif de la viande, obligent les producteurs à prendre une voie nouvelle.

Faire beaucoup de viande en même temps qu'une laine longue à toison pesante, tel est le problème à résoudre.

Faire au Soudan un mouton à cuisse plus fournie, éliminer les sujets à laine poreuse, conserver les laines longues en les rendant plus homogènes : telle devrait être la tendance du producteur. Ce but serait facile à atteindre par sélection ; mais le cultivateur est nègre, sans souci du résultat, laissant aller au hasard toutes les choses de ce monde et répondant par son invariable et stupide « C'est Allah qui le veut. »

Une mesure simple et très efficace, en dehors de toutes considérations hygiéniques, serait la castration des mâles à laine bizarrée. Nous n'en dirons pas autant de l'idée qui a présidé à l'introduction dans le haut Sénégal, de Southdowns et à la création d'une bergerie modèle. Nous le répétons, le mouton africain est très rustique ; ne lui enlevons pas cette précieuse qualité par des croisements désordonnés, améliorons-le pour la boucherie et rendons-lui une laine plus égale, plus homogène, sans l'affiner. Par la sélection on arrivera vite à ce résultat. Plus tard, lorsque le terrain sera mieux préparé, nous pourrons nous lancer dans la fantaisie.

En résumé, en appliquant avec intelligence les méthodes zootechniques usitées en France pour l'amélioration des races, on arriverait dans le Macina à de merveilleux résultats, d'autant plus que la population ovine y est nombreuse et fort belle.

Les Chèvres. — En Afrique, les chèvres sont, non seulement, les commensales du mouton, mais aussi des indigènes; elles vivent en liberté dans les villages, couchent dans les maisons où un coin de l'habitation leur est spécialement destiné. Les boucs circulent majestueusement et librement dans les rues livrant ainsi la reproduction au hasard.

Au point de vue économique, la race *peulh* a sur la plupart des autres races, même européennes, l'avantage d'être meilleure laitière : elle donne plus de lait relativement à sa taille et à son poids. Sa chair est supérieure, plus tendre, et sans odeur ni saveur désagréable.

Hygiène du mouton. Alimentation. — *Nourriture au pâturage.* — Les terrains humides et marécageux ont sur les moutons une influence pernicieuse; ils sont la cause la plus fréquente de la cachexie. La rosée ou les brouillards peuvent avoir le même effet. Pendant les heures chaudes de la journée, on laissera le troupeau à la bergerie.

Lorsque le mouton pacage, il boit peu, si l'herbe est aqueuse et le temps humide. Pendant la saison sèche, il est nécessaire de l'abreuver 2 ou 3 fois par jour en assurant la pureté et la limpidité de l'eau.

Nourriture à la bergerie. — Pendant l'hivernage le vert doit former la base de la nourriture. Il ne sera distribué qu'après avoir été fané sous un hangar pendant 12 ou 24 heures. La quantité d'herbe nécessaire à un mouton peut être évaluée à 4 kg.

Pendant la saison sèche la ration de stabulation comprendra du foin du pays ou des fanes d'arachide à raison de 1 kg et de la paille à discrétion; à titre de supplément, on pourra donner des grains macérés ou des tubercules.

A la bergerie, le mouton doit pouvoir boire lorsque le besoin s'en fait sentir. A cet effet, on mettra l'eau dans des auges placées dans les coins du hangar. Il est bon, dans les colonies où les fourrages sont souvent de médiocre qualité, d'ajouter 4 ou 5 gr. de sel à la ration. En résumé, le meilleur mode d'entretien des troupeaux est de les soumettre à un régime mixte que l'on peut ainsi formuler : pendant la saison sèche, faire pâturer les animaux chaque fois que le temps le permet et ajouter une ration supplémentaire.

Pendant l'hivernage, nourrir les troupeaux à la bergerie avec des fourrages verts de bonne qualité.

Bergerie. — Le mouton a besoin de beaucoup d'air, redoute le grand soleil et surtout l'humidité. De là, nécessité d'un logement spacieux et bien étanche. On choisira, pour établir une bergerie, un lieu sec, élevé, en pente douce.

Le meilleur édifice est le hangar couvert en paille dont tout le pourtour est en banco sur 1 mètre de hauteur. On dispose au-dessus de ce mur d'enceinte un treillis en bois de 2 mètres.

Le mobilier est uniquement formé de râteliers-mangeoires de $0^m,30$ de haut.

Aux angles de la bergerie on ménagera des stalles de 2 ou 3 mètres pour les femelles qui allaitent et les malades.

Il est indispensable d'accorder 1 mètre à chaque mouton.

Le sol du hangar, en terre battue, doit être nettoyé tous les jours et garni d'une abondante litière.

Maladies des moutons. — A. **Contagieuses.** — *Gale*. — La gale du mouton a, dans la zone torride, une gravité exceptionnelle. Chaque année les troupeaux maures ou touaregs lui paient un large tribut.

Symptômes. — Le premier signe de la gale est un prurit intense qui porte l'animal à se gratter. Bientôt apparaissent des boutons de la grosseur d'un grain de mil, qui crèvent et produisent en se desséchant une desquamation épidermique abondante. La laine ou le poil perdent leur luisant et leur souplesse, le tégument devient dur, ratatiné et crevassé.

Lorsque la maladie se généralise, l'excitation permanente, la suppression de l'appétit, amènent peu à peu l'amaigrissement, l'anémie et la mort.

Traitement. — La prophylaxie comporte l'isolement et la séquestration des animaux galeux. On évitera tout contact immédiat des individus malades avec les sujets sains, et on préviendra la contagion médiate par les instruments de pansage, la litière, etc. Il y aura lieu de désinfecter ou de détruire par le feu les locaux infectés.

Il faudra tondre les animaux si la jarre et la laine sont trop longues, puis nettoyer la peau à l'eau et au savon. Lorsque le tégument aura été ainsi préparé, on fera agir sur lui l'eau crésylée ou phéniquée à 5 pour 100, le jus de tabac étendu ou l'eau pétrolée. Les galeux seront baignés deux fois à une semaine d'intervalle. La durée de l'immersion sera de 3 à 4 minutes.

Charbon du mouton ou sang de rate. — Signalé plusieurs fois au Sénégal et au Soudan.

Symptômes. — Le plus souvent il revêt la *forme apoplectique* : les animaux chancellent, tombent et sont pris de spasmes ; — du sang noir s'écoule par les ouvertures naturelles. La mort survient en quelques minutes. Quelquefois la maladie dure plusieurs heures, alors elle s'accuse par des symptômes cérébraux (excitation, marche titubante), ou par des symptômes pulmonaires (respiration accélérée, dyspnée, cyanose des muqueuses).

Traitement. — Le traitement prophylactique est de beaucoup le plus important.

L'incinération des cadavres, la destruction des locaux sont les meilleurs moyens de désinfection.

Les localités infectées seront rigoureusement interdites, leurs troupeaux seront isolés, séquestrés et marqués.

Le traitement curatif est peu efficace. Dans les formes lentes on pourra employer les purgatifs, notamment le calomel à petites doses (0 gr. 50).

Le charbon se communique, non seulement aux animaux de la même espèce, mais aussi à l'homme. Nous recommandons donc une extrême prudence aux personnes chargées de donner les soins aux animaux charbonneux, et surtout aux agents proposés à l'alimentation des Européens. Le mieux, croyons-nous, est de rejeter la viande de mouton, pendant tout le cours d'une épidémie.

Clavelée ou variole du mouton. — Maladie contagieuse sévissant généralement à l'état épidémique. Son agent infectieux est d'une subtilité extrême et possède une résistance considérable.

Symptômes. — Les animaux sont tristes et faibles, ils tiennent la tête basse et cessent de manger. Au bout de 48 heures environ, les régions dépourvues de laine (voisinage des yeux, de la bouche, face externe des membres) présentent un pointillé rouge. Vers le 5ᵉ ou 6ᵉ jour les papules pâlissent et deviennent vésiculeuses. La peau du voisinage se tuméfie. La fièvre augmente, les muqueuses oculaires, nasales, pharyngiennes et bronchiques, s'enflamment et donnent écoulement à du pus. Les malades ont une salivation abondante et une respiration accélérée et pénible. Finalement, les pustules se dessèchent, les croûtes tombent, laissant de petites dépressions glabres. Si la maladie prend une *forme confluente*, les symptômes généraux s'aggravent et la mort survient au bout du 8ᵉ ou du 10ᵉ jour.

Traitement. — La prophylaxie comprend les mesures de police sanitaire que nous avons déjà indiquées.

Le traitement curatif est tout d'expectation.

B. **Maladies parasitaires non contagieuses.** — *Tournis.* — Le tournis est une affection particulièrement fréquente chez le mouton qui s'infeste en ingérant les anneaux ou les œufs des tænias déposés avec les excréments du chien sur l'herbe des pâturages.

Symptômes. — Au début, les malades traînent derrière le troupeau, ils ont la démarche chancelante, le faciès hébété, le regard sans expression. A mesure que la maladie progresse, la marche devient plus difficile, les malades tournent d'un côté ou de l'autre, pirouettent, buttent, tombent, en proie à des spasmes ou convulsions. La mort, produite par les progrès de la cachexie, survient au bout de 5 ou 6 semaines.

Traitement. — La prophylaxie a une grosse importance. Elle consiste à faire disparaître, dans la mesure du possible, l'agent de la maladie. Pour cela on enfouira les têtes des moutons malades. Les chiens approchant les troupeaux seront surveillés, et, lorsqu'on s'apercevra qu'ils sont atteints du tænia, on les traitera et on les isolera pendant le traitement.

Le traitement curatif ressort de la chirurgie; il consiste dans l'extraction des vésicules développées dans le cerveau.

Distomatose. — Comme chez le bœuf, ce n'est que lorsque le mal a acquis une certaine gravité qu'on observe des signes de cachexie. Les animaux maigrissent rapidement, les muqueuses sont pâles, lavées, la laine est sèche et terne. L'appétit est capricieux, la rumination est suspendue. Les malades, très faibles, restent en arrière du troupeau.

Traitement. — On évitera de conduire les moutons dans les pâturages humides et marécageux. On détruira tous les foins malades ou suspects. On mettra du sel gemme à la disposition des animaux. Si, dans un rayon plus ou moins étendu, il est impossible d'enrayer le mal, on y abandonnera l'élevage du mouton.

L'état de maigreur exagéré entraîne le refus de la viande.

C. **Maladies ordinaires.** — *Furonculose interdigitée.* — Très fréquente pendant l'hivernage, lorsque les troupeaux sont mal logés et mal entretenus.

Symptômes. — Les malades boitent et refusent de suivre le troupeau. La partie inférieure des membres, tuméfiée, laisse suinter un liquide purulent très fétide. Peu après on constate de la suppuration sous-ongulée, du décollement et enfin la chute de l'ongle entraînant l'amaigrissement rapide et la mort.

Traitement. — Stabulation forcée, lavages des parties malades à l'eau phéniquée ou crésylée. — Abondante litière souvent renouvelée.

Cachexie aqueuse ou pourriture. — La cachexie aqueuse exerce des ravages considérables sur les troupeaux africains. Les pâturages marécageux, tourbeux, l'alimentation trop aqueuse, l'hygiène défectueuse (bergeries mal construites, et mal entretenues, mauvais soins), le séjour dans des pâturages couverts de rosée ou exposés aux vents froids ou miasmatiques, sont autant de causes qui affaiblissent l'animal et préparent le terrain pour la réception et la multiplication des parasites.

Symptômes. — Les moutons atteints de cachexie sont faibles, leur démarche est traînante, leur maigreur s'accentue de jour en jour. Les muqueuses pâlissent et deviennent exsangues. Des tuméfactions œdémateuses se développent dans l'auge, à l'encolure, sous la poitrine et sous le ventre. Plus tard survient une diarrhée abondante. Enfin, les malades épuisés restent couchés et succombent au bout de quelques mois.

Traitement. — L'indication la plus efficace est de modifier les conditions d'entretien et d'alimentation.

Les médicaments les plus avantageux sont le sel gemme à discrétion et les poudres de gentiane ou de kola.

LES CHAMEAUX

Deux races se partagent ce grand ruminant dans l'Afrique occidentale : le chameau porteur et le chameau coureur ou méhari.

Ce dernier a le crâne plus large, plus haut, plus spacieux; les poils de cette région sont courts et fins. L'œil est plus grand et plus expressif, le col plus long, la tête plus haute et la taille plus considérable. La puissance du méhari est immense. Aucun animal n'est aussi propre à franchir de grandes distances dans le désert.

Si le chameau porteur n'a pas la vitesse du premier, il n'en est pas moins précieux pour les transports de toute nature, pour les caravanes et en particulier pour les colonnes expéditionnaires opérant dans le Nord.

Non seulement il porte les approvisionnements de la troupe, mais encore il n'a besoin de rien, il vit de ce qu'il trouve en route, là où le cheval et le mulet ne trouveraient rien.

« Il consomme les plantes les plus communes, les plus grossières, tout lui est bon, à la condition expresse de lui renouveler souvent sa provision alimentaire si peu riche en principes assimilables. Il doit manger en marchant et digérer en route. Il doit donc marcher librement, s'arrêter quand il trouve une touffe d'herbe à sa convenance, recommencer de nouveau quand l'occasion se représente, de façon qu'arrivé au bivouac, après avoir marché tout le jour, il ait l'estomac rempli et n'ait plus qu'à se reposer. C'est de cette façon que les Arabes le font marcher d'un soleil à l'autre, boire et manger en route, reposer au camp et franchir 12 à 15 lieues par jour sans compromettre sa santé ni son existence.

« Le chameau surmené, n'ayant pu manger en route, refusant les aliments de la nuit, fatigué et fatigant d'autant plus qu'il ne répare pas ses pertes, tombe vite épuisé, pour ne plus se relever; on est obligé de l'achever sur place ou de l'abandonner à une mort certaine[1]. »

L'anémie, la gale et les abcès plantaires sont, au Sénégal, les affections qui éprouvent le plus les troupeaux.

LES POULES

L'élevage de la poule aux colonies acquiert d'autant plus d'importance qu'il constitue non seulement la base de la nourriture, mais aussi une occupation à la fois attrayante et utile, permettant dans bien des circonstances d'échapper à l'ennui.

La poule de la côte d'Afrique est de petite taille; son plumage est des plus variés. En général elle est assez bonne pondeuse, mais sa chair est médiocre.

Poulailler. — On construira le poulailler en pisé de façon qu'il soit parfaitement aéré, sain, commode et inaccessible aux carnassiers et aux reptiles. Il sera divisé en deux parties : l'une inférieure ou rez-de-chaussée servant d'abri, de salle à manger et une partie supérieure ou dortoir. Comme dimensions il aura, pour une centaine de poules, 4 m. de largeur sur 4 m. de longueur et 3 m. de haut. Les animaux y accéderont par une échelle appuyée sur la paroi vis-à-vis d'une porte. Le plancher sera bien horizontal et recouvert de sable afin que les déjections ne donnent pas lieu à des dégagements nauséabonds. Pour tous meubles, des perchoirs et des pondoirs, plus les échelles y accédant et des augettes où chaque jour on renouvellera l'eau.

Les perchoirs seront disposés parallèlement à 0 m. 50 et superposés de telle façon que ceux des parties inférieures ne soient pas immédiatement au-dessous de ceux des parties supérieures; sans cette précaution les excréments des animaux qui occupent le haut tomberaient sur leurs congénères plus bas perchés. Souvent, avec ces perchoirs, les poules veulent toutes occuper l'échelon le plus élevé, se

---

1. *Géographie physique du Sahara.* Souvigny.

battent, d'où chutes plus ou moins graves. On obviera à cet inconvénient en plaçant des tréteaux sur toute la longueur du poulailler sur lesquels on placera un certain nombre de perchoirs.

Comme pondoirs on disposera deux ou trois bacs munis de cloisons qui formeront 4 ou 5 nids chacun. Dans le but d'exciter la poule à pondre, on dépose un œuf dans chaque nid. Les poules devront toujours trouver dans le voisinage du poulailler, l'air, l'ombrage, de la verdure et du sable. Le poulailler doit être entretenu dans la plus grand état de propreté. Les murs seront fréquemment blanchis à la chaux ou à la cendre, la toiture sera aspergée avec de l'eau crésylée, phéniquée ou pétrolée.

Les récipients destinés à recevoir la nourriture et la boisson doivent être souvent nettoyés. L'eau sera renouvelée deux fois dans la journée.

La poule est excessivement vorace ; elle se nourrit d'insectes, de vers, de grains et d'herbe.

Le mil, le riz et le maïs concassé, sont des aliments de choix. La patate et la banane sont très précieuses pour composer la pâtée des poussins.

La verdure sous toutes ses formes est le complément indispensable de l'alimentation des poules.

Incubation. — Lorsque la poule veut couver, elle glousse, tient les ailes écartées, hérisse ses plumes. Elle prend possession d'un pondoir et garde le nid.

Si l'on veut utiliser cette bonne disposition, il faudra isoler la poule pendant 4 ou 5 jours. Dans le cas contraire, on la place sur un couvoir installé dans un local spécial. On prendra toujours des œufs fécondés et frais. La durée de l'incubation dure 20 jours environ. Lorsque l'éclosion des poussins est terminée, on leur donne une pâtée faite de patate et de farine de maïs ou de riz délayée dans de l'eau. Les poussins ne sortiront qu'au bout de 15 jours ou 3 semaines.

Maladies des poules. — *Pépie.* — Ulcération du cartilage qui termine la pointe de la langue.

A tort ou à raison, on attribue cette maladie à une hygiène défectueuse (malpropreté des poulaillers, insuffisance de la nourriture).

Symptômes : les animaux sont tristes, ouvrent le bec pour respirer, ne mangent plus. La crête pâlit et les plumes se hérissent.

Traitement : enlever, à l'aide d'une aiguille, la follicule desséchée et laver la plaie avec de l'eau vinaigrée.

Diphtérie. — Cette maladie, très redoutable, consiste dans la production de fausses membranes blanc jaunâtre qui envahissent successivement toutes les muqueuses.

Symptômes : perte de l'appétit, ailes pendantes, muqueuses pâles, respiration difficile, jetage purulent, yeux larmoyants, diarrhée plus ou moins abondante.

Traitement : la prophylaxie commande de sacrifier les animaux les plus malades, d'isoler les autres et de détruire ou de désinfecter les poulaillers. Aux sujets légèrement atteints, on fera avaler des boulettes de mie de pain enduites de beurre et on badigeonne les fausses membranes avec de la teinture d'iode.

Choléra. — Maladie très contagieuse faisant d'énormes ravages dans les basses-cours.

La marche du choléra est très rapide. La plupart du temps la mort survient subitement. Parfois la durée de l'affection est de quelques heures, rarement de plusieurs jours.

Les malades cessent de manger, ils sont tristes et faibles, les plumes sont hérissées, les ailes tombantes. On observe parfois du jetage buccal spumeux.

Les matières fécales deviennent séreuses, de couleur verte et d'odeur fétide. Peu à peu la crête devient bleuâtre, les animaux chancellent, tombent, puis la mort a lieu dans une période de coma.

Traitement : la marche rapide de la maladie ne permet guère d'intervenir curativement. Il faut immédiatement éloigner les sujets sains, détruire le poulailler ou le désinfecter à fond à l'eau bouillante et à l'eau phéniquée à 5 pour 100. Les cadavres et les excréments seront incinérés ou enterrés profondément.

Entérite vermineuse. — Due à la présence de vers dans l'intestin.

Les excréments, très liquides, contiennent des aliments non digérés et des fragments de vers.

Contre cette affection, il faudra désinfecter le sol du poulailler et instituer un traitement vermifuge :

A l'eau de boisson on ajoutera un peu d'aloès et on mélangera de la fleur de soufre aux aliments.

Parasites externes. — Les parasites qui s'attaquent à la volaille sont nombreux. Les plus fréquents sont les puces, les tiques, les poux et les acares.

Pour se débarrasser de cette vermine, on désinfectera fréquemment les poulaillers. Les volailles seront poudrées avec de la fleur de soufre ou de la poudre de pyrèthre.

Pour les tiques on emploiera les frictions de savon indigène.

AMÉLIORATION DES RACES INDIGÈNES

M. Karper, distingué vétérinaire militaire, auquel un séjour de près de 10 années au Soudan donne une grande autorité, formule en ces termes les propositions concernant l'amélioration des races soudaniennes les plus nombreuses et les plus intéressantes de l'Afrique occidentale.[1]

« Le problème de l'amélioration des races dans le Soudan occidental est encore à résoudre avec ses difficultés et ses incertitudes.

« Dans toutes les contrées, le climat et le régime ont formé des races diverses qui sont toujours l'expression du milieu naturel.

« Selon le climat, selon la nourriture qu'on lui donnera, l'animal prendra de la taille et de la force, ou sera apte à donner de la viande ou du lait. Le Soudan possède des races ainsi constituées, qui doivent tout au sol et au climat et qui se sont fixées, en dehors de l'action de l'homme, par l'hérédité et par l'exclusion des races étrangères. *Aussi croyons-nous qu'il faut soigneusement conserver les races indiquées et se vouer à leur perfectionnement, car elles seules peuvent supporter les excès du climat sans dégénérer.*

« La sélection, c'est-à-dire la modification et l'amélioration de la race par elle-même, au moyen d'un choix raisonné de reproducteurs, est, à nos yeux, le meilleur moyen à employer, si elle s'appuie sur une riche alimentation. Le procédé est lent dans son action, mais le résultat en est sûr. Aussi, pensons-nous que l'avenir appartient à une sélection éclairée, préparant les futures générations à être perfectionnées d'après les circonstances environnantes. Ce qu'il faut donc, c'est trier avec le plus grand soin les animaux reproducteurs parmi les races du pays acceptées comme les meilleures, parmi celles qui donnent les produits les plus utiles, afin de développer ainsi les qualités nouvelles, sans affaiblir en rien les aptitudes déjà acquises qu'on recherche chez les animaux bien conformés. Qu'on leur donne des aliments variés dans la juste proportion qui doit en faciliter l'assimilation, et la race s'améliorera dans les formes, grandira, prendra du poids. On doit tendre à conserver au bétail soudanien les habitudes de vigueur et de rusticité, lentement mais solidement acquises par la vie au grand air et au grand soleil. Conséquemment, le seul procédé pratique d'amélioration, c'est la sélection. Si l'on s'aventurait dans la voie du croisement par des races supérieures

[1]. *Mission agricole et zootechnique dans le Soudan occidental.* 1884-1885. Korper, vétérinaire militaire.

étrangères, on s'exposerait, pour obtenir certaines qualités, à jeter le trouble dans l'économie rurale du Soudan. Du reste, les races étrangères ne peuvent convenir ici : elles sont trop difficiles à nourrir, et d'autant plus difficiles qu'elles sont plus perfectionnées[1] et qu'elles ne pourraient s'acclimater sans perdre de leurs qualités.

« Aujourd'hui les questions relatives à la production du bétail s'imposent plus que jamais à l'attention des cultivateurs.

« En résumé, dans le Soudan occidental, faire de l'herbe et multiplier le bétail sont deux questions de prospérité devant les importations de bétail vivant en Europe.

« Les grands obstacles à l'amélioration des types sont : le manque d'un principe arrêté pouvant éclairer la marche, l'apathie de la population et la pénurie des fourrages surtout dans le haut Sénégal. »

De longues années seront nécessaires pour inculquer aux Nègres le goût du travail et pour mettre leur éducation en harmonie avec nos besoins.

C'est à nous, officiers, fonctionnaires et colons, de les aider de nos conseils et de notre expérience. Avec le temps et une ferme volonté dégagée de toute idée spéculative, les difficultés s'aplaniront et nos colonies africaines affranchiront la Métropole du tribut qu'elle paie à l'étranger pour son alimentation.

1. Malgré les soins dont on les entourait, on n'a pu conserver au Soudan un des moutons Southdown introduits en 1899.

QUATRIÈME PARTIE

CHAPITRE XVII

TROIS MODÈLES D'ÉQUIPEMENT

1° LITTORAL

SÉNÉGAL. — BASSE GUINÉE. — BASSE CÔTE-D'IVOIRE. — BAS DAHOMEY
(DANS LES VILLES)

Équipement I.	*Équipement II.*
De 1000 fr. à 1600 fr.	De 250 fr. à 400 fr.
1 Harnachement complet.	
1 Chaise longue.	
6 Malles diverses.	1 Hamac.
1 Lit-cage pliant.	2 Grandes malles.
1 Service de table faïence.	
1 Batterie de cuisine.	
2 Caisses champagne.	
1 Sparklet.	
1 Grand filtre.	
1 Lampe à pétrole ou à alcool.	1 Photophore.
1 Uniforme de drap.	Uniforme de drap.
1 — flanelle.	
4 Vêtements toile blanche.	2 Vêtements blancs.
4 — — kaki.	2 — kaki.
1 Casque.	1 Casque.

1 Chapeau feutre, képi ou bonnet de police.
Linge de corps toile.
Faux cols et manchettes.
Linge de nuit satinette.
Ceinture flanelle.
1 Pèlerine caoutchoutée.
1 Couverture.
1 Moustiquaire.
6 Paires souliers toile blanche.
1 — — cuir jaune.
1 Tub caoutchouc.
1 Trousse toilette-voyage.
1 Fusil chasse et munitions.
1 Jumelle.
Instruments de musique.
1 Appareil photographique.
1 Cantine à produits photogr.
Articles de pêche et épervier.
1 Bicyclette.
1 Exerciser caoutchouc.
1 Pharmacie de poche (petite).
Abonnements : 1 *Revue illustrée*.
— 1 *Quotidien*.
— 1 *Journ. sciences*.
- 1 *Journ. colonial*.
- - Librairie pour ouvrages.
Articles de bureau.
Bibelots divers.

1 Chapeau, képi ou bonnet.
Linge toile.

Linge de nuit flanelle.

1 Vêtement imperméable.
1 Couverture.
1 Moustiquaire.
2 paires souliers cuir.
5 paires espadrilles toile.

1 Trousse toilette.

Articles de pêche.

Souvenirs de famille et bibelots.

2° ZONE TROPICALE

HAUT SÉNÉGAL. — SOUDAN. — NIGER. — TCHAD

Équipement I.
De 1500 à 2000 fr.

Équipement II.
De 400 fr. à 800 fr.

4 Cantines bois zingué.
1 — tôle fer.
1 Panier osier zingué.
1 Harnachement colonial.

1 Malle fer.
2 Cantines bois.

1 Tente bonnet de police.	1 Couverture bâche cirée.
1 Chaise pliante.	
1 Table pliante.	
1 Lit pliant.	1 Hamac.
1 Moustiquaire.	1 Moustiquaire.
1 Cantine-popote.	1 Marmite-popote.
1 Lampe à acétylène.	1 Lanterne à huile.
1 Lanterne pliante.	1 Photophore.
1 Tonnelet à eau.	1 Outre toile tannée.
6 Caisses conserves assorties.	2 Caisses conserves assorties.
1 Caisse 1/2 bout. champagne.	6 1/2 bouteilles champagne.
2 Caisses bordeaux blanc.	
1 Sparklet.	
1 Filtre gros débit.	1 Filtre individuel.
1 Costume drap.	1 Costume drap.
2 Costumes flanelle.	
4 — toile kaki.	2 Costumes toile kaki.
2 — toile blancs.	1 Costume — blanc.
Linge corps cellular ou satinette.	Linge corps toile.
— nuit flanelle.	Linge nuit flanelle.
1 Couverture laine.	1 Couverture laine.
1 Casque liège.	1 Casque liège.
1 Bonnet de police.	1 Chéchia.
1 Parasol.	
3 Paires souliers cuir.	3 Paires souliers cuir.
3 — — toile.	3 — espadrilles corde.
Tub cuvette caoutchouc.	Cuvette toile tannée.
3 Boîtes savonnettes.	1 Boîte savonnettes.
1 Grande trousse toilette.	1 Petite trousse toilette.
1 Revolver 1892.	Armes réglementaires.
1 Couteau-poignard.	
Jumelles.	
Boussole précision.	Boussole.
Assortiment de pacotille pour les indigènes :	
Perles soufflées dorées, étoffes brodées or, cuir brodé, chapelets musulmans, Corans, foulards soie, pipes, articles des bazars marocains, papier blanc, crayon, etc.	
1 Sabre d'abatis.	Hachette américaine.

Hache, scie, marteau, tenailles, etc.
Abonnements : journaux, revues, bibliothèques.
Articles de correspondance.   Articles de correspondance.
Boîte à dessin.
Gramophone.
1 Appareil photo-stéréoscopique.   1 Appareil instantané 6 1/2 × 9 et accessoires.
1 — panoramique.
Cantine photographique.
1 kg savon arsenical.
Naphtaline.
Nécessaire collectionneur.
1 Express Idéal à 2 coups.
1 Fusil calibre 12 à 2 coups.   1 Canardière calibre 12 à répétition.
Munitions de chasse.   Munitions de chasse.
Articles de pêche : ligne, hameçons, épuisette.   Articles de pêche : ligne, hameçons, épuisette.
Trousse de chirurgie de poche.
Pharmacie portative, modèle moyen.   Pharmacie de poche.
Souvenirs de famille.   Souvenirs de famille.
Bibelots divers (la plus petite quantité possible).   Bibelots divers (la plus petite quantité possible).

3° ZONE ÉQUATORIALE

CÔTE D'IVOIRE — DAHOMEY — HAUTE-GUINÉE

Équipement I.   *Équipement II.*
De 1600 fr. à 2400 fr.   De 400 fr. à 800 fr.

4 Cantines tôle fer.   2 Cantines fer.
2 Tonnelets étanches.   1 Cantine fer étanche.
1 Hamac.   1 Hamac.
1 Portoir à bretelles.
1 Flotteur caoutchouc.   1 Ceinture liège.
1 Tente marquise.   1 Bâche caoutchoutée.
1 Chaise pliante fer.
1 Table pliante fer.
1 Lit pliant moustiquaire.   1 Lit pliant moustiquaire.

TROIS MODÈLES D'ÉQUIPEMENT.

1 Cantine fer popote.	1 Marmite-popote.
1 Lampe portative à acétylène.	1 Lanterne à huile dite marine.
1 Photophore.	1 — pliante.
1 Boîte fer graines.	
6 Caisses conserves assorties.	3 Caisses conserves assorties.
20 Boîtes lait concentré.	10 Boîtes lait concentré.
1 Caisse champagne.	6 1/2 bouteilles de champagne.
1 — bordeaux blanc.	6 1/2 — vins sucrés.
1 — vins sucrés.	
1 Sparklet.	1 Sparklet.
1 Filtre grand débit.	1 Filtre individuel.
1 Costume flanelle.	1 Costume drap.
4 Costumes toile kaki.	5 Costumes kaki.
4 — toile blanche.	1 Costume toile blanche.
Linge corps toile et soie.	Linge corps toile.
— nuit satinette ou cellular.	— nuit flanelle.
1 Manteau imperméable.	1 Manteau imperméable.
1 Couverture imperméabilisée.	1 Couverture imperméabilisée.
1 — caoutchoutée.	
1 Casque moelle sureau.	1 Casque insolaire.
1 Chapeau double feutre.	1 Chapeau double feutre.
1 Bonnet de police.	1 Chéchia.
6 Coiffes toile pour chapeau.	6 Coiffes toile pour chapeau.
1 Parapluie.	
6 Souliers toile blanche.	4 Souliers toile blanche.
1 Paire souliers cuir.	1 Paire souliers cuir.
1 — guêtres toile tannée.	1 — guêtres toile tannée.
1 Tub caoutchouc.	1 Cuvette caoutchouc.
Savons et parfumerie.	Savons et parfumerie.
Trousse toilette voyage.	Nécessaire toilette.
1 Revolver 1892.	Armes réglementaires.
Canne alpinstock.	
Jumelles.	
Boussole précision.	Boussole.
Pacotille indigène (perles verre de couleur, couteaux, pipes, glaces, boîtes à musique, armes de traite, cotonnades peintes, alcools, poudre de traite, miroiterie à bas prix, etc.).	
Outils, hache, coupe-coupe, scie à rouleau, marteau, tenailles, etc.	Hachette, scie.

Papiers, toile, cachets crampon, encre en poudre.
Pastels et crayons couleur.
Graphophones, boîtes à musique.
  Photographie :
1 Appareil panoramique.
1 — stéréoscopique 6 $^1/_2 \times 9$.
Pellicules ou plaques en boîtes soudées.
Produits photographiques.
  Nécessaire pour collections :
Trousse, formol, savon arsenical, naphtaline, herbier.
1 Fusil carabiné 5 coups.

Munitions diverses.
1 Paire cuissards caoutchoutés.
2 Pièges fer.
Articles de pêche.
1 Épervier.
1 Exerciser en caoutchouc ou métal nickelé.
1 Trousse de chirurgie de poche.
1 Pharmacie moyen modèle en boîte fer étanche.
Abonnements : revue, journal, bibliothèque.
Souvenirs de famille et petits bibelots. — Mais, en évitant d'emporter des objets de maroquinerie, ils se détériorent en un hivernage. — Les photographies s'effacent et les cuirs moisissent malgré toutes les précautions.

Articles de correspondance.

1 Appareil instantané 6 $^1/_2 \times 9$.
Produits photographiques en boîtes soudées.

1 Fusil canardière, calibre 12, à répétition.
Munitions.

Articles de pêche.

1 Pharmacie de poche.

CHAPITRE XVIII

RENSEIGNEMENTS PRATIQUES

Par M. Gimet-Fontalirant
Publiciste, ancien chargé de mission aux colonies.

Après avoir exposé, avec tous les détails nécessaires, les conditions de l'existence de l'Européen aux pays chauds, il reste à grouper, pour la commodité des recherches que l'on est forcément amené à faire en hâte à la veille d'un départ, toutes les indications de nature à faciliter aux coloniaux les démarches, visites, courses de toute sorte, qui sont les préliminaires pour ainsi dire obligés d'un voyage lointain.

I. — RENSEIGNEMENTS GÉNÉRAUX UTILES

Entre les renseignements, si divers, si nombreux, dont on a impérieusement besoin aux colonies, nous devons nous borner à ceux qui, dans la forme la plus simple, — celle d'adresses convenablement choisies ou celle de tableaux aisément consultables, — ont l'utilité la plus générale, la plus pressante, ou la plus pratique

SERVICE ADMINISTRATIF DES COLONIES
DANS LES PORTS DE COMMERCE DE LA MÉTROPOLE

Le décret du 18 juin 1887 a déterminé la compétence et défini les fonctions de ce service :
Embarquement et débarquement des passagers, — réquisition des passages, — visite médicale, — établissement des propositions de congés de convalescence.

Paiement des frais de route, solde, avances de solde au personnel allant aux Colonies ou en revenant, au personnel du Service colonial ou des Services locaux en congé dans le département; — paiement des délégations, secours, etc.

Achats à effectuer dans les ports pour le compte du Budget colonial ou des Budgets locaux des Colonies, — préparation et passation des marchés.

Réception et expédition du matériel provenant d'achats, de cession ou d'envois par le magasin central ou les fournisseurs.

Affrètements, — liquidation, — mandatement.

Le Havre, 27, place de l'Hôtel-de-Ville.

Nantes, quai Ernest-Renaud.

Bordeaux, rue Esprit-des-Lois.

Marseille, 65, boulevard des Dames.

OFFICE COLONIAL

GALERIE D'ORLÉANS. — PALAIS-ROYAL.

Le décret du 14 mars 1899 dispose : l'Office colonial a pour mission de procurer au public tous les renseignements relatifs à la colonisation agricole, au commerce et à l'industrie des Colonies, tant au point de vue de l'importation que de l'exportation.

Ces renseignements, oraux ou écrits, sont fournis *gratuitement* sur simple demande des intéressés.

L'Office colonial est, en outre, chargé de reconstituer sur des bases nouvelles l'ancienne *Exposition permanente des Colonies*, et de centraliser tout ce qui se rapporte à : service de l'Émigration, publication de Notices coloniales, établissement des Statistiques, expositions temporaires, etc.

Les fonctionnaires coloniaux en congé en France sont invités, suivant un roulement fixé chaque mois, à se tenir à la disposition des négociants et colons pour leur fournir tous les renseignements qui leur seraient utiles sur les colonies françaises.

La *bibliothèque* de l'Office colonial est ouverte au public tous les jours de 10 heures à midi et de 2 heures à 5 heures.

Le *bureau de vente* des publications officielles tient à la disposition des intéressés les Journaux officiels des colonies, les budgets locaux, les procès-verbaux des séances des Conseils généraux, les Notices, Bulletins, Feuilles de renseignements, etc., publiés par le ministère des Colonies.

JARDIN COLONIAL

(AVENUE DE LA BELLE-GABRIELLE, NOGENT-SUR-MARNE)

Le personnel du Jardin Colonial est réparti entre trois services : S. botanique, S. chimique, S. des Cultures.

Fonctions : Centralisation des renseignements concernant la production et les industries agricoles. — Relations avec les jardins d'essai des colonies. — Enquêtes sur les productions végétales et leurs applications. — Renseignements donnés au public sur les avantages à tirer des cultures coloniales.

Laboratoires : Étude des produits coloniaux. — Détermination de leur valeur. — Analyse des matières premières : gomme, résine, caoutchouc, etc. — Fibres et matières textiles. — Amidons, sucres, alcools. — Corps gras. — Matières comestibles : cafés, cacaos, poivres, etc. — Produits pharmaceutiques. — Étude des falsifications de ces produits. — Analyse de terres et engrais. — Étude des maladies des plantes.

Cultures : Introduction et propagation des espèces ayant des applications agricoles, commerciales ou industrielles. — Dissémination des espèces nouvelles. — Envois de semences et de plantes dans les Colonies. — Instruction donnée au personnel agricole destiné aux Colonies.

CORRESPONDANCES TÉLÉGRAPHIQUES

ENTRE LA FRANCE ET L'AFRIQUE OCCIDENTALE

L'Afrique occidentale française est reliée à la métropole par différents câbles (voir chap. I, p. 26) et possède un réseau déjà très important de lignes terrestres.

Les taxes sont ainsi fixées :

DE FRANCE AU SÉNÉGAL.

Voie Bordeaux-Ténériffe (par l'Espagne).	fr. 1,50	par mot.
Voie Marseille-Barcelone-Ténériffe.	1,65	—
Voie Angleterre-Ténériffe.	1,84	—
Voie Marseille-Malte-Ténériffe	1,84	—
Voie Madère-Espagne	5,215	—
Voie Madère-Barcelone.	5,515	—
Voie Madère-Angleterre	5,75	—
Voie Madère-Malte.	5,75	—

COURRIERS DE LA CÔTE OCCIDENTALE D'AFRIQUE.

COMPAGNIES DE NAVIGATION	PORTS D'EMBARQUEMENT ET DATES DE DÉPARTS.	ARRIVÉES A					
		DAKAR.	KONAKRY.	GRAND-BASSAM.	KOTONOU.	LIBREVILLE.	LOANGO.
Messageries maritimes....	Bordeaux, les 10 et 25 de chaque mois.	le 18. le 1 ou 2.					
Chargeurs réunis.....	Bordeaux, le 15 de chaque mois.	le 23.	le 28.	le 1 ou le 2.	le 3 ou le 4.	le 7 ou le 8.	le 13 ou 14.
Fraissinet....	Marseille, le 5 de chaque mois.	le 16.	le 19.	Grand-Lahou, le 24. Grand-Bassam, le 25.	le 28.	4 jours après l'arrivée à Kotonou.	5 jours après l'arrivée à Libreville.
Transports maritimes....	Marseille, le 10 et le 25 de chaque mois.	le 20. le 6.					
Compagnie portugaise....	Paris, les 8 et 18. Lisbonne, 15 et 21.	Arrivée à Cabinda le 22 et le 28 avec transbordement pour Loango sur bâtiment de la station locale.					30 heures après l'arrivée à Cabinda.

RENSEIGNEMENTS GÉNÉRAUX UTILES.

DE FRANCE A KONAKRY.

Voie Cadix-Ténériffe . . . . fr.	5,51 par mot.
Voie Barcelone-Ténériffe	5,66 —
Voie Angleterre-Ténériffe	5,85 —
Voie Malte-Ténériffe	5,85 —

DE FRANCE A GRAND-BASSAM.

Voie Cadix-Ténériffe . . . . fr.	6,11 par mot.
Voie Barcelone-Ténériffe	6,26 —
Voie Angleterre-Ténériffe	6,45 —
Voie Malte-Ténériffe	6,45 —

DE FRANCE A KOTONOU.

Voie Cadix-Ténériffe . . . . fr.	7,61 par mot.
Voie Barcelone-Ténériffe	7,76 —
Voie Angleterre-Ténériffe	7,95 —
Voie Malte-Ténériffe	7,95 —

DE FRANCE A LIBREVILLE.

Voie Cadix-Ténériffe . . . . fr.	8,21 par mot.
Voie Barcelone-Ténériffe	8,36 —
Voie Angleterre-Ténériffe	8,55 —
Voie Malte-Ténériffe	8,55 —

STATIONS TÉLÉGRAPHIQUES

Dakar et Saint-Louis sont reliés par un câble et par les lignes terrestres.

Le réseau télégraphique de la Guinée française se compose actuellement de 4 lignes :

1° Konakry, Manéah, Friguiagbé, Bambaya, Kaba, Faranah et Kouroussa.

2° Une annexe de cette ligne rejoint Timbo à Bambaya.

3° Konakry, Dubréka, Boffa, Boké et Kado (correspondant avec la ligne sénégalaise de Casamance au Saloum).

4° Manéah et Farmoréah.

Les territoires du Soudan (rattachés à la Guinée) comprennent les lignes :

1° Kayes, Kita, Niagassola, Siguiri, Kankan, Kouroussa et Faranah.

2° Faranah, Kissidougou, Beyla (en construction).

SERVICE INTÉRIEUR AFRICAIN

	TAXE PAR MOT.	MINIMUM DE PERCEPTION.
De la Guinée pour la Guinée.	0^{fr},10	1
— Soudan.	0^{fr},20	2
— Sénégal.	0^{fr},30	3

Si l'on a au Sénégal un correspondant qui puisse réexpédier les télégrammes, on télégraphie de Guinée en France à raison de 1 fr. 80 par mot.

Les télégrammes provenant de l'extérieur peuvent être expédiés à destination d'un poste de l'intérieur de la Guinée moyennant une surtaxe de 10 centimes.

SERVICE DES COLIS POSTAUX
ENTRE LA FRANCE ET L'AFRIQUE OCCIDENTALE

Les colis postaux ne dépassant pas le poids de 5 kilogrammes peuvent être échangés entre la France et les colonies de l'Afrique occidentale française aux conditions suivantes :

1° Les dimensions des colis ne doivent pas excéder 60 centimètres (en longueur) et 25 décimètres cubes (en volume). Les colis fusils peuvent atteindre 80 centimètres en longueur.

2° Il n'est pas accepté de colis postaux contre remboursement, ou avec valeur déclarée, ni de colis encombrants.

3° Chaque colis doit être accompagné d'une déclaration en douane.

L'administration entend par objets *encombrants*, tous articles sujets à inflammation spontanée ou à explosion, tous produits répugnants ou de mauvaise odeur, toutes marchandises susceptibles de se détériorer faute de soins pendant le transport.

Certains objets sont néanmoins admis au transport à des conditions déterminées dans l'Arrangement international additionnel du 16 juillet 1895.

L'administration exige un emballage qui protège suffisamment la marchandise, car elle est responsable de la perte, de la spoliation ou de l'avarie du colis postal, jusqu'à concurrence de la valeur déclarée (maximum de l'indemnité, 25 francs).

RENSEIGNEMENTS GÉNÉRAUX UTILES.

Les colis ne doivent contenir ni lettres, ni écrits ayant un caractère personnel; on peut cependant y joindre la facture.

DESTINATION.	VOIE D'ACHEMINEMENT.	PORT DE DÉBARQUEMENT.	TAXE[1].	VILLES OUVERTES AU SERVICE DES COLIS POSTAUX.
Sénégal.	Bordeaux ou Marseille (Joliette).	Dakar		Dakar, Saint-Louis, Rufisque, Gorée, Thiers, Tivaouane, N'Gaye, Mekhé, N'Daude, Louga, M'Pal.
Guinée française.	Id.	Konakry	3 fr.	Konakry.
Côte d'Ivoire. . .	Id.	Grand-Bassam.	3 fr.	Grand-Bassam.
Dahomey et dépendances. . .	Id.	Kotonou.	3 fr.	Kotonou, Dogba, Grand-Popo, Ogoué, Porto-Novo, Ouidah.
Congo français. .	Id.	Libreville et Loango.	3 fr.	Libreville, Bata, Bénito, cap Lopez, Lambaréné, Loango, Setté-Cama, Mayumbo, N'Djolé.

1. Non compris le droit de timbre 0fr.10.

Bien que le nombre des villes ouvertes au service des colis postaux soit très restreint, on peut néanmoins adresser des colis postaux à n'importe quelle autre localité, à charge par le destinataire de les faire retirer au port de débarquement.

TRANSPORTS. — FRETS

Les prix de transport des marchandises sont calculés à la tonne ou au mètre cube, au choix du transporteur.

1° De France (Bordeaux ou Marseille) à Dakar : 55 fr. la tonne. Retour : de 25 à 50 fr. la tonne, suivant les marchandises.

Passagers : a) Messageries maritimes, 1re classe, 1re catégorie, 700 francs; 1re classe, 2e catégorie, 500 fr.; 2e classe, 250 fr.; 3e classe, 200 fr.

b) Compagnie Fraissinet, 1re classe, 550 fr.; 2e classe, 450 fr.; 3e classe, 200 francs.

2° De Saint-Louis à Kayes : 35 fr. la tonne. Vapeurs réguliers.

3° De France à Kayes : par Bordeaux, 70 fr. la tonne; par le Havre, 90 fr. la tonne. Vapeurs affrétés.

4° De Koulikoro à Toukoto : 80 fr. la tonne. Voitures Lefèvre.

5° De Toukoto à Kayes : 16 fr. 55. Chemin de fer.

6° De France à Konakry : Chargeurs réunis, 50 fr. la tonne; Compagnie Fraissinet, 45 fr. la tonne.
Retour : 65 fr. la tonne caoutchouc, 50 fr. la tonne graines.
Passagers : 1re classe, 750 fr.; 2e classe, 650 fr.; 3e classe, 250 fr. Franchise accordée pour 200 kg de bagages. Excédent, 55 fr. par 100 kg.

7° De Liverpool à Konakry : 40 fr. la tonne. Retour : 65 fr. la tonne caoutchouc, 27 fr. la tonne graines.

8° De Hambourg à Konakry : 35 fr. la tonne. Retour : 65 fr. la tonne caoutchouc, 25 fr. la tonne graines.

9° Au delà de Konakry, vers Grand-Lahou, Grand-Bassam, Grand-Popo, Kotonou, les prix ne varient guère (5 à 10 fr. suivant les marchandises) que s'il s'agit de transport rapide par paquebot postal.
Passagers : *a*) Pour Grand-Bassam : 1re classe, 900 fr.; 2e classe, 700 fr.; 3e classe, 350 fr.
b) Pour Kotonou : 1re classe, 1000 fr.; 2e classe, 840 fr.; 3e classe, 350 fr.

10° De France au Congo : 55 à 60 fr. la tonne. Retour : 65 fr. la tonne.
Passagers pour Libreville : 1re classe, 1100 fr.; 2e classe, 900 fr.; 3e classe, 580 fr.

11° De France à la Côte occidentale d'Afrique, par vapeur affrété (800 à 900 tonnes), 40 fr. la tonne. Retour : 50 fr. la tonne.

12° Idem par voiliers (500 à 600 tonnes), 20 fr. la tonne. Ces navires mettent 45 à 60 jours pour faire la traversée.
Frais de débarquement : de 3 à 5 fr. la tonne par embarcations ordinaires; 25 fr. par jour pour location d'embarcations de 15 tonnes; 40 fr. par jour pour location de goélettes.
Les vapeurs doivent débarquer 80 tonnes par jour, les voiliers 40 tonnes (sauf empêchement de la barre).

MAIN-D'ŒUVRE

Les ouvriers d'art se payent 125, 150 et 175 fr. par mois. Les manœuvres de travaux publics reçoivent 50 fr. par mois et la ration quotidienne (700 gr. de riz, 6 gr. de sel). Les manœuvres de factorerie reçoivent, suivant leur âge, 10, 15, 20 fr. par mois, plus la ration. On remplace quelquefois la ration par une indemnité de vivres de 0 fr. 30 à 0 fr. 50 par jour.

Les porteurs de bagages reçoivent généralement 1 fr. par jour et la nourriture (600 gr. riz, 6 gr. sel, 100 gr. poisson fumé, 65 centilitres tafia).

USAGES COMMERCIAUX

Les marchandises envoyées dans les ports par les expéditeurs, à l'ordre des Compagnies, sont mises à bord par les soins des agents consignataires, moyennant paiement des frais accessoires de factage, camionnage, statistique (environ 5 fr. par tonne).

Les marchandises importées sont livrables sous palans, mais garanties par les assurances jusqu'à la mise à terre.

Les achats se font à 90 jours de vue, en France, et à 6 mois, en Angleterre et en Allemagne.

Les remises aux fournisseurs se font en produits (ivoire, caoutchouc, etc.), ou en traites négociables en Europe, ou en mandats-poste.

Le commerce de détail se fait au comptant pour les indigènes, et en bons payables à la fin du mois pour les Européens.

L'assurance pour les transports est payée à la Compagnie de navigation au taux de 1 pour 100, à moins que l'expéditeur ne préfère contracter une assurance maritime spéciale qui lui garantisse des conditions particulières.

La plupart des négociants établis à la Côte occidentale d'Afrique acceptent d'être les consignataires ou les commissionnaires de maisons d'Europe pour certaines ventes et certains achats. On leur réserve habituellement une commission de 6 pour 100 sur le montant des opérations traitées par leur intermédiaire.

COMPAGNIES DE NAVIGATION

1. *Compagnie des Messageries maritimes :*
   Tous les quatorze jours, à partir du vendredi 10 janvier. — Le départ a lieu à Bordeaux à 11 heures du matin ou à Pauillac-Appontements à 3 heures du soir. — De Bordeaux à La Corogne, 30 heures. — De La Corogne à Lisbonne, 24 heures. — De Lisbonne à Dakar, 4 jours 12 heures.

2. *Compagnie des Chargeurs réunis :*
   Une fois par mois. — Départs du Havre, Bordeaux. — Escales à Ténériffe, Dakar, Grand-Bassam, Kotonou, Libreville (et Madagascar, par le Cap, tous les deux mois).

3. *Compagnie Marseillaise de Navigation à vapeur (Fraissinet) :*
   Départ de Marseille le 5 de chaque mois, à midi. — Escales : Marseille-Oran, 2 jours 20 heures. — Las-Palmas, 4 jours 16 heures. — Dakar, 4 jours 16 heures. — Konakry, 5 jours 6 heures. — Bereby, 2 jours 19 heures. — Lahou, 26 heures. — Grand-Bassam, 44 heures. — Kotonou, 5 jours 8 heures. — Libreville, 4 jours.

4. *Société générale des Transports maritimes à vapeur.* — Marseille. — Brésil. — La Plata.

5. *Messageries fluviales du Sénégal,* 11, rue Vauban, Bordeaux. — Compt. : Saint-Louis. — Assure le service des transports à l'intérieur.

6. *Messageries fluviales du Congo,* 24, rue des Petites-Écuries, Paris. — Assure le service des transports à l'intérieur. — Libreville.

7. *British and African Steam navigation.* — Liverpool. — Dakar. — Sainte-Marie-Bathurst. — Free-Town. — Monrovia. — Lahou. — Acra.

8. *African-Steamship.* — Liverpool.

9. *Compagnie Wœrman.* — Hambourg.

10. *Compagnie Strecker.* — Anvers.

COMPAGNIES DE TRANSPORT

1. *Compagnie des chemins de fer de Dakar à Saint-Louis*, 19, rue Cambacérès, Paris.
2. *Société française du warf de Kotonou.*
3. *Société française du warf de Grand-Bassam.*
4. *Compagnie de Navigation et Transports Congo-Oubanghi*, 7, rue de Surène, Paris.

ARMATEURS

1. *Compagnie Française de l'Afrique occidentale.* — Marseille. — Côte occidentale.
2. *Maurel et Prom.* — Bordeaux. — Dakar. — Gorée. — Rufisque. — Saint-Louis.
3. *Devès et Chaumet.* — Bordeaux. — Saint-Louis. — Kayes.
4. *Buhan et Teissère*, 9, cours de Gourgues, Bordeaux.
5. *Delmas et Castres*, 11, cours d'Alsace-Lorraine, Bordeaux.
6. *Ch. Peyrissac et Cie.*
7. *Rabaud et Cie.*

HOTELS COLONIAUX

1. Dakar : *Touzet et Dalleau.*
   Offret.
2. Saint-Louis : *Vve Michas.*
   Tauzi.

RESTAURANTS

1. Dakar : *Offret.*
   Vve Mayé.
2. Gorée : *Société Ouest-Africain.*
3. Rufisque : *Touzet.*
4. Saint-Louis : *Richard-Daynac et Cie.*

BANQUIERS

1. *Banque de l'Afrique occidentale*, 78, rue de Provence, Paris. — Saint-Louis, Dakar, Rufisque, Konakry.
2. *Fr. Colin et C*^{ie}. — Hambourg, Konakry. — Correspond en France avec la Société Générale.

TAUX DES OPÉRATIONS DE BANQUE

EFFETS SUR PLACE A 2 SIGNATURES	OBLIGATIONS SUR ACTIONS.	AVANCES SUR MARCHANDISES		AVANCES SUR TITRES DE RENTE.	DÉPÔTS D'OR ET D'ARGENT.	AUTRES OPÉRATIONS.	MANDATS 45 JOURS.
		IMPORTÉES	COLONIALES				
p. 100. 6 fr. l'an.	p. 100. 8 fr.	p. 100. 8 fr.	p. 100. 8 fr.	p 10 0. 6 fr.	p. 100. 9 fr.	p. 100 8 fr.	p. 100 1 fr. terme

CHAMBRES DE COMMERCE
DE L'AFRIQUE OCCIDENTALE FRANÇAISE

Il existe 4 Chambres de commerce, à Saint-Louis, Dakar, Gorée, Rufisque, et 5 comités consultatifs du commerce et de la colonisation, à Kayes, Konakry, Grand-Bassam, Porto-Novo, Libreville.

MONNAIES, POIDS ET MESURES
USITÉES DANS L'AFRIQUE OCCIDENTALE FRANÇAISE

Depuis le 27 décembre 1886, le système métrique décimal français pour les monnaies, les poids et les mesures, doit être obligatoirement employé dans les publications officielles de toutes les Chambres de commerce coloniales.

Les anciens systèmes locaux sont donc abolis. Il reste néanmoins certains usages commerciaux, pour lesquels la connaissance précise des valeurs d'échange est nécessaire.

SÉNÉGAL. — On conserve, pour la mesure des *arachides*, le BOISSEAU impérial anglais, qui équivaut tantôt à 36 litres 348 mesurés ras, tantôt à 42 litres mesurés comble.

Un boisseau d'arachide pèse ordinairement 12 kg 50 en moyenne.

On emploie, dans l'intérieur, comme instrument d'échange, des pièces de cotonnade appelées GUINÉES, qui suppléent les monnaies d'argent.

SOUDAN. — Les indigènes se servent, comme monnaie, de coquillages appelés *cauris*. Le commerce se fait au moyen d'échanges.

Les pièces d'argent de 5 fr., 1 fr., 50 centimes font prime dans les régions les plus facilement accessibles. L'or brut, extrait des alluvions de certaines contrées, est considéré comme une véritable monnaie, acceptée partout au cours moyen de 2 fr. 82 le gramme payable comptant en argent.

On mesure les grains au MOULE, dont la contenance varie de 2 kg à 2 kg 500.

Les tissus sont mesurés à la COUDÉE, qui équivaut à 50 centimètres.

GUINÉE. — La livre anglaise est acceptée au cours fixe de 25 fr.

CÔTE D'IVOIRE. — Dans la région de Grand-Bassam, les monnaies françaises ont cours légal. Dans la région d'Assinie, la livre anglaise est acceptée au cours fixe de 25 fr., et la demi-livre au cours de 12 fr. 50.

Sur la côte ouest et le long des lagunes, on se sert encore de la *manille*, qui vaut environ 20 centimes (le poids moyen du paquet de 20 manilles est d'environ 2 kg 700). L'importation en est prohibée depuis le 23 août 1895, mais l'usage en est encore assez étendu.

Dans le cercle de Kong-Touba les indigènes emploient comme monnaie d'échange des barres de fer appelées *sombés* dont le prix varie de 0 fr. 07 à 0 fr. 15 la pièce.

La poudre d'or sert également aux échanges : l'unité de poids est l'*once* anglaise (poids troy) qui équivaut à 31 gr. environ.

L'once d'or vaut 96 fr. L'once se divise en 12 *akés*: l'aké en 12 *takous*; le takou vaut 0 fr. 50.

L'huile de palme se vend au KROU de 9 gallons ou au demi-krou de 4 gallons et demi.

Les amandes de palme s'achètent avec du gin, caisses vertes et caisses rouges.

L'ivoire et le caoutchouc s'achètent à la livre anglaise, ou à l'équivalent du poids total en kilogrammes.

Dahomey. — La monnaie française a cours légal dans la région de Porto-Novo. Partout ailleurs on se sert de *cauris*, coquillages importés de la côte de Mozambique, qui valent 45 fr. 60 les 100 kilos, la *piastre cauris* de 200 coquillages vaut de 0 fr. 80 à 1 fr. 25 suivant les régions.

L'administration essaye de restreindre l'usage des cauris par l'importation de monnaies de billon français, qui est bien accueilli par les indigènes.

Congo. — La monnaie française a cours légal dans la région de Libreville. On accepte la livre sterling au cours fixe de 25 fr. Quelques négociants, notamment les commerçants étrangers, acceptent les diverses monnaies anglaises, espagnoles et portugaises.

DOUANES

Les marchandises exemptées de droits doivent néanmoins être déclarées à leur importation (pour être soumises à la vérification), mais elles ne peuvent être reçues en entrepôt. Il faut donc, soit à l'entrée aux colonies, soit à l'entrée en France, les adresser à un consignataire.

IMPORTATION EN FRANCE

Le régime applicable aux produits importés des colonies, des possessions françaises et des pays de protectorat, est résumé ci-après :

1° *Produits d'origine coloniale*, par importation directe, et sur la production des justifications réglementaires :

Sont soumis aux droits du tarif minimum métropolitain : les sucres, les mélasses destinées à la distillation, les sirops, les bonbons, les biscuits sucrés, les confitures, les fruits de toute sorte confits au sucre et au miel.

Sont soumis à la *moitié* des droits du tarif minimum métropolitain : le cacao, le cacao broyé, le chocolat, le poivre, le piment, la girofle, la cannelle, le cassia lignea, les amomes, les cardamomes, les muscades, les macis, la vanille.

Sont soumis aux droits du tarif minimum métropolitain *diminué de 78 francs* : le café en fèves et en pellicules, le thé.

Sont exempts : tous les autres produits non mentionnés.

2° **Produits importés des colonies françaises** (autres que l'Algérie), mais *d'origine étrangère* : droits du tarif plein.

PRIMES D'EXPORTATION

L'administration des finances fait des remises de droits à certaines catégories de marchandises destinées à l'exportation, et alloue des primes d'encouragement pour les expéditions directes par 100 kilos dans les colonies et comptoirs français (1re classe) et dans les possessions françaises du nord de l'Afrique (2e classe).

Beurre salé à 12 pour 100 de sel, exporté par mer, 1re classe, remboursement des droits d'entrée, 0 fr. 20.

Beurre salé à 8 pour 100, 2e classe, 0 fr. 80.
— — à 4 pour 100, — 0 fr. 40.

Viandes salées exportées par mer :
Bœuf ou porc en saumure, 1re classe 4 fr. , 2e classe 3 fr.
Lard en planches — 3 fr. 20, — 2 fr. 70.
Jambons — 3 fr. . — 2 fr. 50.

Tissus mélangés de soie et coton, tissus de coton teints en fils, tresses, lacets, mousseline, tulles, dentelles de coton pur ou mélangé de soie : par 100 kg coton pur ou contenant 50 pour 100 de coton, remise des 3/5, soit 60 pour 100 du droit d'entrée (tarif minimum) applicable aux fils de coton avec lesquels ils ont été fabriqués.

La même remise est accordée aux rubans mélangés de soie et de coton, aux rubans de velours et de peluche, aux tissus de velours et de peluche, mélangés de soie ou de bourre de soie et de coton, contenant au moins 25 pour 100 de coton.

Sucres indigènes ou des Colonies françaises à destination de la Côte occidentale d'Afrique (sauf le Gabon) :

Sucres bruts, 97° et 98°, remise 1 fr. 78 par 100 kg.
— — 65° à 97°, — 1 fr. 56 — —
— candis — 2 fr. — —
Vergeoises — 2 fr. — —
Raffinés de plus de 98° — 1 fr. 78 — —

Le régime des sucres a été modifié par la dernière Conférence de Bruxelles, mais les décisions ne sont exécutoires qu'après l'accomplissement de certaines formalités internationales.

EXPORTATION

Articles et produits exportés dans les colonies françaises de l'Afrique occidentale :

1° Sénégal : Tissus de coton, indiennes, calicots, guinées, confections, sucre brut et raffiné, biscuits, riz, tabac en feuilles, fer en barres, conserves alimentaires, vins, bières, liqueurs, bois, marbres, terres, pierres, combustibles, minéraux, armes et poudre de traite, articles de Paris, denrées alimentaires, farineux, fruits et graines, huiles et sucs végétaux, cotons filés, compositions diverses, parfumerie, ouvrages en métaux, etc.

2° Guinée française : Tissus de coton grossiers imprimés, alcools, eaux-de-vie, riz, tabac en feuilles, verroteries en grains percés, perles, sel raffiné, tabletterie, ambre, quincaillerie, armes et poudre de traite, vins, bois de pin et sapin, ferronnerie, farines, toiles, fer galvanisé, biscuits de mer, chaussures, monnaies.

3° Côte d'Ivoire : Rhums de traite, trois-six, caramels colorants, alcools de 25° à 49°, genièvre, eaux-de-vie et liqueurs de traite à moins de 25°, vermouths, vins aromatisés, vins de liqueurs, vins ordinaires à moins de 16°, cidres, bières, limonades, tabac en feuilles, fusils de silex, sabres, baïonnettes, machetes, poudre de traite, sel, perles, verroteries, tissus de coton, de lin, de chanvre, de laine, de soie, de jute, etc., coutellerie, poterie, savonnerie, bijouterie fantaisie, parfumerie.

4° Dahomey : Tabacs, tissus, fils, genièvre, tafia, sucres, sel, poudre, bimbeloterie, verroterie, machines et mécaniques bon marché, ouvrages en bois, savonnerie, parfumerie.

5° Congo : Tissus en pièces, pagnes ourlés, vêtements confectionnés, spiritueux, armes de traite, conserves de viandes en boîtes, vitrifications en grains percés et taillés, verre filé, boules de verre, corail factice, gros couteaux non fermants, outils emmanchés ou non, tabac en feuilles, farine, riz, pétrole, parfumerie, bijouterie fantaisie, poteries, savon, poudre, pendules, ferronnerie, quincaillerie, sel, chapellerie, chaudronnerie, cuivrerie, bimbeloterie.

COMPAGNIES COLONIALES ET MAISONS DE COMMERCE
ÉTABLIES DANS L'AFRIQUE OCCIDENTALE

1. *Assémat et Cie.* — Fr. — 1, rue des Réservoirs, Bordeaux. — Tous produits. — Compt. : Rufisque, Konakry.
2. *Allhof.* — All. — Grand-Popo. — Alcool, tissus, tabac. — Compt. : Ouida, Grand-Popo.
3. *Almeida frères.* — Angl. — Grand-Popo. — Alcool, tissus, tabac. — Compt. : Ouida.
4. *Armandon frères.* — Fr. — Porto-Novo. — Épicerie, alimentation. — Compt. : Porto-Novo, Kotonou.
5. *Bordes.* — Fr. — Assinie. — Vins. — Compt. : Assinie.
6. *Broadhurst fils.* — Angl. — Manchester, 52, Prince Street. — Tous produits. — Compt. : Victoria, Boké, Konakry, Corrérah, Dubreka, Forécaria, Coyah.
7. *Binder.* — Fr. — 42, rue Ampère, Paris. — Tous produits. — Compt. : Nunez, Rio-Compony.
8. *Bruneau.* — Fr. — Café, cacao. — Compt. : Dubreka, Kénendé.
9. *Bergougnan.* — Fr. — Clermont-Ferrand. — Caoutchouc. — Compt. : Siguiri, Kankan, Maninian.
10. *Bobin.* — Fr. — Kayes. — Tous produits. — Compt. : Siguiri, Kankan.
11. *Bicaise.* — Fr. — Konakry.
12. *Bouquillon.* — Fr. — Konakry.
13. *Burky.* — Suisse. — Konakry.
14. *Brown.* — Angl. — Konakry.
15. *Buhan et Teissère.* — Fr. — 9, cours de Gourgues, Bordeaux. — Vins, tous produits. — Compt. : Saint-Louis-du-Sénégal.
16. *Compagnie du caoutchouc de Casamance.* — Fr. — 8, rue Mogador, Paris. — Compt. : Dakar, Rufisque.
17. *Compagnie française de l'Afrique occidentale.* — 58, rue de la Chaussée-d'Antin, Paris; 48, rue de Breteuil, Marseille. — Tous produits. — Compt. : Saint-Louis, Dakar, Rufisque, Foundiougne, Zighinchor, Konakry, Dubreka, Corrérah, Rio-Nunez, Benty, Coyah, Grand-Bassam.
18. *Compagnie française des charbonnages de Dakar*, 30, rue des Bourdonnais, Paris.

19. *Compagnie coloniale d'exportation*, 58, rue Taitbout, Paris. - Compt. : Konakry, Corrérah, Rio-Pungo, Rio-Nunez.
20. *Compagnie française du commerce africain*, 41 bis, rue de Châteaudun, Paris. — Compt.: Konakry, Boké, Siguiri, Kouroussa, Kankan.
21. *Compagnie française du Haut-Niger*, Timbo.
22. *Compagnie coloniale portugaise*, 6, rue du Canal, Anvers. — Compt. : Konakry, Boké, Victoria.
23. *Compagnie Ouémé, Dahomey*, 17, rue Saint-Marc, Paris. — Compt. : Porto-Novo, Kotonou.
24. *Compagnie française de Kong*, 16, rue de Châteaudun, Paris. — Compt. : Grand-Bassam, Assinie, Grand-Lahou, Fresco, Béréby.
25. *Comptoirs et Placers du Haut-Niger*, 8, cité de Trévise, Paris. — Compt. : Konakry, Dixim, Firguiagbé, Koussi, Dittin.
26. *Comptoir commercial d'échanges*, Paris. — Grand-Popo.
27. *Cros*. — Fr. — Saint-Louis.
28. *Colin*. — All. — Hambourg. — Cafés. — Compt. : Konakry, Dubreka, Coyah, Corrérah, Massa, Bambo, Callé, Kouré.
29. *Cohen frères*. — Espag. — Tanger. — Tous produits. - Compt.: Konakry, Manéah, Fandé, Coyah, Béréiré.
30. *Chaban et Gravières*. — Fr. — Vins. — Grand-Bassam.
31. *Clinton*. — Amér. — Assinie.
32. *Daynac*. — Fr. — Saint-Louis.
33. *Delmas et Clastres*. — Fr. — 11, cours d'Alsace-Lorraine, Bordeaux. — Compt. : Saint-Louis, Rufisque.
34. *Derès et Chaumet*. — Fr. — 11, rue Vauban, Bordeaux. — Tous produits. — Compt. : Saint-Louis, Rufisque, Konakry, Siguiri, Kankan, Kouroussa.
35. *Dédé*. — Fr. — Briqueterie. — Dixim, Konakry.
36. *Daudy*. — Fr. — 13, rue de Trévise, Paris. — Tous produits. — Compt. : Grand-Bassam.
37. *Domergue*. — Fr. — Grand-Bassam.
38. *Egger*. — Suisse. — Bramaya.
39. *E. Charanei*. — Fr. — 5, place Tourny, Bordeaux. — Compt. : Konakry.
40. *Fabre*. — Fr. — Marseille. — Compt. : Porto-Novo, Kotonou, Ouida, Grand-Popo.

41. *Gautier*. — Fr. — 8, cours de Gourgues, Bordeaux. — Cafés. — Compt. : Konakry, Bramaya.
42. *Gros*. — Fr. — Porto-Novo. — Alimentation. — Compt. : Porto-Novo, Kotonou.
43. *Gabet et Cie*. — Fr. — Bordeaux. — Grand-Bassam.
44. *John Holt*. — Angl. — Liverpool. — Tous produits. — Compt. : Porto-Novo, Kotonou.
45. *Harding*. — Angl. — Sierra-Leone. — Comp. : Grand-Bassam.
46. *Imperial West African Company*, Liverpool. — Tous produits. — Compt. : Grand-Bassam, Assinie.
47. *King*. — Angl. — Londres. — Tous produits. — Compt. : Jackville, Addah, Grand-Lahou.
48. *Loiseau et Barral*. — Fr. — Le Havre. — Bananes. — Compt. : Fanjé, Bramaya.
49. *Lucas et C⁰*. — Angl. — Bristol. — Tous produits. — Compt. : Grand-Bassam, Fresco.
50. *Maurel et Prom*. — Fr. — 8, rue d'Orléans, Bordeaux. — Tous produits. — Compt. : Saint-Louis, Gorée, Dakar, Rufisque.
51. *Maurel (François)*. — Fr. — Cours de Gourgues, Bordeaux. — Compt. : Gorée, Dakar, Rufisque.
52. *Maurel (Charles)*. — Fr. — Pierrelon (Gironde). — Compt. : Konakry.
53. *Maurer*. — Fr. — 108, rue Saint-Genest, Bordeaux. — Compt. : Siguiri, Kankan.
54. *Mante et Borelli*. — Fr. — Marseille. — Tous produits. — Compt. : Porto-Novo, Kotonou.
55. *Medeiros et Aquereburu*, Porto-Novo.
56. *Morisson*, Assinie.
57. *Peyrissac et Cie*. — Fr. — Huiles. — Saint-Louis, Dakar, Kayes.
58. *Piqueres*. — Fr. — 5, avenue de la Fontaine-d'Argent, Besançon. — Compt. : Konakry, Lansenia.
59. *Prou-Gaillard*. — Fr. — Konakry, Boffa.
60. *Pelizaeus*. — All. — Brême. — Compt. : Konakry, Coyah, Boké, Victoria, Dominghia, Mellacorée, Corrérah.
61. *Paterson Zochonis*. — Angl. — Manchester. — Compt. : Konakry, Dubreka, Coyah, Dominghia, Forecarriah, Pharmoréa.
62. *Pickering et Berthoud*. — Angl. — Manchester. — Compt. : Konakry.
63. *Pozzo di Borgho et Cie*. — Fr. — Marseille. — Compt. : Porto-Novo, Kotonou, Ouida.

64. *Porquet.* — Fr. — Assinie et Grand-Bassam.
65. *Philippart et Cie*, 52, rue Richer, Paris. — Compt. : Saint-Louis, Dakar, Assinie, Grand-Bassam.
66. *Rabeaud*, 2, place Saint-Michel, Bordeaux. — Compt. : Saint-Louis.
67. *Ryff, Roth et Cie.* — Suisse. — Zurich. — Compt. : Konakry, Dubreka, Coyah.
68. *Roux.* — Fr. — Bananes et ananas. — Compt. : Camayenne, Konakry.
69. *Roger.* — Fr. — Porto-Novo.
70. *Richemond.* — Fr. — Grand-Bassam.
71. *Ridder Son et Andrew*, Liverpool. — Compt. : Jackville, Grand-Lahou, Fresco, Tiassalé.
72. *Société commerciale de la côte d'Afrique*, 8, cours de Gourgues, Bordeaux. — Tous produits. — Compt. : Dakar, Casamance, Konakry, Grand-Bassam.
73. *Société agricole de Sébikotam.* — Belge. — Tous produits. — 185, rue du Faubourg-Poissonnière, Paris.
74. *Société auxiliaire des Industries africaines*, Bordeaux.
75. *Société industrielle et commerciale du Soudan français*, 8 bis, cité de Trévise, Paris. — Compt. : Kayes, Bammako.
76. *Société Niger et Soudan*, 65, rue de la Victoire, Paris. — Compt. : Kayes, Bammako, Kouroussa, Konakry.
77. *Société du Syndicat français*, Paris. — Compt. : Kankan, Bammako.
78. *Société industrielle et agricole de la Guinée française*, 24, rue Eugène-Flachat, Paris. — Compt. : Benty, Mellacorée.
79. *Société coloniale française de la côte de Guinée*, 26, rue des Bons-Enfants, Paris. — Tous produits. — Compt. : Grand-Bassam, Jackville, Grand-Lahou, Tiassalé.
80. *Société française de la Côte-d'Ivoire*, 2, place de la Bourse, Marseille. — Compt. : Grand-Bassam.
81. *Sartilly*, Sassandra.
82. *Torrilhon et Cie*, Clermont-Ferrand. — Caoutchouc. - Compt. : Konakry, Boffa, Coyah, Maniah, Fandjé.
83. *Thompson.* — Angl. — Konakry.
84. *Tribolet.* — Fr. — Cafés. — Torrerah, Dubreka.
85. *Ungbauer.* — All. — Porto-Novo, Kotonou.
86. *Vézia.* — Fr. — Rufisque.

RENSEIGNEMENTS GÉNÉRAUX UTILES.

87. *Will et Busch.* — All. — Hambourg. — Compt. : Porto-Novo, Kotonou.
88. *Will et Liebeau.* — All. — Hambourg. — Compt. : Grand-Popo.
89. *Walkden et Cie.* — Angl. — Liverpool. — Compt. : Porto-Novo, Kotonou.
90. *Victor et Cie.* — All. — Hambourg. — Compt. : Porto-Novo, Kotonou, Ouida, Grand-Popo.
91. *Wolber et Zimmerman.* — All. — Hambourg. — Compt. : Ouida, Grand-Popo.
92. *Woodin et Co.* — Angl. — Liverpool. — Compt. : Sassandra, Dabou.
93. *Keutzler et Cie.* — All. — Hambourg. — Grand-Popo.

COMPAGNIES ET MAISONS DE COMMERCE
ÉTABLIES AU CONGO FRANÇAIS

1. *Ancel Seitz.* — Fr. — 48, rue de Châteaudun, Paris. — Loango.
2. *Bettencourt et Irmas.* — Libreville.
3. *Boiville et Cie.* — Libreville.
4. *Brandon.* — Tout commerce. — Libreville.
5. *Carvalho et Cie.* — Port. — Tout commerce — Loango-Mayumba, Setté-Cama.
6. *Compagnie Agricole du Kouilou-Niari*, 74, boulevard Haussmann, Paris.
7. *Delons frères.* — Fr. — Factoreries. — Cap Lopez.
8. *Dennett (R. E.).* — Angl. — Factoreries. — Loango.
9. *Hatton et Cookson.* — Angl. — Liverpool. — Tout commerce. — Libreville.
10. *Holt (John) et Cie.* — Angl. — Liverpool. — Tout commerce. — Libreville, Ogooué.
11. *N. A. H. V. (Nieuwe Afrikaansche Hendels Vennootschop).* — Holl. — Factoreries et plantation. — Loango.
12. *Sargos frères et Destphen.* — Fr. — Morizan (Landes). — Factoreries. — Loango.
13. *Société Commerciale, Industrielle et Agricole du Haut-Ogooué.* — Fr. — 51, rue Taitbout, Paris. — Tout commerce. — Libreville.
14. *Société Agricole et Commerciale du Bas-Ogooué.* — Fr. — 59, rue de Châteaudun. — Commerce et plantations. — Cap Lopez.

15. *Tréchot frères.* — Fr. — Factoreries. — Loango.
16. *Woermann et Cie.* — All. — Hambourg. — Exploitation de factoreries et plantations. — Libreville.

SOCIÉTÉS CONCESSIONNAIRES DU CONGO

17. *Société de l'Afrique française.* 24, rue des Petites-Écuries, Paris. — *Sit.* : Sangha R. G., entre N'Daki et Mobaka.
18. *Compagnie française du Haut-Congo,* 15, rue Grange-Batelière, Paris. — Likuala Mossaka.
19. *Compagnie de la Sangha,* 41 *bis,* rue de Châteaudun, Paris. — *Sit.* : Gokoula et N'Daki.
20. *Compagnie des produits de Sangha,* 11, rue Laffitte, Paris. — *Sit.* : Sangha R. G.
21. *Société de l'Ekela-Sangha,* 20 rue Saint-Georges, Paris. — *Sit.* : Sangha R. G.
22. *Société Commerciale et Agricole de Kadéï-Sangha,* 22, rue de la Chaussée-d'Antin. — *Sit.* : Mambéré R. D.
23. *Société de l'Afrique Équatoriale.* 54, rue des Petites-Écuries, Paris. — *Sit.* : Lobaï-N'Ghié.
24. *Compagnie des Caoutchouc et Produits de la Lobaï,* 4, rue Le Peletier, Paris. — *Sit.* : Lobaï.
25. *Société de la Haute-Sangha,* 17, rue Saint-Marc, Paris. — *Sit.* : Mambéré R. D. et Kadéï.
26. *Société de la Kadéï-Sangha,* 4, rue Le Peletier, Paris. — *Sit.* : Sangha R. D.
27. *Société de l'Ogooué-N'Gounié,* 4, rue Le Peletier, Paris. — *Sit.* : Ogooué R. G.
28. *Compagnie française du Congo,* 54, rue des Petites-Écuries, Paris. — *Sit.* : Likuala-aux-Herbes.
29. *Société Agricole et Commerciale de l'Alima,* 6, rue de Hanovre, Paris. — *Sit.* : Alima R. D.
30. *Société du Baniembé,* 6, rue de Hanovre, Paris. — *Sit.* : Entre Lobaï et Ibenga.
31. *Société d'Ibenga,* 54, rue de la Victoire, Paris. — *Sit.* : Ibenga.
32. *Société des Établissements Gratry-M'Poko,* 11, rue de Pas, Lille. — *Sit.* : M'Poko.

53. *Société de la Sangha équatoriale*, 87, rue Taitbout, Paris. — *Sit.* : Basse-Sangha.

54. *Alimaïenne*, 8, rue Mogador, Paris. — *Sit.* : Alima R. D.

55. *Compagnie générale du Fernand-Vaz*, 46, boulevard Haussmann, Paris. — *Sit.* : Fernand-Vaz.

56. *Société de la N'Kéni et N'Kémé*, 54, rue des Petites-Écuries, Paris. — *Sit.* : N'Kémé et N'Kéni.

57. *Société de la Setté-Cama*, 5, rue des Moulins, Paris. — *Sit.* : Setté-Cama.

58. *Compagnie française du Congo occidental*, 42, rue du Louvre, Paris. — *Sit.* : Nyanga.

59. *Compagnie de la Haute-N'Gounié*, 2, rue Pasquier, Paris. — *Sit.* : Haute-N'Gounié.

40. *Société des Factoreries de N'Djolé*, 55, rue Auguste-Comte, Paris. — *Sit.* : Basse-N'Gounié.

41. *Compagnie Commerciale de Colonisation du Congo français*, 10, rue d'Argenteuil, Paris. — *Sit.* : Nana Poundé.

42. *Société de l'Ongomo*, 80, rue Taitbout, Paris. — *Sit.* : Ongomo.

43. *Compagnie de la Mobaye*, 17, rue Tronchet, Paris. — *Sit.* : Mobaye.

44. *Compagnie de la Kotto*, 25, rue Taitbout, Paris. — *Sit.* : Kotto R. D.

45. *Compagnie du Kouango français*. — *Sit.* : Kouango R. D. et Kouango R. G.

46. *Compagnie Commerciale et Coloniale de la Mambéré-Sangha*, 22, rue de la Chaussée-d'Antin, Paris. — *Sit.* : Haute-Mambéré.

47. *Compagnie de la Léfini*, 54, rue des Petites-Écuries, Paris. — *Sit.* : Léfini R. G.

48. *Compagnie du littoral Banilé*, 42, rue du Louvre, Paris. — *Sit.* : Lagune M'Banio.

49. *Compagnie de N'Goko-Ouesso*, 11, rue Laffitte, Paris. — *Sit.* : Lagune N'Goko.

50. *Compagnie des Sultanats du Haut-Oubanghi*, 7, rue de Surène, Paris. — *Sit.* : Sultanats.

51. *Société Bretonne du Congo*, 51, boulevard de Courcelles, Paris. — *Sit.* : Ombela R. G.

52. *Compagnie française de l'Ouahmé et de la Nana*, 5, rue d'Alger. — *Sit.* : Rivière Ouahmé et Nana.

II. — ADRESSES UTILES

En réunissant ici les adresses des Sociétés savantes, des Associations de secours, des Journaux, des Revues, etc., qui s'adonnent à l'étude des questions coloniales, nous cherchons à mettre *sous la main du lecteur* une sorte d'annuaire abrégé du monde colonial français.

SOCIÉTÉS DE COLONISATION
SOCIÉTÉS SAVANTES S'OCCUPANT DES QUESTIONS COLONIALES

1. *Société de Géographie*, 184, boulevard Saint-Germain.
2. *Union Coloniale*, 44, rue de la Chaussée-d'Antin.
3. *Comité de l'Afrique française*, 15, rue de la Ville-l'Évêque.
4. *L'Expansion coloniale*, 1, cours du XXX Juillet, Bordeaux.
5. *La Colonisation française*, 79, rue Daguerre.
6. *Comité Dupleix*, 26, rue de Grammont.
7. *Comité de Madagascar*, 44, Chaussée d'Antin.
8. *Comité de l'Asie française*, 19, rue Bonaparte.
9. *La France colonisatrice*, 22, place Saint-Marc, Rouen.
10. *Comité oriental africain*, 28, rue Mazarine.
11. *Alliance française* (pour la propagation de la langue française à l'étranger), 45, rue de Grenelle.
12. *Société africaine de France*, 182, Bourse du Commerce, au 1ᵉʳ étage.
13. *Société de Colonisation*, 85, rue Demours.
14. *Société d'Exploration coloniale*, 4, rue Le Peletier.
15. *Société de Géographie commerciale*, 8, rue de Tournon.
16. *Société des Études coloniales et maritimes*, 16, rue de l'Arcade. — 18, rue Daunou.
17. *Société française des Ingénieurs coloniaux*, 42, rue du Louvre.
18. *Société Franco-Africaine*, 156, faubourg Poissonnière.
19. *Société des Amis des Explorateurs français*, boulevard Saint-Germain, 184.
20. *Société de propagande coloniale*, 21, rue Condorcet.

ADRESSES UTILES.

21. *Société protestante de colonisation*, 24, place Malesherbes.
22. *Ligue nationale, commerciale, coloniale et maritime.*
23. *Réunion d'études algériennes*, 5, avenue de l'Opéra.
24. *Société d'Encouragement pour le Commerce français d'exportation*, 2, place de la Bourse.
25. *Société nationale d'Agriculture de France*, 18, rue de Bellechasse.
26. *Société nationale d'Acclimatation de France*, 41, rue de Lille.
27. *Société nationale d'Aviculture de France*, 24, rue des Bernardins.
28. *Société nationale d'Horticulture de France*, 84, rue de Grenelle.
29. *Société nationale d'Encouragement à l'Agriculture*, 5, avenue de l'Opéra.
30. *Société Philomathique*, 2, cours du XXX Juillet, Bordeaux.
31. *Alliance scientifique universelle*, 28, rue Mazarine. (Comité des Congrès et des Missions.)
32. *Société Africaine de France*, 11, rue Le Peletier.
33. *Société d'Anthropologie de Paris*, 15, rue de l'École-de-Médecine.
34. *Société Astronomique de France*, 28, rue Serpente.
35. *Société zoologique de France*, 28, rue Serpente.
36. *Société d'Ethnographie*, 28, rue Mazarine.
37. *Institut de Médecine coloniale*, place d'Aquitaine, Bordeaux (à la Faculté de Médecine).
38. *Société de Topographie*, 18, rue Visconti.
39. *Société Météorologique de France*, 7, rue des Grands-Augustins.
40. *Cercle National et Colonial*, 5, avenue de l'Opéra.
41. *Société académique indo-chinoise*, 44, rue de Rennes.
42. *Société française de Photographie*, 76, rue des Petits-Champs.
43. *Société d'Études photographiques*, 11, rue Salneuve.

SOCIÉTÉS DE SECOURS AUX COLONIAUX

1. *La France coloniale*, 15, rue du Louvre.
2. *La Croix-Rouge française :*
    A) Société Française de Secours aux Blessés des Armées de terre et de mer, 19, rue Matignon.
    B) Union des Femmes de France, 29, rue de la Chaussée-d'Antin.
    C) Association des Dames françaises, 10, rue Gaillon.

3. *La Croix-Verte française*, Société de Secours aux Militaires coloniaux, 187, rue du Faubourg-Saint-Denis.
4. *L'Africaine*, rue de Marseille, 4.
5. *L'Alliance française*, 45, rue de Grenelle.
6. *Les Défenseurs de la Patrie*, 34, rue Philippe-de-Girard (anciens enfants de troupe).
7. *OEuvre des Écoles d'Orient et des Missions d'Afrique*, 20, rue du Regard.
8. *Société Antiesclavagiste de France*, 20, rue du Regard.
9. *Société Fraternelle des Anciens Officiers des Armées de terre et de mer*, 22, rue Vivienne.
10. *Le Souvenir français*, 229, rue du Faubourg-Saint-Honoré.
11. *Les Vétérans des Armées de terre et de mer*, 33, rue Montéra.
12. *La Solidarité coloniale*, 88 bis, boulevard de Port-Royal.
13. *Société de secours mutuels des anciens militaires de l'infanterie de marine*, 10, rue Dussoubs.
14. *Association des anciens sous-officiers des armées de terre et de mer*, 52, rue Étienne-Marcel.
15. *La Mutuelle de France et des Colonies*, 45, rue de Châteaudun.

PUBLICATIONS ANNUELLES

1. *Almanach du Marsouin*, Ned. Noll., 10, rue Danton.
2. *Année cartographique*, 79, boulevard Saint-Germain.
3. *L'Année coloniale*, galerie d'Orléans.
4. *Annuaire colonial*, galerie d'Orléans.
5. *Almanach du Drapeau*, Hachette, boul. Saint-Germain, Paris.

ANNALES

6. *Annales de l'Exportation*, 5, rue de Lancry.
7. *Annales de Géographie*, 5, rue de Mézières.
8. *Annales hydrographiques*, 13, rue de l'Université.
9. *Annales de médecine et d'hygiène coloniales*, ministère.
10. *Archives de médecine navale*, 8, place de l'Odéon.
11. *Archives des Missions scientifiques*, 28, rue Bonaparte.
12. *Annales du Commerce extérieur*, 174, boulevard Saint-Germain.
13. *Annales coloniales*, 28, rue Serpente.

BULLETINS

14. *Bulletin officiel des colonies*, 50, rue Dauphine.
15. *Bulletin officiel du ministère de la guerre*, 10, rue Danton.
16. *Bulletin du Comité de l'Afrique française*, 15, rue de la Ville-Lévêque.
17. *Bulletin de géographie historique et descriptive*, 28, rue Bonaparte.
18. *Bulletin de la Société africaine de France.*
19. *Bulletin des renseignements coloniaux*, 15, rue du Cardinal-Lemoine.
20. *Bulletin de la Société de Géographie*, 184, boulevard Saint-Germain.
21. *Bulletin de la Société de Géographie commerciale*, 8, rue de Tournon.
22. *Bulletin de la Société nationale d'acclimatation*, 41, rue de Lille.
23. *Bulletin de la Société d'expansion coloniale*, 75, rue du Loup, Bordeaux.
24. *Les Armées de terre et de mer*, 41, rue Vivienne.
25. *Journal d'agriculture tropicale*, 10, rue Delambre.
26. *Bulletin algérien et tunisien*, 15, galerie d'Orléans.
27. *Bulletin de la Société des Études coloniales et maritimes*, 16, rue de l'Arcade.
28. *Bulletin du Service des renseignements généraux du Gouvernement de l'Algérie*, 54, galerie d'Orléans.
29. *Bulletin du Syndicat de la Presse coloniale française*, 20 bis, rue Saint-Benoît.
30. *Bulletin de la Société Philomathique*, 2, cours du XXX Juillet, Bordeaux.
31. *La Colonisation française*, 79, rue Daguerre.
32. *Bulletin de la Société d'Études coloniales*, 11, rue Ravenstein, Bruxelles.

REVUES

33. *L'Africaine*, 65, boulevard Saint-Michel.
34. *L'Anthropologie*, 120, boulevard Saint-Germain.
35. *Armée et Marine*, 5, place du Théâtre-Français.
36. *Le Congo français*, 66, rue de Provence.

37. *L'Exportation française*, 9, rue du Faubourg-Poissonnière.
38. *La France de demain*, 26, rue de Grammont.
39. *Le Mouvement colonial*, 65, boulevard Saint-Michel.
40. *La Quinzaine coloniale*, 44, rue de la Chaussée-d'Antin.
41. *Revue africaine*, 14, rue Mandar.
42. *La Revue coloniale*, 4, rue du Bouloi.
43. *Revue commerciale et coloniale*, 5, cours Tournon, Bordeaux.
44. *Revue des colonies et des pays de protectorat*, 65, boulevard Saint-Michel.
45. *Revue des Cultures coloniales*, 44, rue de la Chaussée-d'Antin.
46. *Revue du Commerce extérieur*, 9, faubourg Poissonnière.
47. *Revue du Dahomey et Dépendances*, 40, boulevard Magenta.
48. *Revue des Deux Mondes*, 15, rue de l'Université.
49. *Revue de droit commercial maritime*, 14, rue Soufflot.
50. *Revue encyclopédique Larousse*, 17, rue du Montparnasse.
51. *Revue française des colonies*, 1, place d'Iéna.
52. *Revue française de l'Exploration*, 92, rue de la Victoire.
53. *Revue de Géographie*, 15, rue Soufflot.
54. *Revue illustrée de l'Exportation*, 15, rue Clauzel.
55. *Revue de l'Islam*, 27, rue Bonaparte.
56. *Revue de l'Islam illustrée*, 59, rue de Grenelle.
57. *Revue maritime et coloniale*, 30, rue Dauphine.
58. *Revue des questions diplomatiques et coloniales*, passage des Princes, escalier B. — 19, rue Bonaparte.
59. *Revue des Revues*, 12, avenue de l'Opéra.
60. *La Nouvelle Revue*, 26, rue Racine.
61. *La Revue de l'Anjou*, rue Grassin, Angers.
62. *Le Yacht*, 55, rue de Châteaudun.

MAGAZINES ILLUSTRÉS

63. *Journal des Voyages*, 12, rue Saint-Joseph.
64. *A travers le Monde*, 78, boulevard Saint-Michel.
65. *Le Tour du Monde*, 79, boulevard Saint-Germain.
66. *Voyages autour du Monde*, Plon, éditeur, 8, rue Garancière.
67. *Le Bon Journal*, 26, rue Racine.

PUBLICATIONS DIVERSES

68. *Actualités diplomatiques et coloniales*, 43, boulevard Beauséjour.
69. *La biographie militaire et coloniale*, 63, boulevard Saint-Michel.
70. *Cote des valeurs colonia*… rue Saint-Lazare.
71. *L'Echo français et coloni*… rue Méhul.
72. *L'Economiste industriel et colonial*, 66, rue de Provence.
73. *L'Exportateur*, 14, rue de Chabrol.
74. *La Correspondance maritime commerciale*, 84, rue Lepic.
75. *La Finance coloniale*, 11, rue Ruhmkorff.
76. *Feuilles de renseignements de l'Office colonial*, 17, rue Jacob.
77. *Le Génie colonial*, 15, rue de la Cerisaie.
78. *Le Journal d'Outre-Mer*, 4, rue des Déchargeurs.
79. *Le Monde colonial illustré*, 54 bis, rue de Clichy.
80. *Le Moniteur des Consulats*, 17, boulevard Haussmann.

Le nombre des journaux et des publications qui ont trait aux choses coloniales est trop considérable pour que nous puissions les citer tous. Nous indiquons les plus répandus, parmi ceux qui s'occupent des questions africaines.

JOURNAUX COLONIAUX

81. *Le Colonial*, 187, rue du Faubourg-Saint-Denis.
82. *La Dépêche coloniale*, 12, rue Saint-Georges.
83. *La Dépêche coloniale illustrée*, 12, rue Saint-Georges.
84. *La Défense des Colonies*, 25, rue Racine.
85. *La France coloniale*, 46, rue Sainte-Anne.
86. *La France militaire*, 10, rue Danton.
87. *Journal officiel de l'Afrique occidentale française*, Saint-Louis-du-Sénégal.
88. *Journal officiel de la Guinée française*, Konakry.
89. *Journal officiel de la Côte-d'Ivoire*, Grand-Bassam.
90. *Journal officiel du Dahomey*, Kotonou.
91. *Le Journal des Colonies françaises*, 29, faubourg Montmartre.
92. *Le Journal des Colonies*, 58, rue Plumier, Marseille.

93. *La Liberté des Colonies*, 4, rue Nouvelle.
94. *Le Moniteur des Colonies*, 11, rue Ruhmkorff.
95. *Le Moniteur de la Flotte*, 50, rue Miromesnil; 11, rue de Douai.
96. *Le Moniteur officiel du Commerce*, 5, rue Feydeau.
97. *Le Petit Colonial*, 8, rue Bonaparte.
98. *La Politique coloniale*, 12, rue de Port-Mahon.
99. *Le Réveil égyptien*, 11 bis, rue Viète.
100. *Le Réveil colonial*, 78, rue Taitbout.
101. *La Tribune des Colonies*, 114, rue de Provence.

GAZETTES DES COLONIES

Outre les quatre journaux officiels cités plus haut, il existe aux colonies une soixantaine de publications locales dont l'énumération n'entre pas dans le cadre de notre ouvrage. On peut les consulter à la bibliothèque de l'Office colonial.

III. — FOURNITURES COLONIALES

Dans le but d'aider nos amis les coloniaux à s'équiper et à s'approvisionner le plus facilement possible, nous avons dressé avec soin une liste des principales maisons de commerce qui s'occupent de fournitures coloniales.

Désireux, avant tout, d'être utiles, nous ne nous sommes embarrassés d'aucune préoccupation de réclame ou de concurrence commerciale, et nous avons, après *visite* aux fournisseurs et après *examen consciencieux* de leurs articles ou produits, indiqué et classé les maisons de commerce en considérant uniquement :

1° Le caractère plus ou moins pratique, au point de vue colonial, des fournitures proposées;

2° Les facilités plus ou moins avantageuses offertes aux acheteurs coloniaux.

Nous sommes heureux de constater que la plupart de ces maisons ont bien voulu, *sur notre demande*, consentir des arrangements spéciaux en faveur des fonctionnaires, officiers, sous-officiers et agents commissionnés appelés à servir aux colonies.

FOURNITURES COLONIALES.

Une importante fraction du commerce parisien a favorablement accueilli le système de l'ABONNEMENT COLONIAL, qui emprunte au système de l' « amortissement » ses avantages les plus appréciables, tout en évitant les inconvénients et aussi les abus du système dit « à paiement différé ».

Nous souhaitons que ces facilités, accordées avec mesure et discernement, s'étendent, se complètent et se multiplient dans l'avenir, pour le profit du plus grand nombre, acheteurs et fournisseurs.

En attendant, pour si modeste qu'il soit au début, notre travail donnera aux coloniaux ce qu'ils ne pouvaient jusqu'ici trouver nulle part : COMMODITÉ, SÉCURITÉ, ÉCONOMIE *dans le choix de tout ce qui leur est* NÉCESSAIRE.

AGENCES DE TRANSPORT
(Voir Ch. V, § 2)

HERNU, PÉRON ET Cⁱᵉ, 95, rue des Marais, Paris.
    Expédition de marchandises pour l'exportation.

MORIN, à Saint-Louis-du-Sénégal.
    Entreprise de transports par terre.

AGENCES MARITIMES

P. ANDRÉ ET Cⁱᵉ, 59, faubourg Poissonnière, Paris.
    Agences maritimes à Dunkerque, Le Havre, Bordeaux, Marseille et Hambourg.

ASSURANCES MARITIMES

GESLIN, 47, rue Vivienne, Paris.
    Courtier juré d'assurances.

HYGIÈNE A BORD
(Voir Ch. 5, § 5)

EUG. FOURNIER, rue de Saint-Pétersbourg, Paris.
    Cérébrine, liqueur agréable, contre migraines et névralgies.

EREYSSINGE, 105, rue de Rennes, Paris.
    Pilules Frémint contre la constipation opiniâtre.

PHARMACIE DE LA NÉRÉIDE, cours de l'Intendance, Bordeaux.
La Néréide, remède contre le mal de mer.

HARNACHEMENT.

(Voir Ch. V, § 5 et Ch. XVI, § 1)

Alph. Camille J⁰ᵉ, 24, rue Château-Landon, Paris.
    Harnachements à l'usage des explorateurs. Selle *Ellimac*.
    Bâts spéciaux pour transports aux colonies.

ÉQUIPEMENTS MILITAIRES

E. Bidal, 5, rue Richelieu, Paris.
    Harnachement, passementerie, équipements militaires.

MATÉRIEL DE TRANSPORT

Hutchinson, 1, rue d'Hauteville, Paris.
    Bateau portatif.
E. L. Mallet, boulevard d'Accès, gare Prado, Marseille.
    Camions, tombereaux, brouettes, voiturettes.

PORTOIRS. — BRANCARDS. — HAMACS

E. Guilloux, 151, rue Montmartre, Paris.
    Brancard-tente Hébrard.
Flem, 207, faubourg Saint-Martin, Paris.
    Portoirs de tous systèmes.
Bardou, Clerc et Cⁱᵉ, 12, boulevard Sébastopol, Paris.
    Hamacs portatifs.

ARTICLES DE VOYAGE

Guérin, Delahalle et Cⁱᵉ, 11, rue de Rome, Paris.
    Malles, valises, sacs-nécessaires.

FOURNITURES COLONIALES.

CONSTRUCTIONS DÉMONTABLES
(Voir Ch. VI, § 2)

Cie des Constructions démontables et hygiéniques (Espitalier), 54, rue Lafayette, Paris.

E. et A. Sée, 15, rue d'Amiens, Lille.
Bâtiments coloniaux portatifs démontables.

Alexis Breysse, Marseille.
Peinture sous-marine « Précieuse ». Peintures prêtes Mastics. Joints.

PRODUITS SANITAIRES

Audibert et Cie, 68, boulevard Saint-Marcel, Paris.
Antiseptiques et désinfectants : le *Sanitor*, — la *Sanitorine* vétérinaire, — l'*Hygiénine* médicale.

Bonnardet, 23, rue Montorgueil, Paris.
Produits antiseptiques insecticides préparés selon les formules indiquées par le Dr Barot.

MATÉRIEL DE CAMPEMENT
(Voir Ch. VI, § 4)

G. Monjardet, 21, rue Richelieu, Paris.
Tentes, parasols, lits et meubles pliants, sièges portatifs, matériel complet de voyage, d'installation coloniale, de campagne et d'exploration.

BACHES. — TENTES.

Bardou, Clerc et Cie, 12, boulevard Sébastopol, Paris.
Bâches et tentes. Cordages.

Picot, 29, rue d'Hauteville, Paris.
Lit-tente.

Flem, 207, faubourg Saint-Martin, Paris.
Tentes de tous modèles.

MOBILIER PORTATIF

A. Conza, 59, rue Meslay, Paris.
>Cantines, malles, tonnelets étanches. Meubles pliants. Sièges portatifs.

MATÉRIEL DE POPOTE

G. Monjardet, 21, rue Richelieu, Paris.
>Marmites de campement. Cantines popottes.

Drapier et Dubois, 227, rue Saint-Denis.
>Réchauds de poche et de voyage.

ARTICLES DE MÉNAGE

Allez frères, 1, rue Saint-Martin, Paris.
>Batterie de cuisine. Ustensiles de ménage. Outils et articles de jardin.

CHAUFFAGE

C¹⁰ générale des alcools solidifiés, Colombes, Seine.
>Chauffage instantané au moyen de l'alcool solide.

ÉCLAIRAGE

G. Monjardet, 21, rue Richelieu, Paris.
>Lampes et lanternes à l'acétylène et à l'alcool.

GRAINES POUR JARDINS
(Voir Ch. VII, § 4)

Vilmorin, Andrieux et Cⁱᵉ, 4, quai de la Mégisserie, Paris.
>Graines pour les colonies. Envoi franco du catalogue spécial sur demande.

FOURNITURES COLONIALES.

CONSERVES ALIMENTAIRES
(Voir Ch. VII, § 5)

Ch. Prevet et Cie, 48, rue des Petites-Écuries, Paris.
    Juliennes Chollet, légumes comprimés, conserves Pallas (aliments tout préparés sous forme de mets complets), bouillon du Docteur.

Roedel et fils frères, rue du Jardin-Public, Bordeaux.
    Conserves de légumes au naturel.

Raynal et Roquelaure, à Capdenac, Aveyron.
    Pâtés de foie gras, truffes, gibiers.

R. Robert, 16, rue Paradis, Marseille.
    Conserves pour les colonies.

PRODUITS DIVERS

Félix Potin, 97, boulevard Sébastopol, Paris.
    Biscuits, pâtes, farines, fromages, beurre, huiles et vinaigres. Lait conservé.
    Bureau d'exportation : 29, rue Palestro, Paris.

CHAMPAGNE
(Voir Ch. VII, § 6)

Baron Y. de Constantin, 15, rue de la Pépinière, Paris.
    Grand Crémant.

VINS

Cazalet et fils, 20, rue Nuyens, Bordeaux.
    Vins de Bordeaux, rhums et cognacs.

FILTRES
(Voir Ch. VII, § 7)

Chamberland, 58, rue N.-D. de Lorette, Paris.
    Appareil à bougies filtrantes.

E. Delsol et A. Fillard, à Coulommiers.
    Stérilisation et épuration par procédé chimique.
    Dépositaire à Paris : G. Monjardet.

Ch. Prevet et Cⁱᵉ, 48, rue des Petites-Écuries, Paris.
  Éden-Filtre, à pastilles mobiles, tube souple incassable en laiton.

Société du Filtre Maignen, 2, rue de l'Échelle, Paris.
  Filtres de poche : 5 grandeurs.

ÉQUIPEMENT
(Voir Ch. VIII, § 1).

A. Caillaud, 50, rue Le Peletier, Paris.
  Maison spéciale d'équipements coloniaux.

TISSUS SPÉCIAUX
(Voir Ch. VIII, § 1)

R. Texaillon, 70, boulevard de Magenta, Paris.
  Flanelle *incontractile* : gilets, chemises, ceintures hygiéniques, plastrons.

VÊTEMENTS

A la Grande Maison, 18, rue de Noailles, Marseille.
  Vêtements superficiels pour traversées et pour séjours coloniaux.

UNIFORMES

Excely fils, rue Audry-de-Puyravault, Rochefort-sur-Mer.
  Tailleur civil et militaire.

Ph. Reboul, 26, rue Pavillon, Marseille.
  Uniformes pour l'armée, la marine et les administrations.

CHEMISES

Paul Hugues, 52, rue Saint-Ferréol, Marseille.

TISSUS IMPERMÉABLES
(Voir Ch. VIII, § 2 et 3)

Hennequin et Degrais, 10, boulevard Sébastopol, Paris.
  Drap de Suède : Tissu imperméable hygiénique.

TORRILLON et Cⁱᵉ, 10, faubourg Poissonnière, Paris.
Vêtements caoutchoutés tissu souple.

COUVERTURES
(Voir Ch. VIII, § 4)

G. MONJARDET, 21, rue Richelieu, Paris.
Couvertures, plaids, capotes.

TORRILLON ET Cⁱᵉ, 10, faubourg Poissonnière, Paris.
Couvertures de campagne en tissu armé (caoutchouc et laine).

Manufacture française d'armes de Saint-Étienne :
Couverture pliante à capuchon dite « Le Pratique ».

COIFFURES.
(Voir Ch. VIII, § 5)

A. CAILLAUD, 50, rue Le Peletier, Paris.
Casques, chapeaux, casquettes.

PARASOLS ET PARAPLUIES
(Voir Ch. VI, § 6)

A. CAILLAUD, 50, rue Le Peletier, Paris.
Parasols, parapluies.

G. MONJARDET, 21, rue Richelieu, Paris.
Cannes spéciales, alpenstocks.

CHAUSSURES
(Voir Ch. VIII, § 7)

AU PRINCE EUGÈNE, 27 et 29, rue Turbigo, Paris.
Bottes : de ville, d'ordonnance, à revers, Chantilly.
Bottes et bottines de chasse, avec ou sans boucles.
Houseaux : droit ou plissé. Molletières. Guêtres.

ARTICLES DE TOILETTE
(Voir Ch. VIII, § 8)

Torrilhon et Cie, 10, faubourg Poissonnière, Paris.
  Tubs et cuvettes de voyage.
Drapier et Dubois, 227, rue Saint-Denis, Paris.
  Trousses de poche, nécessaires de toilette, articles pliants (réchauds, fers, rasoirs).
Mandelick, 150, rue Lafayette, Paris.
  Malle-bain.

ARMES D'ORDONNANCE
(Voir Ch. IX, § 1)

Guinard et Cie, 8, avenue de l'Opéra, Paris.
  Revolvers, carabines, armes de guerre, fusils pour explorateurs et coloniaux.

INSTRUMENTS DE PRÉCISION

Clément et Gilmer, 140, faubourg Saint-Martin, Paris.
  Optique et mécanique de précision.
Jules Richard, 25, rue Mélingue, Paris.
  Baromètre-enregistreur.
G. Monjardet, 21, rue Richelieu, Paris.
  Trousses pour explorateurs et officiers.

INSTRUMENTS DE TRAVAIL
(Voir Ch. IX et XII)

E. Chouanard, 5, rue Saint-Denis, Paris.
  Outils et machines-outils pour l'industrie.

OPÉRATIONS COMMERCIALES
(Voir Ch. XI)

Compagnie française de l'Afrique occidentale, 58, rue de la Chaussée-d'Antin, Paris; 46, rue de Breteuil, Marseille.
  Commerce de tous produits aux colonies.

FOURNITURES COLONIALES.

Richard Koch et Cⁱᵉ, 16, rue du Pavé-d'Amour, Marseille.
   Commission, importation, exportation pour les colonies. Groupage des colis à destination d'outre-mer. Achats en France à la commission. Avances sur marchandises coloniales.

Geslin, 17, rue Vivienne.
   Courtier-juré d'assurances.

Banque de l'Afrique occidentale, 78, rue de Provence, Paris.

ARTICLES D'EXPORTATION

Rothschild, 45, rue de Trévise, Paris.
   Vêtements confectionnés pour l'exportation.

L. Bonissent, 155, rue du Temple, Paris.
   Bijouterie pour bazars et factoreries coloniales.

ARTICLES POUR CORRESPONDANCES
(Voir Ch. XIII, § 2)

Blanzy-Poure et Cⁱᵉ, 107, boulevard Sébastopol, Paris.
   Plumes, cachets crampons garantissant l'inviolabilité de la correspondance.

E. Bellamy, 115, rue Réaumur, Paris.
   Fournitures spéciales pour colonies. Boîtes métalliques étanches pour bureaux.

H. Trouillet et Mariage, 112, boulevard Sébastopol, Paris.
   Numéroteurs, dateurs, timbres cuivre et caoutchouc.

Smith Premier et Cⁱᵉ, 9, boulevard des Italiens, Paris.
   Machines à écrire.

DESSIN ET PEINTURE
(Voir Ch. XIII, § 4)

Lefranc et Cⁱᵉ, 18, rue de Valois, Paris.
   Couleurs fines et matériel : huile, aquarelle, pastel, gouache, pyrographie.

INSTRUMENTS DE MUSIQUE
(Voir Ch. XIII, § 5).

Jérôme Thibouville-Lamy et Cⁱᵉ, 68, 68 bis et 70, rue Réaumur, Paris.
Envoi franco sur demande du catalogue d'instruments de musique et de cordes harmoniques pour les colonies. Violons, mandolines, guitares, flûtes, clarinettes, hautbois, cornets, tous instruments de cuivre, phonographes *Virtuose*, diaphragme *Le Cahit*, instruments à manivelle, etc.

E. Scquet, 81, boulevard Notre-Dame, Marseille.
Pianos *Boisselot*, modèles spécialement construits après 15 ans d'expériences sur la côte d'Afrique.

APPAREILS PHOTOGRAPHIQUES
(Voir Ch. XIII, § 5)

Comptoir général de la photographie, 57, rue Saint-Roch, Paris.
Appareils, accessoires et produits de choix pour tous les genres de travaux photographiques.

Hanau, 27, boulevard de Strasbourg, Paris.
Appareils sans bois, carton, ni colle, pour les pays chauds.

CINÉMATOGRAPHIE

L. Gaumont et Cⁱᵉ, 57, rue Saint-Roch, Paris.
Matériel complet de cinématographie. Appareils utilisant les bandes de toutes provenances.

COLLECTIONS D'HISTOIRE NATURELLE
(Voir Ch. XIII, § 6)

Deyrolles, 46, rue du Bac, Paris.
Matériel complet pour collections zoologiques, botaniques, etc.

Boubée, 3, place Saint-André des-Arts, Paris.
Naturalisation, préparation des peaux.

ARTICLES DE CHASSE ET DE TIR
(Voir Ch. XIII, § 9 et 14)

Guinard et Cie, 8, avenue de l'Opéra, Paris.
    Armes et munitions de chasse et de tir.
Comptoir spécial pour les Colonies, 10, rue d'Argenteuil.

ARTICLES DE PÊCHE
(Voir Ch. XIII, § 10)

Wyers, frères, 30, quai du Louvre, Paris.
    Lignes et filets, hameçons, pièges. Équipement complet pour la pêche.

BICYCLETTES
(Voir Ch. XIII, § 12)

Georges Richard, 24, rue du 4-Septembre, Paris.
    Bicyclettes, tricycles à pédales ou à moteurs.

JEUX ET EXERCICES DIVERS
(Voir Ch. XIII, § 7 et 16)

Williams et Cie, 4, rue Caumartin, Paris.
    Exercisers, zofris, sandows, raquettes, crickets.

PACOTILLES POUR CADEAUX
(Voir Ch. XIV, § 4)

Ad. Schwenk, 57, rue Réaumur, Paris.
    Perles et verroteries pour l'Afrique.

INSTRUMENTS DE CHIRURGIE
(Voir Ch. XV, § 6)

G. Huclin et Cie, 45, rue du Roi-de-Sicile, Paris.
    Trousses de chirurgie. Instruments spéciaux.
Chevretin et Lematte, 24, rue Caumartin, Paris.
    Tubes hypodermiques. Matériel d'antisepsie.

PRODUITS PHARMACEUTIQUES

(Voir Ch. XV, § 5 et 7)

Bonnardet, 25, rue Montorgueil, Paris.
  Pharmacies portatives. Médicaments comprimés. Spécialités pour les colonies.

André et Lieutier, 9, rue Pavillon, Marseille.
  Médicaments usuels.

PRODUITS CHIMIQUES

Chenal, Douilhet et Cie, 22, rue de la Sorbonne, Paris.

HYGIÈNE DES ANIMAUX

(Voir Ch. XVI)

Audibert et Cie, 68, boulevard Saint-Marcel, Paris.
  La Sanitorine vétérinaire pour la guérison rapide absolue des plaies de toute nature.

Bonnardet, 25, rue Montorgueil, Paris.
  Médicaments préparés selon les formules du vétérinaire Pierre.

MÉDICAMENTS SPÉCIAUX

E. Fournier, 21, rue Saint-Pétersbourg, Paris.
  Cérébrine, liqueur agréable, contre migraines et névralgies.

Audibert et Cie, 68, boulevard Saint-Marcel, Paris.
  L'Hygiénine médicale : médicament antiseptique puissant.

Bonnardet, 25, rue Montorgueil, Paris.
  Reconstituants spéciaux pour les colonies.

Ch. Prevet et Cie, 48, rue des Petites-Écuries, Paris.
  Le *Goménol*, antiseptique interne, antispasmodique.

CHIRURGIEN-DENTISTE

E. Bucny, 50, boulevard Haussmann, Paris.
   Prothèse dentaire. Hygiène de la bouche et des dents.

INGÉNIEUR-OPTICIEN

Arnhold, 13, rue Auber, Paris.
   Lunettes, jumelles, longues-vues.

Soucieux de ne fournir que des renseignements exacts, nous reviserons soigneusement dans chaque édition les indications contenues dans le chapitre XVIII, de manière à tenir le *Guide de l'Européen dans l'Afrique occidentale* au courant de toutes les innovations, améliorations, créations, etc., que ne peut manquer de provoquer l'essor remarquable de l'expansion coloniale française.

N. B. — Nous sommes certains qu'*en se recommandant des indications* contenues dans ce volume, nos lecteurs bénéficieront d'avantages appréciables pour leurs achats de fournitures coloniales. Dans tous les cas, nous serons reconnaissants à nos amis les Coloniaux de vouloir bien nous faire part des critiques ou des observations qu'ils croiraient devoir formuler. Ceci dans l'intérêt exclusif du mouvement colonial.

NOTA

Le voyageur européen à travers la brousse éprouve souvent le besoin de noter hâtivement une observation, un chiffre, un degré, une adresse, un titre d'ouvrage, etc. Nous croyons ajouter à l'utilité pratique de ce volume en laissant ci-après quelques feuillets en blanc où le lecteur pourra crayonner des notes personnelles et complémentaires.

FEUILLETS BLANCS POUR NOTES MANUSCRITES.

FEUILLETS BLANCS POUR NOTES MANUSCRITES.

FEUILLETS BLANCS POUR NOTES MANUSCRITES.

TABLE ALPHABÉTIQUE DES NOMS PROPRES
contenus dans les 16 premiers chapitres

A

Aby, 8.
Abomey, 23-24.
Aboufada, 29.
Aboulfeda, 38.
Achanti, 3-20.
Acra, 4.
Adaklou, 6.
Adam, 44.
Adanbessenen, 6.
Adanson, 38.
Adrar, 1-6.
Aéré, 9.
Adaus.
Agbas, 6.
Agou, 6.
Agamé, 6.
Agoué, 9.
Agnéby, 12.
Agnis, 20
Ahaghar, 1-6.
Aho, 12.
Ahmadou-Cheikou, 27-32.
Aïr, 4-6.
Akéraré, 6.
Alépé, 12.
Aloin, 44.
Alvau-Milson, 41.
Albéca, 40-42.
Albéma, 40.
Albirouny, 29.
Alby, 35.
Allakamessa, 35.

Alioun-Sal, 32.
Almadies, 26.
Almady, 26.
Alladah, 23.
Allegré, 44.
Anselle, 39-40.
Anthonay, 44.
Andomié, 12.
Aouelimiden, 19.
Apollonien, 20.
Apra, 6.
Apollinaire, 30.
Arguin, 8.
Archinard, 34-35-41-42.
Arago, 34.
Armand, 34.
Aspe-Fleurimont, 44.
Assinie, 8-25.
Assikasso, 25.
Athiémé, 23.
Attakrou, 12.
Atakora, 6-12.
Aukarniama, 6.
Audeoud, 34-35.
Aumar, 35.
Avezac (D'), 38.
Aymerich, 36.

B

Babemba, 27.
Baffa, 6.
Balou, 6.
Bambouk, 6.

Baoulé, 6-12.
Bassari, 6.
Bassa, 7.
Bandama, 8-12-15.
Bayol, 9-35-50.
Bafing, 9-14-41.
Bakoy, 9.
Baoulé-Fl., 9-14.
Bafoulabé, 9-23.
Bakel, 9-23.
Bahia, 12.
Banifing, 12-14.
Bammako, 14-16-25-26.
Balé, 14.
Barra-Issa, 14.
Bani, 14.
Bagoé, 12-14.
Bamba, 14.
Bambaras, 21.
Balantes, 21.
Barth, 31-39.
Baud, 35-42.
Bailly, 36.
Bakouy, 37.
Barker-Web, 38.
Barré, 40-41.
Banning, 40.
Barot, 44.
Baudry, 42.
Baillière, 43.
Bastard, 43.
Bailhaud, 44.
Ballay, 44.
Barrat, 42.
Benty, 8-11-23.
Berchy, 8-12-23.
Beré, 12.
Béttié, 12.
Bénué, 1-15.
Bénin, 6.
Beyla, 23.
Bethancourt, 30.
Beaufort, 31.

Bessinières, 31.
Behanzin, 27-34.
Beekman, 34.
Belforest, 37.
Berbères, 19.
Bergeron, 37.
Beaurepaire, 39.
Bekri, 39.
Berlioux, 39.
Berenger-Feraud, 39.
Bechet, 40.
Bellieni, 290.
Bismarkburg, 4.
Bingerville, 4-25-26.
Birioua, 7.
Bia, 12.
Bikini, 14.
Binger, 29-34-35-40-41-42-45.
Bizemont, 39.
Blanc (Cap), 1-6-8.
Blondiaux, 55-42.
Blanchet, 56.
Bluzet, 42-44.
Boulam, 4.
Bobo, 6-12.
Bobo-Dioulasso, 4-23.
Boffa, 6-8-11-23.
Bokachibé, 6.
Boudou, 6.
Bondy, 7.
Bounka, 7.
Bola, 7.
Bougouni, 7-23.
Boké, 10-23.
Boromo, 12.
Bonka, 14.
Bô, 18.
Boubouri, 20.
Boussoura, 23.
Boussa, 14-16.
Bondoukou, 23.
Bouaké, 25.
Bouna, 25.

TABLE ALPHABÉTIQUE DES NOMS PROPRES.

Bouet-Willaumez, 34.
Bourreil, 32.
Bourgou, 14.
Bou-el-Moghdad, 32.
Borgnis-Desbordes, 35.
Bonnier, 35.
Boilève, 35.
Boiteux, 35.
Bokar-Biro, 35.
Bontier, 37.
Bory de St-Vincent, 38.
Boilat, 38.
Bouche, 40.
Borghero, 40.
Bory, 40.
Borelli, 43.
Boyé, 44.
Bonnefond, 44.
Borius, 45,
Bramaya, 11.
Braknas, 19-25.
Brüe, 30.
Braouezec, 32.
Brosselard-Faidherbe, 34-40.
Braulot, 35-42.
Brest, 26.
Briquelot, 35.
Bretonnet, 35-45.
Braun, 37.
Burbot, 37.
Bréard, 40.
Broussais, 44.
Buchon, 37.
Bunas, 25.
Blondiaux, 35,
Burdo, 45.
Burot, 46.
Busson, 42.
Buysson, 42.

C

Cameroun, 1-3-4-6.
Cayor, 8-25.
Cayar, 9.
Carabane, 8-9-10-25-26.
Cavally, 8-11.
Carnotville, 12.
Campbell, 51.
Caillié (René), 31-38.
Caillié, fils, 39.
Caron, 34-42-45.
Caudrelier, 35.
Cazemajoux, 35-41.
Cadamosto, 37.
Cadix, 26.
Cauche, 37.
Carrère, 39.
Casamance, 8-9-25.
Castilho, 39.
Campagne, 39.
Calmette, 351.
Chaï, 6.
Chari, 14.
Chappert, 40.
Chanoine, 35-42.
Chévigné, 35.
Chevalier, 41.
Chalot, 44.
Chrémyétès, 29.
Chamberland, 144.
Chevretin, 375.
Clozel, 36-41-42.
Counassie, 4.
Côte de l'Ivoire, 4-7-11-15-25-26.
Côte de l'Or, voir Gold Coast.
Conrard, 7-36.
Côte de Barbarie, 8.
Coffith, 8.
Comoë, 8-12-15.
Cogon, 8-10.
Cornu, 32.
Combes, 35-35-36.
Compagnon, 50.
Coppolani, 36-45.
Colonna d'Istria, 56.
Colin, 35.

Colombat, 37.
Cooley, 38.
Cordeiro, 39.
Corbellier, 41.
Corre, 42.
Coste, 45.
Cortambert, 45.
Colt, 302.
Crozat, 34.
Crave, 55.
Crozals, 40-42.
Crosson, 44.
Crémieu-Foa, 45.

D

Dahomey, 4-7-9-11-12-15-25-26.
Daro, 7-14.
Dakar, 8-25-26.
Dakar-Thiès, 23.
Daguéré, 8-12.
Dagana, 9.
Darouma, 9.
Dako, 12.
Dallou-Bosso, 14.
Dallou-Fogha, 14.
Dahoman, 20.
Dabou, 23.
Davity, 37.
Dapper, 37.
Daignez, 43.
Darcy, 44.
Debo, 14.
Delanneau, 35.
Decœur, 35.
Destenave, 35.
Demars, 35.
Deane, 36.
Desbuissons, 36.
Demanet, 38.
Deping, 38.
Defremery, 39.
Desor, 39.

Denicker, 41.
Deville, 43.
Delafosse, 43-44-45.
Depincé, 44.
Devaux, 45.
Delsol 145.
Diaka, 14.
Diorodougou, 5.
Dianel, 6.
Ditten, 7.
Diafela, 7.
Dialiba, 14.
Diebougou, 22.
Dion, 14.
Dinneguira, 14.
Diola, 21.
Dioula-Mandé, 21.
Diebougou, 23.
Dinguyray, 25.
Djimini, 21.
Djermas, 21.
Djenné, 25.
Doué, 9.
Dou, 11.
Dodo, 8-12.
Dokosieko, 12.
Dô, 14.
Dori, 23.
Douaïchs, 19-25.
Doods, 55.
Donnat, 36.
Donnet, 42.
Drévin, 8.
Dreyfus, 43.
Dubreka, 8-25.
Duparquet, 39.
Dubard, 41.
Dubois, 42.
Durand-Lapie, 43.
Dubois-Chevauché, 44.
Duponchel, 44.
Duvigneau, 46.
Dybowski, 128.

E

Ebrié, 6-8-12.
Ebn-Khaldoum, 57.
Ehy, 12.
El-Bekri, 29.
El-Djouf, 1.
El-Gasba-Irighi, 6.
Elbée, 30-37.
El-Hady-Omar, 32.
Emelli, 6.
Enjoy, 46.
Emily, 45.
Estancelin, 38.
Escayrac de Lauture, 38-39.
Espagnat, 43.
Espitalier. 84.
Eudoxe, 29.
Eutymène, 29.
Evé, 20.
Eysseric, 35-43.

F

Falémé, 9.
Fatalla, 8-11.
Falliko, 14.
Faranah, 14-25.
Fati, 14.
Faguibine, 14.
Fanti, 20.
Fada-n'Gourma, 25.
Faye-Ferry, 31.
Faidherbe, 31-39-40.
Fabert, 41.
Fargeas, 41.
Fallot, 46.
Felou, 9.
Ferdinand d'Ormel, 30.
Feredougouba, 12.
Fergusson, 35.
Feist, 44.
Fié, 14.

Figueiredo, 41.
Fix, 41.
Fleuriot de l'Angle, 39.
Fleury, 44.
Fodé-Kaba, 36.
Fouta-Djallon, 7-9-14.
Foundiougne, 9.
Forrécaria, 8-11.
Fort-Binger, 11.
Foulahs, 22.
Foulbés, 22.
Foureau, 35-44-45.
Fournier, 37.
Fournel, 39.
Foncin, 39.
Foa, 41.
Fouraud, 36.
Fraissinet, 25.
François Lopez, 30.
Frée-Town, 4.
Fresco, 8-12.
Friguiabé, 25.
Frey, 35-40.
Freville, 39.
Froideveau, 45.
Fromentin, 45.
Fulcrand, 32.

G

Gambie, 5-4-6-8-9-15.
Garovoé, 6.
Gandiolle, 8.
Gandiaga, 12.
Gao, 14.
Garou, 14.
Garoundjé, 14.
Gallieni, 33-34-39-40.
Gaboriaud, 35.
Gaffarel, 41.
Gayet, 46.
Gaumont, 290.
Gèges, 20.

Gentol, 43.
Gil Eanes, 30.
Gimet-Fontalirant, 42-46.
Glé-Glé, 34.
Gold-Coast, 3-4-12-15.
Gorounsi, 6-21-25.
Gorée, 8-23.
Gouina, 9.
Gourgoul, 9.
Gouan, 12.
Goumbou, 25.
Goundam, 25.
Gourko, 20.
Golberry, 30-38.
Gouraud, 55.
Gourdault, 40.
Goërtz, 161.
Grey, 9.
Grand-Bassam, 3.
Grand-Bassam, 8-12-23-26.
Grave, 35.
Groumania, 12.
Gravier, 59.
Gros, 46.
Grandjean, 145.
Grand-Lahou, 8-12-23.
Grand-Popo, 9-23.
Guidi N'Bala, 6.
Guido de Vivaldi, 29.
Guier, 9.
Guinée, 3-4-6-7-8-23-26.
Guiroutou, 6.
Guerzé, 20.
Guon, 20.
Guyon, 56.
Guillemin, 58.
Guy, 44-45.
Guilloux, 101.

H

Hannon, 29.
Haoussa, 20.

Hakluyt, 37.
Hartman, 40.
Harry-Alis, 40.
Hayez, 40.
Hacquard, 43.
Habert de Ginestel, 46.
Hanau, 290.
Hélip-Ahmadou, 6.
Hélip-Ahmaghin, 6.
Hecquart, 31.
Heeren, 38.
Henrique, 40.
Hébrard, 101.
Hoenguel, 7.
Hombori, 7.
Hostains, 11-36.
Horo, 14.
Holle (Paul), 32-39.
Hourst, 35-43.
Houdaille, 35-43.
Holley, 39.
Houdas, 45.
Hœckel, 44.
Huard, 31.
Hubert, 31.
Humbert, 34-41.
Huet, 38.
Hulot, 41.
Hugue le Roux, 45.

I

Ibémi, 45.
Ibn Hankal, 29.
Ibn Said, 29.
Ibn Batouta, 29.
Ibn Khaldoun, 29-37.
Igarghar, 14.
Igouadaren, 19.
Imbert, 42-44.
Irreganaten, 19.
Issa-Ber, 14.

TABLE ALPHABETIQUE DES NOMS PROPRES.

J

Jackville, 8.
Jackjack, 20.
Jac Férer, 29.
Jamin, 31,
Jaureguiberry, 32.
Jacquemart, 33.
Jayme, 34-41.
Jereïbé, 6.
Jehan de Rouen, 29.
Jeannequin, 37.
Joffre, 35.
Jol, 6.
Joal, 8.
Joalland, 36.
Jomard, 38-46.
Jouinot-Gambetta, 44.
Jumelle, 43.

K

Kayes, 4-9-16-23-26.
Kakilé, 6.
Kamba, 6.
Kakoulima, 6.
Kaméroun, 6.
Kasso, 7.
Kabach, 8.
Kaéaedi, 9.
Kaëdi, 23.
Kaolack, 9.
Kadé, 10.
Kakryma, 11.
Kassini, 12.
Kankan, 14-23.
Kabara, 14.
Karou, 14.
Kassonkés, 21.
Kaédi, 9-23.
Karamokho, 34.
Kelen, 6.
Kérouané, 14.
Kerguygoro, 14.
Keledor (Roger), 38.
Kerhallet, 38.
Kayser, 40.
Kita, 7-23-26.
Kissi, 7-29.
Kissidougou, 23.
Kidji, 8.
Kissiens, 20.
Kinsky, 42.
Klobb, 35.
Konakry, 4-8-23-26.
Kollé, 6.
Kong, 6-23.
Komono, 6.
Kompo, 7.
Konkouroua, 7.
Komban, 7.
Konian, 7.
Koro, 7.
Kotombé, 8.
Kouffo, 9-12.
Kotonou, 9-12-23-26.
Kolimbine, 9.
Konkoré, 8-11.
Kokombo, 12.
Kouroussa, 14-23-26.
Kouroy, 14.
Koulikoro, 14.
Korienza, 14.
Koury, 23.
Konkobiry, 23.
Korper, 413.
Kplara, 12.
Krafy, 8.
Krinjabo, 12.
Kroumen, 20.
Kuadiokofi, 12-26.

L

Labé, 11.
Lagos, 4-12.

Lassan, 6.
Lahou, 8-23.
Lampsa, 9.
Labekadé, 23.
Lancelot Maloisel, 29.
Lauzun, 30.
Laing, 31.
Lambert, 32.
Lat-Dior, 32.
Latour, 35.
Lartigue, 35-42.
Laïrle, 36.
Lamy, 36.
Lapeyrère, 144.
Labat, 37.
Larcher, 38.
Lamirol, 38.
Labarthe, 38.
Lanoye, 39.
Lanessan, 40.
Lauman, 41.
Lasnet, 42.
Lagrillière-Beauclerc, 43.
Layman, 71.
Lévrier (baie), 8.
Léo, 23.
Levasseur, 34.
Lejeal, 36.
Leprieur, 38.
Lebrun-Renaud, 40.
Lenz, 40.
Lechatelier, 40-45.
Le Corbeillier, 41.
Lebrun, 44.
Lenfant, 44.
Legendre, 45.
Lecomte, 45.
Léraba, 12.
Leroy Beaulieu, 46.
Legrand, 46.
Liberia, 3-4-6-8-11-15.
Libreville, 26.
Liotard, 34.

Lignier, 45.
Lobi, 6.
Loma, 7.
Louick, 8.
Los, 8-20.
Louga, 25.
Lopez, 30.
Louvel, 35.
Louis, 35.
Loyer, 37.
Lorza de Reïchenberg, 41.
Loz, 41.
Loti, 46.
Lorin, 44-45.
Luer, 365.

M

Maba, 32.
Makhona, 7.
Maryland, 5.
Mauritanie, 4-6-23.
Manga, 6.
Macina, 7.
Marsa, 8.
Maringouins, 8-9.
Marara, 8.
Malakong, 8.
Matam, 9-25.
Mafou, 9-14-16.
Makana, 9.
Mamboliouli, 10.
Marabadiassa, 12.
Marahoué, 12.
Marebaria, 8.
Mayel-Baletel, 14.
Maures, 19-21.
Mandés, 20-21.
Malinkés, 21.
Markas, 21.
Mammelles, 26.
Manuel, 26.

Maloisel, 29.
Mage, 32-39.
Martin-Despallières, 32.
Mahmadou-Racine, 33.
Mahmadou-Lamine, 34.
Madrolle, 34.
Marchand, 35-41-42.
Mangin, 36.
Manet, 35.
Maclaud, 36-43.
Malinkamory, 33.
Malte-Brun, 38.
Maçoudi, 29-39.
Madival, 39.
Margry, 39.
Marche, 39.
Marcel, 40.
Mager, 40.
Mageau, 40.
Malo-Lefèvre, 41.
Malavielle, 41.
Machat, 44.
Macaire, 44.
Maignen, 145.
Maurel, 26.
Mesurade, 3.
Médine, 9.
Mellacorée, 8-11.
Mé, 12.
Ménard, 34-35.
Meynier, 36.
Meynier (A), 44.
Mellin de Saint-Gellais, 37.
Menages, 39.
Médina, 41.
Mévil, 43.
Meyrat, 45.
Métois, 45.
Mirabo, 7.
Mina, 7-12-20.
Mirick, 8.
Milo, 7-14.
Mekrou, 14.

Mizon, 41-42.
Mille, 44.
Miquel, 44.
Mohamed Amar, 31.
Mohamed el Habib, 32.
Monrovia, 3-4-26.
Moromo, 6.
Mossi, 6-24.
Mono, 12.
Mopti, 14.
Mona, 20.
Mollien, 31-38.
Moustier, 33-39.
Monteil, 33-35-42.
Monnier, 40-41.
Mochler-Ferryman, 41.
Monjardet, 101.
Mungo-Park, 50-58.
Müller, 35.

N

Naori, 6.
Nago, 12-20.
Nachtigal, 39.
N'Dramcha, 8.
N'Diago, 8.
Nebout, 41.
Ned-Noll.
Nebout, 41.
Nigeria, 3-4-6.
Nietté, 6.
Nienokoué 6.
Niatia, 7.
Nimba, 7.
Nianing, 8.
Niger, 3-4-6-7-12-13-15-16-25.
Niandan, 14.
Nioro, 25.
Nicoloso de Ricco, 29.
Niari-Ouli, 25.
Nicolas, 40-41.
N'kan, 12.

Noirot, 33-40.
Nyamina, 14.
Nyangaï, 14.
N'Zo, 11.
N'Zi, 12.

O

Oberdorf, 34.
Odjenné, 7-23-24.
Ockpara, 12.
Olonne (d'), 11-36-45.
O'Machain, 29.
Ordinaire, 41.
Ossoudokou, 6.
Oti, 12.
Ouidah, 9-12-25.
Ouémé, 9-12.
Ouolof, 21.
Oran, 26.
Oualigouya, 25.
Ouagadougou, 25.
Ouossou. 25.

P

Pain de sucre, 6.
Palmes (Cap), 8.
Pallakas, 20.
Parakou, 25.
Patterson, 51.
Panet, 31.
Pascal, 32.
Paroisse, 34-41.
Papillon, 34.
Pauly, 36.
Paris, 46.
Peulhs, 20-21.
Peddie, 51.
Peroz, 33-40.
Peltier, 36.
Perrier de Salvert, 30.
Perrotet, 38.

Pelet 41-44.
Perregaux, 43.
Perruchot, 44.
Perignon, 45.
Petit, 45.
Peigné, 161.
Philebert, 40.
Pineau, 35.
Pinet-Laprade, 32.
Pietri, 33-40.
Pichrochole, 46.
Picot, 101.
Plassa, 6.
Plat, 34.
Porto-Novo, 4-12-25.
Poumossounas, 6.
Portudal, 8.
Popo, 9-25.
Podor, 9-25.
Pobeguin, 11-35-41-45.
Polybe, 29.
Potoa, 12.
Poplogon, 12.
Pourognes, 21.
Pruneau de Pommegorge, 38.
Préville, 41.
Prevet, 134.
Pravaz, 565.
Prom, 26.
Ptolémée, 29.

Q

Quito, 8.
Quintin, 32-39.
Quiquandon, 33-34-41.
Quiquerez, 34-41.

R

Rabah, 27.
Raffenel, 31-38-39.
Ramusio, 37.

TABLE ALPHABÉTIQUE DES NOMS PROPRES.

Rançon, 41.
Razilly, 37.
Rambaud, 40-41.
Ramon, 41-45.
Ravidat, 45.
Repentigny, 30.
Rejoux, 35.
Rennel, 38.
Redil, 14.
Redembach, 41.
Repentigny (de), 30.
Regelsperger, 42.
Regis, 44.
Reibell, 45.
Reclus, 46.
Rhergo, 14.
Richard-Toll, 9.
Rio Grande, 10.
Rio Compony, 10.
Rio Nunez, 8-10.
Rio Pongo, 8-11.
Ricco Nicoloso, 29.
Rinn, 40.
Rivoire, 46.
Richard, 290.
Roxo, 8.
Rouvel, 36.
Roussin, 38-46.
Rouïre, 41.
Roscière, 45.
Rufisque, 8-25-26.
Rubault, 30.
Ruys d'Avandano, 30.

S

Sampouyara, 3.
Sainte-Marie de Balhurst, 4-8.
Saint-Louis, 4-8-9-22-26.
Sanwi, 6.
Saer Maty, 34.
Sarah, 6.
Satama, 6.

Sahara, 6.
Sahel, 7.
Saint-Jean, 8.
Saloum, 8-9-25.
Saï, 8.
Say, 14-26.
Sangarea, 8.
Sallatouck, 8.
San-Pedro, 8-12-25-26.
Sassandra, 8-12-25.
Saldé, 9.
Sansanding, 9-14.
Sandougou, 9.
Salary, 12.
Sankarani, 14.
Sansan Haoussa, 14.
Sarakolets, 21.
Saladougou, 25.
San, 25.
Savallou, 25.
Salvert, 30.
Sanderval, 33-41.
Samba Laobé, 33.
Samory, 27-34.
Salesses, 35-42.
Saint-Lô (Alexis), 37.
Sautarem, 38.
Sambuc, 41.
Seigland, 43.
Saint-Arromand, 46.
Schrader, 44.
Schirmer, 41-43.
Sénégal, 4-7-8-9-15-16-25-26.
Seneki, 6.
Seré, 7.
Semé, 9.
Sedhiou, 9-23.
Seguela, 12.
Segou-Sikoro, 14-25.
Serères, 20.
Senoufo, 21.
Segonzac, 34.
Septans, 36.

TABLE ALPHABÉTIQUE DES NOMS PROPRES.

Sevin-Desplaces, 41-46.
Sébire, 44.
Sierra-Leone, 3.
Siéné-Ré, 21.
Sien-Bà, 12.
Sine-Saloum, 23.
Sinoë, 3.
Sio, 12.
Siguiri, 14-25.
Sinder, 14.
Sikasso, 23.
Soumba, 6.
Sohy-Tzekry, 6.
Sokoto, 6.
Somnoboli, 7.
Soninkés, 21.
Songrogou, 9-10.
Sono, 12.
Sompi, 14-23.
Soudan, 4-26.
Sousou, 20.
Songhaï, 22.
Sokolo, 23.
Soleillet, 33-40.
Spicq, 46.
Souvigny, 410.
Superville, 43.

T

Tamagout, 6.
Targa, 6.
Table, 6.
Taugarad, 6.
Tateroy, 6.
Taumiati, 6.
Tassili, 1-6.
Taganet, 8.
Tabou, 8-12-23.
Tanoë, 12.
Tambikho, 14.
Tankisso, 14.

Taguana, 21.
Tastu, 37.
Tautain, 34.
Tavernot, 34.
Tchad, 1-14-23.
Temboukané, 9.
Ten-Ya-Ya, 8.
Tengrela, 7.
Ténériffe, 26.
Tecktané, 6.
Territoires militaires, 4.
Telé, 14.
Tenda, 14.
Terrillon, 34.
Temporal, 37.
Terrier, 45.
Tellier, 45.
Thomasset, 44.
Thoire, 44.
Thébé, 41.
Thouan, 12-36-45.
Tiderez, 6.
Tidre, 8.
Tivouvourst, 8.
Timbo, 9-25.
Tien-Ba, 12.
Tiassalé, 12.
Togo, 3-4-12.
Tombouctou, 4-14-25.
Ton, 20.
Tobako, 6.
Tourounia, 7.
Touba, 7.
Touareg, 19.
Tomas, 20.
Toucouleurs, 21.
Toumodi, 23.
Tournier, 33.
Toutée, 33-42-44.
Trarzas, 19-23.
Toffa, 33.
Tristao, 8.
Treich-Laplène, 34.

Trentinian, 45.
Treille, 46.

U

Ugolin, 29.

V

Van Cassel, 45.
Vaï, 21.
Vallon, 32.
Vallière, 33-34.
Valet, 35.
Valknaer, 38.
Vabran, 44.
Vert (Cap), 8-26.
Verga, 8.
Vermesch, 55.
Verneau, 41-42.
Verdier, 42-43.
Vergne, 44.
Verne, 46.
Vivaldi, 29.
Vincent, 32.
Vimont, 34.
Villan, 37.
Viard, 40.
Vitet, 38.
Vignon, 40.
Vigné, 41.
Vigné d'Octon, 41.
Villault, 57.
Villamur, 45.
Vivien de Saint-Martin, 46.
Villedary, 46.

Vilmorin, 116.
Volta, 12-15.
Voituret, 34.
Voulet, 35-43.
Vuillot, 41-43.
Vuillet, 44-45.

W

Walknaer, 38.
Westphall, 43.
Winchester, 302.
Wite, 41.
Woelfel, 36.
Wolf, 43.

Y

Yarbatenda, 3.
Yaringueri, 11.
Yanga, 12.
Yali, 14.
Yerani, 12.
Yerbané, 12.
Yorouban, 20.

Z

Zaranou, 12.
Zagnanado, 25.
Zappa, 42.
Zeïss, 161.
Zinder, 4-23.
Zighinchor, 9.
Zimmermann, 11.
Zou, 12.
Zweifel, 33-34-39.

EN VENTE CHEZ LE MÊME ÉDITEUR

FÉLIX DUBOIS
TOMBOUCTOU LA MYSTÉRIEUSE
Ouvrage couronné par l'Académie française

Un beau volume in-8° orné de 200 illustrations, d'après les photographies de l'auteur.
Prix : Broché. **10 fr.**
Reliure d'amateur spéciale . . . . . **15 fr.**

Dr FRIDTJOF NANSEN
VERS LE PÔLE
(21e mille)

Traduit par Charles RABOT

Un beau volume in-8° orné de nombreuses illustrations. Prix : Broché. **10 fr.**
En reliure d'amateur spéciale. . **15 fr.**
20 exemplaires numérotés sur papier de Chine. Prix . . . . **30 fr.**

CH. CASTELLANI
VERS LE NIL FRANÇAIS
AVEC LA MISSION MARCHAND

Un beau vol. in-8° orné de 150 illustrations d'après les photographies et les dessins de l'auteur.

Prix : Broché. . . . **10 fr.** -- En reliure d'amateur spéciale. . . **15 fr.**
10 exemplaires numérotés sur papier de Chine. Prix . . . . . **30 fr.**

R. SLATIN PACHA
Ancien Gouverneur et Commandant du Darfour.
FER ET FEU AU SOUDAN
Traduit de l'allemand par G. BETTEX

Deux beaux vol. in-8°, ornés de dessins et d'une carte. Prix : Broché . . **20 fr.**

GEORGES AUBERT
L'AFRIQUE DU SUD
COLONIE DU CAP — NATAL — ORANGE — TRANSVAAL — RHODESIA — MOZAMBIQUE

Un fort vol. in-8°, avec 9 cartes et 50 photogr. Prix : Broché. . . . **7 fr. 50**

LE COLONEL FREY
CÔTE OCCIDENTALE D'AFRIQUE
VUES — SCÈNES — CROQUIS
300 Illust. de BRETEGNIER, DARONDEAU, FERNANDO, JEANNIOT, NOUSVEAUX, etc.

Un beau vol. grand in-4° jésus, 4 grandes cartes tirées en couleur.
Prix : Broché. . . . . **10 fr.** | Relié toile, tr. dor. plaque. . **14 fr.**
— Rel. demi-chag. tr. dor. **15 fr.** | Rel. d'amateur . . . . **16 fr.**

ÉDOUARD GUILLAUMET
TABLEAUX SOUDANAIS
1 vol. in-18. Prix. **3 fr. 50**

48515 — Imprimerie LAHURE, rue de Fleurus, 9, à Paris.

www.ingramcontent.com/pod-product-compliance
Lightning Source LLC
Chambersburg PA
CBHW071712230426
43670CB00008B/986